7박 8일을
여행하는 최고의 방법

[어느 멋진 일주일 : **러시아**]
RUSSIA

이준명 지음

러시아 전도

노르웨이
스웨덴
핀란드

무르만스크
페테르고프
상트페테르부르크
페트로자보츠크
아르한겔스크
살레하르트
스몰렌스크
모스크바
키로프
우랄산맥
니즈니 노브고로드
이제프스크
예카테린부르크
러시아
볼고그라드
옴스크
노보시비르스크
카자흐스탄

PROLOGUE

러시아로 향하는 비행기 안에서 창밖을 내다본다. 눈 닿는 곳에는 온통 바닥에 낮게 깔린 삼림뿐 굽이굽이 흐르는 강물만 아니라면 땅이라는 것을 믿을 수 없을 정도다. 흡사 초록 물결이 넘실대는 바다라고나 할까. 광활하다는 말로도 감당하지 못할 만큼 드넓은 시베리아의 대지를 바라보다 문득 두려워졌다. 미약한 인간이 거대한 자연과 맞닥뜨렸을 때 느끼는 경외감이었다. 만약 시베리아의 초록 물결 속에 나 홀로 떨어진다면 어떻게 될까? 생각하기도 싫지만 방향도 거리도 가늠하지 못한 채 쓸쓸히 생을 마감하리라. 그렇다면 이 광활한 땅을 탐험하고, 개척하고, 뿌리 내린 러시아인은 과연 어떤 사람들일지 궁금해진다. 작은 반도에서 살아온 나로서는 가늠하지 못할 무언가를 지니고 있을 것만 같다. 그러고 보니 20년 전에도 이와 같은 궁금증을 느꼈던 일이 어렴풋이 떠오른다.

대학교 새내기였던 1993년의 어느 봄날. 시험 기간이 되어 공부를 한답시고 도서관에 자리를 잡았다. 평소에 얼마나 공부를 안 했던지 시작도 전에 몸이 비비 꼬였다. 이럴 때면 평소에는 거들떠도 안 보던 소설책이 그리도 읽고 싶어지는지. 눈앞에 외울 거리가 산더미처럼 쌓였는데도 읽을거리를 찾아 도서관 서가를 빙빙 돌았다. 그때 눈에 들어온 책 한 권. 제목도 짧아 딱 세 글자, 《죄와 벌》. 저자를 살펴보니 도스토옙스키다. 소싯적 이후로 고전과 담을 쌓고 살아온 나조차 익히 들어 알고 있는 러시아의 문호 아닌가. 그래, 이런 책은 아무리 바빠도 읽어줘야지. 그렇게 펼쳐든 《죄와 벌》은 다음날 시험 결과에 지대한 영향을 미쳤다. 도저히 책을 중간에 덮을 수가 없었기 때문이다. 밤을 꼴딱 새우며 장장 800쪽이 넘는 이야기를 단숨에 읽어버렸으니 시험 성적은 안 봐도 뻔했다. 그래도 러시아 문학의 참맛을 알게 해준 《죄와 벌》과의 만남을 후회하지 않았다면 거짓말일까?

나는 미국과 소련이 각축을 벌이던 냉전 시대에 태어났고, 소련이 해체되어 러시아로 재탄생되는 과정을 지켜본 세대다. 그래서 어려서부터 당시 소련이라 불리던 러시아에 대해 부정적인 이야기를 수없이 들으며 자랐다. 한마디로 러시아는 세계 평화를 위협하는 악의 무리이고 수도인 모스크바는 테러리스트의 소굴이라고 말이다. 이런 이미지를 머릿속 깊이 각인시킨 데는 할리우드에서 제작한 영화를 보고 자란 영향도 적지 않으리라. 아무튼 그랬던 내가 뒤늦게나마 도스토옙스키의 문학을 통해 러시아의 또 다른 모습을 접했으니 얼마나 신기했을까. 비록 19세기에 쓰인 소설일망정 당장 러시아로 달려가 주인공인 라스콜니코프와 한바탕 토론을 벌이고 싶었다. 하지만 대학생의 풋풋한 호기심을 충족하기에 현실의 벽은 너무 높고 냉엄했다. 해외여행이 자유롭지 않던 그 시절에, 더구나 사회주의 국가로 여겨지던 러시아로 여행을 떠난다는 것은 불가능에 가까웠기에.

추억 속으로 사라진 러시아에 대한 호기심을 20년 만에 되살린 것 역시 러시아 문학이었다. 잡지에 《죄와 벌》에 대한 글을 싣다가 러시아에 가보고 싶다는 열정이 다시 피어올랐다. 하지만 오랜 세월이 흘렀는데도 러시아는 여전히 여행하기 까다로운 나라였다. 비자 발급을 위해서는 초청장이 필요했고 여행과 관련한 정보도 너무 부족했다. 그런데 2014년부터 러시아를 비자 없이 방문하게 되었다는 소식이 들려왔다. 드디어 러시아를 여행할 때가 되었다는 느낌이 들었다. 부족한 여행 정보는 내 손으로 채우겠다는 각오로 항공권부터 구입했다.

러시아는 땅덩이도 넓지만 역사, 문화, 예술 등 다방면에 걸쳐 위대한 발자취를 남긴 대국이다. 이런 거대한 나라를 한 번의 여행으로 파악한다는 것은 무리한 욕심이 아닐 수 없다. 그래서 러시아로의 첫 여행은 모스크바와 상트페테르부르크 두 도시로 잡았다. 인구 천만 명이 넘는 모스크바는 드넓은 러시아 땅에 흩어져 사는 사람들이 모여드는 대도시다. 소련이 붕괴된 이래 오랜 침체기를 걷다가 부흥하기 시작한 러시아의 현주소를 보여준다. 핀란드 만 연안에 자리한 상트페테르부르크는 제정 러시아 시절 화려하게 꽃피었던 귀족문화의 유산을 간직한 운하도시다. 백야가 펼쳐지는 아름다운 경관 속에서 러시아 문화예술의 향기를 만끽할 수 있어 전 세계에서 관광객이 몰려든다. 러시아의 현재를 보기 위해서는 모스크바를, 러시아의 과거를 보기 위해서는 상트페테르부르크를 여행할 필요가 있었다.

끝이 없을 것만 같던 시베리아의 대지를 횡단한 비행기가 마침내 모스크바에 착륙했다. 20여 년의 세월을 건너 러시아 땅에 발을 디딘 내 가슴은 묘한 설렘으로 가득 찼다. 모스크바와 상트페테르부르크를 돌아보는 내내 러시아의 자연과 사람이 전해준 영감들로 내 여행 노트는 빼곡히 채워져 갔다. 여행에서 돌아와 노트를 살펴보다가 문득 중요한 사실 하나를 깨달았다. 러시아는 우리가 머릿속에 지니고 있는 이미지와는 전혀 다른 나라라는 점이다. 더 이상 러시아에 대해 금단의 땅이라는 두려움이나 사회주의 국가였다는 반감을 지닐 필요가 없다. 이제 모든 선입견을 내려놓고 러시아의 현재 모습을 바라보자. 그러면 눈앞에 상상을 뛰어넘는 새로운 세상이 펼쳐질 것이다.

CONTENTS

러시아 전도 2
프롤로그 4
상트페테르부르크 하이라이트 5 8
모스크바 하이라이트 5 9

READY

1 러시아 기본 정보 10
2 러시아 여행 준비 12
3 인천 공항, 러시아 공항 이용하기 20
4 러시아의 교통 22
5 숙소&거주자 등록 25
6 러시아의 음식 28
7 러시아의 쇼핑 아이템 30

ABOUT RUSSIA

러시아의 자연 31
러시아의 역사 32
러시아의 문학 36
러시아의 음악 39
러시아의 미술 41
러시아 관련 영화 43
여행 러시아어 45

1DAY
유럽을 향해 열린 창, 상트페테르부르크

– 상트페테르부르크의 기원, 페트로파블롭스크 요새 50
– 피로 얼룩진 성 이삭 대성당 55
– 러시아 혁명운동의 태동, 데카브리스트 광장 58
– 결투로 생을 마감한 국민시인, 푸시킨 62
  RUSSIA HISTORY 표트르 대제와 북방전쟁 68

2DAY
화려한 제정 러시아의 궁정 속으로

– 세계 8대 불가사의, 예카테리나 궁전의 호박방 74
– 여름은 이곳에서! 페테르고프 여름궁전 80
– 러시아 황실의 보물 상자, 에르미타슈 미술관 85
  RUSSIA HISTORY 예카테리나 2세와 귀족들의 생활 92

3DAY
상트페테르부르크의 어느 멋진 날

– 넵스키 대로의 소소한 일상 100
– 상트페테르부르크 정교회의 중심, 카잔 대성당 104
– 카페 피시키와 옐리세옙스키 가스트로놈 106
– 신을 향해 켜놓은 촛불, 피의 사원 108
  RUSSIA HISTORY 로마노프 왕조의 몰락과 사회주의 혁명 114

4DAY
러시아 문학과 예술의 거장을 찾아서

– 도스토옙스키와 《죄와 벌》 122
– 위대한 고뇌자가 생을 마감한, 도스토옙스키 박물관 126
– 알렉산드르 넵스키 대수도원과 차이콥스키 130

- 네바 강의 야경과 백야의 신비 134
  RUSSIA HISTORY 도스토옙스키와 차이콥스키 140

상트페테르부르크 여행 가이드

어떻게 갈까? – 공항과 기차역 146
어떻게 돌아다닐까? 148
어떻게 걸어다닐까? 152
어디서 잘까? 154
어디서 먹을까? 160
무엇을 살까? 168
기타 정보 170
상트페테르부르크 볼거리 172
궁전 광장과 주변/넵스키 대로와 주변/페트로파블롭스크 요새와 주변/센냐야 광장과 주변/기타 지역/교외 지역

러시아에서 예술을 만나다

상트페테르부르크, 에르미타슈 미술관 201
상트페테르부르크, 러시아 박물관 210
모스크바, 트레티야코프 미술관 216
모스크바, 볼쇼이 극장 224

5DAY
사회주의의 상징 붉은 광장에 서다!

– 사회주의와 미의 대명사, 붉은 광장 228
– 혁명가 레닌과 독재자 스탈린 234
– 실패한 소련의 추억, 굼과 마야콥스키 238
  RUSSIA HISTORY 소련과 미국의 대립, 냉전 시대 244

6DAY
러시아인의 정신적 지주, 정교회를 찾아서

– 러시아 정교회와 황실의 뿌리, 크렘린 250
– 아르바트에서 빅토르 최를 만나다 256
– 아름다움을 간직한 노보데비치 수도원 260
  RUSSIA HISTORY 러시아정교회의 형성과 특징 264

7DAY
모스크바로 떠나는 주말여행

– 정교회의 상징, 구세주 그리스도 대성당 270
– 마트료시카 입양하기 274
– 러시아 발레의 전당, 볼쇼이 극장 278
  RUSSIA HISTORY 러시아 발레의 역사 284

모스크바 여행 가이드

어떻게 갈까? – 공항과 기차역 288
어떻게 돌아다닐까? 292
모스크바 지하철 둘러보기 296
어떻게 걸어다닐까? 299
어디서 잘까? 300
어디서 먹을까? 306
무엇을 살까? 313
기타 정보 316
모스크바 볼거리 318
크렘린/붉은 광장과 주변/구세주 그리스도 대성당과 주변/아르바트 거리와 주변/기타 지역

상트페테르부르크 하이라이트 5
SAINT PETERSBURG HIGHLIGHT 5

에르미타슈 미술관

세계 3대 박물관 중 하나로 손꼽히는 러시아 최대의 국립미술관. 제정 러시아 황제의 거처였던 겨울궁전을 비롯한 5개의 건물에 300만 점 이상의 예술품이 전시되어 있다.

페테르고프 여름궁전

제정 러시아의 국력을 과시하기 위해 표트르 대제가 지은 여름궁전. 황금빛 동상과 시원한 분수로 장식된 대폭포 아래에서 상트페테르부르크의 눈부신 여름을 만끽하자!

성 이삭 대성당 전망대

50만 명의 인원이 40년에 걸쳐 세운 상트페테르부르크 최대 규모의 성당. 성당 전망대에 오르면 '유럽을 향해 열린 창'이라 불리는 역사적인 도시 상트페테르부르크를 한눈에 내려다볼 수 있다.

네바 강 야간 유람선

'북방의 베니스'라 불리는 운하도시 상트페테르부르크를 즐기는 최고의 방법. 백야의 하늘 아래 은은하게 빛나는 도시의 야경은 당신을 환상 속에 빠뜨릴 것이다.

피의 사원

러시아의 대지 위에 켜놓은 한 자루 촛불처럼 빛나는 아름다운 사원. 화려한 장식과 세밀한 모자이크화로 꾸며져 있어 상트페테르부르크 건축의 백미로 손꼽힌다.

모스크바 하이라이트 5
MOSKVA HIGHLIGHT 5

크렘린

모스크바의 중심에 위치한 거대한 성채. 러시아 황실의 뿌리이자 현 대통령이 머무는 곳이기도 하다. 러시아정교회의 총본산인 성당 광장에서 종교적 황홀감에 젖어보자.

볼쇼이 극장

러시아 오페라와 발레를 대표하는 극장. 세계 최고로 손꼽히는 볼쇼이 발레단의 공연을 눈앞에서 감상할 수 있는 절호의 기회를 놓치지 말자.

붉은 광장

20세기 전 세계를 호령했던 강대국 소련을 상징하는 광장. 러시아 성당 건축의 백미로 손꼽히는 성 바실리 성당과 사회주의 혁명의 아버지인 레닌의 묘가 관광객을 맞이한다.

이즈마일롭스키 시장

마트료시카를 비롯해 러시아를 대표하는 모든 기념품을 싸게 구입할 수 있는 시장. 아기자기한 기념품에 정신이 팔려 여행 경비에 구멍이 나지 않도록 주의하자!

트레티야코프 미술관

러시아 미술계를 대표하는 거장들의 작품을 모아놓은 보물 같은 미술관. 러시아의 정취가 물씬 풍기는 작품들을 통해 러시아 역사와 문화에 한걸음 더 다가가자.

READY 1
러시아 기본 정보

기본 정보

- 국가명 러시아 연방(Russian Federation)
- 국기 위로부터 백, 청, 적의 3색기
- 수도 모스크바(인구 약 1,210만 명 / 2014년 기준)
- 면적 약 1,707만㎢(한반도의 77.1배)
- 인구 약 1억 4366만 명(2014년 기준)
- 민족 구성

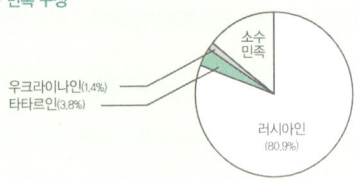

우크라이나인(1.4%)
타타르인(3.8%)
소수민족
러시아인(80.9%)

* 소수민족은 약 150개 정도(고려인은 약 100만 명으로 추산)

- 정치 연방공화제, 대통령제(6년 중임제), 의회민주제
- 종교 러시아 정교, 기타 이슬람, 가톨릭, 기독교, 유대교 등
- 언어 러시아어(소수민족의 언어가 100개가 넘으며, 문맹률은 0.6%)
- 통화 루블(RUB), 보조통화 코페이카(kopeck)
  1루블=100코페이카
  1루블=20원(2015년 3월 기준)
- 비자 무비자(180일 내에 총 90일 체류)

· 공휴일
1월 1일~5일 신년 연휴
1월 7일 러시아 정교 성탄절
3월 8일 국제 여성의 날
5월 1일 노동절
5월 9일 전승기념일
6월 12일 러시아의 날
11월 3일 국민화합의 날 연휴

필수 정보

- **시차** 러시아는 9개의 시간대를 갖고 있으며, 모스크바와 상트페테르부르크를 포함한 유럽러시아 지역은 한국보다 5시간 늦음.

- **전압과 플러그** 전압 220볼트. 플러그는 한국과 동일.

- **식수** 수돗물을 마실 수 없으므로 생수를 사서 마셔야 함. 탄산이 들어간 물과 일반 물이 있으므로 구매 시 주의할 것. 탄산수는 가지로반나야 바다(газированная вода), 일반 물은 네가지로반나야 바다(негазированная вода).

- **화장실** 공중 화장실은 대부분 유료이며(10~20 루블 정도), 길거리의 간이 화장실은 청결하지 않으므로 가능하면 음식점, 백화점, 박물관 등의 화장실을 이용할 것. 남자는 М, 여자는 Ж로 구분.

- **팁** 구소련 시절에는 팁을 주는 관습이 없었으나 현재는 관광지의 레스토랑 등에서 팁을 주는 것이 일반적임. 보통 가격의 10% 정도가 적당하며, 별도의 서비스료가 추가되는 곳에서는 줄 필요 없음.

· 전화
러시아에서 한국으로 걸 때
8-10(국제전화 접속번호) + 82(한국 국가번호) + 지역번호 또는 휴대폰 10 + 상대방 전화번호
한국에서 러시아로 걸 때
통신사별 국제전화번호 + 7(러시아 국가번호) + 지역번호 + 상대방 전화번호

- **로밍** 모스크바와 상트페테르부르크 등에서는 자동로밍이 가능하지만 데이터 사용 시 요금 폭탄을 맞을 수 있으므로 사전에 데이터 차단 필요. 러시아 현지에서 SIM카드를 구입하여 사용하면 더욱 저렴하게 휴대폰을 사용할 수 있음.

- **와이파이 Wi-Fi** 대부분의 호텔, 호스텔, 카페 등에서 무선 인터넷 접속이 가능하므로 스마트폰이나 노트북이 있으면 유용하게 사용 가능.

- **음주** 공원과 거리를 포함한 모든 야외에서 음주 금지.

- **흡연** 공항, 기차역, 버스 정류장 등 공공장소는 물론 호텔, 레스토랑, 카페도 흡연 금지.

· 긴급 전화
소방 : 01
경찰 : 02
구급 : 03

· 모스크바 주재 한국 대사관
посольство, Embassy of the Republic of Korea
주소 St. Plyushchikha 56 bldg 1, Moscow
대표전화 (7-495)783-2727
야간 및 휴일 비상전화 (7-495)778-0780
e-mail embru@mofa.go.kr

READY 2
러시아 여행 준비

여행 계획 세우기

러시아 여행을 계획할 때 가장 먼저 고려해야 할 사항은 방문할 지역을 정하는 것이다. 유럽과 아시아에 걸친 광활한 국토를 지닌 러시아는 지역에 따라 자연, 사람, 음식 등이 천차만별이다. 우랄산맥 서쪽의 유럽러시아 지역에서는 역사적인 도시들을 경험할 수 있고, 동쪽의 시베리아 지역에서는 때묻지 않은 아름다운 자연을 체험할 수 있다. 가고 싶은 지역을 골랐으면 방문할 시기를 결정해야 한다. 러시아의 사계절은 각기 나름의 특색이 있지만 관광객이 몰리는 성수기는 초여름이다. 모스크바는 해는 길어졌지만 본격적인 더위는 시작되지 않은 5~6월이 여행의 최적기다. 신록이 금빛으로 물드는 9월 말의 '황금 가을' 시즌과 12월 말에 펼쳐지는 겨울 축제 기간에도 관광객이 몰려든다. 상트페테르부르크는 5월 중순에서 7월 중순까지의 백야 기간이 피크 시즌이다. 인파로 북적이는 것이 부담스럽다면 성수기 전후인 5월 초나 9월이 한적하게 여행하기 좋다.

· 여행 스타일 정하기

러시아 최대의 관광지로 영어가 일상화되어 있는 상트페테르부르크는 자유여행에 무리가 없다. 자유여행은 항공편, 숙소, 교통편, 볼거리 등을 전부 스스로 알아보고 예약해야 하지만 여행의 매력을 만끽할 수 있다. 상트페테르부르크와 달리 영어의 활용도가 떨어지는 관광지, 예를 들어 모스크바는 초보 여행자라면 가이드를 동반한 패키지여행을 하는 것도 좋다. 패키지여행을 선택하면 러시아어로 의사소통을 해야 하는 스트레스를 피할 수 있을 뿐만 아니라, 별다른 준비과정 없이 짧은 시간 안에 많은 관광 명소를 둘러볼 수 있어 편리하다. 다만 비용이 비싸고 활동의 자유가 제한된다는 것이 단점이다. 여행지의 특성에 따라 자유여행과 패키지여행을 적절히 활용하는 지혜를 발휘해보자.

· 정보 수집

꼼꼼한 정보 수집은 더 많은 볼거리와 체험을 제공할 뿐만 아니라 여행 경비를 줄이는 방법도 알려준다. 아래 인터넷 사이트를 참고하여 알짜 정보를 수집해보자.

영어 러시아 관광청
www.russia-travel.com

영어 모스크바 공식 관광 가이드
en.travel2moscow.com

영어 모스크바 관광 정보
www.moscow.info

영어 상트페테르부르크 투어리스트 인포메이션
eng.ispb.info

영어 상트페테르부르크 공식 관광 가이드
visit-petersburg.ru/?lang=en

영어 상트페테르부르크 문화생활 일정
www.billboard.spb.ru

한국어 러사모 네이버 카페
cafe.naver.com/loverussia

한국어 끝없는 평원의 나라로의 여행
www.russiainfo.co.kr

러시아어 얀덱스 맵
maps.yandex.ru
네이버 지도와 비슷한 기능을 갖춘 러시아 사이트. 출발지와 도착지를 입력하면 경로를 알려주는 길 찾기 기능도 구비되어 있다. 러시아 철자를 입력할 줄 안다면 최신 지도 정보를 습득할 수 있다.

러시아어 얀덱스 날씨 정보
러시아의 도시별 날씨 정보 열흘 치를 제공해주는 사이트.
모스크바 : pogoda.yandex.ru/moscow
상트페테르부르크 : pogoda.yandex.ru/saint%20petersburg

· 유용한 스마트폰 어플 활용하기

 네이버 글로벌 회화
공항, 숙박, 식당, 쇼핑, 교통 등 여행 관련 회화를 세계 각국어로 제공.

 네이버 러시아어 사전
한러 · 러영 번역 기능을 제공하여 간단한 러시아어 단어를 찾을 때 유용.

 얀덱스 메트로
(Yandex Metro, 러시아어)
최단 노선, 환승역, 소요 시간 등을 알려주어 복잡한 모스크바 지하철을 이용할 때 유용.

 얀덱스 날씨
(Yandex Weather, 러시아어)
러시아의 도시별 날씨 정보를 손쉽게 검색 가능.

 구글 맵(Google Map)
상세한 지도와 길 찾기 기능으로 목적지를 찾아갈 때 유용.

 트립어드바이저(TripAdvisor)
여행자가 음식점, 숙소 등에 대해 남긴 1억 건 이상의 리뷰를 참고 가능.

 해외 안전 여행
외교부에서 제공하는 어플로, 각종 위험 상황에 대처하는 방법과 영사 콜센터 전화번호 등을 제공.

 환율 계산기
각국 통화의 환율을 손쉽게 비교 · 조회 가능.

여권 만들기

해외여행을 위해서는 우선 여권을 준비해야 한다. 해외에서는 여권이 대한민국 국민임을 입증해주는 신분증으로, 공항 입출국 수속은 물론, 호텔의 체크인과 신용카드 결제 시 신분 확인용으로 사용된다. 발급 받은 여권이 있다면 유효 기간이 출발일 기준으로 6개월 이상 남아 있는지 반드시 확인하자. 만약 여권이 없거나 유효 기간이 부족하다면 출국 전에 미리 발급해두어야 한다.

여권의 종류는 복수여권과 단수여권으로 나뉜다. 단수여권은 1년 동안 단 1회 사용 가능한 여권으로 주로 병역 미필자가 사용하고, 대부분은 5~10년 동안 반복해서 사용 가능한 복수여권을 신청한다. 여권을 발급받은 후에는 서명란에 신용카드의 서명과 동일하게 사인부터 할 것!

· **여권 발급 절차**

발급 장소 및 소요 기간
서울 25개 구청, 광역시의 시청, 각 지방의 도청.
신청일 포함 5~7일

구비 서류
- 여권 발급 신청서 : 여권 발급 기관 구비
- 여권용 사진 : 최근 6개월 이내 촬영한 사진 1~2매
- 신분증 : 주민등록증, 운전면허증 등
- 국외여행 허가서 : 25~37세 병역 미필 남성인 경우 필요
- 여권 발급 동의서 : 미성년자인 경우 제출. 여권 발급 기관 구비

발급 수수료
복수여권 10년(성인) : 50,000~53,000원
복수여권 5년(8세 이상 18세 미만) : 42,000~45,000원
복수여권 5년(8세 미만) : 30,000~33,000원
단수여권 1년 : 20,000원

＊ 보다 자세한 사항은 외교부 여권 안내 홈페이지 (www.passport.go.kr) 참고.

국제학생증 만들기

러시아에서는 국제학생증(International Student Identity Card ; ISIC)을 소지하고 있으면 박물관 등의 입장료가 무료이거나 대폭 할인된다. 따라서 소정의 발급 비용을 지불하더라도 국제학생증을 발급받으면 여행 경비를 절약할 수 있어 이득이다. 12세 이상의 학생이라면 키세스 여행사(KISES)나 ISIC 발급 제휴 대학에서 국제학생증을 발급받을 수 있다.

· **국제학생증 발급 절차**

키세스 여행사 방문 또는 인터넷 신청
주소 : 서울시 종로구 종로 69 (종로2가) YMCA 505호
전화 : (02) 733-9393
팩스 : (02) 733-5700
홈페이지 : www.isic.co.kr

발급 대상
정부기관이 인정하는 교육기관(중학교, 고등학교, 대학교, 대학원 등)에 재학 또는 휴학 중인 학생.
해외 교육기관의 승인을 받은 유학 · 연수생.

구비 서류
반명함판 or 여권용 사진 1매
신분증(주민등록증, 여권 등)
학생증 or 재학증명서 or 휴학증명원서 등

발급 수수료
직접 방문 : 14,000원
인터넷 신청 : 14,000원 + 배송비 2,200원

유효 기간
발급월로부터 13개월(6월에 신청하면 다음 해 6월까지 유효)

항공권 구입하기

한국에서 모스크바나 상트페테르부르크와 같은 러시아 주요 도시로 가는 항공권은 직항편과 경유편이 있다. 직항편은 빠르고 편하지만 가격이 비싸다. 일주일 이내의 단기여행이라서 시간이 부족한 여행자에게는 직항편을 추천한다. 경유편은 가격이 싼 대신 갈아타야 해서 시간이 많이 걸리고 번거롭다. 하지만 스톱오버(경유지에서 짧게 체류하는 것)를 이용해 경유 도시까지 여행한다면 일석이조의 효과가 있다. 여행 경비를 한 푼이라도 아끼고 싶거나 한 곳이라도 더 구경하고 싶은 여행자에게는 경유편을 추천한다.

• 항공편 알아보기

인천 ↔ 모스크바 직항편

항공사	경유지	특징
대한항공	직항	kr.koreanair.com 주 5회 운항. 서비스가 좋고 편리한 반면 가격이 비쌈.
아에로플로트	직항	www.aeroflot.ru 매일 1편 운항. 러시아 국적기로 경유편과 비교해도 가격이 많이 비싸지 않아 인기가 많음. 대한항공과 공동 운항하므로 편수에 따라 대한항공 항공기를 이용할 수도 있음.

인천 ↔ 모스크바 경유편

항공사	경유지	홈페이지
중국동방항공	상하이	www.easternair.co.kr
중국국제항공공사	북경	www.airchina.kr
타이항공	방콕	www.thaiair.co.kr
핀에어	헬싱키	www.finnair.com/kr
카타르항공	도하	www.qatarairways.com/kr
KLM항공	암스테르담	www.klm.com/travel/kr_ko

인천 ↔ 상트페테르부르크 직항편

항공사	경유지	특징
대한항공	직항	kr.koreanair.com 주 3회 운항.

인천 ↔ 상트페테르부르크 경유편

항공사	경유지	특징
아에로플로트	모스크바	www.aeroflot.ru 매일 1편 운항. 경유편임에도 불구하고 비행 시간이 짧고 가격이 저렴. 모스크바와 상트페테르부르크 두 도시를 동시에 여행할 때 이용하면 편리.
핀에어	헬싱키	www.finnair.com/kr
KLM항공	암스테르담	www.klm.com/travel/kr_ko
영국항공	런던	www.britishairways.com
에어프랑스	파리	www.airfrance.co.kr
루프트한자	프랑크푸르트	www.lufthansa.com/kr/ko/Homepage
터키항공	이스탄불	www.turkishairlines.com/en-kr

• 저렴한 항공권 구하기

조기 예약(Early Bird) 할인을 적극 활용한다. 일반적으로 여행 성수기(6~8월)보다는 비수기(11, 2월)가, 주말이나 공휴일보다는 평일이 저렴하다. 싸고 좋은 항공권을 구하기 위해서는 부지런히 웹서핑을 하며 항공사 홈페이지의 프로모션, 온라인 여행사의 프로모션, 여행사의 땡처리 항공권 등을 알아보자. 그리고 적당한 항공권을 찾았으면 바로 구입하는 결단력도 필요하다. 더 싼 항공권을 찾겠다고 결제를 미루다가 그마저 없어지는 경우도 있기 때문이다.

여행을 계획할 때 미리 확인해야 할 여행사 홈페이지
탑항공 : www.toptravel.co.kr
인터파크 투어 : tour.interpark.com
온라인투어 : www.onlinetour.co.kr
웹투어 : www.webtour.com
땡처리닷컴 : www.072.com

· 항공권 구매하기
1 여권의 영문 이름과 유효기간(탑승일 기준 6개월 이상)을 확인한다. 항공권 구매자와 여권의 이름이 다른 경우, 여권의 유효 기간이 부족한 경우 탑승이 불가능할 수 있다.
2 항공료 외에 유류할증료, 택스, 공항 이용료 등의 추가 비용을 확인한다. 추가 비용이 항공료를 상회하는 경우도 있으므로 결제하기 전에 최종 금액을 반드시 점검해야 한다.
3 저렴한 항공권의 경우 스케줄 변경이나 취소 및 환불이 불가능한 경우도 있다. 결제하기 전에 '취소·환불 규정'을 꼼꼼히 살펴보자.
4 경유편을 이용할 경우에는 환승 시간(최소 2시간 이상)이 충분한지 확인한다. 경유지를 여행할 계획이라면 스톱오버가 가능한지도 확인하자.
5 출발 시간과 도착 시간을 확인한다. 특히 밤늦게 도착하는 경우 시내로 이동하거나 숙박을 하는 데 어려움이 있을 수 있으므로 신중히 검토하자.
6 적당한 항공권을 찾았으면 결제 전에 구매할 항공편의 스케줄과 편명, 탑승자의 영문 이름, 행선지, 출발일, 귀국일 등을 꼼꼼히 확인한다.
7 신용카드나 현금으로 결제하고, 이메일로 전자항공권(e-ticket)을 수령한다. 전자항공권은 출력해두었다가 공항에서 체크인할 때 여권과 함께 제시하자.
8 항공사에 따라 사전에 좌석 지정, 전자 체크인, 특별 기내식 요청 등을 할 수 있으므로 홈페이지를 확인하자.

· 마일리지 적립하기
항공편 이용 시 잊지 말아야 할 사항 중 하나가 마일리지 적립이다. 마일리지가 쌓이면 공짜 항공권, 좌석 승급, 공항 라운지 이용 등의 혜택을 누릴 수 있다. 마일리지 적립을 위해서는 항공사에 회원가입을 해야 한다. 항공사 홈페이지나 공항의 회원 카운터에서 회원가입을 하고 마일리지 카드를 수령하자. 만약 공항에서 마일리지 적립하는 것을 잊었더라도 걱정하지 말자. 일반적으로 탑승일을 기준으로 1년 안에는 사후 마일리지 적립이 가능하다. 또한 같은 항공사 그룹에 속한 멤버들끼리는 마일리지 공유가 가능하므로 되도록 마일리지를 한 곳으로 몰아서 적립하는 것이 유리하다. 다만 저가 항공권의 경우에는 마일리지 적립에 제한이 있거나, 그룹 멤버들 간의 마일리지 공유가 안 되는 경우도 있으므로 미리 확인하자.

스카이팀 www.skyteam.com
대한항공 / 아에로플로트 / 중국동방항공 / KLM 항공 / 에어프랑스 등

스타얼라이언스 www.staralliance.com
아시아나 / 중국국제항공공사 / 타이항공 / 루프트한자 / 터키항공 등

원월드 www.oneworld.com
핀에어 / 카타르항공 / 영국항공 등

여행자 보험 가입하기

현지에서의 사고와 도난에 대비해 여행 출발 전에 꼭 여행자 보험에 가입하자. 여행자 보험은 보험사, 여행사 등을 통해 전화나 인터넷으로 손쉽게 가입할 수 있으며, 혹시 깜박했다면 인천공항에서 가입하는 것도 가능하다. 특히 카메라나 스마트폰과 같은 전자제품의 도난 사고가 빈번하기 때문에, 이와 관련한 보상 한도액을 잘 따져봐야 한다.

· 해외 여행자 보험 가입 가능 보험사
삼성화재 1588-5114   www.samsungfire.com
LIG 손해보험 1544-0114   www.lig.co.kr
현대해상 1588-5656   www.hi.co.kr
AIG 1544-2792   www.aig.co.kr

- 현지에서 도난을 당했을 경우
  가까운 경찰서에 가서 도난 신고를 하고 도난 증명서(Police Report)를 발급 받는다. 귀국 후 증명서에 기재된 품목에 한해 보상이 이루어지므로 증명서에 도난당한 물건을 명확히 기재할 것! 개인의 부주의로 인한 단순 분실은 대상에서 제외된다.
- 병원을 이용했을 경우
  현지에서 발생한 질병이나 상해로 인해 병원을 이용했다면 진단서를 발급 받자. 귀국 후 보험사에 진료비와 약값 등의 비용을 지불한 영수증과 진단서를 제출하면 보상을 받을 수 있다.

여행 경비 짜기

여행 경비는 크게 교통비, 숙박비, 일비로 구분할 수 있다. 교통비와 숙박비는 예약을 하고 간다면 예산과 크게 차이가 나지 않지만, 일비는 상황에 따라 변동이 크므로 조금 넉넉하게 준비한다. 또한 만약의 사태를 대비하여 예비비를 별도로 준비하는 것이 좋다. 6박 7일을 기준으로 한 여행 경비 계산의 예시는 다음과 같다.

- 교통비
  인천 ↔ 모스크바 또는 상트페테르부르크 왕복 항공권
  모스크바 → 상트페테르부르크 편도 열차표
  모스크바 또는 상트페테르부르크 근교 도시로의 왕복 열차표
- 숙박비
  호텔, 호스텔 등 숙소 1박 가격
- 일비
  식비 : 하루 세 끼 식사 + 간식 + 물 등 음료수
  입장료 : 박물관, 성당, 궁전 등 관광지 입장료 또는 현지 투어 요금

시내 교통비 : 지하철, 버스, 택시 요금 등
* 순 여행 경비
  = 교통비 + 숙박비(7박) + 일비(8일)
* 예비비
  = 순 여행 경비의 10%
* 총 여행 경비
  = 순 여행 경비 + 예비비 + 준비물 비용 + 쇼핑 비용 등

환전하기

러시아에서는 루블화와 보조통화인 코페이카를 사용하므로 출국 전에 현지 통화를 준비해야 한다. 한국에서 루블화를 환전해 가는 것도 가능하지만, 일반적으로 US달러를 가져가서 현지에서 루블화로 바꾸는 것이 유리하다. US달러 지폐에 낙서가 되어 있거나 너무 낡은 지폐는 환전을 거부 당하는 경우도 있으므로 가능한 깨끗한 신권으로 준비한다. 러시아에 도착하면 공항 안에 환전소가 여럿 있으므로 US달러를 루블화로 바꾸는 데 어려움이 없다. 다만 공항 환전소는 시내의 은행이나 환전소보다 환율이 좋지 못하므로 당일 필요한 만큼만 환전하고 시내에 가서 나머지를 환전하는 편이 좋다. 만약 공항에서 환전하기 번거롭다면 도착한 날 필요한 만큼만 한국에서 루블화를 준비해 가는 것도 방법이다.
루블화 환율은 매일 변동될 뿐만 아니라 은행과 환전소마다 환율이 다르다. 따라서 러시아에서 고액의 US달러를 환전할 때는 환율이 좋은 곳을 선택하는 것이 유리하다. 일반적으로 관광객이 몰리는 관광지나 대로변은 환율이 좋지 않으므로 여러 곳을 비교한 후 선택한다. 환율은 은행이나 환전소 내외부에 전광판 형식으로 고지된다. 은행에서 환전할 때는 보통 탁 트인 창구가 아니라 'касса'라고 써진 밀실에서 유리벽을 사이에 두고 돈을 주고받는다. 환전한 후에는 금액이 맞는지, 위폐

가 섞여 있지는 않은지 그 자리에서 확인한다. 사람들이 보는 곳에서 고액의 돈을 넣었다 뺐다 하지 말고, 은행이나 환전소 내부 등 안전한 곳에서 확실히 돈을 갈무리한 다음 밖으로 나온다.

러시아 통화
- 루블(рубль)
 지폐 5000, 1000, 500, 100, 50, 10
 동전 10, 5, 2, 1
- 코페이카(копейка)
 동전 50, 10, 5, 1

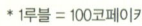

* 1루블 = 100코페이카

· 여행 경비 체크 리스트
- 은행마다 환율이 다르고 환전 수수료도 차이가 있으므로 은행별로 꼼꼼히 비교해본다. 은행에서 발행하는 환전 수수료 할인 쿠폰을 활용하고, 주거래 은행인 경우 우대 환율을 제공하는지 미리 문의하자. 또한 일정 금액 이상 환전 시 무료로 여행자 보험을 가입해주는 은행도 있으니 챙겨볼 것.
- 체류일이 길거나 고액의 US달러를 소지하기 불안하다면, 국제현금카드를 이용해 ATM에서 루블화를 인출하는 방법도 가능하다. 다만 인출할 때마다 일정액의 수수료가 부가된다. 국제현금카드는 해당 은행의 계좌에 잔고가 남아 있어야만 인출이 가능하다.
- 소지한 신용카드가 러시아에서 사용이 가능한지, 해외 사용 한도액은 얼마나 되는지 확인한다. 한도가 부족하다면 미리 한도를 증액해두어야 한다. 러시아의 대형 호텔, 음식점, 상점에서는 대부분 카드 결제가 가능하지만 작은 숍이나 숙박 시설에서는 불가능한 경우가 많다. 외국인이 카드를 사용할 때는 여권 제시를 요구하는 경우가 있으므로 항시 여권을 소지해야 한다.

- 러시아에서 신용카드를 사용할 때는 스키밍에 주의해야 한다. '스키밍(skimming)'이란 카드상의 정보를 소지자 몰래 빼내는 부정행위로, 특히 역이나 거리의 ATM을 사용할 때 스키밍을 당할 확률이 높다. 스키밍을 통해 카드 데이터와 비밀번호가 빠져나가면 위조카드가 복제되어 계좌의 현금이 불법 인출된다. 따라서 ATM에서 돈을 인출하거나 신용카드로 결제할 때는 신뢰할 만한 곳인지 주의를 기울이고, 만약 스키밍이 의심된다면 카드사에 사용 정지를 요청하거나 카드 비밀번호를 바꾸는 등 신속히 대처해야 한다.

짐 꾸리기

러시아 여행 전 짐을 꾸릴 때 가장 신경 써야 할 부분은 의류와 신발이다. 겨울에 러시아를 여행하는 경우에는 코트, 모자, 장갑 같은 방한용품을 철저히 준비해야 한다. 또한 봄에는 눈이 얼었다 녹았다를 반복하여 도로가 질척거리므로 방수가 되는 신발을 챙기면 좋다. 모스크바나 상트페테르부르크와 같이 유서 깊은 도시는 바닥이 조약돌로 된 곳이 많으므로 하이힐보다는 운동화가 현명한 선택이다. 극장에서 공연을 볼 예정이라면 드레스 코드에 맞춰 정장과 구두를 준비하고, 성당을 방문할 예정이라면 여성의 경우에는 머리를 가릴 스카프를 챙기는 것도 잊지 말자.
짐을 꾸릴 때 기내에 반입이 불가한 물품은 따로 분류하여 위탁수화물에 담아야 한다. 기내에는 칼이나 드라이버와 같은 무기에 준한 도구, 라이터나 스프레이와 같은 인화성 물질은 반입할 수 없고 액체류도 제한이 있으니 규정을 확인하고 주의해서 가방을 챙기자. 위탁수화물의 경우 무게와 개수 제한이 있으므로 사전에 항공사별 제한을 확인한 후 짐을 꾸리자.

품목	중요도	물품	용도
필수품	★	여권	출발일 기준 유효 기간 6개월 이상
	★	항공권	전자항공권(e-ticket) 사본
	★	현지 여행 경비	루블화(US달러), 신용카드, 국제 현금카드 등
	★	한국 원화	공항까지의 왕복 차비 정도
	★	호텔 바우처	예약한 숙소 체크인 시 제시
	★	여행자 보험	분실, 도난, 상해, 질병 등에 대비
	★	국제학생증	학생이라면 입장료 할인을 위해 반드시 지참
	★	가이드북	《어느 멋진 일주일, 러시아》
	★	필기구	메모, 일기, 가계부 등에 유용
	★	여권용 사진	사진 2~4장을 여권 사본과 함께 보관
	★	스마트폰	전화, 인터넷, 알람, 계산기 등 다방면에 활용
의류	★	속옷	3~4벌
	★	반팔 옷 & 반바지	2~3벌(여름에는 추가)
	★	긴 옷 & 긴 바지	2~3벌(겨울에는 추가), 성당 방문 시 필수
	★	재킷 or 카디건	1벌(겨울에는 코트 등 방한용품 지참 필수)
	★	양말	3~4개
	★	운동화, 구두, 샌들	관광지는 운동화, 극장은 구두, 비치는 샌들
	★	모자, 선글라스	자외선 차단용
	★	가방	배낭이나 트렁크, 시내용 작은 배낭이나 숄더백
	○	수영복	해수욕을 할 예정이라면 지참
	○	스카프	여성은 성당 방문 시 머리 가리개 필수
	○	손수건	땀을 많이 흘리는 체질이라면 지참
세면용품 & 의약품	★	세면도구	비누, 샴푸, 칫솔, 치약, 수건, 면도기, 빗 등
	★	화장품	사용할 만큼 덜어서 준비
	★	선크림	자외선 차단용으로 준비
	○	기타 비상약	지사제, 감기약, 멀미약, 두통약, 밴드류 등
	○	물티슈	장거리 이동처럼 물이 없을 시 유용
	○	생리용품	현지에서도 구입 가능하지만 취향에 맞게 준비
기타	★	카메라	배터리, 메모리카드, 리더기 등
	★	우산	양산 겸용으로 준비
	○	비닐용기	지퍼백, 비닐봉지, 락앤락 등
	○	비상식량	고추장, 컵라면, 김, 즉석요리 등

READY 3
인천 공항, 러시아 공항 이용하기

인천공항 이용하기

탑승 수속, 로밍 서비스, 출입국 심사, 면세점 쇼핑, 비행기 탑승 등을 여유롭게 마치려면 적어도 항공기 출발 3시간 전에는 공항에 도착해야 한다. 아래 교통편을 참고하여 공항까지의 소요 시간을 계산하고, 공항버스나 자가용을 이용할 예정이라면 교통 체증도 감안하자.

인천공항 홈페이지 www.airport.kr

- **인천공항 대중교통편**

공항철도 AREX(Airport Express)
서울역에서 인천공항을 직접 연결하는 직행열차와, 공덕역·홍대입구역·디지털미디어역·김포 공항역·계양역·검암역·청라국제도시역·운서역·공항화물청사역을 거치는 일반열차가 있다. 교통 체증과 상관없이 정해진 시간에 공항에 도착할 수 있는 것이 가장 큰 장점이다.

홈페이지 www.arex.or.kr
전화 (032) 745-7788
직행열차 소요 시간 43분, 운행 시간 6:00~22:20, 운임 8,000원
일반열차 소요 시간 56분, 운행 시간 5:20~23:38, 운임 900~3,950원

공항버스(리무진)
서울 시내는 물론 전국 곳곳을 인천공항과 연결시켜준다. 출발 전에 인천공항 홈페이지나 공항 리무진 홈페이지를 통해 노선과 운행 시간, 배차 시간 등을 확인하자.

공항 리무진 홈페이지 www.airportlimousine.co.kr
요금 서울과 수도권 기준 10,000~16,000원

- **인천공항에서 출국하기**

1 인천공항 3층 출국장에서 안내 모니터를 통해 탑승 수속 카운터(A~M)를 확인한다.
2 카운터에서 체크인하기. 여권과 항공권(e-ticket)을 제시하고 보딩패스를 수령한다.

3 출국장에 들어가기 전에 환전, 휴대폰 로밍 서비스, 여행자 보험 가입, 두꺼운 외투 맡기기, 상비약이나 책 구입 등 볼일을 처리하자.
4 출국장으로 입장하여 보안검색, 출국심사 등을 받는다.
5 면세점 쇼핑하기. 출국 시에는 1인당 3,000 US달러, 귀국 시에는 1인당 600 US달러에 한해 면세가 허용된다.
6 1~50번 탑승구는 면세 구역과 바로 연결되어 있지만, 101~132번 탑승구는 무인전철을 타고 다른 탑승동으로 이동해야 하므로 사전에 탑승구 번호를 확인하여 항공기 출발 30분 전까지 탑승구에 도착하도록 한다.
7 러시아로 출발!

러시아 공항 이용하기

러시아 공항은 입국심사가 까다롭고 시간이 오래 걸리기로 유명한데, 때로는 입국심사에 한 시간 이상 걸리기도 한다. 하지만 대한항공 등 한국발 비행기가 도착하는 모스크바의 셰레메티에보 D터미널의 경우 입국심사가 매우 빠르고 간편해져 이용에 불편함이 없다.

• 러시아 공항에서 입국하기
1 항공기에서 내릴 때 기내에 놓고 내리는 물건은 없는지 확인한다.
▼
2 도착(Arrival) 표지판을 따라 입국심사대(Passport Control)로 향한다.
▼
3 입국심사 모스크바를 포함한 주요 공항에서는 여권을 제출하면 프린트 된 출국카드를 잘라서 여권 사이에 끼워준다. 이외의 공항에서는 사전에 입출국카드를 손수 작성한 후 여권과 함께 제출해야 한다. 출국카드는 여행을 마치고 한국으로 돌아갈 때 출국심사대에 제출해야 하므로 잘 보관한다.
▼
4 수화물 찾기 항공편명으로 수화물 벨트 번호를 확인하자. 비슷한 가방이 많으므로 자신의 수화물이 맞는지 가방에 붙은 꼬리표를 꼭 확인해야 한다. 만약 짐이 벨트로 나오지 않으면 해당 항공사 사무실을 찾아가 신고한다. 경유편 이용 등으로 단순히 짐이 늦게 온 것이라면 도착하는 대로 호텔로 배달해준다. 하지만 짐이 분실됐다면 항공사의 절차에 따라 신고하여 보상을 받아야 한다. 분실 신고를 하거나 보상을 받으려면 인천공항에서 받은 보딩패스와 수화물 보관표가 필요하다.
▼
5 세관 신고 특별히 신고할 물건이 없다면 녹색 문을 통해 밖으로 나오면 된다. 수화물과 현금을 임의로 검사하는 경우도 있는데, 만약 1만 US달러 이상의 현금이나 고가의 물품을 소지한 경우에는 빨간색 문으로 향한다. 세관신고서를 작성해서 검사를 받으면 스탬프를 찍은 세관신고서 1~2장을 돌려준다. 돌려받은 세관신고서는 출국 시 세관 검사 때 필요하므로 잘 보관한다.
▼
6 인포메이션, 환전소, 화장실 등을 이용한 후 시내로 향한다.

* 입출국 카드 쓰는 법 참고
아시아나항공 홈페이지(flyasiana.com) / 서비스안내 / 공항에서 / 출입국 신고서

READY 4
러시아의 교통

철도는 광활한 국토에 흩어져 있는 도시를 연결하는 러시아 최대의 운송수단이다. 일찍이 군사적·경제적 이유로 발전을 거듭한 러시아 철도는 한때 세계 최장의 철로를 자랑했다. 지금도 여행자들이 도시 간 이동을 위해 가장 많이 이용하는 교통수단이다. 하지만 러시아어를 하지 못하는 외국인 관광객이 현지의 기차역 창구에서 열차표를 구매하기는 매우 어렵다. 따라서 러시아 철도청의 영문 사이트에서 사전에 열차편을 예매할 것을 강력히 추천한다.

기차

• 열차의 종류
초특급열차скоростной
모스크바와 상트페테르부르크를 약 4시간 만에 주파하는 고속열차 '삽산(САПСАН)'이 대표적이다. 이외에도 상트페테르부르크와 핀란드의 헬싱키를 연결하는 알레그로(АЛЛЕГРО), 모스크바와 니즈니 노브고로드를 연결하는 라스토치카(ЛАСТОЧКА) 등의 초특급열차가 있다.

우등열차фирменный
모스크바와 상트페테르부르크를 연결하는 야간열차인 '붉은 화살(Красная стрела)'이 대표적이다. 개별 침대칸을 보유하고 있으며 차량도 대부분 새것이다.

근교열차электричка
대도시 주변을 달리며 주로 통근열차로 사용된다. 개찰구와 플랫폼이 장거리열차와는 별도로 떨어져 있는 경우가 많다. 모스크바의 공항과 시내를 연결하는 공항철도도 여기에 해당된다.

일반열차
초특급열차, 우등열차, 근교열차를 제외한 모든 열차를 지칭한다. 수일에 걸쳐 달리는 장거리열차부터 비교적 단거리를 달리는 좌석 위주의 열차까지 종류도 천차만별이다. 차량이 낡았으며 침대칸도 3등침대가 주류를 이룬다.

• 침대와 좌석의 종류
우등침대(Soft, мягкий)
'붉은 화살'을 비롯한 일부 호화 우등열차에 연결된 침대 차량. 1~2인용의 개별실에 화장실, 샤워기, TV가 설치되어 있다. 시설과 서비스가 뛰어난 만큼 가격도 비싸다.

1등침대(Luxury, люкс)
두 개의 침대가 마주보고 있는 2인용 컴파트먼트 차량.

2등침대(Compartment, купейный)
2층 침대가 마주보고 있는 4인용 컴파트먼트 차량.

3등침대(Reserved Seat, плацкартный)
통로 양쪽에 2층 침대가 들어간 6인용 침대 차량. 한쪽은 통로와 직각으로 4명, 반대쪽은 통로와 평행하게 2명이 누울 수 있다. 가격은 싸지만 칸막이나 커튼이 없기 때문에 사생활이 보장되지 않는다. 다른 승객과 즐겁게 대화할 기회를 잡을 수 있는 반면, 도난사고가 일어날 가능성도 높다. 복도와 직각인 침대의 아래 칸, 위 칸, 평행인 침대의 아래 칸, 위 칸의 순으로 사용하기에 편리하므로 좌석 선택 시 참고할 것.

좌석차량
대도시에서 수백 킬로미터 이내를 달리는 열차는 좌석만으로 꾸려진 경우가 많다. 기본적으로 1등과 2등 두 개의 클래스로 나누어진다. 근교열차는 주로 통로를 사이에 두고 나무 벤치를 닮은 3인용 좌석이 늘어서 있다.

· 러시아 기차표 예매하기

1 러시아 기차 예매 영문 사이트(pass.rzd.ru/main-pass/public/en)에 접속한다.
2 우측 상단의 'Registration' 버튼을 눌러 회원 등록을 한다.
3 우측 상단의 'Log in' 버튼을 눌러 로그인 한다.
4 출발지, 도착지, 날짜, 왕복 여부를 입력하고 'Buy Ticket' 버튼을 클릭한다.
5 조회된 열차편에서 출발 시간, 소요 시간, 도착 시간, 좌석의 종류, 가격을 확인한다.
6 원하는 열차편 맨 앞의 동그라미에 체크한 후 'Continue' 버튼을 클릭한다.
7 원하는 차량과 좌석(침대 우등, 1등, 2등, 3등 또는 좌석 1등, 2등)을 선택하고, 맨 앞의 동그라미를 체크한 후 'Continue' 버튼을 클릭한다.
8 상단의 열차편, 시각, 차량 종류와 번호를 확인하고, 그 아래의 'Car plan'을 선택하여 좌석 번호를 지정한다. 침대칸의 경우에는 위 아래 칸 선택을 위해 'Upper/Lower'를 체크한다.
9 같은 화면 아래쪽의 탑승자 정보를 입력한다. Surname(성), First name(이름), Tariff(성인은 Full price 선택), Document type(Foreign document), Doc number(여권번호 입력), Sex(성별 선택), The State issuing the document(Korea Republic of 선택), Birthplace(출생지), Date of Birth(생년월일)를 여권에 명시된 대로 기입한다. 'Buy insurance' 버튼으로 보험 가입 여부를 선택한 후, 'Continue' 버튼을 클릭한다.
10 열차편, 탑승자, 가격 정보를 점검한 후 '확인(I comfirm that…)'란에 체크한다. 이후 'Make your payment' 버튼을 클릭한다.
11 결제 화면에서 금액을 확인한 후 카드번호, CVC 번호, 성명, 유효기간을 넣고 'OK' 버튼을 클릭하여 결제를 완료한다.
12 원래 화면에서 'Complete booking' 버튼을 클릭한 후 다음 화면에서 'Go to My orders' 버튼을 클릭한다. 조회된 예매 정보 중 원하는 열차편 끝의 'Ticket form'을 누르면 전자 티켓(e-ticket)이 조회된다. 전자 티켓을 출력해서 소지하고 있으면 별도의 열차표 교환 없이 기차에 탑승할 수 있다.
13 나중에라도 로그인한 후 홈페이지 화면 좌측의 'My orders'를 누르면 자신이 예매한 열차편의 정보를 조회할 수 있다. 인터넷으로 사전에 예매하지 않고 현지의 창구에서 열차표를 구매하는 경우에도 홈페이지의 열차 정보를 출력해서 보여주면 매우 유용하다.

기타 교통수단

· **장거리 버스**

장거리 버스는 열차편을 보완하기 위한 교통수단으로 활용된다. 주로 열차편이 없거나 뜸해서 이용이 불편한 노선에 투입되며, 주요 도시에는 장거리 버스 터미널이 마련되어 있다. 버스표는 사전에 터미널 창구에서 구매 가능하며, 도로의 정류장에서 타는 경우에는 운전사에게 구매하면 된다. 외국인 관광객은 도시 간의 장거리 이동보다는 대도시 근교의 관광지를 찾아갈 때 주로 이용한다. 버스 짐칸에 짐을 싣는 경우에는 수수료(운임의 10% 정도)를 별도로 지불해야 한다.

· **시내 교통수단**

러시아의 도시와 마을에서 주로 이용하는 대중 교통수단은 아래의 다섯 종류로, 요금을 내는 방식은 교통수단의 종류와 도시에 따라 다르다.

지하철метро
모스크바, 상트페테르부르크, 노보시비르스크 등 주요 도시에서 운행 중.

트램трамвай
노면전차라 불리며 도로에 설치된 철로를 따라 운행.

트롤리버스троллейбус
도로 위에 설치된 전선에서 전력을 공급받아 운행하는 버스.

버스автобус
한국에서 볼 수 있는 일반적인 버스.

마르시룻카маршрутка
일종의 미니버스로 십여 명이 탈 수 있는 미니밴을 주로 이용한다. 버스와 같은 노선을 달리지만, 운임은 목적지까지의 거리에 따라 달라진다. 다른 교통수단의 티켓은 사용할 수 없으며, 운전사에게 직접 현금으로 지불해야 한다. 보통 버스 정류장에 정차하지만 정류장 이외에도 손을 들면 세워주는 경우가 많다. 다만 내리겠다는 의사표시를 하지 않으면 세워주지 않으므로 초행인 경우에는 이용하기 어렵다.

· **택시**такси

러시아에는 정식으로 허가를 받은 콜택시와 일반 승용차로 영업을 하는 '자발적 택시'가 있다. 모스크바 등 대도시의 경우 콜택시 회사가 많아 점차 자발적 택시의 영업은 줄어드는 추세다. 미터기가 있으나 실제로는 잘 사용하지 않으며, 정해진 요금도 없어 출발 전에 목적지까지의 요금을 흥정해야 한다. 외국인에게는 내국인 요금의 3~5배를 요구해 바가지를 씌우기도 하므로 주의할 것!

모스크바와 상트페테르부르크를 연결하는 고속열차 '삽산'

READY 5
숙소 & 거주자 등록

숙소를 정할 때는 가격 대비 시설도 중요하지만 잊지 말아야 할 것이 이동의 편리함이다. 관광 명소가 몰려 있는 구시가 지역 안에 숙소를 구해야 이동에 소요되는 시간과 노력을 최소화할 수 있기 때문이다. 특히 모스크바 같은 대도시에 묵을 때는 숙소 가까운 곳에 지하철역이 있으면 편리하다. 여행을 떠나기 전에 미리 숙소를 예약해둔다면 현지에서 들일 시간과 수고를 덜 수 있다. 예약을 할 때는 이메일이나 팩스를 이용하는 편이 문서로 된 증명을 남길 수 있어 전화 예약보다 안전하다.
러시아에는 낡고 싼 소형 호텔에서부터 5선급 초대형 호텔까지 다양한 등급의 호텔이 있다. 또한 최근에는 상트페테르부르크나 모스크바 같은 관광지를 중심으로 호스텔이 빠르게 확산되고 있다. 하지만 여전히 싸고 깨끗한 숙소가 부족한 편이므로 관광 성수기인 여름에는 숙소 예약을 서둘러야 한다.

숙소 구하기

· 호텔(Hotel)

러시아의 호텔은 등급이 높아도 내부가 상당히 낙후된 경우가 많다. 하지만 최근에는 국내외 자본이 투입된 고급 호텔들이 늘어나고 있다. 이런 호텔들은 레스토랑, 수영장, 헬스장 등을 갖추고 있어 수준 높은 서비스를 제공하지만 비싼 가격이 문제다. 러시아는 숙박요금이 매우 비싸기로 유명하다. 특히 모스크바는 호텔 숙박료가 세계에서 가장 비싼 도시 중 한 곳으로 손꼽히는데, 중심가의 대형 호텔 중에는 더블룸 1박에 50만 원을 호가하는 곳도 많다.
호텔의 리셉션은 대부분 영어가 통하므로 의사소통에 문제는 없다. 다만 호텔에 묵을 때는 외출 시 항상 룸 키를 소지해야 한다. 객실로 통하는 입구를 지키는 경비원이 룸 키를 가진 사람만 통과시키기 때문이다. 지방의 구식 호텔 중에는 '데주르나야dежурная'라고 불리는 여성 직원이 있어서 각 층의 키를 도맡아 관리하기도 한다. 이런 경우에는 외출 시 키를 데주르나야에게 맡겼다가 돌려받아야 한다.

· 호스텔(Hostel)

침대가 20개 이하인 소규모 호스텔이 대부분이며, 1인실과 2인실을 한두 개씩 갖추고 있다. 소형 호스텔인 경우 대개 아파트 한 층을 개조해 사용하므로, 숙박 인원에 비해 화장실과 샤워 시설이 부족한 경우가 많으니 예약 시 주의해야 한다. 또한 출입구가 여러 개인 큰 건물에 입주해 있기 때문에 주소뿐만 아니라 정확한 출입구와 통과 방법(호출 벨을 누르는 방법 등)까지 파악하고 있어야 한다.

- **민박(Homestay)**

아파트를 비롯한 일반 가정집의 방을 여행자에게 제공하는 숙소. 보통 아침식사를 포함하고 있어 'B&B(Bed&Breakfast)'라고도 불린다. 주인이 영어를 잘한다는 보장이 없으므로 의사소통에 문제가 있을 수 있고, 일반 가정집이어서 시설이 낙후된 곳도 있으므로 예약 시 주의해야 한다.

- **숙소 예약 사이트**
  트립어드바이저 www.tripadvisor.co.kr
  익스피디아 www.expedia.co.kr
  부킹닷컴 www.booking.com
  아고다 www.agoda.co.kr
  호텔닷컴 kr.hotels.com
  호스텔북커스 www.hostelbookers.com
  호스텔스닷컴 www.hostels.com
  호스텔월드 www.korean.hostelworld.com

다만, 무비자라 할지라도 러시아 법령에 따라 외국인은 아래와 같이 거주등록을 해야 한다.

- 러시아 입국일로부터 7일(근무일 기준) 내에 거주등록을 해야 한다.
- 이미 거주등록을 마친 사람도 거주지를 옮길 경우(출장, 여행 등) 7일 이내에 새로운 거주등록을 해야 한다.
- 숙박업소(호텔, 민박 등)에 체류 시 숙박업소가 거주등록을 대행해서 신청하며, 등록을 마친 후에는 '거주등록증'을 교부한다.
- 여권, 출국카드와 함께 거주등록증을 항시 휴대해야 한다.
- 거주등록을 위반했을 시는 2~7천 루블에 달하는 벌금이 부과될 수 있다. 또한 출국 명령, 추후 입국 제한 등의 불이익이 따를 수 있다.

대형 호텔의 경우 무료로 등록을 대행해주지만, 나머지는 1인당 200루블 이상의 수수료를 요구하기도 한다. 숙소 체크인 시 여권과 출국카드를 제출하면 거주등록 수속을 밟아 다음 날 오전이면 거주등록증을 수령할 수 있다. 외출 시에는 거주등록증을 여권, 출국카드와 함께 반드시 휴대해야 한다.

거주등록의 가장 큰 문제점은 등록에 보통 하루이틀 시간이 걸린다는 점이다. 이 기간 동안은 거주등록증 없이 외부를 돌아다닐 수밖에 없는데, 부패한 경찰을 만나 신분 검사를 받게 되면 서류 미비로 문제가 될 수 있다. 또한 숙소에서 짧게 머물고 떠나는 경우 거주등록증을 수령하지 못하는 상황이 벌어질 수 있으며, 숙소를 자주 옮기면 옮길 때마다 등록 수수료를 지불해야 하므로 금전적으로 손해를 보게 된다.

거주자 등록하기

2014년 1월 1일에 발효된 '한-러 사증면제협정'에 따라 대한민국 국민은 러시아에서 다음과 같이 무비자로 입국·체류할 수 있다.

- 각 180일 동안 총 90일 체류 가능.
- 총 180일 동안 60일 체류 후 출국했다 재입국할 경우 추가 30일 체류 가능.
- 60일 체류 후 출국하고 120일이 경과하면, 총 180일이 지났으므로 새롭게 60일 체류 가능.

러시아의 치안

구소련 붕괴 후 극도의 혼란 속에 치안이 안 좋았던 시기가 있었지만 지금은 상황이 많이 개선되었다. 특히 모스크바나 상트페테르부르크 같은 대도시는 경찰이 광범위하게 순찰을 돌기 때문에 범죄자에게 직접적인 상해를 입을 가능성은 높지 않다. 하지만 아래의 몇 가지 범죄에 대해서는 주의를 기울여야 한다.

소매치기
관광지나 대중교통 안에서 소매치기를 당하는 경우가 빈번히 일어난다. 특히 레스토랑에서 옆에 놓아둔 가방이 없어지는 경우, 지하철에서 가방을 열거나 찢어서 물건을 훔쳐가는 경우, 관광지에서 뒷주머니에 넣어 놓은 지갑이나 휴대폰을 훔쳐가는 경우가 많다. 여권이나 현금 등 귀중품은 가능한 안주머니나 복대와 같은 안전한 곳에 보관하고, 혼잡한 곳에서는 소지품 관리에 긴장을 풀지 말아야 한다.

스킨헤드
유색 인종에게 차별을 가하는 백인우월주의자들을 지칭한다. 민머리 또는 짧은 헤어스타일 때문에 '스킨헤드(Skinhead)'라고 불리며, 순혈주의를 강조하기 때문에 '신나치주의자'라고도 불린다. 동양인을 비롯한 유색 인종을 만나면 이유 없이 폭력을 가하는데, 중앙아시아 등지에서 일자리를 찾아 도시로 몰려온 빈민 노동자들이 주요 타깃이 되고 있으나 외국에서 온 유학생이나 관광객도 봉변을 당하기도 한다. 관광지에서는 스킨헤드를 거의 볼 수 없지만 만약 스킨헤드를 만나면 최대한 멀리 피하는 것이 상책이다. 특히 히틀러가 태어난 4월 20일경에는 스킨헤드가 급증하므로 혼자서 거리를 돌아다니는 것은 피하는 편이 좋다.

경찰
구소련 붕괴 후 부패한 경찰들이 거리에서 관광객의 돈을 뜯는 경우가 많았다. 최근 들어 이러한 경우는 많이 줄었으나 여전히 빌미를 주지 않는 것이 중요하다. 외출할 때는 항상 여권, 출국카드, 거주등록증을 챙겨서 경찰의 제출 요구에 대비해야 한다. 만약 여권을 비롯한 서류가 미비하면 경찰이 이를 빌미로 돈을 요구하는 경우도 있다. 그러나 경찰이 현장에서 직접 벌금을 걷을 권한은 없으므로 원칙적으로는 돈을 지불할 필요가 없다. 하지만 경찰이 불합리하게 행동한다 하더라도 화를 내거나 강하게 항의하는 것은 금물이다. 러시아 경찰은 강력한 권한을 가지고 있으므로 침착하게 대응해야 한다. 우선 경찰에게 신분증명서를 보여 달라고 요구하여 신원을 확인하고, 만약 무리한 요구가 지속되면 대사관에 연락을 취해 도움을 요청하는 것이 좋다.

기타 주의사항
- 밤늦게 혼자 돌아다니지 말 것.
- 낯선 사람이 차를 태워준다거나 음식, 음료를 권하면 거절할 것.
- 거리에서 술 취한 사람을 만나면 눈을 마주치지 말고 피할 것.
- 집시 무리를 만나면 가까이하지 말고 피할 것.
- 수상한 사람들에게 둘러싸이면 즉시 도움을 요청하며 자리를 피할 것.
- 거리에서 환전을 싸게 해준다는 사람이 접근해도 상대하지 말 것.
- 거리에 떨어진 지갑 등을 발견해도 줍지 말고 그냥 지나칠 것.

READY 6
러시아의 음식

러시아 요리 코스는 전채, 수프, 메인, 후식 순으로 이루어진다. 자쿠스카(Закуска)라고 불리는 전채는 차가운 육류, 생선 알, 청어절임, 피클, 치즈 등이고, 수프는 양배추를 넣어 끓인 시(щи)를 기본으로, 고기와 채소를 듬뿍 넣은 솔랸카(солянка), 생선을 우려낸 유하(юха) 등이 있다. 메인 요리로는 주로 따뜻하게 조리한 소고기, 돼지고기, 양고기 등을 먹는다. 후식은 아이스크림, 케이크, 잼을 곁들인 홍차 등이 있다. 음식의 양이 푸짐해서 여성의 경우 전채와 수프만으로도 배가 부를 수 있으니 양을 조절하며 먹어야 한다. 러시아에서는 원래 저녁이 아니라 점심에 정찬을 즐긴다. 차례대로 음식이 나오는데 시간이 좀 걸리므로 최소한 시간 이상 비워두어야 한다.

광활한 국토를 가진 러시아는 지역과 민족에 따라 음식도 제각기 달라 레스토랑에 가면 다양한 민족 음식을 접할 수 있다. 대표적으로 그루지야의 샤실리크, 우즈베키스탄의 플로프, 우크라이나의 키예프식 커틀릿 등이 있다. 소련 붕괴 후 자본주의의 도입과 함께 맥도널드를 비롯한 서구식 패스트푸드점도 번성하고 있는데, 모스크바와 상트페테르부르크의 관광지에서는 간단하게 한 끼를 해결하기에 좋다. 또한 후식 문화가 발달한 러시아는 카페와 케이크 가게도 많아 식사 대용이나 간식으로 즐기기에 그만이다.

러시아 음식 Best 10

· 흘레프 хлеб
러시아인의 주식인 호밀로 만든 흑빵. 겉은 탄 테두리와 진한 갈색의 속살만 보면 맛이 심심할 듯하지만 보통 빵보다 찰지고 신맛이 나는 것이 특징이다. 크림이나 생선 알 등을 곁들이면 더욱 맛있다.

· 스메타나 сметана
유지방으로 만든 사워크림의 일종. 뭉클한 식감과 새콤한 맛으로 입맛을 돋운다. 러시아 음식에 빠지지 않고 들어가는 약방의 감초 같은 재료로, 심지어 수프에 타서 먹을 정도다. 전채에 곁들여 흑빵이나 생선 알과 함께 먹으면 음식에 풍미를 더해준다.

· 이크라 икра
러시아인이 전채로 즐겨 먹는 생선 알. 붉은색인 '크라스니 이크라(красный икра)'는 연어 알이고, 검은색인 '쵸르나야 이크라(чёрная икра)'는 일명 '캐비아'라고 불리는 철갑상어 알이다. 한꺼번에 많이 먹으면 비린내가 날 수 있으므로 빵과 스메타나를 곁들여 몇 알씩만 먹을 것!

· 보르시 борщ
양배추를 끓인 물에 토마토, 고기, 양파 등을 넣고 비트(빨간 무)로 색을 낸 붉은색 수프. 스메타나를 넣으면 예쁜 분홍색으로 변한다. 추운 날씨에 뜨거운 보르시를 먹으면 몸이 훈훈해진다.

· 피로그 пирог
러시아식 파이. 밀가루 반죽에 고기, 생선, 채소, 과일, 버섯 등 다양한 재료를 넣고 구워낸다. 축제를 뜻하는 러시아어 'пир(피르)'에서 이름이 유래되었을 정도로 명절이면 빠지지 않고 먹는 전통음식이다. 차와 같은 음료와 함께 간식으로 즐기기에 안성맞춤이다.

- **비프 스트로가노프** бефстроганов

  익힌 소고기와 버섯에 스메타나 소스를 끼얹어 만든 요리. 19세기 상트페테르부르크의 스트로가노프 집안의 가정요리라고 전해진다. 풍미 넘치는 소스와 부드러운 식감의 소고기가 어우러져 입 안이 절로 즐거워진다.

- **샤실리크** шашлык

  그루지야를 비롯한 코카서스 지방의 꼬치 요리. 긴 꼬챙이에 양념한 고기와 야채를 꽂아 숯불에 구워 먹는다. 원래는 양고기를 주로 사용했지만 지금은 소고기, 돼지고기, 닭고기 등 다양한 육류를 사용한다. 기름기가 쏙 빠진 담백한 고기 맛을 즐길 수 있어 인기가 높다.

- **플로프** плов

  우즈베키스탄을 비롯한 중앙아시아 지역의 쌀 요리. 고기와 양파 같은 재료들을 기름에 볶다가 쌀을 넣고 익히기 때문에 일명 '기름밥'이라고도 부른다. 귀한 손님이 오거나 잔치 같은 특별한 날 대접하는 지역 전통음식이다.

- **블린** блин

  러시아식 팬케이크. 얇게 펴서 구운 반죽에 잼, 치즈, 스메타나, 햄, 다진 고기 등 다양한 재료를 넣어 먹는다. 속 재료를 골라먹는 재미에 싼 가격 덕분에 간단한 식사 대용으로 인기 만점이다.

- **펠메니** пельмени

  시베리아풍 물만두. 밀가루 반죽 안에 다진 고기와 양파 등을 넣어 만든다. 우리나라의 물만두와 맛이 비슷한데 크기가 작고 피가 두꺼운 편이다. 김이 모락모락 날 때 먹으면 맛있다.

러시아 음료 Best 5

- **크바스** квас

  흑빵을 발효시켜 만든 알코올 음료. 독특한 신맛과 단맛으로 청량음료 대신 애용되며, 특히 여름철 갈증이 날 때 많이 마신다. 길거리에서 음료탱크를 놓고 팔기도 하는데, 요즘에는 페트병에 담긴 제품도 구입 가능하다.

- **보드카** водка

  러시아의 대표적인 증류주. 스트레이트로도 마시지만 무색·무취·무미하기 때문에 칵테일의 원료로 널리 애용된다. 보통 40~60도에 이르므로 과음하지 않도록 주의할 것!

- **피보** пиво

  맥주를 뜻하는 러시아어로, 발티카(балтика)가 대표적인 브랜드다. 갈색 맥주는 스베틀로에(светлое), 흑맥주는 툠노에(темное)라고 부른다. 특히 발티카는 알코올 도수에 따라 0~9까지 번호가 붙어 있어 골라 마시기 편하다. 제일 인기 있는 번호는 도수 4.8%인 3번이다.

- **차이** чай

  홍차를 비롯한 차 음료. 옛날부터 추운 겨울에 몸을 녹이기 위해 즐겨 마셨으며, 지금도 사랑받고 있다. 홍차에 잼을 곁들여 마시기도 하는데, 차의 씁쓸한 맛과 잼의 달콤한 맛이 어우러져 차를 좋아하지 않는 사람도 맛있게 마실 수 있다. 찻주전자에 과일을 넣어 맛과 향을 더한 과일차도 매우 특별하다.

- **모르스** морс

  크랜베리, 블루베리, 라즈베리 등의 열매로 만든 과일 주스. 예쁜 붉은색을 띠며 비타민이 풍부해서 식사 전후로 즐겨 마신다.

READY 7
러시아의 쇼핑 아이템

· 마트료시카 матрёшка
러시아를 대표하는 기념품으로 인형을 열 때마다 안에 더 작은 인형이 나오는 것이 재미있다. 전통적인 새색시 차림부터 정치인, 문학가 등 다양하다. 마지막 인형까지 채색이 잘 되어 있는지 꼭 확인하자.

· 알 공예
부활절 때 달걀에 문양을 새겨 넣은 것에서 비롯된 공예품. 러시아 황실에서 알 공예가 유행하면서 화려하고 예술적인 러시아 알 공예가 세계적인 명성을 얻었다. 귀금속으로 장식된 고가의 작품부터 싸구려 기념품까지 가격이 천차만별이다.

· 샤프카 шапка
러시아의 겨울을 상징하는 털모자. 한겨울의 혹한에 뇌의 손상을 방지하기 위해 만들어진 방한용품이다. 털의 종류에 따라 가격 차이가 크다.

· 자작나무 공예
러시아의 대지를 뒤덮고 있는 자작나무를 소재로 한 공예품. 빗, 상자, 바구니, 컵받침, 체스판 등 종류가 다양하다.

· 오르골
러시아의 관광명소를 테마로 삼은 뮤직 박스. 음악과 함께 오르골 위의 성당이 빙글빙글 돌아간다.

· 머그컵이나 텀블러
마트료시카를 디자인에 활용하거나 러시아의 문화를 드러낸 특색 있는 머그컵과 텀블러가 있다.

· 초콜릿
단 것을 즐기는 러시아 사람들의 입맛에 맞춰 다양한 맛과 크기의 초콜릿이 있으며 그중 귀여운 여자아이가 그려진 알룐카(алёнка) 초콜릿이 가장 인기다.

· 그림과 엽서
러시아 회화의 매력을 느낄 수 있는 아이템. 유명 관광지를 그린 풍경화, 고양이를 그린 동물화, 구소련 시절의 사회주의 포스터 등 재미난 그림과 엽서가 많다.

러시아의 자연
ABOUT RUSSIA

러시아는 유라시아 대륙에 걸친 광대한 영토를 지닌 국가다. 면적은 약 1707만 제곱킬로미터로 세계에서 가장 큰 나라이며, 이는 한반도의 약 77배에 이른다. 동쪽으로는 태평양, 북쪽으로는 북극해, 서쪽으로는 발트 해와 연결되고, 국경을 맞댄 국가만 해도 중국, 몽골, 아제르바이잔, 라트비아, 에스토니아, 핀란드 등 14개국이나 된다.
러시아의 지형은 크게 남동쪽의 험준한 산악지대와 북서쪽의 광활한 평야지대로 나뉜다. 지역적 특성에 따라 세분화하면 콜라·카렐리야 지역, 러시아 평원, 카프카스 지역, 우랄산맥, 서시베리아 저지, 중앙 시베리아 고원, 남부 산악지대, 동부 산악지대로 구분된다.
역사·문화적으로는 남북으로 길게 뻗은 우랄산맥을 중심으로 서쪽의 유럽러시아 지역, 동쪽의 시베리아 지역으로 구분한다. 러시아 영토의 대부분은 시베리아 지역이 차지하고 있는 반면, 인구의 대다수는 유럽러시아 지역에 집중되어 있다. 이로 인해 러시아의 대도시도 유럽러시아 지역에 편중되어 있는데, 대표적인 도시가 러시아 역사의 중심지인 모스크바(Москва)와 상트페테르부르크(Санкт-Петербург)다. 드넓은 시베리아 지역은 교통의 요지가 도시로 발전했으며, 대표적인 도시로는 노보시비르스크(Новосибирск), 이르쿠츠크(Иркутск), 하바롭스크(Хабаровск), 블라디보스토크(Владивосток) 등을 들 수 있다.

러시아의 사계절 중 봄은 여행하기에 최악의 계절이다. 많은 지역이 3~4월까지도 눈으로 덮여 있는데다, 5월이 되어 눈이 녹기 시작하면 길이 질퍽해져서 이동하기 매우 불편하기 때문이다. 여름은 러시아를 여행하기 가장 좋은 계절이다. 특히 유럽러시아 지역은 6~7월의 초여름이 베스트 시즌으로, 날씨가 따뜻하면서 습도가 높지 않아 야외 활동에 적합하다. 시베리아 지역은 들판에 야생화가 핀 풍경을 만끽할 수 있는 7~8월이 더 좋다. 다만 짧은 여름에 집중적으로 모기가 발생하므로 이에 대한 대비가 필요하다. 가을은 아름다운 수확의 계절이다. 특히 9월 말부터 10월 초에는 북쪽에서 시작된 단풍이 남쪽으로 내려와 나뭇잎이 황금색으로 물든다. 짧지만 아름다운 이 시기를 '황금의 가을'이라고도 부른다. 겨울은 매서운 추위로 인해 여행하기 힘든 계절이다. 하지만 온통 흰 눈으로 덮인 풍경을 접할 수 있어 북방의 나라인 러시아의 진면목을 감상할 수 있는 시기이기도 하다.

모스크바와 상트페테르부르크는 지형적 구분으로는 러시아 평원지대에 위치한다. 러시아 평원은 서쪽의 국경지대부터 동쪽의 우랄산맥까지, 북쪽의 북극해부터 남쪽의 카프카스 지방과 카스피 해 연안까지 펼쳐진다. 대평원 안에서도 모스크바는 구릉이 펼쳐진 스몰렌스크·모스크바 고원지대에, 상트페테르부르크는 북서쪽의 발트 해로 연결되는 네바 강 하구에 자리한다.
모스크바와 상트페테르부르크는 전형적인 대륙성 기후를 나타낸다. 매우 길고 한랭한 겨울과 짧고 서늘한 여름이 특징이다. 6개월 이상 지속되는 긴 겨울을 지나 4월 말이 돼야 기온이 서서히 올라가기 시작한다. 여름에는 25도 이상 올라가지만 우리나라에 비해서는 습도가 낮아서 더위를 견디기에 수월하다. 강수량은 적은 편이지만 다른 계절에 비해 여름에 비가 많이 내린다. 해가 지지 않는 백야 현상은 보통 5월 말부터 7월 중순까지 지속되며, 6월 20일경부터 7월 초까지 절정을 이룬다.

러시아의 역사
ABOUT RUSSIA

러시아의 기원

러시아는 거대한 영토만큼이나 다채롭고 역동적인 역사를 지니고 있다. 게다가 러시아 역사의 주무대가 우랄산맥 서쪽의 유럽 지역임을 고려하면 드넓은 시베리아 지역은 상대적으로 주목받지 못한 것도 사실이다. 이러한 한계를 감수한다면 러시아의 역사는 크게 두 부분으로 나누어볼 수 있다. 첫째는 러시아가 형성되어 제정 러시아의 화려한 시절을 구가한 기간이고, 둘째는 사회주의 혁명으로 탄생한 소련이 냉전 시대를 거쳐 붕괴되는 기간이다. 우리나라에는 사회주의 국가 소련에 대한 부정적인 이미지가 특히 부각되어 있는데, 기나긴 러시아 역사 중에서 백 년도 안 되는 소련 시절에만 주목하는 것은 편향된 시각이라고 볼 수 있다. 따라서 러시아의 기원부터 소련의 붕괴에 이르는 역사적 흐름을 개략적이나마 살펴보면서 러시아의 진면목을 파악해보자.

러시아의 역사적 기원은 바이킹의 후손인 류리크(Рюрик)에서 시작된다. 9세기경 서로 다툼이 끊이지 않았던 동 슬라브인은 자신들을 다스릴 왕을 보내달라며 스칸디나비아 지역의 바랑고이 족에 사신을 보냈다. 이에 류리크 공이 남하하여 노브고로드(Новгород, 지금의 상트페테르부르크 남쪽 지역)에 자리를 잡고 나라를 융성시켰다. 이후 류리크를 계승한 올레크가 세력을 남쪽으로 확장하여 키예프(지금의 우크라이나 키예프)를 손아귀에 넣었다. 이로써 키예프 루시라는 이름을 획득한 러시아 최초의 왕조국가는 이후 약 300년 동안 번영을 구가했다. 특히 블라디미르 1세(Владимир I Святославич)는 왕국의 영토를 크게 넓히는 한편,

동방정교회를 국교로 도입하여 비잔티움제국은 물론 서유럽과의 교류를 강화했다. 블라디미르 1세의 뒤를 이은 야로슬라프 1세(Ярослав I)는 법전을 편찬하고 예술을 장려하여 키예프 루시의 전성기를 이루었다. 하지만 야로슬라프 1세가 사망한 후 상속을 둘러싼 내분이 일어났고, 결국 키예프 루시는 13세기에 몽골의 침입을 받아 멸망하고 말았다.

1237년 칭기즈칸의 손자 바투는 키예프 루시를 침략하여 노브고로드를 제외한 대부분의 도시를 폐허로 만들었다. 지방 영주들은 지위를 잃지는 않았지만 이후 몽골에 정기적으로 공물과 세금을 바치는 속국 신세로 전락하고 말았다. 더구나 노브고로드는 몽골의 지배는 벗어났지만 스웨덴과 독일 기사단의 침입으로 고통 받았다. 이에 알렉산드르 대공(Александр Ярославич Невский)은 1240년 네바 강에 상륙한 스웨덴 군을 격퇴한 데 이어 1242년 얼어붙은 페이푸스 호에서 독일 기사단을 격파함으로써 러시아를 가톨릭화하려는 로마 교황의 야망을 분쇄했다. 북서 러시아를 외적의 침입으로부터 보호한 구국의 영웅 알렉산드르 대공은 몽고에는 대응을 달리했다. 저항하기에는 너무나 강력한 몽골의 지배에 협조적인 태도를 보이며 신뢰를 얻었고, 이를 통해 다른 공국들보다 월등한 자치권을 부여받아 국력 신장에 총력을 기울였다. 러시아 역사상 최초의 영웅으로 추앙받는 알렉산드르를 두고 후손들은 '넵스키'라는 칭호를 덧붙였고, 후일 표트르 대제(Пётр Великий)는 상트페테르부르크의 네바 강변에 알렉산드르 넵스키 대수도원을 건립해 그의 업적을 기렸다. 약 240년 동안 지속된 몽골의 지배는 러시아를 서유럽과 단절시키는 한편 동양적인 색채를 강

화하는 결과를 낳았다. 러시아의 정체성에 큰 영향을 미친 몽골의 지배는 15세기경부터 약화되기 시작했다. 모스크바 공국의 이반 3세(Иван III Васильевич)는 비잔티움제국의 계승자임을 자처하며 러시아 전역을 합병해 나갔다. 그리고 1480년 대외적으로 몽골의 지배가 종식되었음을 선언하는 동시에, 내부적으로는 전제군주체제의 토대를 쌓았다. 그의 손자인 이반 4세(Иван IV Васильевич)는 1547년 러시아 최초로 황제의 칭호인 '차르(царь)'를 사용하는 한편, 귀족의 세력을 억눌러 황제의 권한을 대폭 강화했다. 이반 4세는 분노에 눈이 멀어 친아들을 몽둥이로 때려 죽였을 정도로 성격이 난폭했다. 그의 통치가 얼마나 잔혹했는지 '이반 뇌제(雷帝)'라는 칭호가 붙을 정도였다. 이반 4세는 몽골의 잔여세력을 몰아내고 동쪽으로 영토를 확장했는데, 이 시기에 시베리아 정복과 식민지 건설이 추진되었다.

1584년 이반 4세가 사망하자 모스크바 공국은 황위 계승을 두고 혼란에 빠졌다. 보리스 고두노프(Борис Фёдорович Годунов)가 황위를 찬탈한 데 이어 폴란드의 침공까지 더해지자 공국은 명맥이 끊어지고 말았다. 이에 전국회의를 통해 이반 4세의 조카인 미하일 로마노프(Михаил Фёдорович Романов)가 새로운 황제가 되었다. 이로써 고대 러시아를 통치한 류리크 왕조가 막을 내리고 제정 러시아를 이끌 로마노프 왕조가 들어섰다.

알렉산드르 넵스키 대수도원

1812년 조국전쟁의 회랑

전제정치와 서구화

제정 러시아는 4대 황제인 표트르 대제 시기에 활발한 영토 확장과 개혁 정책으로 근대화의 길을 걷게 된다. 스웨덴과의 북방전쟁에서 승리를 거두어 발트 해로 나갈 발판을 마련했으며, 이후 네바 강 하구에 새로운 수도인 상트페테르부르크를 건설하여 유럽과 교류할 창구로 삼았다. 또한 서유럽을 본떠 정치·경제·문화에 걸친 대대적인 개혁을 단행하여 유럽의 변방으로 여겨지던 러시아를 근대적인 국가로 변모시켰다.

표트르 대제가 추진한 서구화는 예카테리나 2세(Екатерина II Великая) 시절에 이르러 화려한 꽃을 피운다. 남편인 표트르 3세를 죽이고 황위를 찬탈한 예카테리나는 프랑스 사상가들과 교류하며 계몽군주를 자처했다. 전 세계에서 예술품을 수집하여 에르미타슈 미술관의 초석을 놓았으며, 전국에 아카데미와 도서관을 설립하여 적극적으로 문학예술을 후원했다. 또한 오스만 터키와의 전쟁을 통해 남서쪽으로 러시아의 영토를 넓혀 동부 유럽에 대한 러시아의 영향력을 강화했다. 예카테리나 2세 시절 러시아는 군사와 문화 면에서 유럽의 강대국으로 발돋움했다. 하지만 프랑스 대혁명이 일어난 후에는 체제 유지를 위해 자유주의 사상을 억누르고 귀족의 특권을 대폭 강화했다. 이로 인해 황실과 귀족은 호화로운 제정 러시아의 황금기를 만끽했지만 러시아 민중의 삶은 갈수록 열악해져 갔다.

전제정치의 억압이 지속되던 1812년 6월 나폴레옹이 60만 대군을 이끌고 러시아를 침공했다. 쿠투조프 장군이 이끄는 러시아 군은 정면대결로는 프랑스 군을 이길 수 없다고 판단했다. 이에 뒤로 계속 물러나면서 프랑스 군의 보급로가 길어지게 유도하는 한편, 적에게 도움이 될 만한 것은 모두 불태워버리는 초토화 작전을 구사했다. 파죽지세로 러시아 땅으로 밀고 들어온 나폴레옹은 모스크바에 무혈 입성했지만, 알렉산드르 1세(Александр I)는 거듭되는 항복 권유를 거부하며 버텼다. 결국 보급품이 바닥난 프랑스 군은 모스크바를 버리고 철수하기 시작했는데, 이르게 찾아온 러시아의 혹한이 병사들의 퇴각을 고통스럽게 만들었다. 추위와 굶주림에 시달리던 프랑스군은 뒤쫓아 오는 러시아 군의 공격을 받아 살아서 돌아간 병사가 1만 명밖에 되지 않았다. 결국 나폴레옹의 뒤를 쫓은 알렉산드르 1세는 파리까지 입성하여 나폴레옹 몰락의 일등공신이 되었다. 러시아 전체가 떨쳐 일어나 외적의 침입을 막아낸 이 전쟁을 '조국전쟁'이라고 부르는데, 이는 러시아인의 국가의식을 고취하게 된 중요한 계기가 되었다.

로마노프 왕조의 전제정치 아래서 러시아 민중은 농노제의 폐해로 병들어갔다. 착취와 억압으로 쌓여만 가던 민중의 분노는 결국 러일전쟁의 패배로 촉발된 경제위기 속에서 폭발하고 말았다. 1905년 말 처우 개선을 요구하며 시위하던 노동자들에게 황제의 군대가 발포하는 '피의 일요일' 사건이 벌어진 것이다. 이어 1917년에는 제1차 세계대전으로 국가적인 위기가 도래한 가운데 굶주린 시민들이 들고 일어나 '2월 혁명'을 일으켰다. 군대가 시위대의 편에 선 덕분에 혁명은 성공을 거두었고, 이로써 약 300년에 걸쳐 제정 러시아를 지배한 로마노프 왕조는 종말을 맞았다.

사회주의 혁명과 대조국전쟁

황제 니콜라이 2세의 퇴위로 제정 러시아가 막을 내리자 임시정부가 들어섰다. 하지만 임시정부는 즉각 전쟁을 중단하라는 민중의 요구를 묵살하는 한편, 전제정치의 폐해를 개선하는 데도 미온적이었다. 이에 블라디미르 레닌(Владимир Ильич Ленин)이 이끄는 볼셰비키(большевики)가 임시정부를 타도할 목적으로 무장봉기를 일으켰다. 결국 러시아 구력 1917년 10월 25일 작전을 개시한 볼셰비키는 상트페테르부르크의 겨울궁전을 점령하고 임시정부를 장악함으로써 혁명을 완성시켰다. '10월 혁명'이라 불리는 역사적 사건을 통해 세계 최초의 사회주의 국가가 탄생하게 되었다. 일명 '소련'이라고 줄여 부르는 이 나라의 정식 명칭은 '소비에트 사회주의 공화국 연방(Union of Soviet Socialist Republics : USSR)'이다. 민중의 힘으로 쟁취한 사회주의 국가 소련은 시작부터 대내외적인 위기에 직면했다. 부르주아와 지주계급을 중심으로 한 우익세력이 백군(白軍)을 조직해 반란을 일으켰고, 사회주의의 확산을 우려한 연합국이 이에 동조하여 시베리아를 침공했다. 이에 혁명정부는 기업의 국유화와 노동의 의무화를 실시하고, 곡물을 징발하여 식량을 배급하는 등 '전시공산주의' 정책을 펼쳐 국력을 최대한 동원했다. 이를 통해 소련 정부군인 적군(赤軍)이 적대세력을 소련 땅에서 몰아냄으로써 마침내 내전과 열강의 간섭에서 벗어날 수 있었다. 하지만 전시공산주의 정책은 소련 경제를 피폐화시켜 많은 부작용을 낳았고, 결국 레닌은 1921년 자본주의적인 요소를 일부 도입한 신경제정책을 채택했다. 이로써 소련 경제는 신속히 활력을 되찾아 대전 전의 수준으로 회복되어 정치적 안정을 도모할 수 있었다.

1924년 레닌이 사망한 후 공산당 서기장이었던 이오시프 스탈린(Иосиф Виссарионович Сталин)이 권력을 잡았다. 트로츠키를 필두로 한 반대파를 제거한 스탈린은 이후에도 강압적인 숙청을 지속했다. 특히 3차에 걸친 대숙청으로 잔존해 있던 반대파는 물론이고, 무고한 당원, 군인, 관료, 시민들까지 처형했다. 약 30년에 걸친 스탈린의 독재 시절 동안 희생된 사람만 수십만 명에 이를 것으로 추산될 정도다. 또한 스탈린은 고전적인 마르크스 이념에서 벗어나 러시아에서만이라도 사회주의 국가 건설이 가능하다는 '일국사회주의론'을 전개했다. 원래 마르크스의 이론은 고도로 발달된 자본주의 국가들의 프롤레타리아가 동시에 들고 일어나야만 혁명이 성공할 수 있다는 국제주의 원칙에 입각하고 있었다. 하지만 1917년 혁명 이후 러시아 주변 국가에서 사회주의 혁명이 일어날 것이라는 예상이 빗나가자 스탈린은 마르크스의 이론에 반기를 들었다. 개별 국가에서 프롤레타리아가 혁명을 일으켜 사회주의 국가를 건설하는 것이 가능하다고 주장한 것이다. 이러한 일국사회주의론은 스탈린이 국가 공업화 정책과 농업 집단화를 밀어붙이는 이념적 토대가 되었으며, 국제주의를 부르짖은 트로츠키 같은 반대파를 숙청하는 빌미를 제공했다.
소련은 제2차 세계대전이 임박한 1939년 8월 23일 나치 독일과 불가침조약을 맺었다. 이로써 소련은 대전의 참화에서 비켜가는 듯이 보였지만 1941년 6월 22일 나치 독일이 불가침조약을 깨고 불시에 소련을 침공함으로써 독소전쟁이 발발했다. 히틀러는 2개월 안에 소련을 점령한다는 계획하에 180만의 병력을 투입했다. 전쟁 초기 소련 군은 막강한 독일 군에 연전연패를 거듭하며 후퇴하기 바빴다. 파죽지세로 밀고 들어온 독일 군은 레닌그라드(지금의 상트페테르부르크)를 포위했고, 모스크바에서 수백 킬로미터 떨어진 지점까지 접근했다. 하지만 이때부터 러시아의 끈질긴 저항이 시작됐다. 레닌그라드 시민들은 불굴의 투지로 항전을 거듭하여 900일 동안 도시를 지켜냈다. '레닌그라드 공방전'이라 불리는 전투에서 독일 군은 끝내 도시를 함락하지 못하고 물러났다. 이뿐만이 아니었다. 소련 전역에서 지원병이 넘쳐났고, 병사뿐 아니라 모든 시민이 조국을 지키기 위해 발 벗고 나섰다. 러시아인의 영웅적인 투쟁으로 인해 겨울 전에 소련을 점령하겠다는 독일 군의 계획은 수포로 돌아갔다.
이후 북부와 중부 전선에서 전투가 교착 상태를 보이자 독일 군은 남부 석유지대를 장악하기 위해 군대를 돌렸다. 그리하여 1942년 7월 17일부터 볼가 강 하류의 철도 중심지인 스탈린그라드(현재의 볼고그라드)에서 대접전이 벌어졌다. 시가전을 동반한 치열한 공방전은 다음 해 2월 2일 독일 군이 최종적으로 항복을 선언함으로써 소련 군의 승리로 막을 내렸다. 독일 군 22만 명, 소련 군 48만 명이 목숨을 잃어 역사상 가장 많은 사상자를 기록한 '스탈린그라드 전투'는 독소전쟁의 승기를 소련으로 가져온 결정적인 계기가 되었다. 1944년 가을, 러시아 땅에서 독일 군을 완전히 몰아낸 소련 군은 동유럽으로 진군해 들어갔다. 마침내 1945년 5월 2일 독일 베를린을 함락시켜 제2차 세계대전을 승리로 끝맺었다. 유럽을 참혹한 전쟁의 도가니로 몰아넣은 히틀러의 야욕을 분쇄시킨 일등공신은 누가 뭐래도 2천만 명 이상의 인명을 희생하며 승리를 쟁취한 소련이었다. 러시아인은 이 전쟁을 두고 '대조국전쟁'이라 부르며 국민적 자긍심을 표현한다.

제2차 세계대전 후 소련은 미국과 어깨를 나란히 하는 초강대국으로 성장했다. 두 나라는 사회주의와 민주주의 양 진영을 대표하여 군사·정치·문화·경제 등 전 분야에 걸쳐 체제의 우위를 과시하기 위해 총력을 기울였다. 이른바 냉전 시대라 불리는 소련과 미국의 대립은 핵무기 경쟁을 통해 전 인류를 제3차 세계대전의 공포로 몰아넣기도 했다. 하지만 소련은 중공업에 치중된 산업 정책, 군사력 강화를 위한 무리한 자원 투입, 농업 정책의 실패에 따른 기근, 숙청으로 점철된 억압적인 정치체제 등으로 점차 쇠락하기 시작했다. 결국 러시아 경제가 파탄 지경에 이르자 1985년 3월 공산당 서기장이 된 미하일 고르바쵸프(Михаил Сергеевич Горбачёв)는 대대적인 변혁을 시도했다. 대내적으로는 페레스트로이카(개혁), 대외적으로는 글라스노스트(개방)를 표방하며 경제 침체와 외교적 고립을 탈피할 길을 모색했다. 고르바쵸프는 국가 통제를 완화하고 시장경제 제도를 도입하여 경제 발전을 꾀했으며, 다당제와 대통령제를 도입하는 정치 개혁을 단행하여 1990년 초대 대통령으로 선출되었다.
고르바쵸프의 정책은 소련 내에 자유주의 열풍을 불러일으켜 연방을 구성하는 공화국들이 독립을 선언하기에 이르렀다. 1990년 6월 러시아는 독자적인 '러시아 공산당'을 출범시켰고, 1991년 6월에는 보리스 옐친(Борис Николаевич Ельцин)이 러시아 공화국의 대통령으로 당선되어 독립에 박차를 가했다. 이에 위기를 느낀 보수파가 1991년 8월 19일 고르바쵸프를 감금하고 쿠데타를 일으켰다. 하지만 옐친을 비롯한 공화국 대통령들을 중심으로 민중의 저항이 거세게 일어나는 바람에 쿠데타는 3일 만에 실패로 돌아가고 말았다. 결국 1991년 12월 소련의 11개 공화국이 카자흐스탄의 알마티에 모여 '독립국가연합' 결성에 합의함으로써 소련의 해체가 공식화되었다. 이로써 사회주의 이상향 건설을 목표로 탄생한 소련은 그 꿈을 이루지 못한 채 쓸쓸히 역사의 뒤안길로 사라지고 말았다.

러시아의 문학
ABOUT RUSSIA

러시아 작가에 대해 물으면 대부분 톨스토이(Лев Николаевич Толстой)와 도스토옙스키(Фёдор Михайлович Достоевский)를 떠올린다. 그리고 러시아 문학의 인상을 물으면 어둡고, 길고, 설교 같다고 말한다. 하지만 고골(Николай Васильевич Гоголь)의 《코》를 읽어보면 러시아에 이렇게 기상천외하고 유머러스한 작품을 쓴 작가도 있음을 알게 된다. 폭넓은 스펙트럼을 지닌 러시아 문학에 관심을 가지면 러시아인의 삶과 정신을 이해하는 데 큰 도움이 된다. 그리고 강렬한 개성을 지닌 소설 속 인물들에 푹 빠져 작품의 배경이 된 장소를 찾아보고 싶다는 욕구를 느끼게 될 것이다. 러시아 문학은 전 세계인을 러시아로 이끄는 강력한 매력 중 하나다.

러시아 문학의 시초는 10세기 후반에 등장한 각종 연대기와 원정기다. 대표적인 작품은 유목민과 벌인 영웅적인 전투를 노래한 《이고르 원정기》다. 10세기 이전까지는 민중들의 입으로 전해지는 구전문학만 존재했다. 그런데 동방정교회의 수용과 함께 들어온 비잔틴 문화가 동슬라브의 구전문학과 융합되면서 본격적인 기록문학이 형성되기 시작했다. 초기에는 성서를 번역하고 정교회를 보급하겠다는 목적에서 주로 교회슬라브어를 사용해 기록을 남겼다. 이로 인해 몽골의 지배를 거쳐 제정 러시아가 탄생할 때까지 종교적 색채가 강한 문학이 주류를 이루었다. 그런데 18세기에 표트르 대제가 펼친 서구화 정책의 영향으로 교회슬라브어를 대신해 새로운 알파벳이 제작되었다. 이로 인해 문학에 대한 접근이 용이해지고 주제의 세속화가 급속히 이루어졌다. 이후 프랑스 문학의 영향을 받아 러시아에 고전주의 문학이 확립되었다.

러시아 문학의 황금기인 19세기는 낭만주의와

고골의 《코》 부조

사실주의를 근간으로 삼고 있다. 우선 카람진(Николай Михайлович Карамзин)은 우아한 문체와 자유분방한 감정 표현을 특징으로 하는 낭만주의를 문학계에 도입했다. 이후 1830년대부터 푸시킨(Александр Сергеевич Пушкин), 고골, 레르몬토프(Михаил Юрьевич Лермонтов) 같은 작가들이 연이어 등장하며 낭만주의의 화려한 꽃을 피웠다. 그중에서도 러시아의 국민시인으로 추앙받는 푸시킨은 운문소설 《예브게니 오네긴》, 서사시 《루슬란과 류드밀라》, 희곡 《보리스 고두노프》, 장편소설 《대위의 딸》 등 다양한 장르에 걸쳐 주옥같은 작품들을 선보였다. 푸시킨은 러시아 문학을 서유럽 수준으로 끌어올렸을 뿐만 아니라 낭만주의에서 사실주의로 넘어가는 초석을 다졌다. 러시아의 모든 작가와 유파가 푸시킨에게서 비롯되었다고 평가될 정도로 그가 러시아 문학계에 끼친 영향은 지대했다.

푸시킨의 손에서 확립된 사실주의는 1860년대부터 톨스토이, 투르게네프(Иван Сергеевич Тургенев), 도스토옙스키 등이 등장하며 전성기를 맞는다.

러시아 사실주의 문학은 지주의 착취에 고통 받는 농민, 직업을 찾아 도시로 몰려든 빈민 노동자, 전제정치의 억압에 숨막혀 하는 지식인 등을 소재로 삼았다. 톨스토이는 《전쟁과 평화》, 《안나 카레니나》, 《부활》과 같은 소설 속에 러시아인의 삶을 녹여냈는데, 특히 등장인물만 599명에 이르는 《전쟁과 평화》는 그의 작품 중 가장 긴 역사대하소설이다. 나폴레옹이 러시아를 침략한 조국전쟁을 소재로 삼아 역사적 사실을 예술미 넘치는 언어로 전달하는 한편, 수많은 등장인물의 갈등을 통해 러시아의 사회·문화·가정·사상을 표현해낸 대작이다. 특히 낙천적인 이상주의자 피에르는 작품 말미에서 삶의 경이로움을 자각하고 세상 속에 선을 실현하기 위해 나선다.

"내 사상은 단순하고 명료해요. 나는 누구누구에게 반대해야만 한다고 결코 말하지 않아요. 우리는 잘못을 저지를 수도 있으니까 말이오. 나는 다만 이렇게 말할 뿐이오. 선을 사랑하는 자들은 서로 손을 잡아라. 그리고 적극적인 선행의 실천을 유일한 가치로 삼아라." 1)

피에르의 발언은 무저항주의와 도덕적 완성을 위해 인생의 후반기를 보낸 톨스토이의 행보를 예고한 느낌마저 든다.

투르게네프는 《아버지와 아들》을 통해 외래와 전통 사이에서 갈등을 겪는 러시아인의 모습을 그려냈다. 19세기 중반 러시아는 서구주의와 슬라브주의 두 사상이 격렬하게 부딪히고 있었다. 서구주의자는 러시아를 근대화시키기 위해서는 서구의 문물을 들여와 전제정치와 농노제 같은 구습을 타파해야 한다고 주장했다. 이에 반해 슬라브주의자는 정교회 신앙과 공동체 생활 등 러시아의 전통적인 가치관을 보존함으로써 독자적인 진보의 길을 걷자고 주장했다. 투르게네프는 서구주의자에 가까웠지만 《아버지와 아들》에서 두 사상이 충돌하는 모습을 적나라하게 묘사했다. 특히 소설의 등장인물인 니힐리스트 자하로프의 태도는 아버지와 아들 세대가 겪는 갈등의 양상을 잘 보여준다.

"우리는 우리가 유익하다고 인정하는 것에 따라 행동합니다." 자하로프가 말했다.
"그리고 이 시대에는 부정하는 것이 무엇보다 유익하기 때문에 우리는 부정하는 겁니다."
"모든 것을?"
"모든 것을."
"뭐라고? 예술과 시뿐만 아니라…… 심지어 말하기조차 두렵군……"
"모든 것을." 더없이 침착한 태도로 바자로프가 되뇌었다. 2)

《아버지와 아들》이 발표된 후 러시아 사회에는 격렬한 논쟁이 벌어졌으며, 서구주의와 슬라브주의 두 사상은 러시아의 정체성을 규명하는 중요한 요소로서 오늘날까지도 논의의 대상이 되고 있다.

도스토옙스키는 《죄와 벌》, 《백치》, 《악령》, 《카라마조프 가의 형제들》 등 대작을 연이어 내놓으며 인간의 본성과 선악의 기준에 대한 철학적 사유를 촉발시켰다. 도스토옙스키의 소설이 지니

모스크바 러시아국립도서관 앞에 세워진 도스토옙스키 동상

ABOUT RUSSIA · 37

매력 중 하나는 러시아인의 '이중배반과 섬뜩한 모순'을 극명하게 표현한 점이다. 러시아인은 천사처럼 선량하다가도 때로는 악마처럼 잔인하다. 극단적인 자기부정을 하는 반면에 아집에 가까운 고집을 부리기도 한다. 무한한 자유를 갈구하며 국가를 부정하다가도 전제주의 국가에 머리를 굽신거린다. 이성으로는 이해할 수 없고 보통의 척도로는 잴 수 없는 러시아인의 모순적인 성격이 도스토옙스키의 소설에서 잘 드러나는데, 대표적인 작품이 친부 살해를 소재로 삼은 《카라마조프가의 형제들》이다. 물욕과 색욕의 화신인 표도르는 슬하에 3명의 아들을 두고 있다. 장남 드미트리는 정열이 넘치는 연애지상주의자이고, 차남 이반은 무신론을 주장하는 허무주의자이며, 삼남 알료샤는 기독교적인 가치관을 신봉하는 이상주의자이다. 한 여자를 사이에 두고 아버지 표도르와 장남 드미트리가 갈등을 벌이는 가운데 삶·죽음·종교·사랑·욕망 등 인간 내면에 잠재된 모든 본성이 밖으로 표출된다. 특히 차남 이반이 지은 '대심문관'의 장(章)은 신과 인간의 관계, 신권과 자유의지의 충돌 등을 파헤쳐 도스토옙스키 문학의 정수로 일컬어진다. 대심문관은 재림한 예수 그리스도를 다음과 같이 추궁한다.

<u>당신은 인간의 자유를 지배하기는커녕 그 자유를 배가시켜 인간의 정신적 왕국에 영원히 고통을 안겨주지 않았소. 당신은 당신에게 현혹되어 포로가 된 인간이 자유의지로 당신을 따르는 자유로운 사랑을 기대했던 거요. 인간은 강력한 고대 율법 대신에 당신의 형상만을 지도자로 삼은 채, 무엇이 선이고 무엇이 악인지 스스로 결정해야 하는 자유로운 존재가 되지 않을 수 없었소. 만일 인간이 선택의 자유 같은 무서운 짐에 의해 짓눌린다면, 결국 그들은 당신의 형상과 진실을 거부하고 논쟁에 빠져들 것이라 생각해보지는 않았소? 결국 그들은 진리란 당신 안에 존재하는 것이 아니라고 외칠 것이오.</u> 3)

'신이 존재하지 않는다면 모든 것이 허용된다'고 주장한 이반은 서구의 이성주의를 대표하는 인물로서, 《죄와 벌》의 라스콜리니코프와 《악령》의 스타브로긴으로 이어진 '관념인(觀念人)'의 계보를 완성시키고 있다.

당대의 시대정신과 삶의 본질을 꿰뚫은 19세기 사실주의 문학은 1917년 사회주의 혁명을 계기로 전환점을 맞이한다. 새로운 사회주의 국가 건설에 어울리는 프롤레타리아 문학이 등장했고, 1934년에는 소비에트작가동맹이라는 이름으로 모든 문학단체가 통합되면서 '사회주의 리얼리즘'을 문학예술의 유일한 방법으로 선언했다. 1906년에 발표된 막심 고리키(Максим Горький)의 《어머니》에서 유래한 사회주의 리얼리즘은 20세기 구소련문학을 지배한 절대적인 지침이었다. 스탈린의 독재시대에는 각종 현안에 대해 당의 지침에 따라 정부를 옹호하는 어용적 성격의 작품이 쏟아져 나왔다. 결국 사회주의 리얼리즘에 따르지 않는 작가는 숙청되거나 자살하거나 망명할 수밖에 없었다. 그런데 1952년 스탈린이 사망하면서 잠시 사회주의 리얼리즘의 통제와 균열이 생겼다. 이때를 틈 타 발표된 파스테르나크(Борис Леонидович Пастернак)의 《의사 지바고》가 노벨문학상 수상작으로 결정되자 당 지도부는 그를 '반소비에트 작가'라고 비난하고 나섰다. 결국 국외로 추방하겠다는 위협에 굴복한 파스테르나크는 노벨문학상 수상을 거부할 수밖에 없었다. 또한 《이반 데니소비치의 하루》를 발표한 솔제니친(Александр Исаевич Солженицын)은 소련 체제에 정면으로 도전한다는 인식을 주어 국외로 추방되었지만, 미국으로 망명한 후에도 러시아어로 작품 활동을 지속하며 대표적인 반체제 작가가 되었다.

1952년에 찾아왔던 문학적 해빙은 1962년 엄격한 검열이 재개되며 다시 얼어붙었고, 반체제 작가들의 작품은 자국 내에서 출판이 금지되었다. 구소련 문학의 진정한 해빙은 1980년대 후반 고르바초프가 실시한 개혁개방정책으로 검열이 완화되며 찾아왔다. 이후 사회주의 리얼리즘에 대한 재평가가 이루어졌고, 박해받아온 반체제 작가들의 작품이 자국에서 출판되며 새롭게 조명을 받았다. 구소련 시절 정부의 통제와 지원 아래 관료화되었던 문학계는 소련 붕괴 후 지금까지 예전의 활기를 되찾지 못하고 있다.

러시아의 음악
ABOUT RUSSIA

음악에 조예가 깊지 않은 사람이라도 차이콥스키(Пётр Ильич Чайковский)의 〈백조의 호수〉나 라흐마니노프(Сергей Васильевич Рахманинов)의 〈피아노 협주곡 제2번〉은 들어본 적이 있을 것이다. 서유럽 음악의 영향으로 19세기부터 전성기를 구가한 러시아 음악은 뛰어난 작곡가뿐만 아니라 초일류 연주가를 다수 배출한 것으로도 이름 높다. 서정적인 선율과 수준 높은 연주로 전 세계인의 사랑을 받고 있는 러시아 음악에 대해 알아보자.
러시아 음악의 기원은 토속적인 민속음악으로 농사, 혼례, 장례, 축제 등에서 부르던 민요가 주류를 이루었다. 10세기 말 동방정교회의 도입과 함께 비잔틴의 성가음악이 주류를 이루었으나 몽골의 지배로 한때 침체기를 맞기도 했다. 이처럼 민속음악과 성가음악을 양대 축으로 삼아 온 러시아 음악은 18세기 초 표트르 대제의 서구화 정책으로 전환기를 맞게 된다. 표트르 대제 시절 대중극장의 출현으로 일반인도 오페라를 접할 수 있게 되었다. 이후 안나 여제 시절에는 이탈리아, 프랑스, 독일권의 음악이 대량 유입되었고, 이로 인해 예카테리나 2세 시절 러시아 궁정 음악은 융성기를 맞이했다.
18세기 후반부터 러시아인들이 서유럽으로 유학을 떠나 음악을 공부하면서 러시아 작곡가의 손에서 교향곡, 실내악, 오페라 등이 탄생하기 시작했다. 하지만 19세기 초까지도 서유럽 음악의 영향에서 벗어나지 못했던 러시아 음악이 고유의 색채를 띠기 시작한 것은 국민음악의 선구자로 평가받는 글린카(Михаил Иванович Глинка)가 등장하면서부터다. 이탈리아에서 유학한 글린카도 완전히 서유럽 음악의 영향에서 벗어난 것은 아니지만, 진보적인 사상가들과 교류하면서 러시아 민요에 뿌리를 둔 음악을 작곡하기 시작했다.

글린카의 손에서 뿌려진 러시아 국민음악의 씨앗은 19세기 중반 국민악파의 등장으로 꽃을 피우게 된다. 국민음악의 특징은 당시 음악계를 지배하고 있던 독일·오스트리아의 기악과 이탈리아 오페라의 영향에서 벗어나 자기 나라의 민족적 특색을 음악 속에 되살리는 것이었다. 러시아에서는 소위 '5인조'라 불리는 무소륵스키(Модест Петрович Мусоргский), 림스키코르사코프(Николай Андреевич Римский-Корсаков), 보로딘(Александр Порфирьевич Бородин), 발라키레프(Милий Алексеевич Балакирев), 큐이(Цезарь

차이콥스키의 묘

스트라빈스키의 묘

Антонович Кюи)가 국민악파를 형성했다. 5인조는 러시아 민요에 근거한 음악을 표방하며 러시아의 역사와 전설에 바탕을 둔 작품을 만들어갔다. 그 결과 러시아적 색채를 띤 오페라와 관현악곡 등의 걸작들이 다수 탄생했다. 하지만 국민악파의 노력에도 불구하고 오랜 세월 러시아 음악의 근간을 이루어 온 서유럽 음악의 그림자는 쉽게 거두어지지 않았다. 서유럽 음악은 루빈시테인과 차이콥스키를 대표로 하는 서구파의 주도로 19세기 후반까지도 러시아 음악계의 주류로 남아 있었다. 그중에서도 차이콥스키는 서유럽 음악의 색채가 짙은 교향곡, 오페라, 발레곡을 창작해 큰 인기를 누렸다. 특히 〈백조의 호수〉, 〈잠자는 숲 속의 미녀〉, 〈호두까기 인형〉 등 고전주의 3대 발레곡을 작곡하여 러시아 발레를 세계 최고 수준으로 격상시키는 데 공헌했다.

국민악파와 서구파로 나뉘어 대립하던 러시아 음악은 19세기 후반부터 작곡가의 개성을 강조하는 경향이 두드러졌다. 이로 인해 대규모 오페라보다는 실내악이나 피아노 음악이 주목을 받았는데, 이 시기에 라흐마니노프와 스크랴빈(Александр Николаевич Скрябин) 등 뛰어난 작곡가 겸 연주가들이 등장했다. 러시아를 뛰어넘어 서유럽에까지 영향을 미칠 만큼 성장한 러시아 음악은 1917년 사회주의 혁명으로 다시 한 번 전환기를 맞이한다. 혁명의 혼란을 피해 라흐마니노프와 스트라빈스키(Игорь Фёдорович Стравинский)처럼 국외로 망명한 음악가가 속출한 반면, 러시아 국내에서는 혁명 후 10년 동안 실험적인 음악이 쏟아져 나와 일명 '러시아 아방가르드 음악'이 융성하기도 했다.

그러나 스탈린의 독재정권이 들어서면서 사회주의 리얼리즘이 모든 예술을 억압하는 상황이 벌어졌다. 이로 인해 프로코피예프(Сергей Сергеевич Прокофьев)와 쇼스타코비치(Дмитрий Дмитриевич Шостакович) 같은 저명한 음악가도 정부의 지시대로 규격화된 혁명음악을 창작할 수밖에 없었다. 하지만 다른 예술에 비해 추상성이 높은 음악은 실제로는 사회주의 리얼리즘에 큰 피해를 입지는 않았다. 도리어 혁명정부에서 예술가 육성에 힘을 쏟은 덕분에 초일류 연주가가 탄생하고, 일반 대중이 싼 가격에 수준 높은 연주를 감상할 수 있게 되는 등의 장점도 있었다. 이처럼 구소련 시절 러시아 음악에 대한 정부의 공과(功過)는 평가가 매우 엇갈린다. 국가가 예술을 통제하려 한 점은 비난 받아 마땅하지만, 정부의 지원으로 예술가가 생계 걱정 없이 재능을 꽃 피울 밑거름이 된 것도 부인할 수 없다. 실제로 소련 붕괴 후 정부의 지원이 끊기자 우수한 연주가와 음악 교사들이 다수 해외로 유출되어 러시아 음악계는 한동안 침체기를 겪기도 했다. 하지만 지금도 러시아를 방문하면 서정성 넘치는 러시아 음악을 어디서나 만끽할 수 있다.

러시아의 미술
ABOUT RUSSIA

러시아 미술은 다른 예술 분야에 비해 우리나라 사람들에게 생소하다. 샤갈(Marc Chagall)이나 칸딘스키(Wassily Kandinsky) 같은 화가들을 알아도 이들이 러시아 출생인 것은 모른다. 시각을 통해 인지되는 미술 작품은 작가의 의도를 가장 쉽고 빠르게 타자에게 전달할 수 있다. 따라서 러시아 미술은 러시아 땅에서 벌어진 역사적 사건과 인물의 삶을 손쉽게 체험할 수 있는 기회를 제공한다. 특히 모스크바의 트레티야코프 미술관(Государственная Третьяковская Галерея)과 상트페테르부르크의 러시아 박물관(Русский музей)은 러시아 회화를 접할 수 있는 최고의 장소이다.

러시아 회화의 본격적인 시작은 10세기 말 동방정교회의 도입으로 제작되기 시작한 이콘(icon)이다. 처음에는 정통적인 비잔틴 화풍에 따라 음울한 색조와 풍부한 내용을 담은 이콘이 유행했다. 하지만 15세기에 이르러 노브고로드 화파가 환상적인 분위기와 가늘고 긴 인체 비례 등 러시아적인 색채를 담은 화풍을 만들어냈다. 이후 모스크바 화파의 손에서 전성기를 맞이한 러시아 이콘은 17세기까지 회화의 주요 테마를 이루었다. 이후 18세기 들어 표트르 대제의 서구화 정책과 함께 러시아 회화는 외국에서 뛰어난 예술가가 초빙되고 서유럽의 화풍이 도입되는 등 급격한 변화를 맞이했다. 당시 서유럽 회화를 모방하는 수준에 그쳤던 러시아 미술은 그리스 로마주의, 감상주의, 계몽사상 등에서 많은 영향을 받았다. 19세기 초에는 미술아카데미를 중심으로 고전주의가 유행했는데, 이 시기는 데카브리스트의 난을 비롯한 반 체제의 기운이 피어오르던 시절이기도 했다. 미술계에서도 이와 같은 시대상을 반영한 작품들이 제작되었는데, 그 대표작이 완성까지 20년 이상 소요된 알렉산드르 이바노프(Александр Андреевич Иванов)의 〈민중 앞에 나타난 그리스도〉다.

이후 전통을 강조하는 아카데미즘에 반대하는 기운이 점점 거세지더니, 1861년 이반 크람스코이(Иван Николаевич Крамской)를 비롯한 14명의 학생이 미술아카데미의 보수적인 교육에 반기를 들고 집단으로 탈퇴하는 사건이 벌어졌다. 이들은 학교에서 지정한 졸업 과제를 거부하고 작품의 주제를 화가 스스로 결정할 창작의 자유를 요구했다. 일명 '14인의 반란'으로 불리는 이 사건은 이후 러시아 미술계에 새로운 바람을 불어넣는 계기가 되었다. 1870년 크람스코이를 중심으로 한 14명의 신진 화가들은 '이동 전시 협회'를 결성해서 상트페테르부르크나 모스크바 같은 대도시뿐만 아니라 러시아 각지를 순회하며 전람회를 개최함으로써 특권계급의 전유물이었던 회화를 러시아 민중의 품으로 되돌렸다.

'이동파(移動派)'라 불리게 된 신진 화가들은 현실을 날카롭게 전달하는 사실주의를 지향했다. 작품 활동의 목적이 예술을 통해 억압과 착취로 고통 받는 러시아 민중을 계몽하는 것이었기 때문이다. 따라서 이동파의 작품은 미의 탐구보다는 당시의 사회적·윤리적 문제에 주의를 기울였으며, 시골과 도시에서 볼 수 있는 보통 사람들의 일상을 주요 소재로 다루었다. 19세기 러시아 미술을 주도하던 이동파에는 크람스코이를 비롯해 바실리 페로프(Василий Григорьевич Перов), 니콜라이 게(Николай Николаевич Ге), 바실리 수리코프(Василий Иванович Суриков), 이반 시시킨(Иван Иванович Шишкин) 등 기성세 같은 작가들이 참여했다. 그중에서도 일리야 레핀(Илья Ефимович Репин)은 러시아 역사와 민중의 삶을 중량감 넘치는 구성과 긴장감 흐르는 터치로 담아내 러시아 사실주의 회화의 거장으로 평가받는다. 〈볼가 강에서 배를 끄는 인부들〉, 〈아무도 그를 기다리지 않았다〉와 같은 사회성 높은 그림은 물론, 〈1901년 5월 7일 국가회의 100주년 기념회의〉와 같은 역사화, 〈톨스토이의 초상〉과 같은 인물화에도 탁월한 재능을 보였다.

19세기 말이 되자 이동파가 주도하던 러시아 미술에도 인상주의와 상징주의 같은 서유럽의 사조가 영향을 미치기 시작했다. 또한 20세기에 들어서는 헤아릴 수 없이 많은 미술 분파들이 형성되어 이합집산을 거듭했다. 미술적 실험을 거듭한 아방가르드 활동은 1917년에 일어난 사회주의 혁명을 거쳐 1920년대까지도 지속되었다. 당시 혁명정부는 화가들의 작품 활동에 간섭을 하지 않았는데, 샤갈과 칸딘스키 같은 유명 화가들이 대학의 미술 교수나 지방정부의 미술장관으로 임명되기도 했다. 하지만 스탈린의 독재가 시작되면서 상황이 급변하기 시작했고, 결국 샤갈과 칸딘스키는 국외로 망명하여 작품 활동을 이어갈 수밖에 없었다.

이후 미술계에 사회주의 리얼리즘이 불어 닥치자 관념적인 추상예술은 자취를 감추고 오직 공산주의 이념에 이바지하는 사실주의 미술만 남았다. 근면히 일하는 노동자, 당에 충성하는 투사 등 사회주의 이상향 건설을 위해 뛰는 영웅들의 모습을 담은 회화가 주류를 이루었다. 심지어 화가들에게 사회주의를 선전하는 포스터나 혁명기념일 행사를 위한 장식용 패널 등을 제작하는 과업이 떨어졌다. 어용미술로 전락해버린 러시아 미술은 반 체제 예술 단체들의 활동으로 미약하나마 명맥을 유지했다. 구소련 붕괴 후에는 러시아에도 현대 미술 사조가 유입되어 오늘날에는 다원적인 주제를 다룬 작품들이 제작되고 있다.

〈볼가 강에서 배를 끄는 인부들〉, 일리야 레핀

러시아 관련 영화
ABOUT RUSSIA

- **닥터 지바고**(Doctor Zhivago, 1965)

파스테르나크의 소설 《의사 지바고》를 각색한 영화. 제1차 세계대전을 시작으로 사회주의 혁명에 이어 피비린내 나는 내전이 발발한 20세기 초반의 러시아를 그려낸 대작이다. 가난한 사람들을 돕기 위해 의사가 된 지바고, 귀족 집안의 정애로 지바고의 아내가 된 토냐, 혁명가의 아내로 지바고와 사랑에 빠진 라라 세 명의 인물을 중심으로 비극적인 시대를 살아야 했던 러시아인의 고난과 사랑이 펼쳐진다. 약 3시간 20분의 러닝 타임 내내 광활한 러시아의 자연이 펼쳐지는데, 특히 지바고의 가족이 기차를 타고 전국을 떠도는 장면과 지바고가 라라를 만나기 위해 눈 덮인 겨울 풍경 속을 헤매는 장면이 백미로 손꼽힌다.

- **안나 카레니나**(Anna Karenina, 2012)

톨스토이의 소설 《안나 카레니나》를 소재로 한 동명 영화. 방대한 소설의 줄거리 중 귀족 부인 안나와 젊은 장교 브론스키의 애정 행각을 주요 소재로 부각시켰다. 러시아 정계의 실력자 카레닌의 아내로 호화로운 삶을 영위하던 안나는 고루하고 차가운 남편에게 점차 염증을 느낀다. 그러던 어느 날 안나는 파티에서 매력적인 장교 브론스키를 만나 위험한 사랑에 빠져든다. 《안나 카레니나》는 20세기 초반부터 미국과 러시아를 비롯한 세계 각국에서 영화화된 작품으로, 19세기 제정러시아의 화려한 귀족 사회를 들여다볼 수 있어 흥미롭다.

- **러브 오브 시베리아**(The Barber Of Siberia, 1998)

19세기 말 러시아를 배경으로 펼쳐지는 로맨스 영화. 사관생도 안드레이는 모스크바행 기차 안에서 미모의 미국 여인 제인을 만난다. 두 사람은 서로 호감을 느끼지만 제인은 러시아 정부에 벌목 기계를 팔기 위해 고용된 로비스트로 사관학교 교장인 레들로프 장군을 유혹해야 하는 입장이다. 하지만 안드레이의 순수한 사랑에 감동한 제인은 그와 함께 밤을 보내고, 이를 알게 된 레들로프 장군은 안드레이를 시베리아로 유배시켜 버린다. 영화의 배경이 된 러시아의 눈 덮인 풍광이 특히 아름다우며, 한 청년의 순수하고 정열적인 사랑, 사관생도들의 뜨거운 우정, 흥겨움으로 가득한 축제 장면 등을 통해 러시아인의 삶과 정서를 살펴볼 수 있다.

- **전함 포템킨**(The Battleship Potemkin, 1925)

1905년 러시아 오데사 항구에서 일어난 '전함 포템킨 호의 반란'을 소재로 한 흑백 무성 영화. 총 5개의 챕터에 걸쳐 전제정치의 억압에 시달리던 민중이 황제의 무자비한 폭력에 분노하여 혁명의 대열에 참여하게 되는 과정을 그려낸다. 장교들의 학대와 열악한 근무 조건에 시달리던 전함 포템킨의 수병들은 식량으로 부패한 고기를 배급받자 항의한다. 장교들은 포병에게 수병을 제거하라고 명령하지만 포병은 이를 거부하고 수병과 힘을 합친다. 전함을 장악한 병사들은 흑해의 오데사 항구로 향하고, 시민들은 이들을 환영하기 위해 부두로 나온다. 하지만 황제의 카자크 군대가 출동하여 전함을 환영하러 온 시민들에게 무차별 공격을 가한다. 러시아의 유명 감독이자 몽타주 기법을 창안한 세르게이 에이젠슈테인의 작품으로, 오데사의 계단 장면은 영화사에 기록될 명장면으로 손꼽힌다.

- **톨스토이의 마지막 인생**(The Last Station, 2009)
러시아의 대문호 톨스토이의 말년을 그린 영화. 톨스토이는 인생의 후반기를 영지인 야스나야 폴랴나에 머물렀는데, 근로와 금욕을 표방하는 동시에 사랑을 통해 세계인의 복지에 기여하려 노력했다. 1885년에는 사유재산을 부정하며 전 재산을 사회에 환원하려 해서 부인인 소피아와 충돌을 일으켰고, 결국 되풀이되는 부부 싸움 끝에 일체의 저작권을 소피아가 관리하기에 이르렀다. 이 영화는 톨스토이의 비서로 고용된 발렌틴이라는 청년의 시선을 통해 톨스토이의 금욕적인 삶과 부인 소피아와의 갈등을 그려낸다. 한때 성자라고까지 불리며 수많은 사람들에게 추앙받던 톨스토이의 삶과 죽음을 살펴볼 수 있다.

- **백야**(White Nights, 1985)
러시아 출신의 세계적인 무용수 미하일 바리시니코프가 출연한 댄스 영화. 1948년에 출생한 미하일은 상트페테르부르크의 마린스키 발레단에 소속되어 활동하다가 미국으로 망명했다. 영화의 주인공인 니콜라이 또한 소련에서 미국으로 망명한 무용수로, 외국으로 가는 비행기를 탔다가 사고가 일어나는 바람에 소련 땅에 불시착한다. 이후 소련의 정보국인 KGB에 끌려온 니콜라이는 새로 지은 카로프 극장의 첫 무대에 설 것을 강요받는다. 하지만 이미 자유의 맛을 본 니콜라이는 KGB의 감시를 피해 다시 한 번 소련을 탈출할 계획을 세운다. 구 소련 시대의 억압적인 분위기와 창작의 자유를 찾아 러시아를 떠나는 예술가의 모습을 아름다운 음악과 함께 담아내고 있다. 냉전 시대에 미국에서 제작된 영화라서 구 소련에 대한 편향적인 시각이 섞여 있다.

- **샤인**(Shine, 1996)
천재 피아니스트 데이비드 헬프갓의 실화를 바탕으로 제작된 음악 영화. 폴란드계 유대인 가정에서 태어난 데이비드는 어려서부터 피아노 연주에 재능을 보여 각종 콩쿠르를 휩쓴다. 아버지의 반대를 무릅쓰고 영국 왕립음악학교에 입학한 데이비드는 라흐마니노프의 〈피아노 협주곡 제3번〉을 연주한 후 정신착란 상태에 빠지고 만다. 결국 12년 동안 정신병원을 전전하며 폐인으로 살아가던 데이비드는 베릴이라는 여성의 도움으로 피아노에 대한 열정을 되찾는다. 러시아를 배경으로 한 영화는 아니지만 러시아의 유명 작곡가인 라흐마니노프와 림스키코르사코프의 곡을 만날 수 있어 흥미롭다. 특히 부랑자 차림으로 카페의 피아노 앞에 앉은 데이비드가 림스키코르사코프의 〈왕벌의 비행〉을 연주하는 장면이 압권이다.

- **에너미 앳 더 게이트**(Enemy At The Gates, 2001)
제2차 세계대전 중 나치 독일과 러시아가 벌인 스탈린그라드 공방전을 배경으로 한 전쟁 영화. 소련 군은 역사상 최대의 사상자를 낸 격전지인 스탈린그라드에서 독일 군의 파상 공세에 점차 위기에 몰린다. 소련 군의 선전장교인 다닐로프는 전단을 뿌리기 위해 전장에 뛰어들었다가 병사 바실리의 뛰어난 사격 솜씨를 목격한다. 이에 전쟁 영웅을 만들어 소련 군의 사기를 북돋아야겠다고 결심한 다닐로프는 바실리를 최고의 저격수로 양성한다. 이후 바실리의 손에 장교들이 죽어 나가자 독일 군에서도 그를 죽이기 위해 최고의 저격수 코니그를 불러온다. 스탈린그라드 공방전에서 저격수로 활약한 실존 인물 바실리 자이체프를 소재로 삼은 영화로, 실감 나는 전쟁 장면과 저격수 사이의 치열한 두뇌 싸움이 흥미롭다.

- **D-13**(Thirteen Days, 2000)
소련과 미국의 대립으로 촉발된 '쿠바 미사일 위기'를 소재로 삼은 영화. 1962년 6월 미국은 U-2 비행기로 쿠바 상공을 정찰하던 중 소련의 주도로 쿠바에 핵미사일 기지가 건설되고 있음을 포착한다. 미국의 턱 밑인 쿠바에서 핵미사일이 발사되면 미국 전역이 단 5분 만에 전멸에 이르게 될 상황. 미국 대통령 존 F. 케네디와 참모진은 국가안전보장위원회를 소집하여 대책을 강구한다. 하지만 소련의 도발을 선전포고로 간주하고 군사 행동을 취해야 한다는 강경파와, 자칫 잘못하면 제3차 세계대전이 벌어져 전 인류가 공멸할 수 있다는 온건파의 의견이 팽팽히 맞선다. 전적으로 미국의 시각에서 '쿠바 미사일 위기'를 조명하고 있다는 점은 아쉽지만, 냉전 시대의 아슬아슬한 위기감을 엿볼 수 있는 영화다.

여행 러시아어

러시아 여행을 준비할 때 러시아어 공부는 매우 중요하다. 상트페테르부르크를 제외한 대부분의 도시와 관광지에서 영어 표기를 찾아볼 수 없기 때문이다. 적어도 러시아어 철자를 읽는 법만이라도 익혀두어야 낭패를 면할 수 있다. 러시아어 철자는 키릴문자에 라틴문자를 더해 만들었기 때문에 영어 철자와 비슷해 보이기도 한다. 하지만 모양만 같을 뿐 발음이 전혀 달라서 오히려 영어 사용자들을 헷갈리게 만들기도 한다. 러시아어 철자를 익히기만 해도 지하철 노선도나 거리의 표지판을 읽을 수 있어 여행에 큰 도움이 된다. 하지만 단어를 철자 그대로 읽는다고 해서 러시아인처럼 발음할 수 있는 것은 아니다. 러시아어는 기본적으로 써 있는 대로 읽으면 되지만, 강세에 따른 모음약화나 자음동화 현상 등으로 인해 실제 발음과 차이가 나는 경우가 많다. 예를 들어 우리가 알고 있는 모스크바(Москва)는 뒤쪽의 a에 강세가 오는 바람에 앞쪽의 o의 발음이 약해져 실제로는 '마스끄바'로 발음된다. 단어만 보고는 발음을 구분하기 힘들기 때문에 짧은 시간 안에 러시아어 발음을 익히기는 매우 힘들다. 따라서 여행지에서 많이 쓰이는 단어들을 미리 외워두면 여행이 더 편해진다.

* 본서의 러시아어 철자와 발음은 국립국어원의 외래어 표기법에 따랐다(46~47쪽 '러시아어 단어' 부분 제외). 다만, 통상적으로 사용되어 온 일부 용어는 표기법과 다르더라도 혼란을 피하기 위해 그대로 사용했다.

러시아어 철자

[활자체 : 명칭 : 발음 : 로마자로 변환 시]

А а : а [a] : 아 : a
Б б : бэ [bɛ] : ㅂ : b
В в : вэ [vɛ] : ㅂ : v
Г г : гэ [gɛ] : ㄱ : g
Д д : дэ [dɛ] : ㄷ : d
Е е : е [jɛ] : 예 : e
Ё ё : ё [jo] : 요 : yo
Ж ж : жэ [ʒɛ] : ㅈ : zh
З з : зэ [zɛ] : ㅈ : z
И и : и [i] : 이 : i
Й й : и краткое [i'kRa.tkəjə] : (짧은) 이 : j / i
К к : ка [ka] : ㄲ : k
Л л : эль [ɛlʲ] : ㄹ : l
М м : эм [ɛm] : ㅁ : m
Н н : эн [ɛn] : ㄴ : n
О о : о [o] : 오 : o
П п : пэ [pɛ] : ㅃ : p
Р р : эр [ɛr] : ㄹ : r
С с : эс [ɛs] : ㅆ : s
Т т : тэ [tɛ] : ㄸ : t
У у : у [u] : 우 : u
Ф ф : эф [ɛf] : ㅍ : f
Х х : ха [xa] : ㅎ : kh
Ц ц : цэ [tsɛ] : ㅉ : ts
Ч ч : чэ [tʃɛ] : 치 : ch
Ш ш : ша [ʃa] : 시 : sh
Щ щ : ща [ʃtʃa] : 시치 : shch
Ъ ъ : твёрдый знак [tvʲo.rdəj'znak] : 경음부호
Ы ы : ы [i] : 의 : y
Ь ь : мягкий знак ['mʲagkʲij'znak] : 연음부호
Э э : э оборотное ['ɛ ə .bʌ.'ro.tnəjə] : 에
Ю ю : ю [ju] : 유 : yu
Я я : я [ja] : 야 : ya

러시아어 단어

[뜻 : 러시아어 철자 : 러시아어 발음]

예 : да : 다
아니요 : нет : 녯
부탁합니다 : Пожалуйста : 빠잘루스따
감사합니다 : спасибо : 스빠씨바
미안합니다, 실례합니다 : извините
: 이즈비니쩨
좋습니다 : хорошо : 하라쇼

안녕하세요? : Здравствуйте
: 즈드라스부이쩨!
안녕히계세요 : до свидания : 다 스비다니야
안녕? : привет : 쁘리벳!
잘 가 : пока : 빠까!
아침인사(굿 모닝) : доброе утро
: 도브라에 우뜨라
점심인사(굿 애프터눈) : добрыйдень
: 도브리 젠
저녁인사(굿 이브닝) : добрыйвечер
: 도브리 베체르

이름이 무엇입니까? : как вас зовут?
: 깍 바스 자붓?
내 이름은 OOO : меня зовут OOO
: 미냐 자붓 OOO
어느 나라에서 왔어요? : откуда ты?
: 아뜨구다 븨?
나는 한국에서 왔어요 : Я из Кореи
: 야 이즈 까레이
몇 살이에요? : сколько вам лет?
: 스꼴까 밤 렛?
나는 OO살이에요 : Мне OO лет
: 므녜 OO 렛

실례합니다, OO는 어디에 있나요?
: извините, где OO?
: 이즈비니쩨, 그제 OO?
붉은 광장 : красная площадь
: 끄라스나야 쁠로샤지
크렘린 : Кремль : 끄례믈
볼쇼이 극장 : Большой театр
: 발쇼이 찌아뜨르
미술관 : галерея : 갈리레야
박물관 : музей : 무제이
성당 : собор : 사보르
궁전 : дворец : 드바레쯔
호텔 : отель : 오뗄
식당 : ресторан : 레스따란
매표소 : касса : 까사
화장실 : туалет : 뚜알렛
은행 : банк : 반크
ATM : банкомат : 반까맛
환전 : обмен : 아브멘
약국 : аптека : 압떼까
인터넷 카페 : интернет-кафе
: 인떼르넷 까폐

OO 주세요 : OO, Пожалуйста
: OO, 빠짤루스따
메뉴 : меню : 미뉴
계산서 : счёт : 숏
소고기 : говядина : 가뱌디나
돼지고기 : свинина : 스비니나
양고기 : баранина : 바라니나
닭고기 : курица : 꾸리짜
샐러드 : салат : 살라뜨
물 : вода : 바다
차 : чай : 차이

이거 얼마예요? : сколько она стоит : 스꼴까 아나 스또잇
너무 비싸요! : слишком дорого! : 슬리쉬껌 도라가!
할인 : скидка : 스킷까
기념품 : сувенир : 수비니르
지도 : карта : 까르따
마트료시카 : матрёшка : 마뜨료시까

대한민국 : Корея : 까례야
모스크바 : Москва : 마스끄바
상트페테르부르크 : Санкт-Петербург : 상트뻬쩨르부르크
관광 : туризм : 뚜리즘
관광객 : туристский : 뚜리스쯔끼
여권 : паспорт : 빠스빠르뜨
세관신고서 : декларацию : 지끌라라찌유
디켓 : билет : 빌곗
대사관 : посольство : 빠솔스뜨바

버스 : автобус : 아프또부스
지하철 : метро : 미뜨로
택시 : такси : 딱시
기차 : поезд : 뽀예즈드
트램 : трамвай : 뜨람바이
트롤리버스 : троллейбус : 뜨랄례이부스
미니버스 : маршрутка : 마르시룻까
공항 : аэропорт : 아에라뽀르뜨
기차역 : вокзал : 바그잘

---

1 : один : 아딘
2 : два : 드바
3 : три : 뜨리
4 : четыре : 체띠례
5 : пять : 빠찌
6 : шесть : 셰스찌
7 : семь : 셈
8 : восемь : 보심
9 : девять : 데뱌찌
10 : десять : 데샤찌
20 : двадцать : 드밧짜찌
30 : тридцать : 뜨릿짜찌
40 : сорок : 쏘락
50 : пятьдесят : 빠찌데샤드
100 : сто : 스또
200 : двести : 드베스띠
300 : триста : 뜨리스따
500 : пятьсот : 빠찌소뜨
1000 : тысяча : 띠샤차

러시아어 표지판

입구 : вход
출구 : выход
매표소 : касса
남성 : Мужской (약자 М)
여성 : Женский (약자 Ж)
오픈 : открыт
클로즈 : закрыт
월요일 : понедельник (약자 пн)
화요일 : вторник (약자 вт)
수요일 : среда (약자 ср)
목요일 : четверг (약자 чт)
금요일 : пятница (약자 пт)
토요일 : суббота (약자 сб)
일요일 : воскресенье (약자 вс)

1DAY
SAINT PETERSBURG

유 럽 을   향 해   열 린   창 ,   상 트 페 테 르 부 르 크

백 년 전 역사 속으로 사라진 제정 러시아의 옛 수도 상트페테르부르크. 도시 전체가 역사적 유물인 상트페테르부르크 여행을 시작하기 전에 우선 두 남자를 기억하자. 강바람이 휘몰아치는 습지에 불굴의 의지로 도시를 건설한 표트르 대제. 그리고 이 도시를 러시아 문학의 중심지로 격상시킨 국민시인 푸시킨. 이제 그들을 통해 영화로운 제정 러시아에 첫발을 디뎌보자.

상트페테르부르크의 기원, 페트로파블롭스크 요새

PETROPAVLOVSKAYA FORTRESS

1 DAY
Theme 1

강변에 서서 눈앞에 펼쳐진 도시를 바라본다. 강을 따라 늘어선 화려한 석조 건물들 위로 황금빛 돔이 햇살을 받아 반짝인다. 핀란드 만 연안에 자리 잡은 운하도시 상트페테르부르크는 제정 러시아의 역사를 간직한 옛 수도이자, 러시아 문화와 예술의 중심지로 일명 '북방의 베니스'라 불린다. 지금 내가 서 있는 곳은 네바 강 연안의 작은 섬이다. 1703년 스웨덴으로부터 네바 강 하구를 빼앗은 표트르 대제Pyotr I는 이 땅에 서유럽을 본뜬 새 수도를 건설하기로 마음먹었다. 발트 해와 연결되어 있어 유럽으로 진출할 발판으로 안성맞춤이었기 때문이다. 하지만 스웨덴과의 전쟁이 아직 끝나지 않았으므로 적의 침입을 막아낼 요새부터 세워야 했다. 그래서 네바 강을 한눈에 지켜볼 수 있는 이 섬 위에 페트로파블롭스크 요새Petropavlovskaya Fortress를 지었다. 당시 이 지역은 강물이 넘나드는 습지여서 요새 건설은 극히 어려운 작업이었다. 표트르 대제는 섬 근처에 오두막을 지어놓고 직접 공사를 감독했다. 2미터가 넘는 거구의 황제가 프록코트 자락을 휘날리며 작업을 독려하니 감히 게으름을 피울 자가 있었겠는가. 상트페테르부르크에 도착하면 제일 먼저 이 요새로 달려오고 싶었다. 이곳에 서면 네바 강을 바라보며 수도 건설의 꿈에 부풀었을 표트르 대제를 만날 수 있을 것 같았다. 일찍이 푸시킨이 〈청동의 기사〉에서 그 모습을 읊조렸듯이.

황량한 파도 철썩대는 강기슭에 서서
그는 위대한 상념으로 가득 차서
먼 곳을 바라보고 있었다.
……
자연은 우리에게 이곳에
유럽을 향한 창을 뚫고
해안에 굳센 발로 서라는 운명을 주었도다.
이리로 새로운 뱃길 따라
모든 배가 우리를 방문할 것이고
우리는 이 광활한 곳에서 잔치를 벌이리라. 4)

강변에서 발길을 돌려 요새 안으로 들어간다. 요새의 중심은 뾰족한 첨탑이 하늘 높이 솟은 페트로파블롭스크 성당이다. 1733년에 완공된 이 성당의 명칭은 예수의 제자들인 베드로와 바울의 러시아식 이름을 더해 만들었다. 요새의 이름을 따왔을 정도로 중요시되는 건물인데, 그 이유는 표트르 대제를 비롯한 역대 황제들의 시신이 안치되어 있기 때문이다. 성당 안으로 들어가자 초록색 천장 아래 크리스털 샹들리에가 빛나고 있다. 코린트식 열주의 끝에는 온통 황금색으로 치장된 지성소가 호화로움의 극치를 보여준다. 러시아 황실의 위엄을 세우기 위해 돈을 아끼지 않은 느낌이다. 좌우로 늘어선 황제들의 석관도 범상치 않다. 이탈리아의 카라라산 대리석으로 만든 석관들은 다양한 색상과 무늬만으로도 예술품과 다름없다. 황제의 시신이 모셔져 있는 데다 치장에 이 정도로 정성을 들였으면 성당 안이 엄숙함으로 넘쳐흘러야 할 터인데 분위기는 전연 딴판이다. 가이드의 안내를 받는 단체 관광객들이 석관을 둘러싸고 역사 수업을 받느라 분주하다. 게다가 구경꾼이 어찌나 많은지 잠시만 한눈을 팔아도 다른 사람과 부딪히기 일쑤다. 이렇게 번잡해서야 잠들어 있던 황제들이 시끄럽다고 벌떡 일어날 지경이다.

성당을 나와 다른 건물로 이동하려는데 길가에 요상한 것이 보인다. 머리에 두건을 뒤집어쓴 남자가 손에 도끼를 든 채 우리에게 손짓을 한다. 뭔가 싶어 가보니 역사박물관 앞에서 구멍이 뚫린 나무틀에 두 팔과 머리를 끼우면 옆에 선 남자가 싹둑 하고 머리를 자르는 시늉을 하고 있었다.

사실 이곳에서는 사람을 처형하는 퍼포먼스를 그냥 웃어넘길 수 없다. 실제로 요새 안에 수많은 사람의 피비린내가 스며 있기 때문이다. 요새에는 성당만큼이나 유명한 건물이 하나 더 있는데 바로 정치범을 수감하는 감옥이다. 요새를 어찌나 견고하게 지어놨는지 밖에서 들어오기 어려운 만큼 안에서 나가기도 어렵다. 그래서 요새가 완공되기 전부터 러시아 역사에서 이름깨나 날리는 정치범들이 이곳을 들락거렸다. 아이러니하게도 첫 번째 수감자는 요새를 건설한 표트르 대제의 아들인 황태자 알렉세이였다. 알렉세이는 내성적인 성격인 데다 서유럽을 모방하려는 아버지의 개혁정책에 반대했다. 결국 그는 반란을 기도했다는 혐의를 받고 요새의 감옥에 수감되었고, 재판을 받던 중에 고문을 견디지 못하고 숨을 거두었다. 그러고 보면 이 요새는 러시아 황실의 안식처인 동시에 처형장이기도 했던 셈이다.

감옥 안으로 들어가니 제일 먼저 죄인이 옷을 갈아입던 방이 나온다. 그 뒤로는 복도를 따라 자그마한 독방들이 쭉 늘어서 있다. 수감자가 대부분 정치범이었기 때문에 서로 의사소통을 하지 못하도록 독방에 가두어 둔 모양이다. 그래도 수감자들은 모스 부호와 비슷한 규칙을 만들어 다른 방 사람과 이야기를 나누었다고 한다. 일명 '수감자의 알파벳'이라고 불리는 이 방식은 벽이나 바닥을 두드리는 횟수에 따라 알파벳을 판별하도록 구성되었다. 알파벳 하나를 알리려면 적게는 두 번, 많게는 열 번이나 두드려야 했으니 대화를 나누려면 엄청난 인내가 필요했을 것이다. 이런 식으로라도 대화를 나누고 싶었던 이유는 뭘까? 반드시 전달해야 할 중요한 용건이 있었을까? 아니면 하루 종일 벽만 쳐다보며 지내야 하는 독방 생활의 무료함을 이겨내기 위한 놀이였을까?

수감된 정치범 중에는 글로 먹고사는 작가도 다수 포함되어 있었다. 대표적인 인물이 사회주의 리얼리즘의 창시자로 민중 혁명을 위해 평생을 바친 막심 고리키Maksim Gor'kii다. 감옥 안에는 고리키가 머물렀던 감방이 보존되어 있어 그 당시 수감 생활을 엿볼 수 있다. 회칠한 벽으로 둘러싸인 네모난 방 안에 침대와 탁자가 덩그러니 놓여 있다. 하나 뿐인 창문은 키보다 높아서 하늘밖에 보이지 않고, 구석에는 작은 성모자상이 걸려 있다. 세면대와 변기까지 갖추어져 있는 걸 보니 일단 방에 들어오면 다시는 나갈 일이 없었을 것 같다. 썰렁한 침대 위에 누워 천장만 바라보았을 고리키를 떠올리니 수감자의 알파벳이 필요했던 이유가 짐작이 간다. 외부와 격리된 채 언제 죽을지 모르는 운명에 처한 사람의 마지막 소원은 무엇일까? 아무리 여러 번 벽을 두드리더라도 "나는 아무개요. 내 가족에게 사랑한다고 전해주오!"라고 부탁하고 싶지 않았을까?

감옥 구경을 마치고 밖으로 나가려는데 갑자기 비가 내린다. 비 때문에 습도가 높아지자 감옥 안은 더욱 음침해진다. 꼼짝 없이 갇혔다는 생각이 들자 시간은 왜 이리

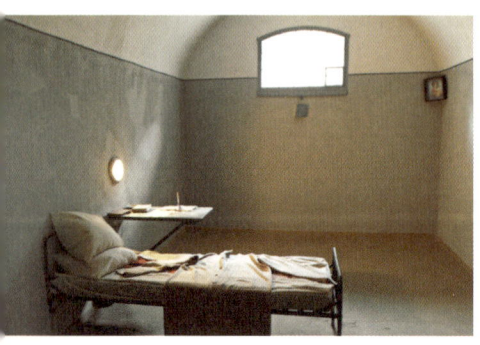

천천히 흘러가는지. 더 이상 머물고 싶지 않아 빗줄기가 약해지자마자 감옥에서 뛰쳐나왔다. 이마에 떨어지는 빗방울의 상쾌함이란! 이제 네바 강을 건너 상트페테르부르크 시내로 들어간다. 자유를 획득한 두 발로 세상 끝까지라도 걸어가리라.

피로 얼룩진 성 이삭 대성당

1 DAY
Theme 2

ST. ISAAC'S CATHEDRAL

상트페테르부르크 시내에는 고층 건물이 없다. 대부분 4~5층짜리 건물로 규모는 커도 높지는 않다. 그래서 네바 강변에서 바라보면 도시 전체가 평평한 느낌이다. 그나마 밋밋한 스카이라인을 살려주는 포인트가 있다면 황금색으로 빛나는 돔과 첨탑들인데, 그중에서도 단연 눈길을 사로잡는 것이 성 이삭 대성당St. Isaac's Cathedral의 돔이다. 높이 101.5미터에 이르는 성 이삭 대성당은 도시의 거인과 같은 존재다. 성당 앞에 서면 웬만한 카메라로는 그 모습을 한 번에 담아낼 수 없다. 전체 컷을 찍기 위해 광장 끝까지 걸어가고 나서야 이 거대한 건축물의 규모가 실감난다. 푸른 하늘을 향해 우뚝 솟은 모습이 바라보는 이를 압도한다고나 할까.

성 이삭 대성당은 큰 키 덕분에 상트페테르부르크를 내려다볼 수 있는 최고의 전망대 역할을 맡고 있다. 200여 개의 계단을 오르면 돔 아래를 빙 돌며 네바 강변에 펼쳐진 시내 전경을 만끽할 수 있다. 오랜 여행으로 닳아빠진 무릎을 감안할 때 계단은 결코 좋은 선택이 아니지만, 상트페테르부르크를 파노라마로 펼쳐놓고 볼 기회를 놓칠 수는 없다. 삐걱대는 무릎의 비명을 외면하며 나선형 계단을 한참 올라가니 공중에 걸린 철제 계단이 나타난다. 고소공포증이 있는 아내는 당장 다리가 후들거릴 높이다. 뒤를 돌아보

니 역시나 겁을 먹고 주춤대고 있다. 억지로 손을 잡아끌어 겨우 철제 계단을 오르니 상트페테르부르크 시내가 쫙 펼쳐진다. 멀리 동북쪽으로 황금빛 첨탑이 연이어 보이는데, 앞쪽은 해군성 건물이고 뒤쪽은 페트로파블롭스크 성당이다. 강을 사이에 두고 한쪽에는 러시아 해군을 지휘하는 본부가, 한쪽에는 철옹성 같은 요새가 자리하고 있으니 어떤 적이 감히 이 강을 오르내릴 수 있었으랴. 전망대에서 바라보니 이 아름다운 도시가 한때 축축한 강바람이 불어대는 습지였다는 사실이 도저히 믿어지지 않는다.

표트르 대제가 새로운 수도를 세우려 마음먹었을 때 이곳은 사람이 살지 않는 황량한 땅이었다. 표트르 대제는 전쟁 포로는 물론이고 러시아 농민까지 강제로 끌고 와 도시의 토대를 닦았다. 겨울이면 삭풍朔風이 몰아치는 북방의 바닷가에서 발이 푹푹 빠지는 습지를 메워야 했을 인부들의 노고가 어떠했을지는 두말할 필요도 없다. 바로 성 이삭 대성당이 그러한 노고를 대표하는 건축물이다. 지반이 약한 습지에 이처럼 거대한 성당을 세우려니 당연히 힘들 수밖에 없었다. 1818년에 공사를 시작한 성 이삭 대성당은 이 자리에 네 번째로 세워지는 성당이어서 바닥에는 이미 만 3천 개의 말뚝이 박혀 있었다. 하지만 성당이 워낙 거대하다 보니 만 개 이상의 말뚝을 새로 박고 그 위에 화강암과 석회암을 가져다 메웠다. 지반 공사에만 5년이 소요됐고 성당이 완공되기까지는 총 40년의 시간이 걸렸다. 이 기간 동안 공사에 동원된 인원이 무려 50만 명에 달한다니 그야말로 어마어마한 대역사大役事다. 비단 이 성당뿐만이 아니었다. 표트르는 도시의 토대가 마련되자 러시아 귀족들을 위협해 상트페테르부르크에 석조 주택을 짓게 했다. 말을 안 들으면 추방하거나 사형시키겠다고 윽박지르니 따르지 않을 수 없었다. 수도 건설에 박차를 가할수록 공사에 동원된 인부들의 희생은 기하급수적으로 늘어났다. 1705년에 일어난 대규모 농민반란의 원인으로 강제 징용이 거론될 정도니 러시아 민중이 겪었을 고초를 가히 짐작할 수 있다. 내 눈앞에 펼쳐진 이 아름다운 도시는 인부들이 흘린 피와 땀의 결정체인 것이다.

전망대에서 내려와 성당 내부로 들어가니 기존에 봐 왔던 교회들과는 분위기가 사뭇 다르다. 보통은 프레스코화로 장식되어 있는 데 반해 이곳은 모자이크화가 주류를 이루고 있다. 지성소를 분리한 이코노스타스Ikonostas가 마련되어 있지만 대리석 기둥이 세워져 있어 그냥 벽이라는 느낌이다. 게다가 지성소 안으로 들여다보이는 예수 그리스도는 스테인드글라스로 만들어져 있다. 독일 뮌헨의 왕립공방에서 제작된 이 스테인드글라스는 그리스도의 부활을 주제로 한 예술 작품이다. 그래서인지 성 이삭 대성당에 들어서면 정교회보다는 가톨릭 성당에 온 기분이 든다. 하지만 이곳은 엄연히 정교회 성당으로 건축 양식만 서유럽의 방식을 따랐을 뿐이다. 설계자는 프랑스 출신의 건축가 몽페랑Auguste de Montferrand으로, 34세에 시작한 공사가 73세에 완공되었으니 그야말로 전 생애를 이 성당에 바쳤다 해도 과언이 아니다. 심지어 1837년에는 돔을 지탱하는 기둥을 올리는 작업을 감독하다가 발판에서 미끄러지는 바람에 목숨을 잃을 뻔했다. 이처럼 몽페랑은 공사에 열성을 다했지만 완공된 지 한 달 만에 생을 마감했다. 그나마 축성식을 본 것을 다행이라고 여겨야 할까. 그는 자신의 분신과도 같은 이 성당 안에 묻히기를 희망했지만 정교회 신도가 아니라는 이유로 거절당했다.

러시아 혁명운동의 태동, 데카브리스트 광장

DEKABRIST SQUARE

1 DAY
Theme 3

성당의 북쪽 출구로 나오면 거리 너머로 정원이 펼쳐진다. 산책하기 좋아 보이는 이 정원은 러시아 역사에 한 획을 그은 장소로, 1825년 12월 14일 황제 니콜라이 1세에 대항한 반란이 일어난 데카브리스트 광장Dekabrist Square이다. 나폴레옹의 침공으로 벌어진 조국전쟁에서 승리한 러시아 군은 파리까지 진군하여 승리를 만끽했다. 하지만 러시아 군의 파리 주둔은 청년 장교들이 서유럽에 만연해 있던 자유주의 사상을 흠뻑 들이마시는 계기가 되었다. 자유주의의 세례를 받은 장교들은 전제정치와 농노제를 폐지하기로 마음먹고 비밀결사를 결성했다. 그리고 당시 원로원 광장이라 불리던 이곳에서 열리는 황제에 대한 충성 선서에 맞춰 반란을 일으켰다. 그런데 3천 명의 반란군이 광장으로 몰려왔을 때 뜻하지 않은 사태가 벌어졌다. 반란군의 지도자가 현장에 나타나지 않은 것이다. 결국 황제의 군대에 둘러싸인 반란군은 항복 권유를 거부하고 대치하다 잔혹하게 진압당했다. 주동자 5명은 사형 당했고, 120여 명이 시베리아 유형에 처해졌다. 목숨을 내건 반란치고는 무척 어설펐지만 그들의 희생은 헛되지 않았다. 황제의 압제에 대항해 민중을 구하겠다는 청년 장교들의 거사는 러시아에서 일어난 최초의 혁명운동이었기 때문이다. '데카브리스트의 난'이라고 불리는 이 사건은 이후 수많은 혁명가들에게 영감을 불어넣었고, 결국 1917년 사회주의 혁명으로 그 결실을 맺게 된다.

막상 광장에 와보니 러시아 혁명운동이 태동한 곳이라고 하기에는 너무 평화롭다. 나무로 둘러싸인 정원에는 꽃밭까지 조성되어 있어 그 옛날 반란군이 뜨거운 피를 흘렸던 광경을 떠올리기 어려웠다. 한가로이 정원을 거니는데 광장 한쪽에 세워진 커다란 기마상이 눈에 들어온다. 예카테리나 2세가 세운 표트르 대제의 청동 기마상이다. 독일인인 예카테리나 2세는 자신이 표트르 대제의 후계자임을 강조하며 정권의 정통성을 강화하려 애썼다. 그런 노력의 일환으로 세워진 것이 이 기마상으로, 네바 강을 향해 앞발을 쳐

성 이삭 광장의 니콜라이 1세 기마상

들고 포효하는 모습이 당장이라도 바위에서 뛰어내려 광장을 질주할 듯 생동감이 넘친다. 그런데 이 기마상을 보고 이런 상상을 한 사람이 또 있었다. 바로 러시아의 국민시인으로 추앙받는 알렉산드르 푸시킨Aleksandr Pushkin이다. 푸시킨이 1833년에 발표한 〈청동의 기사〉는 이와 같은 상상을 구현해낸 서사시다. 약혼녀와 함께할 신혼의 단꿈에 젖어 있던 가난한 하급관리인 예브게니는 어느 날 갑자기 밀어닥친 홍수로 약혼녀를 잃고 만다. 슬픔에 젖어 미친 듯이 방황하던 예브게니는 우연히 표트르 대제의 청동 기마상과 마주친다. 그리고 홍수에 취약한 습지에 도시를 건설한 표트르가 모든 불행의 원흉이라며 분노를 터뜨린다. 그런데 슬픔과 분노가 너무 컸던 탓일까? 예브게니는 청동의 기사가 바위에서 뛰어내려 말발굽 소리를 울리며 자신을 쫓아온다는 환청에 사로잡힌다. 결국 청동의 기사를 피해 다니던 예브게니는 얼마 후 네바 강가에서 시체로 발견된다.

이 서사시는 1824년 상트페테르부르크에서 실제로 일어난 대홍수를 배경으로 삼고 있다. 습지 위에 말뚝을 박고 바위를 채워 만든 이 도시는 그야말로 인간의 힘으로 이룩한 인공물이다. 하지만 자연을 거스른 대가는 실로 엄청났다. 빈번히 일어나는 홍수는 인간이 쌓아올린 것들을 단숨에 쓸어갔다. 도시를 건설하는 과정도 억지스러웠지만 그 이후에도 끊임없이 대가를 치러야 했다. 이처럼 큰 희생을 치러야 하는 원인은 누가 제공한 것인가? 바로 표트르 대제가 아니던가. 그런데 예브게니는 대제에게 분노를 터뜨렸다는 이유로 괴로워하다가 목숨을 잃고 만다. 사랑하는 이를 잃고도 욕 한마디 마음대로 할 수 없었던 러시아 민중의 아픔이 스민 작품이다.

사실 〈청동의 기사〉를 지은 푸시킨도 이 광장에 아픈 추억을 간직하고 있다. 반란을 일으킨 데카브리스트들 중에는 푸시킨의 친구들도 포함되어 있었기 때문이다. 당시 푸시킨은 자유주의 성향을 띤 정치시를 발표했다는 죄목으로 러시아 남부로 유배를 가 있었다. 반란에 직접 참여하지 못한 덕분에 니콜라이 1세의 처벌을 피할 수 있었지만 뜻을 같이한 동지들이 사형을 당하거나 유배에 처해지는 모습을 보며 죄책감을 느꼈다. 푸시킨은 예브게니의 입을 빌려 황제의 잔혹한 처사에 불만을 표시했던 것은 아닐까?

결투로 생을 마감한 국민시인, 푸시킨

1 DAY
Theme 4

ALEKSANDR
PUSHKIN

강 건너 요새에서부터 걸어온 데다 성 이삭 대성당 전망대까지 올라갔다 왔더니 다리가 몽둥이처럼 뻣뻣해져 온다. 휴식을 취할 겸 푸시킨이 자주 찾았다는 카페로 발걸음을 옮겼다. 모이카 운하 근처에 자리한 카페의 이름은 '카페 리테라투르노예Literaturnoe Kafe'다. '문학 카페'라는 이름답게 상트페테르부르크에 거주하던 문인들이 자주 들렀던 곳으로 유명하다. 러시아 작가 하면 우리는 보통 톨스토이나 도스토옙스키를 떠올리지만, 러시아인은 단연 푸시킨을 첫손가락에 뽑는다. 러시아 문학의 모든 유파가 푸시킨에게서 비롯되었다고 할 정도로 그의 위상은 독보적이다.

카페 안 오른편에는 푸시킨의 실물과 비슷한 밀랍인형이 있다. 꼽슬꼽슬한 머리에 까무잡잡한 피부, 동글동글한 얼굴. 러시아인치고는 특이한 외모를 지닌 이 남자가 바로 푸시킨이다. 그의 외모의 흑인적인 특징은 외가 쪽에서 유래했다. 푸시킨의 외증조부인 아브람 한니발은 에티오피아 출신 흑인 노예였다. 한니발은 1706년 표트르 대제에게 바쳐진 후 요행히 황제의 총애를 받아 러시아에 뿌리를 내렸다. 이렇게 말하면 푸시킨이 노예의 피가 섞인 비천한 집안 출신일 것 같지만 사실은 정반대다. 푸시킨의 친가는 600년의 역사를 자랑하는 귀족 집안이다. 비록 푸시킨이 태어났을 때는 영락하여 예전 같지 않았지만 귀족이라는 자부심만큼은 여전했다.

반가운 마음에 앞으로 달려가니 탁자 위에 빨간색 음료가 한 잔 놓여 있다. 1837년 1월 27일 푸시킨이 결투를 하러 가기 전에 마셨다는 크랜베리 주스다. 결투를 벌이게 된 원인은 미모를 자랑하던 그의 아내 나탈리야 곤차로바였다. 푸시킨과 나탈리야는 1828년 모스크바의 한 무도회에서 만났다. 그녀에게 한눈에 반한 푸시킨은 앞뒤 가리지 않고 청혼했고, 세 번이나 거절당한 끝에 결혼에 골인하여 1831년 가을 상트페테르부르크에 살림을 차렸다. 그런데 당시 16세였던 어린 신부는 사치가 심한 데다 밤마다 무도회를 들락거렸고, 뛰어난 미모 덕에 사교계의 여왕으로 군림하며 수많은 염문을 뿌려댔다. 심지어 황제 니콜라이 1세마저 그녀에게 추파를 던질 정도였으니 푸시킨의 마음고생이 얼마나 심했을까. 나탈리야의 방탕한 생활은 결국

파국을 불러왔다. 1836년 푸시킨은 아내가 프랑스인 당테스와 불륜을 저지르고 있다는 익명의 투서를 받는다. '아내에게 배반당한 남자를 축하하며'라는 글귀로 시작되는 투서를 읽은 푸시킨은 끓어오르는 분노를 참을 수 없었다. 귀족적 자부심이 강했던 푸시킨은 자신과 아내의 명예를 지키기 위해 당테스에게 결투를 신청했다. 주변의 만류로 몇 차례나 미뤄진 결투는 이듬해 1월 27일 오후 5시에 거행되었고, 결국 눈 쌓인 순백의 설원은 푸시킨의 선혈로 붉게 물들었다.

카페 2층에는 푸시킨이 결투 장소로 떠나기 전에 앉았던 창가 자리가 남아 있다. 자리를 잡고 앉아 푸시킨이 마셨던 크랜베리 주스 한 잔을 시켰다. 푸시킨은 저 자리에 앉아 무슨 생각을 했을까? 사실 결투는 시작도 하기 전에 승패가 결정된 것과 진배없었다. 상대는 사격에 익숙한 기병장교였고 푸시킨은 평생 펜대만 굴려온 문인이었다. 하지만 푸시킨은 두려움이나 긴장감을 전혀 드러내지 않았다. 결투 당일 오전까지도 평상시와 다름없이 일을 하다 카페로 왔을 뿐이다. 하지만 내색은 않았어도 어찌 그의 머릿속이 복잡하지 않았으랴. 분명 창가에 앉아 결투에서 벌어질 장면을 상상해보았을 것이다. 푸시킨은 일찍이 《예브게니 오네긴》이란 작품에서 두 남자의 결투를 그린 적이 있다. 주인공 오네긴은 총을 맞고 쓰러진 렌스키의 모습을 다음과 같이 묘사한다.

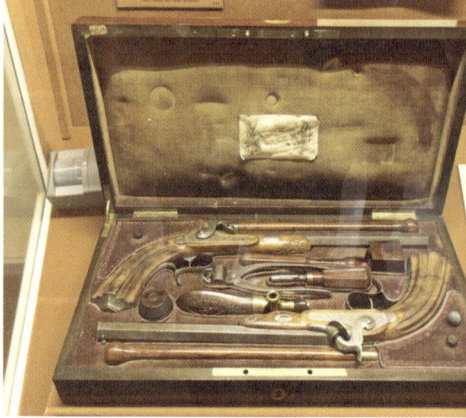

그는 그린 듯이 누워 있다.
이마에 처참한 평화의 기운이 기이하게 감돈다.
총알은 가슴을 관통했고
상처에서 더운 피가 흘러나왔다.
잠깐 전만 해도
이 심장 속에선 영감과
증오와 희망과 사랑이 뛰고.
생명이 솟구치고 피가 끓었건만
지금은 폐허가 된 집처럼
모든 것이 어둡고 조용하다. 5)

푸시킨은 자신이 오네긴과 렌스키 중 누가 되리라 생각했을까? 아마도 피를 흘리며 쓰러지는 것은 자신이라고 예상했으리라. 하지만 그는 죽음의 공포에 굴하지 않고 당당히 결투 장소로 향했다. 목숨을 잃는 한이 있더라도 실추된 명예를 되찾아야만 했기에.

카페를 나와 모이카 운하를 따라 십 분쯤 걸어가면 푸시킨이 살던 집이 나온다. 지금은 '푸시킨 집 박물관'으로 개조되어 일반에 공개되고 있다. 안뜰을 지나 매표소로 들어서니 줄이 길게 늘어서 있다. 작가의 박물관치고 이렇게 관광객이 많은 곳은 처음이다. 말소리를 들어보니 외국인보다 러시아인이 더 많다. 러시아인치고 푸시킨의 시 한 구절 외우지 못하는 사람이 없다고 하니 상트페테르부르크까지 와서 푸시킨이 최후를 맞이한 집을 그냥 지나칠 리 없다. 박물관 안에는 푸시킨과 당테스가 결투에서 사용했던 권총 두 자루가 진열되어 있다. 두 사람은 열 발자국 떨어진 거리까지 걸어와 한 사람이 죽을 때까지 결투하기로 합의하고 총을 들었다. 당테스의 첫발에 복부를 맞은 푸시킨은 떨리는 손으로 총을 발사했지만 총알은 상대방의 팔을 스치고 지나갔을 뿐이었다. 결국 치명상을 입고 쓰러진 푸시킨은 썰매에 실려 이 집으로 옮겨졌다. 박물관 2층 응접실에는 세로로 길쭉한 침대의자가 하나 놓여 있다. 총상을 입은 푸시킨은 아내에게 부상의 정도를 숨기고자 침실이 아닌 이곳에 누워 고통을 견뎠다. 의사가 달려와 치료해봤지만 이미 부상이 너무 심해 가망이 없었다. 푸시킨의 소식을 접한 수만 명의 시민이 몰려와 그의 소생을 기도했지만 결국 푸시킨은 총상을 입은 지 이틀만인 1월 29일 오후에 숨을 거두었다.

그런데 푸시킨의 죽음을 불러온 결투를 두고 궁정세력의 음모였다는 소문이 있다. 황제 니콜라이 1세는 나탈리야에게 관심을 갖고 있었을 뿐만 아니라, 자유주의 사상의 상징이던 푸시킨을 눈엣가시처럼 여겼다. 일찍이 데카브리스트의 난이 실패로 돌아간 후 푸시킨은 황제에게 불려가 죄를 추궁당한 적이 있다. 만약 상트페테르부르크에 있었다면 반란에 참여했겠느냐는 황제의 물음에 푸시킨은 당당히 "그렇다"고 대답했다. 황제는 민중에게 인기가 많은 푸시킨의 목숨을 함부로 빼앗을 수 없어 살려는 두었지만 이후 평생 동안 감시하며 작품 활동에 제약을 가했다. 결국 푸시킨의 존재를 더 이상 용납할 수 없다고 판단한 궁정세력이 익명의 투서를 통해 그를 죽음의 함정에 빠뜨렸다는 것이다. 푸시킨이 죽자 황제가 소요사태를 우려하여 장례식장을 몰래 바꾸고 그의 집을 6만 명의 병사로 포위한 것을 보면 이런 소문도 낭설로만 들리지는 않는다. 아무튼 푸시킨은 결투 때문에 38세의 젊은 나이로 생을 마감했다. 푸시킨의 작품을 읽은 사람이면 누구나 문학적 재능이 넘치는 천재 시인의 짧은 생을 안타까워한다. 하지만 푸시킨은 그다지 불평하지 않았을지도 모르겠다. 그는 〈삶이 그대를 속일지라도〉라는 시에서 노래한 것처럼, 인생이란 슬퍼하거나 노여워할 대상이 아님을 이미 알고 있었으니까.

삶이 그대를 속일지라도 슬퍼하거나 노여워하지 말라
슬픔의 날 참고 견디면 기쁨의 날이 오리니
마음은 미래에 살고 현재는 늘 슬픈 것
모든 것은 순간에 지나가고 지나간 것은 다시 그리워지나니

RUSSIA HISTORY

표트르 대제와 북방전쟁

표트르 대제^{Pyotr I}는 1672년 6월 9일 알렉세이 1세와 후처 나탈리아 사이에서 태어났다. 알렉세이 1세의 첫 아내는 일찍 죽었지만 표도르와 이반 두 아들을 남겼다. 그래서 그들의 외가인 밀로슬랍스키 가문은 황위 계승을 두고 나탈리아와 표트르를 눈엣가시처럼 여겼다. 이복형제에게 밀려 세 번째 순위였던 표트르는 사실 황제가 될 가망이 거의 없었다. 그런데 아버지의 뒤를 이어 황제에 오른 표도르가 단명하는 바람에 표트르에게도 기회가 찾아왔다. 다음 순위인 이반은 장애가 있어 황위를 계승할 인물이 못 되었기 때문이다. 이에 귀족들은 이반을 제쳐두고 당시 열 살이던 표트르를 황제로 추대했다. 하지만 이대로 권력에서 밀려날 수 없었던 밀로슬랍스키 가문은 소총부대인 스트렐츠이를 동원해 반란을 일으켰다. 크렘린으로 난입한 스트렐츠이는 어린 표트르가 지켜보는 앞에서 살육을 자행했다. 결국 반란은 표트르와 이반이 공동 황제가 되는 대신 이반의 누나인 소피아가 섭정을 하는 것으로 일단락되었다. 권력 투쟁에서 패배한 나탈리아와 표트르는 크렘린에서 5킬로미터쯤 떨어진 프레오브라젠스코예라는 마을로 거처를 옮겼다. 이때 벌어진 살육과 암투는 어린 표트르의 머릿속에 정적에 대한 잔인성을 각인시키는 계기가 되었다. 그러던 1689년 섭정인 소피아가 표트르를 제거하려다 실패하고 노보데비치 수도원에 유폐되는 사건이 벌어진다. 하지만 아직 정치에 관심이 없던 표트르는 정사를 어머니에게 맡기고 잡다한 공부에 전념했다. 그는 어려서부터 강철 같은 체력을 자랑했고, 또한 호기심이 왕성했다. 2미터가 넘는 거구임에도 불구하고 손재주가 뛰어나 석공과 목수 기술을 익히기도 했다. 전쟁놀이도 좋아해서 대포와 소총을 동원한 모의전투를 벌였다가 20여 명의 사상자를 내기도 했다. 게다가 외국의 기술을 좋아해서 '독일촌'이라는 곳을 자주 방문하여 외국인들에게 이것저것을 배웠다. 이때부터 표트르는 러시아의 근대화를 위해서는 서유럽의 앞선 기술과 문화를 도입해야 한다는 생각에 사로잡혔다. 표트르는 1697년 봄 대규모의 서유럽 시찰단을 조직했고, 자신도 미하일로프라는 가명으로 슬쩍 시찰단에 끼어들었다. 비록 거대한 체구와 고약한 술버릇 때문에 금세 정체가 탄로 났지만, 고귀한 황제의 신분임에도 직접 선진문물을 배우려는 열정은 실로 뜨거웠다.

15개월 동안이나 이어진 서유럽 시찰을 중단시킨 것은 러시아에서 들려온 반란 소식이었다. 지체 없이 러시아로 돌아온 표트르는 반란을 진압한 후 주범들을 잔혹하게 처벌했다. 자신의 손으로 직접 죄인의 목을 베어버릴 정도였다. 황제에게 복종하지 않는 자는 무자비하게 죽이겠다는 의지의 표현이었다. 또한 표트르는 러시아로 돌아온 첫날 대신들의 수염을 가위로 잘라버리는 기행을 저질렀다. 당시 러시아인은 인간이 신의 형상에 따라 창조되었다고 믿었기 때문에 수염이란 인간과 동물을 구분 지어주는 신의 선물이었다. 따라서 수염을 자르는 것은 신에 대한 불경이자 참을 수 없는 모욕이었다. 하지만 근대화를 위해 외모와 복식부터 개선하려 한 표트르에게 수염은 구시대의 상징일 뿐이었다. 결국 러시아의 모든 남자는 수염을 밀어야 하며, 지시를 어기고 수염을 기르려면 세금을 내라는 칙령이 반포됐다. 이처럼 표트르는 자신의 뜻을 관철시키기 위해서라면 수단과 방법을 가리지 않았지만 전투가 됐건 개혁이 됐건 자신이 먼저 솔선수범할 줄 아는 리더였다. 황제가 특별대우를 바라지 않고 제일선에서 이끄니 아무도 그 뜻을 거스를 수 없었다.

표트르는 전쟁으로 날과 밤을 새웠다. 36년의 제위 기간 동안 전쟁이 없었던 시간은 전부 합쳐 2년여에 지나지 않는다. 그중에서도 20여 년에 걸쳐 스웨덴과 벌인 북방전쟁은 러시아의 명운을 건 대업이었다. 1700년 11월에 벌어진 나르바 전투Battle of Narva에서 4만 명의 러시아 군은 8천 명의 스웨덴 군에 참패를 당했다. 당시 18살이던 스웨덴 왕 카를 12세Karl XII를 어리다고 너무 얕잡아본 결과였다. 이후 표트르는 스웨덴을 꺾기 위해 전쟁 준비에 전력을 기울였다. 교회의 종을 몰수해 대포를 만들고, 귀족도 농민처럼 평생 징집에 응하도록 제도를 바꾸었다. 또한 외국의 유능한 장교들을 초빙하여 군대의 근대화에 박차를 가했다. 와신상담하며 복수의 칼을 갈던 표트르는 마침내 1709년 7월 폴타바Poltava에서 카를 12세와 다시 맞붙었다. 이번에는 전승을 구가하며 콧대가 높아진 카를 12세가 러시아 군을 과소평가했다. 보급부대를 기다리지 않고 성급하게 러시아 땅 깊숙이 진군하는 바람에 고립을 자초했던 것이다. 결국 행군과 굶주림에 지친 스웨덴 군은 폴타바까지 쫓겨 간 끝에 러시아 군과 대접전을 벌였다. 결과는 표트르가 선두에 서서 병사들을 이끈 러시아 군의 대승이었다. 북방전쟁은 이후에도 10여 년간 지속되지만 폴타바 전투로 승패는 판가름이 난 셈이었다. 결국 1721년 니슈타트 조약the Treaty of Nystadt으로 러시아가 발트 해 연안을 영구히 확보함으로써 기나긴 북방전쟁은 러시아의 승리로 종지부를 찍었다. 그리고 유럽의 열강이던 스웨덴을 꺾은 러시아는 단숨에 북방의 패자로 우뚝 설 수 있었다.

2DAY
SAINT PETERSBURG

화 려 한   제 정   러 시 아 의   궁 정   속 으 로

벽 전체가 보석으로 이루어진 방을 본 적이 있는가? 분수와 조각들로 장식된 폭포를 본 적이 있는가? 전 세계 예술품을 한 자리에 모아놓고 본 적이 있는가? 만약 그렇지 않다면 러시아 황실에서 지은 궁전 세 곳을 둘러보자. 상상했던 것 이상의 화려함과 예술미를 만끽할 수 있을 것이다.

세계 8대 불가사의, 예카테리나 궁전의 호박방

2 DAY
Theme 1

AMBER ROOM OF
EKATERINA PALACE

외국 여행을 하면서 가장 긴장되는 순간은 언제일까? 내 경우는 버스를 이용해 낯선 장소를 찾아갈 때다. 지하철은 노선도를 보면 내릴 곳을 쉽게 알 수 있지만 버스는 다르다. 그저 온몸의 신경을 곤두세운 채 창밖을 살피며 목적지가 가까워왔다는 단초를 찾을 밖에 도리가 없다. 오늘 찾아가는 차르스코예 셀로Tsarskoe Selo가 그런 긴장감이 생기는 곳이다. 상트페테르부르크에서 남쪽으로 약 25킬로미터 떨어진 이 마을에 가려면 '마르시룻카Маршрутка'라고 불리는 미니버스를 이용해야 한다. 지하철 모스콥스카야역에서 내려 지상으로 나가니 길가에 12인승쯤 되는 승합차가 서 있다. 차 옆에 K545라는 번호와 함께 러시아어는 물론 영어로도 차르스코예 셀로라고 쓰여 있다. 마르시룻카의 좌석이 꽉 차자마자 문을 닫고 쏜살같이 달린다. 일반 버스보다 몸집이 작아서 요리조리 잘도 빠져나간다. 문제는 이제부터다. 차르스코예 셀로에서 어떻게 내려야 할까? 승객들을 살펴보니 대부분 관광객이다. 이런 상황이면 해결책은 의외로 간단하다. 다들 차르스코예 셀로에서 내릴 것이 뻔하니까. 아니나 다를까, 30여 분을 신 나게 달리던 차가 울창한 숲 맞은편에 서니 승객들이 우르르 내린다. 여기다 싶어 운전사에게 "차르스코예 셀로?"라고 물으니 "다, 다, 다"란다. 러시아어로 '네'를 뜻하는 '다'는 빠르고 짧게 3번 정도 반복하는 게 보통이다.

저 멀리 푸른 하늘 아래 황금빛 돔이 찬란하게 반짝이고 산뜻한 하늘색이 도드라진 궁전이 모습을 드러낸다. 바로 러시아 황실의 여름 거처인 예카테리나 궁전Ekaterina Palace이다. 궁전의 이름은 1724년 표트르 대제가 아내인 예카테리나 1세를 위해 궁전을 지은 것에서 유래했다. 이후 엘리자베타 여제와 예카테리나 2세때 대규모 증축이 이루어져 현재의 모습을 갖추었다. 여제들의 손끝에서 다듬어진 궁전이라 그런지 웅장함보다는 우아함이 강하게 풍긴다.

궁전의 정원으로 들어가는 입구에는 정원 입장권을 사는 줄이 길게 늘어서 있다. 20여 분을 기다려 표를 구입하고 겨우 정원으로 들어가니 좀 전과는 비교도 안 될 만큼 어마어마하게 긴 줄이 또 다시 늘어서 있다. 이번에는 궁전 건물로 들어가는 표를 사는 줄이란다. 사실 예카테리나 궁전은 상트페테르부르크에서도 구경하기 힘

든 곳으로 손꼽힌다. 관광객은 엄청나게 많은데 궁전 관람은 투어 형식으로만 운영되기 때문이다. 더구나 단체 관람객을 우선으로 입장시키기 때문에 개인 관람객은 20분 간격으로 운영되는 가이드 투어를 기다려야만 한다. 그렇다 보니 관광객이 몰리는 여름철에는 입장도 못해보고 발길을 돌리는 사태도 벌어진다고 한다. 그래서 아침부터 길을 서둘렀는데 이미 궁전 앞에 늘어선 줄을 보고 입이 딱 벌어졌다. 결국 정원에서 한 시간 반을 기다린 끝에 궁전 안으로 들어갈 수 있었다. 그런데 들어왔다고 끝난 것이 아니었다. 궁전 바닥을 보호할 덧신을 신고 다시 20여 분을 대기했다. 투어를 시작하기도 전에 지쳐서 관람이고 뭐고 다 때려치우고 싶은 기분이 들 때쯤 투어가 시작됐다. 따져보니 차르스코예 셀로에 도착한 지 2시간이 훌쩍 넘었다.

가이드를 따라 2층으로 올라가는 계단에 도착한 순간 눈이 시원해졌다. 흰색 계단 위에 드리워진 새빨간 커튼이 더할 나위 없이 산뜻하다. 가볍게 기분 전환을 하고 2층에 들어서자 눈앞에 황금빛 물결이 넘실거린다. 커다란 창문을 통해 들어온 햇살이 온통 금색으로 치장된 벽에 부딪혀 화려함의 절정을 연출한다. 관람객의 눈을 찬란한 빛으로 멀게 만든 이 공간은 궁전의 대회장이다. 그 옛날 러시아 황실에서 무도회를 열면 드레스와 제복을 갖춰 입은 선남선녀들이 이곳을 가득 메웠을 것이다. 감미로운 음악에 맞추어 황금빛 물결 속에서 춤을 추노라면 마치 꿈결 속을 걷는 듯한 기분이 들지 않았을까? 대회장을 벗어나면 일명 '골든 엔필라데Golden Enfilade'라고 불리는 방들이 이어진다. 황금으로 치장된 방들이 일렬로 쭉 연결되어 있다는 뜻에서 붙여진 이름으로, 주로 황실에서 사용했던 거실과 식당들이다. 그중에서 가장 유명한 곳이 호박방Amber Room인데, 예카테리나 궁전을 찾은 관광객 대부분이 호박방을 구경하기 위해 왔다고 해도 과언이 아니다.

호박방은 천장을 제외한 모든 벽면이 호박으로 뒤덮여 있어 어떻게 이런 방을 만들 생각을 했는지 믿기지 않을 정도다. 한때 세계 8대 불가사의라고 불린 이 방을 만들기 위해 총 6톤의 호박이 사용됐다고 한다. 영롱한 빛을 뿜어내는 호박 조각들을 세밀하게 짜 맞춘 방 자체가 하나의 예술품이다. 특히 그림을 둘러싼 액자 부분을 보면 정교한 세공에 감탄을 금할 수 없다. 호화로움의 극치를 보여주는 이 방은 값비싼 몸값 때문에 홍역을 치른 적이 있다. 제2차 세계대전 당시 이곳을 점령한 독일 군이 호박을 모두 떼어가는 바람에 빈털터리가 되어버린 것이다. 그때 약탈당한 호박은 이후 행방이 묘연하여 지금도 그 뒤를 쫓고 있는 사람이 있을 정도다. 아무튼 러시아 황실의 자랑거리였던 호박방이 텅 비어버리자 예카테리나 궁전 또한 그 빛을 잃어버렸다. 그렇다고 어마어마하게 비싼 호박방을 재건하는 것도 만만한 일이 아니었다. 그렇게 초라한 모습으로 방치된 채 30여 년의 세월이 흐른 1980년대에 이르러서야 호박방의 복원이 추진되었다. 그리고 상트페테르부르크 탄생 300주년인 2003년에 다시 한 번 화려한 자태를 세상에 드러내게 되었다.

골든 엔필라데는 호박방 이외에도 각양각색의 방들을 갖추고 있어 러시아 황실의 호화로운 생활상을 보여준다. 가이드의 설명을 들으며 따라다니다 보니 20여 분만에 투어가 끝났다. 눈이 번쩍 뜨일 만큼 화려한 대회장과 호박방 등을 구경했지만 2시간이나 기다린 것치고는 관람 시간이 너무 짧다. 궁전 밖에는 여전히 입장을 기다리는 줄이 길게 늘어서 있다. 러시아 황실의 은밀한 사생활을 들여다보려면 이 정도의 수고는 당연하지 싶으면서도, 20분짜리 투어를 위해 반나절을 허비했다고 생각하니 조금 허탈하다.

궁전 남쪽에는 고전주의 양식의 건물이 보인다. 기둥이 쭉 늘어선 회랑을 지닌 이 건축물은 설계자의 이름을 따서 '캐머런 갤러리Cameron Gallery'라고 불린다. 어째서 갤러리란 이름이 붙었을까 궁금하여 올라가 보니 탁 트인 회랑을 따라 조각상들이 늘어서 있다. 회랑을 천천히 거닐며 조각상들을 살펴보니 내부분 그리스·로마의 신들과 인물들을 본뜬 흉상이다. 예카테리나 2세의 명으로 지어진 이 갤러리는 사색을 하며 산책을 즐기던 공간이었다고 한다. 무언가 풀리지 않는 고민이 있을 때 그리스·로마의 신들과 인물들 사이를 거닐다 보면 해결의 실마리가 저절로 떠오르지 않았을까? 서양의 정신적 원류인 그리스·로마의 현자들이 조언을 해주는 이 공간만큼 사색에 어울리는 장소가 또 있을까? 더구나 갤러리 남쪽 끝에 이르면 궁전 앞에 펼쳐진 정원이 한눈에 내려다보인다. 드넓은 풀밭과 잔잔한 호수를 바라보니 답답하던 가슴이 탁 트인다. 정원을 산책하다 보니 왜 러시아 황실이 차르스코예 셀로에 궁전을 짓고 여름 거처로 정했는지 이해가 간다. 암투가 난무하는 상트페테르부르크의 궁정을 떠나 잠시나마 마음의 여유를 찾을 수 있는 곳. 그래서 '황제의 마을'이란 뜻의 차르스코예 셀로라 부르며 틈나는 대로 이곳을 찾은 것이리라.

여름은 이곳에서! 페테르고프 여름궁전

2 DAY
Theme 2

상트페테르부르크 여행의 최고 성수기는 여름이다. 이때는 예카테리나 궁전을 비롯한 주요 관광지마다 밀려드는 관광객으로 몸살을 앓는다. 그런데 이런 혼잡을 감수하고라도 꼭 여름에 상트페테르부르크를 찾는 사람들이 있다. 바로 페테르고프 Peterhof에 있는 여름궁전을 보기 위해서다. 시원한 물줄기를 뿜어내는 분수로 가득한 여름궁전은 상트페테르부르크의 여름을 즐기기에 최적의 장소다. 상트페테르부르크에서 남서쪽으로 약 30킬로미터, 핀란드 만의 바닷가에 자리한 페테르고프로 가는 방법은 크게 두 가지다. 네바 강변에서 고속 페리를 타고 바닷가 선착장에 내리는 것과 지하철과 마르시룻카를 이용해 궁전 정문에 내리는 방법이다. 페리는 갈아탈 필요 없이 편리하게 갈 수 있는 반면에 가격이 비싸고 사람이 많다. 줄 서는데 신물이 난 나는 미련 없이 페리를 포기했다. 시간은 많고 돈은 없는데 당연히 대중교통을 타야지. 압토보 역에서 K424 마르시룻카를 잡아타니 역시나 관광객으로 만원이다. 페테르고프에 도착하면 알아서 내리겠지 싶어 마음을 턱 놓고 있는데 30분쯤 지나자 앞쪽의 러시아인들이 웅성대기 시작한다. 운전사에게 뭔가 불평을 늘어놓는가 싶더니 갑자기 운전사가 차를 길가에 세운다. 그러자 러시아인들이 한꺼번에 우르르 내린다. 낌새가 이상해서 따라 내렸다. 알고 보니 운전사가 궁전 정문을 그냥 지나치자 사람들이 항의를 한 모양이다. 분명히 탈 때 페테르고프에 가는지 확인까지 했는데 무슨 생각으로 지나쳤는지 모를 일이다. 아무튼 툴툴대는 관광객들 사이에 끼어 5분쯤 되돌아오자 궁전 정문이 보인다. 그런데 예카테리나 궁전과 달리 표 파는 매표소도 없고 길게 늘어선 줄도 없다. 저 멀리 보이는 궁전까지 분수와 가로수 길이 일렬로 늘어서 있을 뿐이다. 솜털구름처럼 가벼운 발걸음으로 정원을 지나 궁전 앞에 이르렀다. 궁전 건물로 들어가려는데 뭔가 이상하다. 표를 사려면 궁전 오른편에 마련된 매표소로 가란다. 알고 보니 여기까지는 맛보기이고 진짜 볼거리들은 궁전 너머 바닷가 쪽에 있다고 한다.

페테르고프의 여름궁전은 표트르 대제가 만든 또 하나의 걸작이다. 상트페테르부르크 건설을 시작한 지 10여 년의 세월이 흐른 1714년. 스웨덴과의 북방전쟁도 승리로 굳어갈 쯤 표트르는 강대국으로 발돋움한 러시아의 위엄을 드러낼 궁전의 필요성을 느꼈다. 이에 이탈리아를 비롯한 세계 각지에서 뛰어난 건축가와 기술자를 불러들여 여름궁전을 짓기 시작했다. 열정적이고 호기심 많은 표트르도 몸소 공사에 참여했는데, 지금도 그가 구상한 설계도가 수십 장이나 남아 있다. 십 년에 걸친 대공사 끝에 1723년, 거대한 궁전과 정원이 완성되었다. 그러나 표트르는 이 아름다운 궁전을 고작 두 해만 사용하고 숨을 거두었다. 이후 역대 황제들의 손길이 더해져 현재의 모습을 갖추게 된 여름궁전은 크게 두 부분으로 나뉜다. 궁전의 정문이 있는 남쪽을 상부 정원Upper Garden, 바닷가 선착장이 있는 북쪽을 하부 공원Lower Park이라 부르는데, 궁전의 백미인 분수들은 하부 공원에 몰려 있다. 표고차를 이용해 분수의 물을 뿜어 올리기 위해 바닷가에서 상부 정원 쪽으로 급격하게 고도를 높이는 구조로 지어졌기 때문이다.

여름궁전의 하부 공원으로 들어가자 그림 같은 풍경이 펼쳐진다. 좌우로 길게 뻗은 궁전 아래로 7개의 테라스를 가진 대폭포가 두 줄로 늘어서 있다. 대폭포 주변에는 황금빛으로 반짝이는 동상이 37개, 힘차게 물을 뿜어 올릴 분수가 64개나 있다. 대폭

포에서 떨어진 물은 아래쪽에 마련된 반원형의 연못으로 모여들고, 다시 숲 사이로 뻗은 운하를 통해 핀란드 만의 바다로 흘러든다. 운하 양옆으로는 예쁘게 꾸며진 정원과 울창한 숲이 펼쳐져 보는 이의 가슴을 더욱 시원하게 만든다. 아직 시간이 일러서 대폭포가 물을 뿜지는 않지만 햇살을 받아 반짝이는 동상들이 기대감을 한껏 고조시킨다. 다른 분수들은 오전 10시면 물을 뿜지만 여름궁전의 하이라이트인 대폭포는 11시에 막을 올린다. 관광객이 발 디딜 틈도 없이 대폭포 주위를 에워싼 가운데 11시가 되자 웅장한 음악 소리와 함께 분수들이 일제히 물을 뿜기 시작한다. 북방의 파란 하늘을 향해 수십 개의 물줄기가 동시에 솟아오르자 관광객들이 일제히 탄성을 쏟아낸다. 떨어지는 물방울을 온몸에 맞으며 햇살 속에서 반짝이는 동상들의 모습이 마치 물놀이를 즐기고 있는 양 생동감이 느껴진다.

운하 쪽에서 대폭포를 구경하고 싶어 계단 아래로 내려오니 연못 한가운데 있는 분수가 힘차게 물줄기를 쏘아 올리고 있다. 대폭포의 상징과도 같은 삼손 분수다. 〈구약성서〉에 등장하는 삼손은 아내를 맞이하러 가던 길에 만난 사자를 맨손으로 찢어 죽였다는 괴력의 사나이다. 그래서인지 분수의 삼손 또한 사자의 입을 두 손으로 단단히 틀어쥐고 있다. 당장이라도 찢어져버릴 듯한 사자의 입에서 20미터 높이의 물줄기가 일직선으로 솟아오른다. 사실 삼손 분수는 러시아의 위대함을 과시하기 위해 세운 것으로, 삼손은 러시아를, 사자는 스웨덴을 상징한다. 표트르 대제가 폴타바 전투에서 스웨덴을 격파한 날이 마침 '성 삼손의 날'이어서 1734년 전승 25주년을 기념해 삼손의 일화를 소재로 분수를 제작했다. 그런데 높이 3.3미터에 무게가 5톤이나 나가는 삼손 동상을 자세히 보니 곱슬곱슬한 머리카락이 생각보다 짧다. 삼손이 지닌 괴력의 원천은 긴 머리카락이었는데, 델릴라의 꾐에 빠져 비밀을 누설하는 바람에 머리카락을 잘리고 괴력을 잃고 말았다. 그런데 삼손 동상의 머리카락이 저렇게 짧은 것은 어찌된 연유일까? 스웨덴 정도는 신이 주신 괴력 없이도 제압할 수 있다는 자신감의 표현일까? 그러고 보니 삼손 분수 위 대폭포에 늘어선 동상들도 한편의 신화를 이야기해준다. 대폭포의 왼쪽 맨 위에는 메두사의 머리를 손에 든 페르세우스의 모습이 보인다. 메두사와 눈이 마주치면 돌이 되어버린다는 전설처럼, 대폭포를 올려다보다가 그 아름다움에 넋을 잃고 돌이 되어버린 관광객들이 주변에 널려 있다.

대폭포에서 떨어지지 않는 눈길을 억지로 떼어내 공원으로 발걸음을 옮긴다. 바닷가를 따라 동서로 길게 조성된 하부 공원에는 숲 속 여기저기에 숨겨진 분수들이 물의 향연을 펼쳐낸다. 각양각색의 물줄기를 지닌 분수들은 아이들에게는 즐거운 놀이터다. 물에 흠뻑 젖어 신나게 뛰어다니는 아이들을 보니 사람은 좀 많아도 분수를 만끽할 수 있는 여름에 오길 잘했다는 생각이 든다. 정처 없이 숲 속을 거닐다 보니 어느덧 바다로 뻗은 운하에 이르렀다. 삼손 분수에서 시작된 운하를 바다까지 연결한 이유는 배를 탄 채 궁전 아래까지 다다르기 위해서다. 운하를 가로지른 다리에 서서 그 옛날 배를 타고 궁전에 도착하는 모습을 상상해본다. 안개처럼 흩어지는 물줄기에 휩싸인 궁전은 신기루와 같고, 황금의 동상들이 늘어선 대폭포는 천상으로 오르는 계단처럼 보인다. 배가 운하로 들어오면 누구나 숲 사이로 보이는 여름 궁전의 자태에 압도되어 저절로 고개를 숙였으리라. 배에서 내려 분수와 동상이 늘어선 계단을 오를 때면 천상 세계로 들어가는 환상에 빠졌을 것이다. 궁전에서 손님을 맞이할 주인은 이제 사라지고 없지만 나 또한 감사 인사를 하고 싶다. 상트페테르부르크의 아름다운 여름을 선사해주어 고맙다고.

에르미타슈 미술관

러시아 황실의 보물 상자,

HERMITAGE MUSEUM

2 DAY
Theme 3

넵스키 대로를 따라 네바 강을 향해 걷다가 오른쪽으로 난 샛길로 빠지면 완만하게 휘어진 길 끝에 아치로 이루어진 커다란 문이 나타난다. 이중으로 된 문을 통과하면 드넓은 광장이 눈앞에 펼쳐지고 광장 맞은편에는 에메랄드 색 궁전이 거대한 벽처럼 늘어서 있다. 바로 제정 러시아의 정치적 심장이자 상트페테르부르크의 예술적 상징인 에르미타슈Hermitage다. 여름철에 더위를 피해 차르스코예 셀로나 페테르고프에서 지내던 황제는 계절이 바뀌면 상트페테르부르크로 돌아와 이곳에 머물렀다. 일명 '겨울궁전'이라고 불리는 에르미타슈는 황제의 평소 집무실이자 제정 러시아의 역사가 이루어진 장소다. 그런데 에르미타슈는 궁전 말고 다른 의미에서 더욱 유명하다. 300만 점에 달하는 예술품을 모아놓은 미술관으로 사용되고 있기 때문이다. 영국의 대영 박물관, 프랑스의 루브르 박물관과 함께 세계 3대 박물관으로 손꼽히는 에르미타슈 미술관은 겨울궁전을 비롯한 5개의 건물들로 이루어져 있다. 미술 애호가는 물론이고 상트페테르부르크를 찾은 관광객이라면 누구나 들르는 명소다. 그러니 관광 성수기인 여름 시즌이면 표를 살 때도 긴 줄을 서야 할 뿐만 아니라 너무 혼잡해서 작품을 제대로 감상하기 어려울 정도다. 이미 줄 서는 데 신물이 난 나는 머리를 좀 굴렸다. 인파가 몰리는 오전을 피해 오후 늦게 찾아가되, 야간 개장으로 9시까지 문을 여는 수요일을 선택한 것이다. 그렇게 오후 5시쯤 에르미타슈에 도착하자 예상대로 관람객이 적어서 부대끼지 않고 구경할 만하다.

네바 강에 인접한 이곳에 처음으로 궁전을 지은 사람은 표트르 대제다. 하지만 겨울궁전이 현재의 모습을 갖춘 것은 대제의 딸인 옐리자베타 여제Elizaveta Petrovna의 공이다. 이탈리아 출신 건축가 라스트렐리Bartolomeo Rasstrelli의 지휘 아래 1754년에 시작된 공사는 옐리자베타가 사망한 1762년에야 끝을 맺었다. 바로크 양식의 대가였던 라스트렐리의 손에서 탄생한 겨울궁전은 그야말로 화려함의 극치다. 총 400여 개의 열주가 늘어선 외관은 수많은 조각과 장식으로 뒤덮여 있어 보는 이의 눈을 어지럽힌다. 게다가 3층 높이에 1,500여 개의 방을 갖추고 있어 유럽에서도 손꼽힐 정도로 거대한 규모를 자랑한다. 그런데 라스트렐리가 지은 겨울궁전은 1837년에 일어난 대화재로 외벽과 1층 일부를 제외하고 궁전의 대부분이 소실되는 비극적인 운명을 맞았다. 그나마 궁전 안에 소장되어 있던 예술품들을 신속하게 밖으로 빼내어 화마에서 구해낸 것이 천만다행이었다. 대화재로 러시아 황실의 자존심인 겨울궁전이 무너져내리자 정부는 재건에 총력을 기울였다. 약 1만 명의 인부를 동원하여 강행군을 펼친 결과 단 2년 만에 겨울궁전을 다시 일으켜 세울 수 있었다. 하지만 라스트렐리가 빚어낸 바로크의 화려함까지 그대로 재현할 수는 없었다. 궁전 내부는 신고전주의를 비롯한 여러 양식으로 뒤섞였고, 그나마 라스트렐리의 원형대로 복원된 것은 궁전의 외벽과 계단뿐이다.

겨울궁전 로비에서 표를 끊고 안으로 들어가면 곧 웅장한 계단이 이어진다. 일명 '요르단 계단Jordan Staircase'이라고 불리는 이곳이 궁전 내부에 유일하게 남은 라스트렐리의 작품이다. 순백의 대리석 계단과 벽 위를 치장한 황금 장식들. 검은색 화강암 기둥들이 받치고 선 천장에 그려진 신들의 세계. 구경하느라 정신이 팔린 사람들 때문에 본래의 용도를 잃어버린 이 계단은 바로크 양식의 절정을 보여준다. 제정 러시아 시절 겨울궁전을 찾은 외국 사절들은 이 계단을 통해 황제의 접견장으로 향했다. 화려하기 그지없는 이 계단이야말로 러시아의 국력을 과시하는 첫 번째 장소였던 셈이다. 나도 그 화려함에 압도되어 혹시나 흠집이라도 낼까 싶어 조심스레 계단을 오른다. 2층으로 올라와 몇 개의 방을 지나면 성 게오르기의 방St George's Hall에 다다른다. 커다란 창문을 통해 흰색 열주들이 늘어선 방 안으로 햇살이 쏟아져 들어온다. 방 한쪽 끝에는 의자가 하나 놓여 있는데, 역대 황제들이 외국 사절들을 맞이했던 옥좌다. 그래서 이 방을 '대옥좌의 방Great Throne Room'이라고도 부른다. 의자 뒤 휘장에 수놓아진 쌍두독수리가 지켜보는 가운데 사절들은 황제에게 공손히 머리를 조아렸을 것이다. 호화로운 겨울궁전을 통해 유럽의 변방으로 치부되던 러시아의 위신을 한껏 치켜세웠으니 궁전에 쏟아부은 돈이 아깝지 않았을 게다.

러시아 황실의 재력을 자랑하는 방들을 지나면 미술품이 전시된 공간이 나타난다. 에르미타슈 미술관은 1764년 예카테리나 2세Ekaterina II가 베를린의 상인으로부터 225점의 미술품을 사들이면서 시작됐다. 같은 해에 수집한 미술품들을 보관하기 위해 겨울궁전 동쪽에 별관을 짓고 소小 에르미타슈라 불렀다. 이후 수집품이 급격하게 늘어나 진열 공간이 부족해지자 대大 에르미타슈, 신新 에르미타슈, 에르미타슈 극장 등을 연이어 지어 지금은 겨울궁전을 비롯한 다섯 개 동이 모두 하나로 연결된 건물군을 이루고 있다. 에르미타슈와 같은 거대한 미술관을 구경하려면 전략이 필요하다. 300만 점에 이르는 전시품을 모두 감상하려면 한 점에 1분씩만 잡아도 하루 8시간씩 17년이 넘게 걸리기 때문이다. 게다가 전시품이 미로처럼 얽힌 400여 개의 방에 나뉘어져 있어서 다 돌아보려면 총 27킬로미터나 걸어야 한다. 따라서 사나흘 이상 에르미타슈에 시간을 투자할 수 있는 사람이 아니라면 짧은 시간 안에 원하는 전시품만 돌아볼 수 있도록 동선을 짜는 것이 중요하다.

그래서 나는 사전에 보고 싶은 미술품의 목록을 추린 후 어디에 있는지 방 번호를 확인한 다음, 미술관의 구조를 파악하여 최대한 적게 걷는 루트를 연구했다. 예상대로라면 3시간이면 원하는 작품을 대충 둘러볼 수 있을 터였다. 그런데 관람을 시작하자마자 난관에 봉착했다. 워낙 뛰어난 작품이 많다 보니 자꾸 다른 데 시선을 빼앗겼다. 아무리 목록에만 집중하려고 해도 잠시만 정신 줄을 놓으면 엉뚱한 작품 앞에 서 있는 것이다. 더구나 궁전을 전시관으로 사용하다 보니 화려하기 그지없는 내부 장식마저 작품 감상을 방해한다. 신 에르미타슈의 '큰 채광창의 방The Large Skylight Room'이 대표적인 예다. 이탈리아 화가들의 작품들을 전시한 이 방은 이름에서 알 수 있듯이 천장에 뚫린 채광창을 통해 햇빛이 부드럽게 방 안을 비춘다. 둥근 아치형 천장에 연한 하늘색이 더해진 장식들이 화려함을 더하고, 붉게 칠해진 벽면에는 수십 점의 대작들이 걸려 있다. 파티를 열어도 충분할 정도로 넓은 방 가운데에는 녹색 공작석으로 만든 화병과 테이블, 수십 개의 전구를 단 호화로운 등잔이 줄지어 있다. 방에 들어서면 우선 그림보다는 방의 아름다움에 감탄하고 만다. 예술미가 흘러넘치는 이런 환상적인 공간을 앞에 두고 어찌 찍어놨던 그림 몇 점만 보고 떠날 수 있겠는가? 결국 2층을 돌아보다 전략을 포기하고 19~20세기 회화가 중심을 이루는 3층 전시실로 올라갔다. 3층은 2층과 달리 전시관에 아무런 장식이 없어 작품에만 집중할 수 있기 때문이다. 그제야 여유를 찾고 마티스의 〈춤〉 앞에 자리를 잡고 앉았다. 그런데 갑자기 한 무리의 사람들이 우르르 몰려온다. 말소리를 들어보니 가이드가 딸린 우리나라 단체 관람객이다. 가이드의 설명을 공짜로 얻어들을 수 있겠다 싶어 귀를 쫑긋 세웠는데 "저게 마티스의 춤이에요"라고 한마디 던지고는 다른 방으로 건너간다. 관람객들은 그림을 제대로 들여다보지도 못한 채 허둥지둥 사진만 찍고 종종걸음으로 가이드를 따라간다. 아무리 시간이 부족해도 이런 멋진 그림을 단 1분도 음미할 수 없다니. 그에 비해 다른 방에서는 피카소의 〈압생트를 마시는 여인〉을 앞에 두고 토론이 벌어졌다. 교사가 학생들을 데리고 와 그림을 보여준 모양인데 학생들이 어찌나 말이 많은지 당최 끝날 기미가 보이지 않는다. 대가들의 작품을 앞에 두고 시간에 구애 받지 않고 마음껏 토론할 수 있는 러시아 학생들이 부러웠다.

오늘은 어차피 늦었으니 문 닫을 때까지 3층만 둘러보자는 생각으로 느긋하게 보고 있는데 갑자기 앞쪽 방의 불이 꺼진다. 무슨 일인가 싶어 지킴이에게 물어보니 관람 시간이 끝났단다. 이상해서 시계를 들여다보니 8시. 폐관까지 한 시간이나 남았는데 왜 끝이라는 거지? 폐장이 9시 아니냐고 따지니까 이유 불문하고 오늘은 끝났단다. 불을 끄고 방문을 닫으니 어쩔 도리가 없다. 그렇게 쫓겨나다시피 박물관 밖으로 나오니 왠지 허탈하다. 오늘 세웠던 전략은 전부 실패로 돌아갔다. 결국 다음 날 오전에

에르미타슈 미술관을 다시 찾았다. 역시나 로비는 물론이고, 2층 전시관 전부가 사람들로 북새통을 이루고 있다. 주요 작품 앞은 단체 관람객들이 진을 치고 있어 도저히 작품을 감상할 분위기가 아니었지만 억지로 목록에 실린 작품들을 찾아다니다 이번에는 인파에 떠밀리듯 미술관 밖으로 쫓겨나왔다. 이 유명한 미술관에 와서 도대체 내가 뭘 본 것인가 싶다. 원래 에르미타슈는 프랑스어로 '은둔의 장소'라는 뜻으로, 예카테리나 2세가 극소수의 인사들만 불러 은밀하게 예술적 즐거움을 나누던 곳이다. 전시품이 대중에게 공개된 것은 미술관이 만들어
진 지 100여 년의 세월이 흐른 1863년부터. 그리고 지금은 여름만 되면 전 세계에서 몰려온 관람객들로 몸살을 앓고 있다. 그래도 불평을 할 수는 없다. 만인에게 그림을 볼 수 있는 평등한 기회가 제공된 덕에 나 또한 이렇게 미술관 문턱이라도 밟아본 것이 아니겠는가. 게다가 좀처럼 보기 힘든 명화들을 짧은 시간이나마 감상할 수 있었으니 행운이라고 해야겠지.

미술관을 도느라 지친 다리를 끌고 광장 한가운데에 우뚝 선 기둥 아래 퍼질러 앉았다. 둥그런 모양의 구 참모본부와 일직선인 에르미타슈가 만들어낸 반원형의 광장은 일명 '궁전 광장Palace Square'이라고 불린다. 광장의 중심축은 높이 47.5미터에 이르는 알렉산드르 기둥이다. 기둥 꼭대기에는 나폴레옹과 벌인 조국전쟁에서 승리를 거둔 알렉산드르 1세를 본뜬 천사가 십자가를 들고 서 있다. 궁전 광장은 제정 러시아의 흥망을 가른 사건들이 벌어진 역사적인 장소다. 그중에서도 1905년 1월 9일 일어난 '피의 일요일' 사건은 제정 러시아의 종말을 앞당긴 계기가 되었다. 당시 러일전쟁에서 패배한 제정 러시아는 정치적 후진성을 백일하에 드러내고 있었다. 게다가 물가가 치솟자 극심한 빈곤에 직면한 노동자들이 처우 개선을 요구하며 파업을 일으켰다. 하지만 공장주들이 노동자들의 요구를 거절하자 노동자 조합을 이끌던 가폰 신부는 황제 니콜라이 2세에게 직접 청원하기로 결심했다. 러시아 민중의 아버지인 황제라면 그들의 목소리에 귀 기울여 주리라 기대했던 것이다.

일요일 오후 2시, 20만 명에 이르는 노동자와 가족들이 황제의 초상화를 앞세우고 궁전 광장으로 몰려들었다. 하지만 그들을 기다리고 있던 것은 자애로운 황제가 아닌

총칼로 무장한 군대였다. 병사들은 시위 행렬을 향해 사격을 퍼부었고 이어서 기병대가 칼을 휘둘렀다. 군대의 잔혹한 진압에 천여 명이 목숨을 잃고 광장 위에 뜨거운 피가 뿌려졌다. 이로써 러시아 민중이 가슴속에 간직해온 황제 숭배는 단숨에 무너지고 전제정치를 타도하자는 구호가 터져 나오기 시작했다. 상트페테르부르크에서 시작된 시위는 모스크바를 비롯한 러시아 전역으로 퍼져나갔다. 마침내 제정 러시아를 무너뜨릴 혁명의 불길이 타오른 것이다. 제정 러시아의 영광을 상징하는 에르미타슈와 러시아 민중의 피로 물든 궁전 광장. 기둥 위의 천사는 이 모든 것을 지켜본 역사의 증인이자 가련한 민중을 천국으로 이끈 인도자였던 셈이다. 이제 제정 러시아의 역사적 무대였던 궁전 광장을 벗어나 넵스키 대로로 나간다. 자유와 행복을 위해 피 흘리기를 마다하지 않았던 상트페테르부르크 사람들을 만나러 간다.

RUSSIA HISTORY

예카테리나 2세와 귀족들의 생활

에르미타슈 미술관을 짓고 수많은 명화를 수집했으며, 예카테리나 궁전에 호화롭기 그지없는 호박방을 만든 예카테리나 2세Ekaterina II. 그녀는 원래 독일의 가난한 귀족 가문 출신이다. 예카테리나란 이름도 러시아 정교로 개종하면서 얻은 세례명으로 원래는 개신교 신자였다. 당시 러시아를 다스리던 옐리자베타 여제는 후사가 없어 조카인 카를 울리히Karl Ulrich를 황태자로 지정했다. 그리고 왕권 안정을 위해 정치적 영향력이 미미한 가문에서 황태자비를 고르던 중 예카테리나가 그녀의 눈에 들어왔다. 1745년 카를과 혼인한 예카테리나의 결혼 생활은 처음부터 삐걱댔다. 병약하고 신경질적인 카를과 명석하고 의지력 강한 예카테리나는 성격부터 맞지 않았다. 비록 18년 동안 부부 관계를 유지했지만 각자 정부를 두고 다른 데 정신을 팔았다. 심지어 슬하에 둔 세 명의 자녀가 모두 카를의 자식이 아니라는 소문이 돌 정도였다.

1762년 옐리자베타 여제가 사망하자 카를이 표트르 3세Pyotr III라는 이름으로 러시아 황제에 올랐다. 독일 땅에서 나고 자란 표트르는 친 프로이센 경향이 강했다. 당시 러시아는 프로이센과 전쟁을 벌이고 있었는데, 표트르는 전황이 러시아에 유리한데도 불리한 조건을 감수하고 갑자기 전쟁에서 발을 뺐다. 프로이센의 제복을 입고 공개석상에 나타나 신하들을 경악시키는 한편, 프로이센 출신들을 우대하여 러시아인 신하들의 반감을 키웠다. 러시아를 '저주 받은 땅'이라고 부르며 싫어했던 표트르 3세에게서 민심이 멀어지는 것은 당연했다. 이에 반해 황후 예카테리나는 같은 독일 출신이면서도 태도가 전혀 달랐다. 러시아의 언어와 역사를 열심히 공부하여 이 나라에 깊은 애정을 갖고 있음을 드러냈다. 결국 술주정뱅이에 무능하기 짝이 없는 표트르는 황제의 자격이 없다는 분위기가 무르익었다. 표트르에 반감을 지닌 세력이 예카테리나 주변으로 모여들자 그녀는 황실 근위대의 힘을 빌려 남편을 폐위시키고 스스로 황위에 올랐다. 재위 반년 만에 유폐당한 표트르는 아내에게 목숨을 구걸했지만 1762년 7월 16일 끝내 살해당했다.

예카테리나 2세의 쿠데타를 이끌었으며 표트르 살해의 주범으로 회자되는 근위대 장교 오를로프는 그녀의 정부였다. 예카테리나는 평생 동안 적어도 21명 이상의 정부를 두었으며, 나이를 먹을수록 점점 더 어린 남자를 밝혔다. 60세가 넘어서도 22살짜리 애송이를 애인으로 삼았을 정도다. 죽을 때까지 정부를 옆에 두고 살았던 그녀는 1774년 자신의 애정 행각에 대해 다음과 같이 변명을 늘어놓았다. "만약 나의 운명이 젊은 시절에 사랑할 만한 남편을 주었다면 나는 그에게 늘 진심으로 대했을 것이다. 문제는 나의 심장이 사랑 없이는 단 한 시간도 가만히 있으려 하지 않는다는 점이다."

그렇다고 예카테리나 2세를 단지 욕정에만 눈이 먼 여인으로 치부하는 것은 잘못이다. 그녀는 러시아를 유럽의 강대국으로 키우기 위해 열성을 다했다. 보통 새벽 5시에 일어나 하루 열 시간 넘게 정사政事에 매진했다. 오스만터키와의 전쟁 등을 통해

영토를 남부와 서부로 크게 확장시킴으로써 러시아인의 자긍심을 드높였고 프랑스 사상가들과 교류하며 계몽주의에 입각한 정치를 구현하려 시도했다. 그 대표적인 예가 1767년 귀족, 도시민, 농민, 소수민족 등 전 러시아인의 대표 564명으로 구성된 법전편찬위원회였다. 비록 위원회는 별다른 성과 없이 해산됐지만 그녀는 진보적인 계몽군주로 보이기 위해 갖은 노력을 다했다. 실제로 예카테리나 2세는 탁월한 추진력으로 러시아의 국력을 크게 신장시켜 '대제'라는 칭호에 걸맞은 업적을 남겼다. 그러나 그녀의 마음속에는 항상 황위에 대한 불안감이 깃들어 있었다. 독일 출신의 외국인인 데다 남편을 죽이고 황위를 차지했기 때문이다. 이러한 비판을 불식시키는 단 한 가지 방법은 그녀가 러시아의 황제로 부족함이 없음을 보여주는 것뿐이었다.

예카테리나 2세 시절 러시아는 대외적으로는 강대국의 면모를 과시했으나 국내의 사정은 정반대였다. 정치적 명분이 부족했던 예카테리나 2세는 귀족들을 회유하기 위해 국가에 대한 봉직 의무를 폐지하는 등 특권을 베풀었다. 게다가 인두세 등 납세 의무까지 면제받자 귀족들은 마음 놓고 호화로운 생활을 즐길 수 있었다. 하지만 귀족의 특권이 강화될수록 농민들의 부담은 커져 갔다. 결국 대다수의 토지가 귀족들의 손아귀에 들어가자 농민들은 먹고 살기 위해 어쩔 수 없이 농노가 될 수밖에 없었다. 농노들은 겨우 입에 풀칠할 만큼의 임금을 받고 하루 종일 중노동에 시달렸으며, 도박장에서 돈 대신 사고 팔리는 비인간적인 대우까지 감수해야 했다. 귀족들이 상트페테르부르크에서 누렸던 호의호식은 농노들의 피땀으로 얼룩진 것이었다. 결국 착취와 학대를 견디다 못한 농민들의 반란이 줄을 이었다. 대표적인 예가 1773년에 일어난 푸가초프의 난^{Pugachov Rebellion}으로 약 3만 명에 달하는 반란군이 러시아 동부 지역을 휩쓸었다. 비록 푸가초프의 난은 정부군의 잔혹한 진압으로 막을 내렸지만, 예카테리나 2세의 대외적인 치적이 러시아 민중에게는 빛 좋은 개살구라는 사실을 만천하에 알리게 되었다.

표트르 대제가 상트페테르부르크로 수도를 옮기고 서구화를 위한 개혁을 벌인 이래 러시아인의 생활은 몰라보게 달라졌다. 예를 들어 18세기 상트페테르부르크에 거주하는 어느 관료의 삶을 가정해보자. 그는 아침에 일어나 서유럽에서 수입된 음식이 차려진 테이블에 앉는다. 독일식 소시지와 프랑스식 수프를 먹고, 식후에는 중국에서 수입한 차를 마신다. 때로는 서유럽에서 수입한 설탕을 넣은 커피를 즐기기도 한다. 식사가 끝난 후에는 욕실의 거울 앞에 서서 턱수염을 매끈하게 깎고 독일식 외출복이나 제복을 몸에 걸쳤다. 머리에는 서유럽식 원통형 모자를 쓰고 발에는 단화를 신었다. 이러한 복장 변화는 상트페테르부르크에 머무는 러시아인은 모두 서구식 복장을 입도록 명령한 표트르 대제의 법령이 큰 역할을 했다.

사교계에서 일어난 가장 큰 변화는 살롱과 무도회였다. 프랑스 문화의 영향을 강하게 받은 러시아 귀족층은 러시아어 대신 프랑스어를 일상 언어로 사용했다. 또한 17세기 초 프랑스에서 탄생해 귀족들의 사교 공간으로 활용되기 시작한 문학 살롱을 러시아에 도입했다. 상트페테르부르크에 처음으로 살롱이 생긴 것은 18세기 말 니콜라이 카람진Nikolai Karamzin의 부인이 집에 문학 살롱을 연 것이 시초라고 전해진다. 푸시킨, 고골, 레르몬토프 같은 당대의 기라성 같은 문학가들이 이 살롱에 드나들며 작품을 발표하고 의견을 교환했다. 살롱은 귀족들이 지적 유

희를 즐기고 심미적인 취향을 나누는 공간이었으며, 때로는 부유한 귀족들이 부를 과시하기 위한 장식품으로 이용되기도 했다. 또한 사회 활동에 제약이 많았던 러시아 여성들이 자유롭게 대화를 나눌 수 있는 해방의 공간이기도 했다.

러시아 소설에서 젊은 연인들의 만남의 장소로 자주 묘사되는 무도회 또한 귀족들의 중요한 사교 공간이었다. 일찍이 표트르 대제가 상트페테르부르크에 도입한 야회에서 발전한 무도회는 주로 토요일 밤에 귀족의 저택에서 열렸다. 유럽풍의 폴로네즈, 미뉴에트, 왈츠, 마주르카와 같은 춤이 주종을 이루었으며, 때로는 군사 퍼레이드를 모방한 파라드나 가면을 쓰고 등장하는 마스카라드와 같은 독특한 무도회도 즐겼다. 푸시킨이 《예브게니 오네긴》에서 "홀을 메운 손님들, 이미 지친 듯한 음악에 맞추어, 마주르카를 추기에 여념이 없다. 북적대는 사람들, 왁자지껄 떠드는 소리, 짤랑대는 근위 기병의 박차, 날듯이 뛰노는 귀부인들의 작은 발. 황홀한 그 모습을, 불같은 시선이 뒤따르고, 멋쟁이 부인들의 질투 어린 속삭임은, 바이올린의 노호 속에 파묻힌다"라고 묘사했을 만큼 무도회는 귀족들의 유흥이 넘치는 공간이었다.

3DAY
SAINT PETERSBURG

상트페테르부르크의 어느 멋진 날

화창한 햇살이 내리쬐는 상트페테르부르크의 여름. 관광지 구경에 지쳤다면 아무 계획 없이 넵스키 대로를 산책해보자. 카페에서 차를 마시고, 성당에서 기도를 올리고, 기념품 쇼핑을 하고, 운하에서 시원한 바람을 맞아보자. 그리고 기회가 된다면 상트페테르부르크 시민들의 축제에 뛰어들어 함께 호흡해보자. 아마 이 도시를 사랑하지 않고는 못 배길 것이다.

넵스키 대로의 소소한 일상

NEVSKII PROSPEKT

3 DAY
Theme 1

여행 셋째 날, 브런치나 먹을까 싶어 거리로 나선다. 해는 이미 중천에 떠 있고 거리는 오가는 사람들로 북적북적하다. 싱그러운 햇살에 부신 눈을 비비며 끝없이 펼쳐진 넵스키 대로Nevskii prospekt를 바라본다. 구 해군성에서 시작해 알렉산드르 넵스키 대수도원까지 약 4.5킬로미터에 걸쳐 뻗어 있는 넵스키 대로는 상트페테르부르크를 관통하는 대동맥이다. 대로를 따라 궁전, 성당, 백화점, 도서관, 극장 등 온갖 건물들이 들어서 있고, 유람선이 오가는 아름다운 운하들이 대로를 교차하며 흐른다. 러시아의 작가 니콜라이 고골Nikolai Gogol'은 단편소설 《넵스키 대로》에서 다음과 같이 노래했다.

페테르부르크에는 넵스키 거리보다 더 나은 곳이 없다. 이 거리는 이 도시를 위한 모든 것을 갖추고 있기 때문이다. … 이 거리가 즐겁지 않은 자가 대체 누구란 말인가? 넵스키 거리에 들어서자마자 이미 산책하는 기분에 젖어든다. 해야 할 어떤 중요한 일이 있어도 이곳에만 오면 모든 일을 잊어버리기 마련이다. ⑹

과연 고골의 말대로 넵스키 대로에서는 목적지를 향해 걸어가다가도 어느 순간 거리 한가운데 서서 정신을 팔고 있는 자신을 발견하게 된다. 우리도 다른 데 정신 팔리기 전에 끼니부터 해결하려고 그리보예도바 운하 옆의 카페 부셰로 들어갔다. 다양한 빵과 디저트를 앞에 두고 고민하다가 샌드위치와 브라우니, 그리고 뜨거운 아메리카노를 시켰다. 요 며칠 궁전이다 박물관이다 정신없이 돌아다녔더니 몸도 마음도 지칠 대로 지쳤다. 지금이야말로 분위기 좋은 카페에 앉아 재충전을 해야 할 시간이다. 카페는 오전 시간인데도 들고나는 손님이 많아 상트페테르부르크 사람들을 구경하기도 제격이다. 브런치를 즐길 수 있는 카페다 보니 아무래도 여성 손님이

많은데, 특히 한껏 멋을 낸 젊은 아가씨들이 눈길을 끈다. 상트페테르부르크는 모스크바에 비해 훨씬 서유럽 분위기를 풍긴다. 화려한 제정 러시아 시절을 풍미했던 도시답게 사람들에게서 멋스러움이 넘친다. 주변에 앉은 아가씨들의 대화를 듣다 보니 말투도 모스크바와는 다른 듯하다. '좋다'라는 뜻의 '하라쇼xорошо'라는 단어를 길게 늘어뜨리며 말하는 폼이 어찌나 우아하던지. 러시아 말투는 거세고 급한 줄만 알았는데 부드럽고 느긋할 수도 있다는 것을 이때 처음 알았다.

카페에서 충전을 마치고 넵스키 대로로 발걸음을 옮긴다. 대로를 사이에 두고 신고전주의를 비롯한 고풍스러운 양식의 건물들이 늘어서 있다. 널찍한 인도에는 상트페테르부르크의 화창한 여름을 만끽하려는 듯 가벼운 옷차림의 사람들이 오간다. 다양한 상점들이 줄지어선 거리를 걷다 보니 나도 모르게 들뜨는 마음을 주체할 수 없다. 그런데 아무 생각 없이 느긋한 걸음으로 대로를 건너다가 낭패를 당하고 말았다. 신호가 파란색으로 바뀌자마자 건넜는데도 중간쯤에서 빨간색으로 바뀌었다. 뛰다시피 해서 나머지 절반을 무사히 건넜지만 부릉대는 차들에 무척 당황했다. 아무래도 파란 불이 너무 짧은 것 같아 따져보니 왕복 8차선 도로를 단 9초 만에 건너야 한다. 차선 하나를 거의 1초 만에 건너야 하니 당연히 시간이 모자를 수밖에. 그리고 보니 대로를 건너는 사람들이 신호를 기다리고 있다가 총알처럼 튀어나가는 것이 보인다. 횡단보도만 빼면 넵스키 대로는 보행자의 천국이다. 조금 답답하다 느껴질 때쯤 물결이 넘실대는 운하가 나타나 가슴을 뻥 뚫어준다. 다리가 아프면 노천 카페에 앉아 지나가는 사람들을 구경하는 재미도 쏠쏠하다.

그러니 어찌 이 거리를 즐기지 않은 채 제 갈 길만 갈 수 있단 말인가. 넵스키 대로는 역시 산책하듯 여유롭게 걸어야 한다. 이 거리는 하루 만에 보고 치울 구경거리가 아니라 매일 조금씩 새로운 것을 발견하는 재미를 만끽할 일상이니까.

상트페테르부르크

정교회의 중심, 카잔 대성당

KAZAN CATHEDRAL

3 DAY
Theme 2

넵스키 대로와 그리보예도바 운하가 교차하는 사거리는 특히나 관광객들로 붐빈다. 양 날개를 둥글게 펼친 카잔 대성당Kazan Cathedral이 사람들을 모으기 때문이다. 파벨 1세의 명으로 바티칸의 산 피에트로 대성당을 본떠 만든 카잔 대성당은 일반적인 정교회 건축물과는 전혀 다른 외관을 갖고 있다. 네오 클래식 양식으로 지은 반원형 회랑에는 94개의 기둥이 늘어서 있어 웅장함을 더한다. 소련 시절에는 무신론 박물관으로 사용되는 굴욕을 당했지만 지금은 상트페테르부르크 정교회의 중심으로 신자들의 발길이 끊이지 않는다. 성 이삭 대성당과 같은 상트페테르부르크의 유명 성당들이 입장료를 내고 들어가야 하는 종교 박물관으로 운영되고 있는 반면에, 카잔 대성당은 예배를 드리기 위해 찾아온 이라면 누구나 자유롭게 드나들 수 있다. 내부로 들어가면 거대한 열주가 늘어선 가운데 신자들이 경건히 기도를 올리고 있다. 경건한 분위기를 깨고 싶지 않아 조용히 되돌아 나왔다. 관광객으로 북적이는 상트페테르부르크에서도 신자들이 방해받지 말아야 할 공간인 셈이다. 카잔 대성당의 외관을 카메라에 담으려니 워낙 회랑이 길어서 한 번에 들어오질 않는다. 하는 수 없이 성당 앞의 잔디밭을 지나 대로변까지 나오자 이제는 성당 앞에 걸쳐진 전깃줄이 시야를 방해한다. 샹트페테르부르크 시민들의 발 역할을 하는 트롤리버스에 필요한 전깃줄이라니 사진에 방해된다고 불평을 늘어놓을 순 없다.

카잔 대성당의 깨끗한 모습을 사진에 담기는 어려워도 편안하게 앉아 그 자태를 음미하는 것은 가능하다. 성당에서 넵스키 대로 건너편을 바라보면 옥상에 지구본이 세워진 고풍스러운 건물이 눈에 들어온다. '싱어빌딩Singer Building'이라고 불리는 이 건물 2층에 자리한 카페가 카잔 대성당을 앉아서 구경할 수 있는 명당이다. 카페의 창가 자리에 앉으면 열주가 늘어선 카잔 대성당은 물론 그 앞을 오가는 차량과 사람들까지 한눈에 들어온다. 창밖 구경에 질리면 싱어빌딩 1, 2층을 차지하고 있는 돔 크니기 서점Dom Knigi을 둘러보자. 러시아의 유명 서점 체인인 돔 크니기는 원래 서적을 주로 취급하지만, 넵스키 대로의 이 지점만큼은 관광객들의 흥미를 끌 만한 다양한 상품들로 가득하다. 아내는 제정 러시아의 제복을 입은 고양이 엽서를, 나는 유화 느낌의 성 이삭 대성당 엽서를 구입했다. 비싸지 않은 가격에 좋은 기념품을 건진 것 같아 마음이 흡족하다.

카페 피시키와 옐리세옙스키 가스트로놈

3 DAY
Theme 3

PYSHKI &
ELISEEV EMPORIUM

카잔 대성당과 돔 크니기 서점을 둘러봤을 뿐인데 벌써 배가 출출하다. 그래서 가까운 곳에 위치한 도넛 집을 찾았다. 카페 피시키 Pyshki는 상트페테르부르크에서 싸고 맛있기로 유명한 도넛 가게다. 도넛 한 개의 가격은 단돈 12루블! 러시아 제일의 관광지라 물가가 만만치 않은 상트페테르부르크에서 한국 돈 240원짜리 간식거리를 찾기란 거의 불가능하다. 가게 안은 카페라는 이름에 어울리지 않게 인테리어가 허름하다. 게다가 앉을 자리도 별로 없어 손님들 대부분이 선 채로 도넛을 먹고 있다. 카운터 앞에는 도넛을 사려는 줄이 길게 늘어서 있는데 주문을 하자마자 바로바로 도넛을 담아 준다. 분위기나 서비스 같은 건 따지지 않고 박리다매를 전략으로 삼은 가게인 듯하다. 하얀 설탕 가루가 뿌려진 도넛을 입 안에 넣는 순간 깜짝 놀랐다. 따끈하고 쫄깃한 맛이 싸구려 도넛이라고 부르기에는 아까울 정도다. 주변을 둘러보니 남녀노소 할 것 없이 1인당 5개는 기본이다. 그런데 도넛만 먹다 보니 목이 조금 막힌다. 카운터를 살펴보니 18루블짜리 커피를 팔고 있다. 부담 없이 한 잔 시켰더니 커다란 보온통을 눌러 커피를 잔에 담아준다. 그런데 맛과 색이 한국의 자판기 커피와 비슷하다. 달달한 맛이 도넛과 딱 어울린다. 이런 궁합이라면 도넛 5개쯤이야 순식간에 먹어치울 수 있고말고.

러시아 사람들은 빵이나 케이크와 같은 디저트를 무척 좋아한다. 거리를 걷다 보면 맛있는 디저트 가게를 어디서나 만날 수 있다. 그래도 꼭 들러야 할 곳을 꼽으라면 역시 옐리세옙스키 가스트로놈 Eliseev Emporium이다. 제정 러시아 시절부터 영업해온 이 유서 깊은 식료품점은 고풍스러운 외관과 화려한 내부 장식으로 유명하다. 가게 안은 이곳이 식료품을 파는 가게가 맞는지 의심스러울 정도로 인테리어가 호화롭다. 온갖 종류의 디저트에 정신이 팔려 있는데 어디선가 피아노 선율이 들려온다. 고개를 돌려보니 연주하는 사람도 없는데 피아노 건반이 저절로 움직이며 아름다운 음악을 연주하고 있다. 그리고 가게 한가운데에는 방금 산 디저트를 바로 맛볼 수 있는 자리가 마련되어 있다. 화려한 인테리어와 감미로운 피아노 선율, 그리고 입 안에서 살살 녹는 달콤한 디저트. 마치 시간을 뛰어넘어 백 년 전의 제정 러시아로 되돌아간 듯한 느낌이다.

신을 향해 켜 놓은 촛불, 피의 사원

3 DAY
Theme 4

CHURCH OF OUR SAVIOR
ON SPILLED BLOOD

1881년 3월 1일, 황제 알렉산드르 2세Aleksandr II는 기병학교 열병식에 참석한 후 황궁으로 돌아오기 위해 마차에 올랐다. 운하를 따라 한참을 달리던 마차가 오른쪽으로 방향을 틀자 갑자기 마차 밑에서 폭탄이 터졌다. 황제는 다치지 않았으나 호위병 한 명이 즉사하고 행인 몇 명이 부상을 입었다. 병사들이 테러범을 체포하는 와중에 현장 상황이 궁금했던 황제가 마차에서 내렸다. 그런데 이때 한 청년이 다가와 황제의 발밑에 두 번째 폭탄을 터뜨렸다. 치명상을 입은 황제는 급히 황궁으로 옮겨졌으나 2시간 만에 운명하고 말았다.

폭탄 테러를 감행한 자들은 러시아의 전제정치에 반대하는 '인민의 의지' 당원들이었는데, 테러를 통해 권력의 핵심을 제거한 후 제헌의회를 구성하여 민중의 국가를 세우는 것이 목표였다. "테러는 정부 내의 가장 위험한 인물을 제거하고 당을 스파이로부터 보호하며 정부의 탄압과 야수성에 징벌을 가하는 것이다"라고 천명한 당원들은 가장 먼저 제거할 대상으로 전제정치의 상징인 황제를 꼽았다. 그들은 1879년부터 황제 사냥에 나서기 시작해 겨울궁전의 식당에 폭발물을 설치하는 등 총 6번의 암살을 시도했다. 번번이 간발의 차이로 황제를 놓친 당원들은 황제가 열병식에 참석한다는 정보를 입수하고 기회를 노린 끝에 마침내 알렉산드르 2세를 제거하는 데 성공했다. 비록 테러에 가담한 5명은 황제 살해라는 죄목으로 교수형에 처해졌지만 이제 민중이 들고 일어나 전제정치를 뒤엎을 것으로 기대했다. 하지만 민중은 황제의 죽음에 애도를 표할 뿐 아무런 움직임이 없었다. 테러로 아버지를 잃고 황위에 오른 알렉산드르 3세는 모든 자유주의적 개혁을 중단하고 전제정치를 강화하는 조치들을 단행했다. 그리고 아버지가 피 흘리며 쓰러진 자리에 모든 정성을 쏟아 성당을 세웠다. 바로 상트페테르부르크 건축의 백미로 일컬어지는 피의 사원Church of our Savior on Spilled Blood이다.

카잔 대성당이 자리한 사거리에서 그리보예도바 운하를 따라 북쪽으로 걷는다. 멀리 운하 끝에 황금색으로 빛나는 돔이 파란 하늘 아래 반짝이고 있다. 정교회의 상징인 양파머리 돔은 러시아의 드넓은 대지 위에 켜놓은 한 자루 촛불이다. 특히 저녁 무렵 어두워가는 하늘을 배경으로 미약한 태양빛을 받아 홀로 반짝이는 황금색 돔은 촛불의 이미지를 극대화시킨다. 러시아인은 성당의 돔이라는 거대한 촛불을 통해 신에 대한 간절한 염원을 이 땅 위에 구현했다. 돔 위에는 촛불의 심지처럼 십자가가 세워져 있다. 정교회의 십자가는 우리가 알고 있는 십자가와는 좀 다르다. 길쭉한 가로축 위아래로 짧은 막대기가 하나씩 더해져 있다. 세 개의 막대기 중 위는 예수 그리스도의 머리를, 가운데는 두 팔을, 아래는 두 발을 상징한다. 촛불 위에 선 예수 그리스도는 정화와 희생을 상징하는 불길 속에서 되살아나 신의 품으로 날아오른다. 그래서 이 성당의 정식 이름이 '그리스도 부활 성당Cathedral of the Resurrection of Christ'이다.

일단 피의 사원이 눈에 들어오면 누구나 마법에라도 걸린 듯 성당을 향해 다가간다. 그리고 사원 앞에 못 박힌 듯 서서 아름다운 자태를 올려다보느라 할 말을 잃는다. 모스크바의 성 바실리 성당을 모델로 삼아 지었다고 하지만 외관에서 풍기는 분위기는 전혀 다르다. 성 바실리 성당의 강렬한 빨간색이 불타는 모닥불을 연상케 한다면, 피

의 사원은 아기자기한 장식들로 꾸며져 있어 섬세하게 가공된 보석 같은 느낌을 준다. 외관의 장식들을 일일이 눈으로 쫓다 보면 너무 복잡해 눈이 어지러울 정도다. 수많은 성당을 봤지만 피의 시원만큼 오랜 시간을 들여 외관을 감상한 것은 처음이다. 알록달록한 돔에서 비늘 모양의 지붕까지, 정교회의 성화에서 지역의 문장까지, 러시아에 존재하는 모든 장식과 상징이 총동원된 피의 사원은 그야말로 러시아가 표현해낼 수 있는 이미지의 총화다.

1883년 공사를 시작해 1907년에 완성된 사원은 오랜 세월 동안 일반인에게 공개되지 않았다. 1917년 사회주의 혁명이 일어났을 때는 폭도들에게 약탈당했고, 제2차 세계대전 중에는 독일군의 포격으로 심각한 피해를 입었다. 무신론이 판치던 소련 시절에는 창고로 이용되며 홀대 받다가 1970년이 되어서야 복원에 착수할 수 있었다. 그리고 처음 세워진 지 무려 90년의 세월이 흐른 1997년에야 일반인에게 공개되어 지금은 상트페테르부르크를 방문한 관광객이라면 누구나 들르는 명소가 되었다. 사원 내부에 들어서면 어두운 실내 조명에도 불구하고 한순간 눈이 시원해지는 느낌이 든다. 파란색을 바탕으로 한 내부 장식이 바닷속에 들어온 듯한 청량감을 선사하기 때문이다. 천장, 벽, 기둥 등 눈에 보이는 모든 것이 성화로 뒤덮인 점은 다른 성당들과 다르지 않다. 그런데 조명이 어두운데도 성화가 유난히 반들반들하다. 이상해서 자세히 들여다 본 순간 입이 딱 벌어졌다. 붓으로 그린 프레스코화가 아니라 작은 타일을 붙여서 만든 모자이크화였던 것이다.

약 7,500제곱미터에 이르는 피의 사원 내부는 전부 모자이크로 장식되어 있다. 또한 성화의 밑그림에는 빅토르 바스네초프Viktor Vasnetsov를 비롯한 당대의 일류 화가들이 참여했다. 성화 속의 인물들은 마치 붓으로 그린 듯 섬세하고 자연스럽다. 타일을 일일이 손으로 붙여가며 정성을 다하지 않았다면 결코 이룰 수 없는 예술적 성과다. 사원을 짓는 데 24년이 걸렸는데 복원에 이보다 긴 27년이 걸린 이유는 그만큼 작업에 정성을 쏟았기 때문이다. 사원의 출구 쪽에는 제2차 세계대전 당시 입었던 피해를 보여주는 사진이 전시되어 있다. 대형 포탄을 얻어맞은 중앙 돔에는 커다란 구멍이 뻥 뚫렸을 정도였다. 하지만 러시아인은 모자이크 작업의 번거로움을 마다하지 않고 정성을 다해 타일을 하나씩 붙여나갔다. 모자이크로 거대한 사원 내부를 도배한 것은 신을 향한 끝없는 사랑과 존경 없이는 불가능한 역사役事였다.

파란 바탕 위에 황금으로 장식한 천장은 이곳이야말로 천상 세계의 영광이 구현된 공간임을 나타낸다. 예로부터 황금색은 절대자의 존재와 고귀한 성스러움을 상징해왔다. 황금빛에 감싸여 우리를 내려다보는 예수 그리스도의 모습에서 고통 받는 인류를 구원하려는 무한한 사랑을 느낀 것은 나뿐일까? 러시아인의 손끝에서 탄생한 피의 사원은 그 자체로 신의 영광을 재현한 성스러운 예술품이다.

사원의 아름다움에 빠져 있다가 문득 시계를 보니 이미 오후 3시. 오늘은 6월 12일 '러시아의 날'이다. 오후에 모스콥스카야 광장에서 열리는 축제를 보기 위해 서둘러 지하철을 타고 광장으로 향했다. 바쁜 걸음으로 광장에 들어서니 다행히 저 멀리서 음악 소리가 들려온다. 시원한 물줄기를 뿜어내는 분수를 지나 광장 중앙으로 향하는데 하늘을 향해 우뚝 솟은 동상이 눈에 띈다. 모자를 움켜쥔 손을 힘차게 앞으로 뻗은 동상의 주인공은 러시아 사회주의 혁명의 상징인 레닌이다. 테러로 아버지를 잃은 알렉산드르 3세가 강력한 반동정치를 펼치자 러시아 민중은 전제주의의 압제에 시달린다. 계속되는 언론과 종교 탄압으로 민중의 분노가 쌓여 가는데도 러시아 황실은 사치와 방탕에 눈이 멀어 현실을 도외시했다. 결국 알렉산드르 3세의 아들인 니콜라이 2세 시절 민중의 축적된 분노는 사회주의 혁명이란 이름으로 폭발하고 만다. 비극적인 죽음을 맞은 아버지를 기리기 위해 피의 사원을 지은 알렉산드르 3세였지만, 그가 진정으로 보살펴야 할 대상은 고통 받는 러시아의 민중이었다. 레닌은 민중의 분노에 편승해 사회주의 국가 소련을 일으킨 후 러시아 황실의 잔재로 뒤덮인 상트페테르부르크를 떠나 모스크바로 수도를 옮겼다. 이로써 화려했던 상트페테르부르크 시대는 러시아 황실의 몰락과 함께 쓸쓸히 막을 내렸다.

레닌의 동상 앞에 러시아 국기 색깔인 흰색, 빨간색, 파란색 풍선으로 치장된 무대가 마련되어 있다. 흥겨운 러시아풍 반주에 맞추어 늘씬한 미녀 가수가 노래를 부른다. 무대 앞에 모여든 구경꾼들이 신나게 노래를 따라 부르고 더러는 리듬에 맞추어 어깨춤을 춘다. 휴일을 즐기러 나온 상트페테르부르크 시민들의 표정에는 여유와 생기가 넘친다. 비록 러시아의 수도는 모스크바로 바뀌었지만 상트페테르부르크 시민들의 자긍심은 여전히 높다. 정치적 영향력은 모스크바에 빼앗겼을지 몰라도 제정 러시아 시절부터 이어져 내려온 문화적 역량은 건재하기 때문이다. 피의 사원 하나만 봐도 상트페테르부르크 시민의 예술적 감각과 불굴의 끈기를 과시하기에 부족함이 없다. 오늘 남은 시간은 상트페테르부르크 시민과 어울려 '러시아의 날' 축제를 즐기련다. 이 아름다운 도시를 세우고 유지해온 대단한 사람들과 친해질 기회를 놓치고 싶지 않으니까.

RUSSIA HISTORY

로마노프 왕조의 몰락과
사회주의 혁명

황제 니콜라이 2세Nikolai II와 황후 알렉산드라는 슬하에 네 딸과 외아들을 두었다. 그런데 장차 황위를 물려받을 황태자 알렉세이가 혈우병에 걸려 고통 받았다. 황제와 황후의 애끓는 심정에도 당대의 유명 의사들은 속수무책이었다. 그런데 이때 라스푸틴Rasputin이라는 수도승이 나타나 알렉세이의 병을 치료했다. 최면술을 이용한 것 같지만 정확히 어떤 처방을 썼는지는 알려진 바가 없다. 아무튼 황후는 외아들의 고통을 덜어준 라스푸틴을 '예수 그리스도에 버금가는 성인'으로 떠받들었다. 이후 황후를 등에 업은 라스푸틴은 막강한 권력을 손에 넣었다. 황후를 조종하여 내각을 자신의 측근으로 채우는 한편, 자신과 관계를 가지면 육체적 속죄를 얻는다며 귀부인들을 농락했다. 이에 사람들은 라스푸틴을 '인간의 영혼과 육체를 더럽히는 간음자'라고 비난했지만 황후가 뒤에 버티고 있으니 아무도 그의 전횡을 막을 수 없었다. 심지어 라스푸틴은 전장에 나가 있는 황제에게 일종의 '명령'을 내리기도 했다. 당시 니콜라이 2세는 러시아 군의 최고 사령관으로 제1차 세계대전을 진두지휘하고 있었다. 라스푸틴이 꿈에 계시를 받았다고 황후에게 전하면 황후는 전장의 황제에게 편지를 보내 '성자의 조언'을 전달했다. 예를 들어 "우리의 친구가 너무 고집 세게 진격하지 말래요. 손해가 더 클 거라네요"라는 식이었다. 결국 상트페테르부르크에는 라스푸틴과 황후가 동침했다는 유언비어까지 떠돌 지경에 이르고 말았다. 이에 라스푸틴의 전횡을 더 이상 두고 볼 수 없다고 판단한 황실의 측근들이 그를 제거하려고 나섰다.

1916년 12월 말 황제의 조카딸 이리나 공주와 결혼한 유수포프 공 Prince Feliks Yusupov을 주축으로 한 암살자들이 라스푸틴을 집으로 초대했다. 이리나 공주에게 흑심을 품고 있던 라스푸틴이 달려오자 그에게 독이 든 와인과 케이크를 계속해서 권했다. 하지만 라스푸틴은 거친 숨을 몰아쉬면서도 쓰러질 기미를 보이지 않았다. 결국 초조해진 암살자들은 라스푸틴에게 총을 쏘아 쓰러뜨린 후 양손을 묶어 강물 속에 던져버렸다. 라스푸틴의 시체는 사흘 후에 발견되었는데, 검시를 해보니 사인은 중독도 총상도 아닌 폐에 물이 차서 죽은 익사였다. 요승 라스푸틴은 죽기 전 황제에게 다음과 같은 편지를 보낸 바 있다. "나는 내년 1월 1일이 되기 전에 죽을 것 같습니다. … 만일 나의 죽음을 가져온 자가 폐하와 친척 관계인 사람이라면, 폐하의 자녀와 친척 어느 누구도 2년 후까지 살아남지 못할 것입니다." 공교롭게도 라스푸틴이 암살당한 다음해인 1917년부터 상트페테르부르크에 혁명의 바람이 불어닥쳤다. 3월 4일 황위에서 쫓겨난 니콜라이 2세는 황후와 자녀들을 데리고 예카테린부르크로 이송되었다. 그리고 1918년 7월 16일 볼셰비키의 지시로 전 가족이 살해됨으로써 제정 러시아를 지배한 로마노프 왕조는 종말을 맞았다.

로마노프 왕조의 몰락이 요승 라스푸틴의 예언 때문은 아니다. 라스푸틴의 전횡이 러시아 정치를 혼란스럽게 한 것은 맞지만 혁명이 일어나게 된 계기는 황제의 강압적인 전제정치와 거듭되는 실정 때문이었다. 라스푸틴은 당시 러시아 황실이 얼마나 타락했고 현실 정치에 무지했는지 보여주는 일례일 뿐이다. 당시 러시아는 제1차 세계대전 참전으로 군사적·경제적으로 한계를 맞고 있었다.

니콜라이 2세가 내린 동원령으로 전체 노동인구의 3분의 1인 1500만 명이 전장에 투입되었다. 노동력이 부족한데도 전쟁에 물자를 공급할 군수산업만 강화하여 생필품의 부족이 극심해졌다. 결국 식량 부족으로 대도시에서는 배급제가 실시되기에 이르렀다. 하지만 무능한 니콜라이 2세는 전쟁에만 몰두할 뿐 국내 정치에는 관심이 없었다. 마침내 러시아 구력 1917년 2월 23일, 영하 20도의 혹한 속에 식량 배급을 받으려고 장사진을 이룬 시민들에게 나누어줄 식량이 없다는 소식이 전해졌다. 굶주린 시민들이 빵을 달라며 시위를 벌이자 니콜라이 2세는 군부에 시민들을 강제 진압하라고 명령했다. 하지만 황제의 계속되는 실정에 신물이 난 군부마저 니콜라이 2세의 명을 거부했다. 이후 수십만 명으로 늘어난 시위대가 전제정치 타도와 전쟁 반대를 외치며 상트페테르부르크 시내를 가득 메웠다. 결국 군부가 시위대에 가담함으로써 '2월 혁명February Revolution'이 성공을 거두어 제정 러시아는 무너졌다. 당시 제정 러시아의 탄압을 피해 스위스에 머물고 있던 레닌은 2월 혁명의 소식을 접하고 즉시 귀국길에 올랐다. 4월 3일 상트페테르부르크에 도착한 레닌은 그를 환영하기 위해 몰려든 시민들에게 다음과 같이 부르짖었다.

사랑하는 동지, 병사, 노동자 여러분! 러시아 혁명을 승리로 이끈 여러분을 보니 무척 기쁩니다.
… 머지않아 유럽의 자본주의는 깡그리 무너질 것입니다. 러시아 혁명은 그 시작입니다.
전 세계의 사회주의 혁명 만세!

그러나 니콜라이 2세 퇴위 후 구성된 임시정부는 2월 혁명을 일으킨 민중의 요구를 전혀 해결하지 못했다. 전제정치는 막을 내렸지만 전쟁은 계속됐고 굶주림은 여전했다. 노동자는 공장에서 착취당했고, 농민은 땅이 없었으며, 소수 민족은 탄압 받았다. 러시아 민중은 평화와 빵과 토지와 자유를 갈구했지만 어느것 하나 주어지지 않았다. 이에 레닌은 사회주의 혁명의 방향성을 담은 '4월 테제'를 발표하고 임시정부 타도의 선봉에 섰다. 그러자 임시정부는 레닌이 이끄는 볼셰비키를 탄압하며 여전히 민중의 요구를 묵살했다. 신변의 위험을 느낀 레닌은 핀란드로 피신한 후 볼셰비키에게 무장봉기를 통한 권력의 쟁취를 지시했다. 이에 상트페테르부르크의 소비에트 의장인 트로츠키Leon Trotsky의 주도하에 군사혁명위원회가 설치되어 무장봉기를 준비했다. 그리고 러시아 구력 1917년 10월 24일 밤 레닌의 제안에 따라 임시정부 타도를 위한 혁명군의 작전이 개시되었다.

당시 임시정부는 상트페테르부르크 시내의 겨울궁전을 거점으로 삼

고 있었다. 혁명군은 시내를 원형으로 포위하는 한편 서쪽의 네바 강 연안은 해군을 동원해 봉쇄했다. 작전이 개시되자마자 전신국, 우체국, 기차역 등 주요 거점들이 혁명군에 접수되었고, 25일 저녁에는 오직 겨울궁전만 임시정부의 손에 남아 있었다. 그리고 밤 9시 네바 강에 떠 있던 순양함 오로라 호에서 겨울궁전을 향해 포격을 시작했다. 비록 공포탄 한 발에 불과했지만 겨울궁전을 지키고 있던 임시정부군의 가슴을 서늘하게 만들기 충분했다. 이어 페트로파블롭스크 요새에서 날아온 포탄 몇 발이 궁전에 떨어지자 대부분의 병사들은 혼비백산하여 도망치고 말았다. 결국 10월 26일 새벽 2시 혁명군이 겨울궁전을 장악하고 임시정부 각료들을 체포함으로써 레닌이 이끈 '10월 혁명October Revolution'이 완성되었다.

러시아의 사회주의 혁명은 러시아뿐만 아니라 전 세계를 뒤흔든 역사적 사건이다. 서유럽과 미국을 비롯한 자본주의 국가들은 러시아 혁명을 통해 자본주의 체제의 가장 큰 위험 요소인 계급 갈등이 폭발하면 어떻게 되는지 깨달았다. 이에 계급 갈등을 완화할 수 있는 복지정책을 강화하는 한편, 체제의 우위를 과시하기 위해 민주주의 원리를 가다듬었다. 이후 러시아 혁명은 스탈린의 독재를 거치며 사회주의 이상향 건설에 실패했고, 최초의 사회주의 국가 소련도 붕괴해 자본주의를 받아들이게 되었다. 하지만 착취와 억압에 시달리는 피지배층의 권리를 부르짖은 러시아 혁명의 대의는 오늘날에도 부패한 권력에 저항하는 이들의 가슴속에 살아 숨 쉬고 있다.

4DAY
SAINT PETERSBURG

러 시 아 문 학 과 예 술 의 거 장 을 찾 아 서

'고독 문학'의 효시라고 일컬어지는 《죄와 벌》을 읽어본 적이 있는가? 전 세계의 발레곡 중 가장 유명한 〈백조의 호수〉를 들어본 적이 있는가? 이제 도스토옙스키와 차이콥스키의 발자취를 따라 19세기 러시아 문학과 음악의 정취를 느껴보자. 그리고 밤이 찾아오면 상트페테르부르크의 하늘을 밝히는 백야를 만끽해보자. 이제 당신은 이 몽환적인 도시를 떠날 수 없을 것이다.

도스토옙스키와 《죄와 벌》

4 DAY
Theme 1

아침부터 하늘에 먹구름이 끼고 싸늘한 바람이 분다. 안 그래도 살인 사건과 관련된 장소를 둘러보러 가는 길인데 날씨까지 이러니 기분이 으스스하다. 사건의 개요는 이렇다. 한때 대학생이었던 가난한 청년이 고리대금업자인 노파를 도끼로 쳐서 죽였다. 그런데 흥미로운 것은 훔쳐간 금품을 땅에 묻고 손도 대지 않은 점이다. 살인 동기는 자신이 타인의 피를 빨아먹고 사는 '이'인지, 아니면 한계를 뛰어넘을 수 있는 '인간'인지 알아보는 것이었단다. 웬 정신병자가 살인을 저질러 놓고는 얼토당토않은 변명을 늘어놓은 것처럼 들린다. 하지만 훔쳐간 금품을 사용하지 않은 점, 가난한데도 빈민들을 도와온 점을 볼 때 단순 강도는 아닌 듯하다. 게다가 사건 수사가 지지부진한데도 제 발로 경찰서를 찾아와 자수까지 했으니 살인범에 대한 궁금증은 더욱 커져만 간다. 그럼 이 사건은 언제 어디서 일어난 걸까? 바로 도스토옙스키Fyodor Dostoevskii의 소설《죄와 벌》속에서 벌어진 일이다. 총 800여 쪽에 이르는 장편소설인《죄와 벌》은 다음과 같은 문장으로 시작된다.

찌는 듯이 무더운 7월 초의 어느 날 해질 무렵, S골목의 하숙집에서 살고 있던 한 청년이 자신의 작은 방에서 거리로 나와, 왠지 망설이는 듯한 모습으로 K다리를 향해 천천히 발걸음을 옮기고 있었다. 그는 다행히도 계단에서 여주인과 마주치는 것을 피할 수 있었다. 그의 작은 방은 높은 5층 건물의 지붕 바로 아래에 있었는데, 방이라기보다는 벽장 같은 곳이었다. 71

청년의 이름은 라스콜리니코프Raskol'nikov. 그가 살던 S골목의 이름은 스톨랴르니 거리Stolyarnyi Lane다. 넵스키 대로에서 그리보예도바 운하를 따라 20분쯤 걸어 내려가면 오른쪽으로 그라즈단스카야 거리Grazhdanskaya Street가 이어진다. 이 거리 19번지가 라스콜리니코프의 하숙집이 있던 건물이다. 스톨랴르니 거리와 교차하는 사거리에 세워져 있으므로 S골목이라 묘사한 것도 틀리지 않다. 그런데 사거리에 서서 건물을 올려다보니 5층이 아니라 4층짜리 건물이다. 아쉽게도 옛 건물을 허물고 개축하는 바람에 4층이 되었단다. 도스토옙스키가 소설의 주요 무대로 설정한 하숙집이 이미 없어졌다니 약간 김이 샌다. 그런데 건물 1층 모퉁이에 묘하게 생긴 부조가 눈에 띈다. 다가가보니 긴 외투를 걸친 도스토옙스키가 서 있고 그 옆에는 건물을 오르는 계단이 새겨져 있다. 무척 단순한 부조지만 계단은 소설에서 중요한 장치 중 하나다. 라스콜니코프가 머물던 다락방에서 여주인이 살던 4층까지의 계단 수는 정확히 13개. 가난한 라스콜니코프는 하숙비가 밀려 항상 여주인 몰래 계단을 오르내려야 했다. 그리고 노파를 죽이러 간 날도 여주인의 도끼를 몰래 가져가려고 '고양이처럼 살금살금 발소리를 죽이고' 계단을 내려왔다. 하숙집의 계단은 라스콜니코프가 느끼고 있는 죄의식의 상징인 셈이다. 부조 밑에는 '라스콜니코프의 집'이라는 표시와 함께 "페테르부르크에 살던 사람들의 비극적인 운명은 도스토옙스키의 손을 통해 전 인류에게 선을 설파하는 토대가 되었다"라는 글귀가 남아 있다. 비록 건물은 허물었지만 《죄와 벌》이 문학사에 끼친 영향만큼은 지울 수 없었던 모양이다.

라스콜니코프의 하숙집에서 스톨랴르니 거리를 따라 한 블록만 내려오면 도스토옙스키가 《죄와 벌》을 쓸 때 거주했던 집이 있다. 그는 카즈나체이스카야 거리Kaznacheiskaya Street 7번지에 살면서 집 주변의 건물과 다리를 소설의 배경으로 활용했다. 당시의 모습은 보존되어 있지 않지만 1층 창문에 "도스토옙스키가 1864년에서 1867년까지 이 집에 살며 《죄와 벌》을 집필했다"라는 명판이 붙어 있다. 명판 아래 바쳐진 꽃을 보니 도스토옙스키는 여전히 러시아인의 가슴속에 살아 있다는 생각이 든다. 도스토옙스키는 이 집에서 《죄와 벌》을 쓰다가 글이 막히면 라스콜니코프처럼 S골목을 따라 K다리로 향했다. K다리란 도스토옙스키의 집에서 스톨랴르니 거리를 따라 다시 한 블록 내려가면 나오는 코쿠시킨 다리Kokushkin Bridge를 가리킨다. 잔잔한 그리보예도바 운하에 걸쳐진 코쿠시킨 다리는 글쓰기로 달궈진 도스토옙스키의 머리를 식혀줄 최적의 장소였다. 저 멀리 피의 사원에서부터 시작해 이곳까지 연결된 그리보예도바 운하는 조용히 거닐며 생각을 가다듬기에 딱 좋은 산책로다. 모이카나 폰탄카 같은 운하들은 수려한 경관을 자랑하지만 관광객을 태운 유람선이 오가는 통에 영 부산스럽다. 그에 비해 좁은 물길이 굽이굽이 흐르는 그리보예도바 운하는 한적해서 저절로 글감이 떠오른다고나 할까? 도스토옙스키 또한 고즈넉한 운하를 거닐며 인간의 본성과 선악의 기준에 대해 고민을 거듭했을 것이다. 코쿠시킨 다리의 난간에 기대 잔잔한 물살을 내려다보며 생각에 잠겼을 도스토옙스키의 모습이 눈에 선하다. K다리를 건너 직진하면 대로가 나오고 왼쪽으로 널찍한 광장이 보인다. 라스콜니코프가 자신의 죄를 뉘우치며 대지에 용서를 빌었던 센나야 광장Sennaya Square이다. 도스토옙스키가 《죄와 벌》을 집필할 당시 광장 주변은 온갖 비참한 인간군상이 모여 사는 빈민가였다. 혼잣말을 떠들고 다니는 미치광이, 일자리를 잃고 술만 퍼마시는 주정뱅이, 남에게 빌어먹고 사는 비렁뱅이, 남자에게 몸을 내어주는 창녀들이 우글대는 죄악의 땅이었다. 하지만 라스콜리니코프는 타인을 위해 모든 것을 희생하는 창녀 소냐의 설득으로 센나야 광장에서 구원의 길을 발견한다.

<u>그는 갑자기 소냐의 말이 생각났다. "네거리에 가서 사람들에게 절을 하고 대지에 키스하세요. 당신은 대지 앞에 죄를 지었으니까요. 그리고 세상의 모든 사람들에게 소리 내어 말하세요. 내가 죽였습니다라고" … 그는 광장 한가운데에 무릎을 꿇고 머리가 땅에 닿도록 절을 했다. 그리고 달콤한 쾌감과 행복감을 느끼면서 더러운 땅에 입을 맞추었다.</u> 7)

소설의 하이라이트가 펼쳐진 센나야 광장에 발을 들여놓았지만 생각했던 것과 너무 다르다. 버스가 오가는 교통의 요지가 되어버린 광장에는 걸음을 재촉하는 사람들이 오갈 뿐이다. 흉내 낸다고 광장에 무릎을 꿇었다가는 지나가는 사람들에게 밟힐 지경이다. 하긴 이렇게 번화한 광장에 150년 전에 집필된 소설의 정취가 남아 있을 리가 없다. 당시에는 신입혁명과 농노 해방의 물결 속에 일자리를 찾아 고향을 떠난 빈민들이 도시로 몰려들었다. 햇빛도 들지 않는 지하방에 살며 닥치는 대로 일했던 그들의 비참한 삶이 펼쳐진 곳이 센나야 광장이었다. 선술집과 사창가가 들어섰던 광장 주변은 이제 개발이 이루어져 멀끔하다. 광장을 오가는 사람들도 차림만 봐서는 빈민은 아닌 것 같다. 그런데도 왜 이리 광장은 음울하고 사람들의 얼굴은 고단해 보이는지.

도스토옙스키가 《죄와 벌》을 집필한 집

위대한 고뇌자가 생을 마감한 도스토옙스키 박물관

4 DAY
Theme 2

《죄와 벌》의 무대를 떠나 도스토옙스키의 숨결이 깃들어 있는 장소로 향한다. 지하철을 타고 그의 이름을 딴 도스토옙스카야 역에서 내렸다. 역 앞에 조성된 삼각형 모양의 작은 광장에는 다리를 꼬고 앉은 도스토옙스키의 동상이 세워져 있다. 그의 외모 중 가장 두드러진 특징은 시원하게 벗겨진 이마와 길고 덥수룩한 턱수염이다. 높이 솟은 콧날과 이마로 인해 움푹 들어간 눈매는 사려 깊은 인상을 준다. 게다가 구부정하게 몸을 숙인 채 두 손은 깍지를 끼고 있으니 영락없이 고뇌에 빠진 철학자의 모습이다. 단순해 보이지만 도스토옙스키가 지닌 이미지를 잘 살린 동상이다. 광장 옆에 세워진 교회의 담을 따라 걸어가면 삼거리 모퉁이에 도스토옙스키 박물관Dostoevskii Museum이 보인다. 도스토옙스키의 팬이라면, 그리고 글을 쓰는 작가라면 누구나 한번쯤 찾아오고 싶어 하는 성지 같은 곳이다. 그런데 반지하로 이어진 계단과 허름한 입구는 전 세계에 이름을 떨친 대문호의 박물관이라고 하기에는 너무 초라해 보인다. 사실 도스토옙스키와 관련된 박물관은 상트페테르부르크를 포함해 러시아 각지에 7개나 있는데 대부분 그가 살던 집을 개조해 만든 곳이라 제대로 된 외관을 갖추고 있지 않다. 그런데도 쿠즈네치니 거리Kuznechnyi Lane 5번지에 있는 이 박물관에 사람들의 발길이 가장 많은 이유는 도스토옙스키가 이곳에서 생을 마감했기 때문이다.

박물관은 크게 두 개의 공간으로 나뉜다. 2층은 도스토옙스키와 관련된 자료들을 모아놓은 전시실이고, 3층은 그가 실제로 생활했던 집이다. 전시실에서 가장 눈길을 끄는 것은 도스토옙스키의 데스마스크다. 러시아 곳곳에서 접한 초상화와 동상을 통해 익숙해진 얼굴이 조용히 눈을 감고 있다. 조명을 받아 하얗게 빛나는 데스마스크 아래 러시아어로 쓰인 성경이 펼쳐져 있다. 죽음을 예감한 도스토옙스키는 아내 안나에게 성경을 가져오라고 시켰다. 그리고 아무 데나 한 곳을 펼친 후 손가락으로 찍은 부분을 읽어달라고 부탁했다. "예수께서 요한에게 '지금은 내가 하자는 대로 하여라. 우리가 이렇게 해야 하느님께서 원하시는 모든 일이 이루어진다'고 대답하셨다"는 구절이었다. 도스토옙스키는 죽음의 순간에 〈마태복음〉에 실린 이 구절을 듣고 무슨 생각을 했을까? 신이 뜻하는 바는 인간이 헤아리기 어려우니 비록 죽음이라 할지라도 겸허히 받아들여야 한다고 생각했을까?

예민한 성격을 지닌 도스토옙스키는 주로 소음이 없는 밤늦은 시간에 글을 썼다. 보통 밤 11시에 시작해 아침 6시에 마치고 정오까지 잠을 잤다. 집에 마련된 거실은 그가 글을 쓰다 막히면 담배를 피우며 한숨 돌리던 공간이다. 도스토옙스키는 두 가지 종류의 담배를 섞어서 손수 말아 피울 만큼 애연가였다. 폐기종에 걸려 의사가 담배

를 금했음에도 아랑곳하지 않고 피워댔을 정도다. 수명이 단축될지인정 담배는 못 끊겠다는 괄괄한 성격인 걸 보면 죽음이 찾아왔다고 순순히 받아들일 인물은 아니었을 것 같다. 집필실에는 녹색 테이블보가 깔린 수수한 책상 위에 그가 작성한 원고들이 놓여 있다. 당시 잡지에 연재하고 있던 《카라마조프 가의 형제들》을 쓰기 위해 인상을 찌푸린 채 책상 앞에 앉아 있었을 도스토옙스키의 모습이 눈에 선하다. 《카라마조프 가의 형제들》은 1300쪽이 넘는 장편으로 도스토옙스키의 갑작스런 죽음으로 인해 미완성으로 남았다. 정작 주인공인 알료샤는 제대로 된 활약도 해보지 못하고 연재가 중단되어버린 것이다. 도스토옙스키가 남긴 메모에 따르면 알료샤는 나중에 테러리스트가 될 예정이었다. 나는 수도사가 되려고 했던 알료샤가 왜 테러리스트가 되어야만 했는지 궁금하기 짝이 없었다. 그래서 왜 소설을 끝맺지 않고 죽었냐고 도스토옙스키를 원망한 적도 있었다. 그런데 그가 소설을 썼던 집필실을 바라보고 있자니 원망이 눈 녹듯 사라졌다. 최후의 역작을 완성하지 못하고 간 작가의 심정은 얼마나 안타까웠을까. 원망해야 할 이는 도스토옙스키가 아니라 아직 할 말이 남은 작가를 일찍 데려가버린 신이 아닐까.

알렉산드르 넵스키 대수도원과 차이콥스키

ALEKSANDR NEVSKII LAVRA

4 DAY
Theme 3

도스토옙스키는 1881년 2월 9일 60세의 나이로 숨을 거뒀다. 그는 넵스키 대로 동쪽 끝에 있는 수도원 묘지에 묻혔다. 대로 끝 원형 로터리에는 수도원의 주인인 알렉산드르 넵스키 대공의 기마상이 세워져 있다. 알렉산드르는 1240년 러시아를 침공한 스웨덴 군을 무찌른 구국의 영웅이다. 표트르 대제는 알렉산드르가 적을 섬멸한 네바 강변에 수도원을 세우고 알렉산드르 넵스키 대수도원Aleksandr Nevskii Lavra 이라 이름 붙였다. 아름다운 운하로 둘러싸인 수도원은 번화한 넵스키 대로를 떠나 휴식을 취하기에 딱 좋은 장소다. 새들의 지저귐이 울려 퍼지는 정원에는 드문드문 벤치가 놓여 있어 아픈 다리를 쉬며 여유를 만끽할 수 있다. 알렉산드르의 무덤이 안치된 트로이츠키 성당을 구경하러 오는 관광객도 많지만, 러시아의 유명 인사들이 묻힌 묘지에 참배를 드리러 오는 조문객도 많다.

묘지는 수도원으로 향한 길 양쪽에 조성되어 있는데, 오른편의 티흐빈 묘지Tikhvin Cemetery 에는 문학가와 음악가가, 왼편의 라자레프 묘지Lazarev Cemetery 에는 건축가와 과학자가 주로 안장되어 있다. 티흐빈 묘지로 들어가서 우선 안내도부터 찾았다. 다행히 묘지가 작은 데다 무덤도 그리 많지 않아 다른 사람은 다 제쳐두고 우선 도스토옙스키의 무덤부터 찾아 나섰다. 입구에서 오른쪽으로 얼마 떨어지지 않은 곳에 도스토옙스키의 흉상이 장식된 묘비가 보인다. 러시아가 낳은 대문호의 죽음을 애도하기 위해 얼마나 많은 사람이 이 무덤을 찾았는지 지금도 묘비 앞에는 하얀 꽃바구니가 놓여 있다. 일찍이 철학자 니체는 "도스토옙스키를 만난 것은 내 생애에서 가장 아름다운 행운 가운데 하나"라고 말했다. 나를 머나먼 러시아 땅으로 인도했으며, 신과 인간에 대해 사색할 기회를 준 도스토옙스키와의 만남은 나에게도 축복이다.

티흐빈 묘지는 음악 애호가들에게 특히 인기가 높은데, 19세기 러시아 음악계를 주름잡았던 유명 작곡가들의 무덤이 이곳에 모여 있기 때문이다. 림스키코르사코프, 무소륵스키, 안톤 루빈시테인, 스트라빈스키 등 한 번쯤 이름을 들어봤을 만한 인물들이 조용히 안식을 취하고 있다. 러시아에서는 무덤 주인의 직업에 따라 묘비를 꾸미기도 하는데, 작곡가 같은 예술가들의 묘비는 특히 낭만적이다. 스트라빈스키Igor Stravinskii의 무덤은 하프를 손에 든 뮤즈가 묘비에 기대서 있다. 절묘한 것은 눈을 지그시 감은 뮤즈의 표정이다. 마치 음악의 여신인 뮤즈조차도 스트라빈스키의 음악에 심취해 넋을 잃은 모습이랄까. 산책하듯 무덤들을 구경하던 중 마침내 내가 찾던 작곡가를 발견했다. 〈백조의 호수〉를 비롯해 주옥같은 발레곡을 탄생시킨 차이콥스키

도스토옙스키의 묘   스트라빈스키의 묘   차이콥스키의 묘

Pyotr Chaikovskii다. 차이콥스키의 흉상 뒤에는 그를 하늘로 인도할 천사가 십자가를 끌어안고 있다. 또 다른 천사는 묘비에 기대 앉아 차이콥스키의 곡을 음미하듯 그윽한 눈빛으로 악보를 내려다본다. 발레를 사랑하는 사람이라면 이 무덤에 찾아와 꽃 한 송이를 놓고 싶은 충동을 억누르지 못하리라.

흥미로운 것은 차이콥스키의 대표적인 발레곡인 〈백조의 호수〉, 〈잠자는 숲 속의 미녀〉, 〈호두까기 인형〉 모두 초연 때 호평을 받지 못했다는 점이다. 1877년 3월 그의 첫 번째 발레곡인 〈백조의 호수〉가 모스크바의 볼쇼이 극장에서 초연됐을 때 어찌나 혹평이 쏟아졌는지 이후 13년 동안 발레곡은 쳐다보지도 않을 정도였다. 하지만 다른 장르의 음악에서 성공을 거둔 차이콥스키는 자신감을 회복하고 다시 한 번 발레곡에 도전했다. 바로 1890년 1월 상트페테르부르크의 마린스키 극장Mariinsky Theatre에서 초연한 〈잠자는 숲 속의 미녀〉다. 마린스키 극장은 볼쇼이 극장과 어깨를 나란히 할 만큼 유서 깊은 오페라·발레 극장이다. 제정 러시아 시절에는 작곡가라면 누구나 작품을 올리고 싶어 하는 최고의 극장이었다. 센나야 광장에서 그리보예도바 운하를 따라 서쪽으로 가다 보면 고색창연한 마린스키 극장이 나타난다. 모스크바의 볼쇼이 극장이 대대적인 보수를 통해 말끔한 모습으로 재탄생했다면, 마린스키 극장은 1860년 개관한 당시 모습 그대로 빛바랜 에메랄드 색 외관을 간직하고 있다. 전통을 자랑하는 상트페테르부르크의 대표 극장답게 옛 건물에 손을 대는 대신 아예 현대식 극장을 건물 뒤편에 따로 지었다. 그야말로 러시아 발레 역사의 살아 있는 증인인 셈이다. 차이콥스키의 〈잠자는 숲 속의 미녀〉가 초연된 날에는 상류층 귀족들은 물론 황제 알렉산드르 3세까지 극장을 찾았다. 하지만 공연이 끝나고 나온 비평가들의 평가는 차갑기 그지없었다. 하지만 차이콥스키는 혹평에 굴하지 않고 〈호두까기 인형〉을 작곡해 1892년 12월 마린스키 극장에 올렸다. 이번에는 음악에 대한 평가는 좋았지만 만족할 만한 성과를 거둔 것은 아니었다. 차이콥스키의 발레곡들은 당대에는 인기를 끌지 못했지만 그의 사후에 재평가되면서 지금은 세계에서 가장 사랑받는 레퍼토리가 되었다.

마린스키 극장 맞은편에는 차이콥스키가 수학했던 옛 페테르부르크 음악원이 자리하고 있다. 황립법률학교를 졸업한 차이콥스키는 스무 살 무렵 법무성에 근무하고 있었다. 하지만 음악에 대한 열정을 이기지 못하고 퇴근 후에는 음악교실을 찾아와 안톤 루빈시테인에게 작곡을 배웠다. 음악교실은 나중에 페테르부르크 음악원으로 바뀌어 그는 1865년 제1기 졸업생이 되었다. 현재 음악원의 정식 명칭은 림스키코르사

코프 음악원이다. 건물 왼편에 조성된 정원에는 무릎 위에 악보를 펼친 림스키코르사코프의 동상이 세워져 있다. 설립자인 안톤 루빈시테인이 아니라 림스키코르사코프Nikolai Rimskii-Korsakov의 이름을 딴 이유는 그가 무려 37년간이나 이곳에 재직하며 수많은 인재들을 길러냈기 때문이다. 쇼스타코비치를 비롯한 기라성 같은 작곡가, 연주가, 안무가를 배출해낸 이 음악원은 지금도 전 세계 음악도의 발길이 끊이지 않는 최정상의 교육 기관이다.

1893년 10월 28일 차이콥스키는 6번째 교향곡인 〈비창〉을 무대 위에 올리고 "나는 내 영혼을 모조리 이 교향곡에 쏟아부었다. 수수께끼처럼 들릴 것이고 해석 또한 각양각색일 것이다. 다양한 의견이 나오겠지만 오직 신만이 처벌하고 응징하리라"고 말했다. 〈비창〉이 대성공을 거두어 호평이 이어지는 중이었는데 차이콥스키는 왜 신의 처벌과 응징을 운운했을까? 그리고 초연이 펼쳐진 지 열흘이 채 지나지 않은 11월 6일, 차이콥스키는 콜레라에 걸려 갑자기 세상을 뜨고 말았다. 혹시 차이콥스키는 자신의 죽음을 예견하고 있었을까? 작곡가의 갑작스런 죽음으로 인해 인간의 고뇌와 슬픔을 음악으로 표현한 〈비창〉을 '차이콥스키의 진혼곡'이라고도 부른다.

이제 차이콥스키가 상트페테르부르크에 남긴 마지막 흔적을 찾아 성 이삭 대성당 쪽으로 발길을 돌린다. 그는 성당 오른편에 이어진 말라야 모르스카야 거리 13번지 꼭대기 층에서 숨을 거두었다. 하지만 집을 박물관으로 보존하지 않아서 그저 건물 벽에 네모난 명판이 하나 붙어 있을 뿐이다. 러시아를 대표하는 작곡가인데 상트페테르부르크에 그 흔한 박물관 하나 없다니 이상하다. 장례식을 카잔 대성당에서 황제장으로 치르고, 수만 명의 인파가 알렉산드르 넵스키 대수도원까지 그의 관을 뒤따랐는데 말이다. 하지만 박물관이 없으면 또 어떠랴. 전 세계인이 차이콥스키가 남긴 음악을 들으며 환희와 비애에 젖어 그를 떠올리고 있는데.

네바 강의 야경과 백야의 신비

RIVER NEVA WHITE NIGHT

4 DAY
Theme 4

상트페테르부르크를 떠날 날을 며칠 안 남기고 아내와 의견 충돌이 생겼다. 네바 강에서 배를 타고 야경을 감상하는 야간 유람선을 탈 것이냐 말 것이냐가 문제였다. 러시아에 오기 전부터 유람선에서 바라보는 상트페테르부르크의 전경, 특히 불빛으로 수놓인 야경의 아름다움을 누누이 들어온 터라 나는 야간 유람선을 꼭 타고 싶었다. 아내도 유람선이 매력적일 것이라는 데는 이견이 없었지만 숙소까지 돌아오는 길이 위험하다는 이유로 반대했다. 사실 백야 기간인 6월의 상트페테르부르크는 밤이 아주 늦게 찾아온다. 게다가 하늘이 아예 깜깜해지지 않기 때문에 건물의 조명도 그만큼 늦게 켜진다. 그래서 야간 유람선은 보통 12시 경에 시작해 새벽 2시쯤 끝난다. 문제는 그 시간에 숙소까지 타고 올 교통수단이 마땅치 않다는 것이었다. 거리에 택시가 별로 없어서 넵스키 대로를 따라 30분 이상 걸어야 할 가능성이 높았다. 나는 유명 관광지인 넵스키 대로라면 그 시간에도 위험하지 않을 거라며 안심시켰지만 아내는 요지부동이었다. 아내가 겁이 많은 것도 맞지만 우리나라와는 치안 상황이 다른 것도 사실이었다. 예를 들어 호스텔을 이용한다고 치자. 서유럽 같으면 현관이 열려 있어 아무나 자유롭게 드나들 수 있지만 러시아는 사정이 전혀 다르다. 모스크바는 물론 관광지인 상트페테르부르크조차 건물 1층에서 벨을 누르고 문이 열리길 기다려야 한다. 그렇게 1층 출입구를 통과해도 호스텔 현관에서 똑같은 과정을 한 번 더 반복해야 한다. 카운터에서 감시카메라로 방문객을 확인하고 열어주는 시스템이기 때문이다. 실제로 도난 사건이 얼마나 자주 벌어지는지는 몰라도, 이렇게 이중으로 출입을 통제하는 것만 봐도 심상치 않다. 하물며 며칠 전에 소매치기까지 당할 뻔했으니 아내의 걱정은 이미 한계치를 훌쩍 뛰어넘은 상황이었다. 하는 수 없이 아내를 데리고 폰탄카 강변에 있는 유람선 매표소를 찾았다. 야간 유람선 시간표를 확인하는 한편 직원에게 숙소로 돌아올 방법을 물어보기 위해서였다. 그런데 아내의 걱정 어린 표정을 본 매표소 직원이 너털웃음을 터뜨린다. 새벽 2시가 넘어도 넵스키 대로에는 사람이 많으니 전혀 걱정하지 말라고 한다. 도리어 이런 질문을 하는 아내가 어처구니없다는 표정이다. 조금 머쓱해진 아내가 그제야 티켓 사는 걸 허락한다. 밤 12시 20분에 출발하는 배라 시간에 맞춰 나갔더니 이미 배 위에는 앉을 자리가 없다. 다들 차가운 강바람을 감수하더라도 실내가 아니라 선상에서 야경을 감상하겠다는 자세다. 우리를 비롯해 늦게 온 4명은 투어가 진행되는 한 시간 반 내내 서서 구경해야 할 판이었다. 우리가 딱해 보였는지 가이드가 실내에 있는 의자를 꺼내다 주며 선상에 앉으라고 한다. 안 그래도 출렁이는 배 위에서 겁먹은 표정으로 난간에 매달려 있던 아내의 얼굴이 확 펴진다. 우여곡절 끝에 출발한 배는 폰탄카 운하를 따라 천천히 나아간다. 12시 반이 되자 운하 주변 건물들에 조명이 들어오며 본격적인 야경이 시작되었다. 가이드의 설명이 이어지는 가운데 배가 마침내 운하를 벗어나 네바 강으로 들어섰다. 아! 아름다워라, 상트페테르부르크의 밤이여!

나는 너를 사랑한다, 표트르의 창조물이여,
나는 사랑한다, 너의 엄격한 균형 잡힌 모습을,
네바의 위풍당당한 흐름을,
너의 화려한 대리석 강변을,
……
금빛 하늘이 어두워지지 않고
반시간 겨우 밤을 허락하더니
저녁노을이 아침노을로
어느새 서둘러 바뀐다. 4)

일찍이 푸시킨은 〈청동의 기사〉에서 상트페테르부르크의 백야를 이렇게 찬양했다. 네바 강 위로 칠흑 같은 물결이 출렁이는데도 북방의 하늘에는 아직 어둠이 찾아오지 않았다. 태양은 이미 지평선 너머로 떨어진 지 오래지만 서쪽 하늘은 여전히 하얗게 빛나고 있다. 산란되어 부서진 빛이 푸르스름하게 하늘을 뒤덮어 모든 것을 창백하게 만든다. 밤은 이미 찾아왔건만 어둠은 발붙일 데가 없는 곳, 이것이 바로 상트페테르부르크의 백야다. 밤과 낮의 구분을 무색하게 만드는 자연의 조화에 이어 이번에는 인간이 만들어낸 역사가 눈길을 사로잡는다. 네바 강변을 따라 늘어선 석조 건물들이 조명을 받아 마치 황금으로 엮은 띠처럼 빛나고 있다. 검은 네바 강과 대비를 이루어 더욱 황홀하게 빛나는 황금 띠는 강을 따라 끝없이 이어진다. 그 옛날 제정 러시아가 이루었던 영화를 빛의 형태로 지상 위에 구현해 놓았다고나 할까. 지금까지 배를 타고 수많은 도시 풍경을 보았지만 네바 강의 야경만큼 환상적인 광경은 처음이었다. 창백한 백야를 화려하게 수놓은 황금 띠. 그야말로 자연과 인간이 함께 빚어낸 최고의 예술 작품이다.

네바 강의 야경에 취해 넋을 놓고 있다가 정신을 차리니 강바람이 꽤 거세다. 한 시간 넘게 온몸으로 바람을 맞았더니 여름인데도 무척 춥다. 그런데도 배에서 나눠준 얇은 담요로 몸을 감쌀 뿐 아무도 실내로 들어가려고 하지 않는다. 야경에 조금 익숙해질 무렵 무언가 강변을 따라 꼬물꼬물 움직이는 모습이 보인다. 자세히 보니 강변에 수많은 인파가 늘어서 있다. 이렇게 늦은 시각인데도 어찌나 사람이 많은지 빈틈이 없을 정도다. 로스트랄 등대를 지나 서쪽으로 계속 나아가던 배가 마침내 뱃머리를 돌려 강을 거슬러 올라간다. 그런데 에르미타슈 근처의 드보르초비 다리에 이르니 배들이 한꺼번에 몰려들어 서로 부딪힐 지경이다. 왜들 이러나 싶어 쳐다보는데 눈앞의 다리가 서서히 움직이기 시작한다. 길이 260미터, 폭 27미터의 다리 중간이 갈라지더니 양쪽으로 들어올려진다. 네바 강의 다리들은 밤이 되면 대형 선박의 운항을 위해 일정한 시각에 다리를 들어올린다. 자주 볼 수 없는 도개교跳開橋의 모습에 다들 사진을 찍고 난리가 났다. 거대한 다리가 움직이는 이벤트를 끝으로 야간 유람선은 한 시간 반의 투어를 마쳤다. 에르미타슈 앞 선착장에 배가 닿았지만 아직도 꿈꾸는 듯한 느낌에서 헤어 나올 수 없었다.

그런데 바로 그때 발이 허공을 딛고 밑으로 쑥 빠졌다. 배에서 내리던 중에 작은 구멍을 보지 못하고 발을 헛디딘 것이다. 옆에 서 있던 직원이 급히 잡아줬는데도 구멍 속으로 오른쪽 다리가 무릎까지 들어가고 말았다. 정신이 번쩍 들어 발을 빼니 이미 신발이 강물에 푹 젖어버렸다. 서둘러 선착장으로 올라와 다리 상태를 살폈다. 그나마 왼 무릎이 선체에 부딪치며 떨어지는 기세를 줄였으니 망정이지 까딱 잘못했으면 오른쪽 무릎이 박살날 뻔한 아찔한 순간이었다. 아내의 부축을 받으며 강변으로 올라오니 신발에선 물이 줄줄 흐르고 꼴이 말이 아니다. 역시 사고의 위험은 항시 도사리고 있으니 잠시도 긴장을 풀어서는 안 된다. 하물며 물살이 거센 강 위에서야 더 말할 나위가 있으랴. 강변에서 잠시 몸을 추스르고 다리를 쩔뚝거리며 숙소로 향했다. 그런데 궁전 광장에 들어선 순간 무릎의 아픔 따위는 한순간에 날아가버리고 말았다. 조명을 받은 에르미타슈가 은은한 에메랄드빛으로 빛나고 있었기 때문이다. 수많은 예술품을 품은 저 건물이야말로 이 세상에서 가장 값비싼 보석함이 아니고 무엇이랴. 낮과는 또 다른 매력을 지닌 그 자태에 매료되어 광장 바닥에 주저앉은 채 오래도록 에르미타슈를 바라보았다.

무릎이 좀 나아진 듯해 본격적으로 숙소를 향해 발걸음을 옮겼다. 강변을 가득 메운 인파를 본 터라 넵스키 대로가 위험할 것이라는 생각은 들지 않았다. 그런데 대로로 들어서자 내 예상을 훌쩍 뛰어넘은 풍경이 펼쳐졌다. 거리는 오가는 사람들로 활기가 넘치고, 음식점마다 술 마시는 사람들로 흥청망청하다. 대중교통이 끊긴 차도에는 낮에는 볼 수 없었던 관광용 마차까지 질주하고 있다. 백야가 찾아온 넵스키 대로는 서늘한 밤공기가 무색할 정도로 뜨거운 열기로 가득 차 있다. 밤길이 위험하다며 야간 유람선 타기를 말렸던 아내도 어이가 없는지 피식 웃는다. 그래서 고골이 상트페테르부르크를 두고 '현실 속에서는 잠들고, 꿈속에서는 깨어나 거니는' 도시라고 말했나 보다. 우리도 숙소로 가다 말고 대로변의 노천 카페에 앉아 맥주를 한 잔씩 시켰다. 상트페테르부르크에서는 시간이 늦었다고 해서 꼭 잠자리에 들 필요는 없다. 이곳은 낮과 밤의 구분이 존재하지 않는 환상 속의 도시니까.

RUSSIA HISTORY

도스토옙스키와
차이콥스키

표도르 도스토옙스키Fyodor Dostoevskii는 1821년 11월 11일 모스크바에서 태어났다. 그는 16세에 어머니를 잃고 육군공병학교에 입학하기 위해 상트페테르부르크로 옮겨 왔다. 학교 기숙사에 처박혀 사색에 잠기거나 글쓰기를 좋아했던 도스토옙스키는 졸업 후 공병국 제도실에서 근무를 시작했다. 하지만 곧 적성에 맞지 않음을 깨닫고 제대한 후 소설 집필에 착수했다. 그리고 1845년 첫 소설 《가난한 사람들》을 발표하며 혜성같이 문단에 등장했다. 공병학교 동창생에게 넘긴 원고가 시인 네크라소프에게 전해졌는데, 작품의 비범함을 알아챈 네크라소프는 '새로운 고골이 출현했다'며 당시 최고의 비평가인 벨린스키에게 전달했다. 벨린스키는 네크라소프가 호들갑을 떠는 거라며 그의 말을 믿지 않았지만 직접 원고를 읽어보고는 도스토옙스키의 재능을 인정할 수밖에 없었다. 24세의 나이에 화려하게 문단에 등장한 도스토옙스키의 앞날에는 탄탄대로가 펼쳐진 듯했다. 하지만 1849년 도스토옙스키는 반역죄로 체포되어 사형을 언도받았다. 당시 제정 러시아의 황제였던 니콜라이 1세는 1848년 2월 프랑스에서 일어난 대혁명을 불안한 눈길로 주시하고 있었다. 혹시나 혁명의 불길이 러시아로 옮겨붙지는 않을까 걱정했던 것이다. 이런 민감한 시기에 외무성의 관리 한 명이 사회주의 사상을 보급할 목적으로 문학 모임을 열었다. 1849년 초부터 이 모임에 참석한 도스토옙스키는 러시아의 정치 상황에 대해 열띤 토론을 벌였고, 절대왕정을 비난하는 내용이 담긴 벨린스키의 편지를 낭독하기도 했다. 경찰은 4월 24일 모임을 급습하여 관련자를 체포했고, 도스토옙스키는 8개월간의 재판 끝에 반역죄로 사형을 선고받았다. 이때 도스토옙스키가 수감되어 독방 생활을 했던 곳이 바로 페트로파블롭스크 요새의 정치범 감옥이다. 12월 22일 도스토옙스키를 포함한 죄수들이 사형 집행을 위해 세묘노프스키 광장에 마련된 기둥에 묶였다. 문학도의 꿈을 제대로 펼쳐보지도 못하고 죽임을 당할 절체절명의 순간, 황제의 전령이 달려와 형 집행을 중지시켰다. 원래 니콜라이 1세는 도스토옙스키를 죽일 생각은 없었다. 다만 사형을 집행하는 척 연극을 꾸며 다시는 불온한 생각을 품지 못하도록 겁을 주려 했을 뿐이었다. 구사일생으로 목숨을 건진 도스토옙스키는 총 8년간의 유형을 명받고 시베리아로 떠났다. 옴스크에서 시작된 유형 생활은 지옥과도 같았다. 고독을 사랑한 도스토옙스키에게는 하루 24시간 누군가와 함께 있어야 한다는 사실 자체가 형벌이었다. 그런데 몇 년의 시간이 흐르자 동료 죄수들을 증오하며 접촉을 피하던 도스토옙스키에게 변화가 찾아왔다. 살인, 간음, 절도 등 각종 범죄를 저지른 죄수들에게도 관용, 친절, 용기와 같은 아름다운 본성이 간직되어 있음을 깨달은 것이다. 이로써 도스토옙스키는 인간이란 법률, 규범, 도덕과 같은 인위적인 잣대로 단죄할 수 없는 존재라 생각하고, 선악의 기준을 새롭게 정립해야 할 필요성을 느꼈다. 후일 도스토옙스키는 유형 생활을 통해 자각하게 된 인간의 본성과 선악의 모호함을 평생 동안 작품의 주제로 삼았다. 시베리아 유형 생활을 마치고 1859년 상트페테르부르크로 돌아온 도스토옙스키는 이후 작품 활동에 매진했다. 비록 평생 비밀경찰의 감시를 받고, 한동안은 도박에 빠져 가산을 탕진하기도 했지만, 《죄와 벌》, 《백치》, 《악령》 같은 대작들을 써내려갔다. 그리고 말년에 《카라마조프 가의 형제들》을 통해 사상의 집대성을 도모하던 중 죽음을 맞이했다.

일찍이 앙드레 지드는 러시아 문학계의 두 거봉으로 꼽히는 톨스토이와 도스토옙스키를 두고 다음과 같은 평가를 내렸다. "톨스토이가 큰 산인 줄 알았는데, 조금 물러나서 보니 그 뒤에 아스라이 뻗어 있는 거대한 산맥은 도스토옙스키였다." 도스토옙스키의 소설에는 선과 악, 순수와 광란, 살인과 자살 등 인간 내면의 모순이 서로 극명하게 충돌하며 표출된다. 문명화된 사회 속에서 점차 파괴되어 가는 인간군상을 그려낸 그의 작품들은 실존주의 철학에 깊은 영향을 미쳤으며, 치열한 자본주의 사회를 살아가는 현대인에게도 큰 울림을 전하고 있다. 이것이 도스토옙스키를 두고 '러시아의 위대한 고뇌자'라고 부르는 이유다.

차이콥스키Pyotr Chaikovskii는 1840년 5월 7일 우랄 지방의 캄스코 보트킨스크에서 태어났다. 어려서부터 음악에 재능을 보였지만 아들의 장래를 염려한 부모는 그를 황립법률학교에 입학시켰다. 1859년 학교를 졸업한 후 법무성에 취직했지만 음악에 대한 미련을 끊을 수 없었던 차이콥스키는 낮에는 직장에서 일하고 밤에는 안톤 루빈시테인의 음악교실에서 공부했다. 몇 년 후에는 법무성을 아예 그만두고 음악 공부에만 전념했고, 1866년 졸업을 하자마자 모스크바에 설립된 음악교실에서 강사로 활동했다. 이 시기에 차이콥스키는 교향곡 제1번을 작곡하여 무대에 올리는 한편, 러시아 국민악파 5인조(밀리 발라키레프, 니콜라이 림스키코르사코프, 모데스트 무소륵스키, 알렉산드르 보로딘, 세자르 큐이)와 친교를 맺으며 음악 활동을 벌였다.

차이콥스키는 음악교실에서 주 30시간 강의를 하며 박봉을 받는 처지였으므로 창작 활동에 많은 제약이 따랐다. 그런데 1876년 철도왕의 미망인으로 차이콥스키의 음악에 경의를 품고 있던 폰 메크 부인이 일 년에 6천 루블의 연금을 제안했다. 이후 차이콥스키는 13년간 후원을 받으며 매주 서너 통의 편지를 보낼 정도로 부인과 각별한 사이를 유지했다. 흥미로운 점은 단 한 번 부인과 우연히 만났을 뿐 따로 만난 적이 없다는 사실이다. 오직 편지로만 정을 주고받는 플라토닉 교제였던 셈이다. 더욱 이해할 수 없는 점은 차이콥스키와 아내 안토니나 밀류코바와의 관계다. 1877년 밀류코바는 유명한 작곡가인 차이콥스키에게 구애 편지를 보냈다. 편지를 읽은 차이콥스키는 몇 번의 데이트 후 두 달 만에 그녀의 청혼을 받아들였다. 그런데 결혼식을 올리고 나서 부부 관계를 차일피일 미루던 차이콥스키는 결혼 20일 만에 아무 말도 없이 여행을 떠나버렸다. 얼마 후 신혼살림을 차린 모스크바로 돌아왔지만 여전히 마음을 잡지 못하더니 급기야 강에 몸을 던져 자살을 시도했다.

차이콥스키의 이상한 행동을 두고 다양한 해석이 쏟아졌다. 그중에서 가장 설득력 있는 해석은 차이콥스키가 동성애자였다는 설이다. 열 살 때부터 남학생 전용 기숙학교에서 생활하며 동성에게 호감을 갖기 시작한 차이콥스키는 성인이 되어서도 동성애에서 벗어나지 못했다. 당시 상트페테르부르크의 귀족층과 예술가 사이에는 동성애가 공공연하게 유행했다. 하지만 제정 러시아 정부에서는 동성애를 일종의 질병으로 취급했고, 만약 동성애자로 밝혀지면 시베리아 유형에 처했다. 따라서 차이콥스키는 동성애자이면서도 자신의 취향을 겉으로 드러낼 수 없었다. 그런데 나이가 들어가는데도 결혼을 하지 않으면 의심을 받게 되므로 자신에게 매달리는 밀류코바를 이용해 위장결혼을 했다는 주장이다. 결국 차이콥스키와 밀류코바는 결혼 두 달 만에 결별했고, 결혼을 통해 이성애자임을 만천하에 증명한 차이콥스키는 이후 안전한 삶을 살 수 있었다.

폰 메크 부인의 후원으로 창작 활동에만 전념할 수 있게 된 차이콥스키는 이후 주옥같은 작품들을 쏟아냈다. 발레곡 〈잠자는 숲 속의 미녀〉, 〈호두까기 인형〉, 오페라 〈예브게니 오네긴〉, 〈스페이드의 여왕〉 등은 지금도 전 세계 음악 애호가들에게 사랑을 받는 작품들이다. 하지만 교향곡 제6번을 초연한 지 열흘도 지나지 않은 1893년 11월 6일 콜레라에 걸려 갑작스러운 죽음을 맞이했다. 정부는 차이콥스키가 끓이지 않은 수돗물을 그냥 마시는 바람에 콜레라에 걸렸다고 발표했다. 하지만 최상류층인 그가 하층민이나 걸리던 콜레라에 감염된 점, 전염성이 강한 콜레라에 걸린 그를 격리시키지 않고 문병객을 받은 점 등이 의문을 불러일으켰다. 그래서 차이콥스키가 동성애를 하다 발각되어 고발당할 위기에 처하자 명예를 지키기 위해 비소를 먹고 자살했다는 소문이 퍼지기도 했다.

차이콥스키가 생을 마감한 집

상트페테르부르크
여행 가이드

어떻게 갈까?

공항과 기차역

1 풀코보 공항
PULKOVO AIRPORT

풀코보 공항은 상트페테르부르크 도심에서 남쪽으로 약 18킬로미터 떨어진 지점에 위치한다. 현재는 2013년에 완공된 새로운 터미널에서 모든 국제선과 국내선의 발착이 이루어지고 있다. 1층이 도착장, 3층이 출발장이며, 카페와 패스트푸드점 등이 갖추어져 있다. 공항까지 연결되는 공항철도는 없으며, 대중교통이나 택시를 이용해야 한다.

홈페이지 · www.pulkovoairport.ru

공항에서의 교통편

대중교통
버스와 마르시룻카가 풀코보 공항과 지하철 모스콥스카야(Moskovskaya) 역을 연결한다. 트렁크 같은 큰 짐은 별도의 추가 요금(25 or 35루블)이 부과된다. 공항에서 이용할 경우 1층 출국장 밖으로 나가면 중앙에 버스와 마르시룻카 정류장이 설치되어 있다. 모스콥스카야 역에서 탈 경우 지하철역 출구 안내판에 공항버스 표시가 붙어 있으므로 지시대로 따라가면 된다.

39, 39A 버스 · 요금 25루블 / 약 30분 소요 / 운행 시간 5:30~1:30
K39 마르시룻카 · 요금 36루블 / 약 20분 소요 / 운행 시간 7:00~23:30

택시
풀코보 공항에서 넵스키 대로까지 약 30분~1시간이 소요된다. 요금은 900~1,100루블 정도다.

2 기차역
TRAIN STATION

상트페테르부르크에는 서울역과 같은 중앙역은 없으며, 행선지에 따라 기차역이 다르다. 러시아의 기차역은 열차가 도착하는 도시의 이름을 따서 역명을 지으므로, 모스크바에 가고 싶으면 모스크바 역에 가서 열차를 타야 한다. 주요 역과 행선지는 아래와 같다.

모스크바 역 Московский вокзал
주요 행선지 · 모스크바, 볼고그라드
가는 법 · 지하철 1호선 플로샤디 보스타니야(Ploshchad'Vosstaniya) 역, 3호선 마야콥스카야(Mayakovskaya) 역

비테브스크 역 Витебский вокзал
주요 행선지 · 우크라이나 키예프, 벨라루스 민스크, 라트비아 리가
가는 법 · 지하철 1호선 푸시킨스카야(Pushkinskaya) 역, 5호선 즈베니고로드스카야(Zvenigorodskaya) 역

라도가 역 Ладожский вокзал
주요 행선지 · 무르만스크, 페트로자보츠크
가는 법 · 지하철 4호선 라도즈스카야(Ladozhskaya) 역

핀란드 역 Финляндский вокзал
주요 행선지 · 핀란드 헬싱키
가는 법 · 지하철 1호선 플로샤디 레니나(Ploshchad'Lenina) 역

상트페테르부르크
여행 가이드

어떻게 돌아 다닐까?

지하철
트롤리버스
버스
트램
마르시룻카

토큰과 IC카드 자동 발매기 / 개찰구 구멍에 토큰을 넣은 후 바를 밀고 통과한다
벽에 부착된 지하철 노선도, 영어가 병기되어 있어 편리하다 / 플랫폼 천장의 안내판. 빨간색 1호선은 아래로 내려가라는 화살표가 보인다

1 지하철
METRO

현재 5개 노선에 약 67개 역이 개통되었으며, 주요 관광지와 기차역을 지하철로 갈 수 있다. 승차 거리와 상관없이 동일한 요금이 적용되며, 승차 요금은 28루블이다. 지하철 노선도와 안내판에 영어가 병기되어 있어 편리하다. 티켓은 노란색 토큰과 IC카드 2종류가 있다. 운행 시간은 노선에 따라 차이가 있지만 보통 오전 6시부터 밤 12시까지 운행된다. 모스크바 지하철에 비해 열차의 덜컹거림이나 소음은 적지만, 지하 깊숙이 자리하고 있어 드나드는 데 시간이 많이 걸리는 것은 같다.

홈페이지 www.metro.spb.ru

지하철 이용하기

- 입구는 'вход', 출구는 'выход'으로 표시되어 있으므로 구분해서 다녀야 한다.
- 매표소 또는 자동발매기에서 토큰 또는 티켓을 구매한다. 자동발매기는 영어가 지원되며, 돈을 넣으면 자동으로 토큰과 잔돈이 나오는 소형 발매기도 있다.
- 토큰을 개찰구 구멍에 넣고 램프가 빨간색에서 녹색으로 바뀌면 개찰구를 통과한다. IC카드의 경우에는 개찰구 위쪽 노란 원 부분에 터치하면 된다.
- 플랫폼이 벽과 기둥에 러시아어와 영어가 병기된 노선도가 부착되어 있으므로 행선지에 따라 방향을 선택한다.
- 환승하는 경우에는 플랫폼 천장에 부착된 안내판을 참고한다. 환승 노선은 색깔과 번호로 구분되어 있다.
- 행선지에 도착하면 플랫폼 천장에 부착된 안내판을 참고하여 출구를 확인한다.
- 출구의 개찰구는 티켓을 댈 필요 없이 그냥 통과하면 된다.

할인 티켓

IC카드를 이용해 한 번에 여러 장의 티켓을 구매할 경우 요금이 할인된다. IC카드는 충전식이므로 구매한 티켓을 다 쓰면 재충전해서 쓸 수 있다. 최초 구매시 보증금 55루블을 지불해야 하며, 보증금은 45일 이내에 IC카드를 반환하면 환불이 가능하다. 지하철, 트롤리버스, 버스, 트램을 모두 이용할 수 있는 IC카드인 포도로즈니크(Подорожник)도 있다.

IC카드 할인 금액 10회 : 265루블 / 7일간 유효
20회 : 485루블 / 15일간 유효
40회 : 945루블 / 30일간 유효

2 트롤리버스
버스
트램
TROLLEYBUS, BUS, TRAM

지하철보다 승하차가 편리해서 단거리 이동에 자주 이용된다. 노선이 복잡하지만 교통 노선도가 그려진 지도가 있으면 이용에 도움이 된다. 요금은 25루블이며, 지하철까지 이용 가능한 포도로즈니크 카드로도 탑승 가능하다. IC카드인 경우에는 승차 후 기둥에 달린 빨간색 기계에 터치하고, 현금 지불인 경우에는 차장에게 종이로 된 티켓을 구매한다. 혼잡한 출퇴근 시간에는 관광객을 노리는 소매치기가 성행하므로 귀중품 관리에 주의해야 한다.

넵스키 대로를 달리는 트롤리버스 / 종이로 된 버스 티켓 / 정류장에 세워진 안내판

3 마르시룻카
МАРШРУТКА

시내는 물론 시외의 관광지를 방문할 때도 자주 이용된다. 보통은 12인승쯤 되는 미니밴이지만 중형이나 대형 버스도 사용된다. 차량 앞면과 옆면 유리창에 번호와 행선지가 함께 표기되어 있으므로 승차 시 참고할 것. 요금은 승차 또는 하차 시에 운전사에게 현금으로 지불하며, 차량 안에 행선지에 따른 요금표가 붙어 있다. 일반 버스보다 빠르지만 내려달라고 말하지 않으면 세워주지 않으므로 하차 시 주의해야 한다.

마르시룻카 유리창에 표시된 번호와 행선지

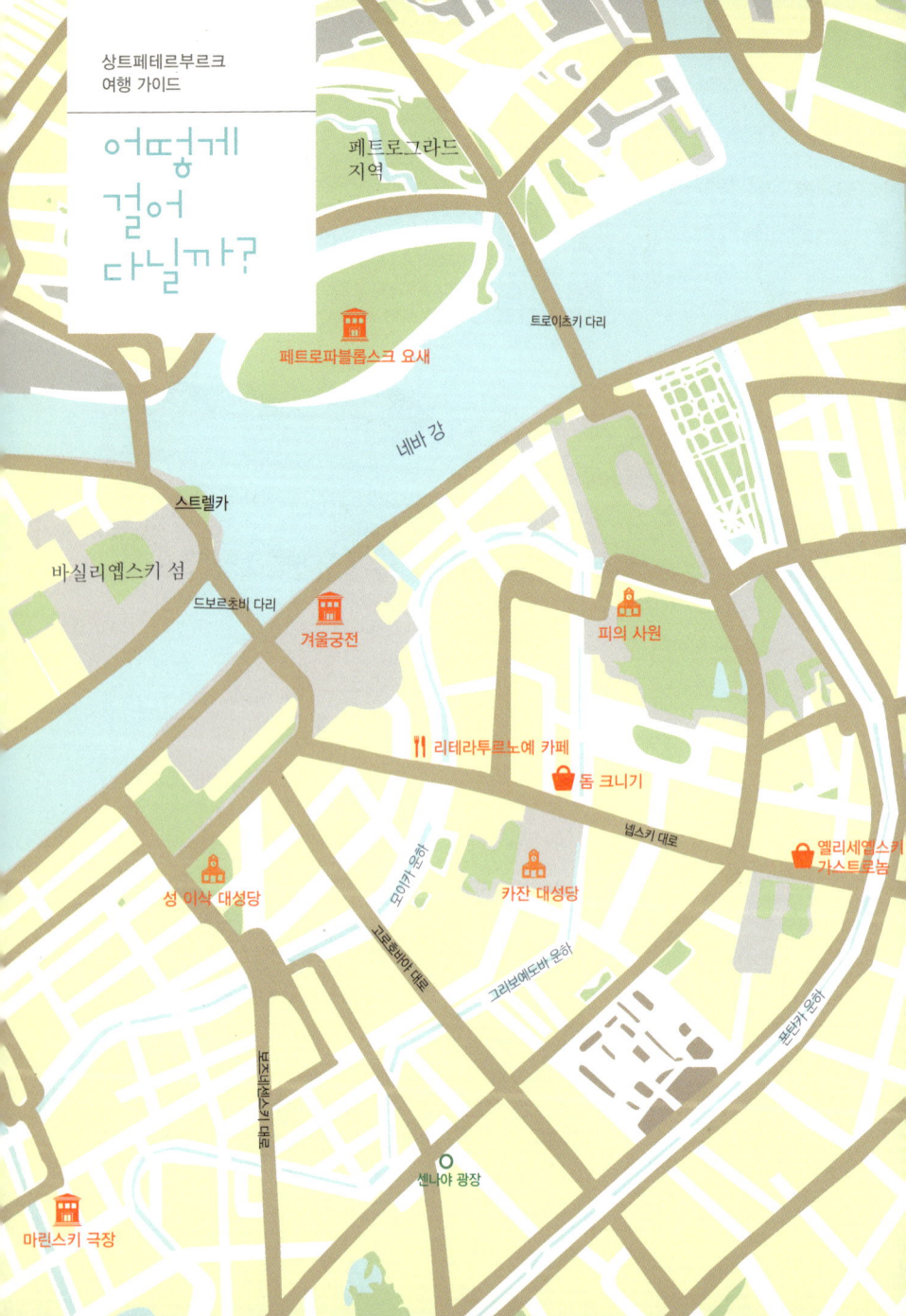

네바 강 하구에 건설된 상트페테르부르크는 '북방의 베니스'라고 불릴 만큼 운하가 발달한 도시다. 1703년 표트르 대제가 도시를 건설한 이래 홍수와의 전쟁을 치르며 시가지를 정비해 왔고, 현재는 100여 개의 섬이 약 365개의 다리로 연결되어 있다. 총 74킬로미터 길이의 네바 강은 상트페테르부르크에 이르러 세 갈래로 갈라지는데, 그 결과 강의 북쪽 강변에는 페트로그라드 지역이, 한가운데에는 바실리옙스키 섬이 형성되었다. 페트로그라드 지역에는 도시의 시발점이 된 페트로파블롭스크 요새(Петропавловская крепость)가 자리하고 있으며, 바실리옙스키 섬의 뾰족한 동쪽 끝은 '곶'이라는 뜻의 '스트렐카'라고 불리게 되었다. 상트페테르부르크의 도심은 강의 남쪽 강변에 형성되어 있으며, 페트로그라드 지역과는 트로이츠키 다리로, 바실리옙스키 섬과는 드보르초비 다리로 연결되어 있다.

상트페테르부르크 도심에는 구 해군성과 알렉산드르 넵스키 대수도원을 연결하는 4.5킬로미터 길이의 넵스키 대로(Невский проспект)가 뚫려 있다. 1718년에 개통된 넵스키 대로는 도시의 대동맥이자 번화가로서, 대부분의 볼거리가 이 대로를 따라 산재해 있다. 넵스키 대로 완공 이후 남쪽으로 보즈네센스키 대로와 고로호바야 대로가 추가로 건설되면서, 상트페테르부르크는 구 해군성을 중심으로 세 개의 도로가 방사상으로 뻗어나간 골격을 갖추게 되었다. 그리고 이 세 개의 대로를 모이카, 그리보예도바, 폰탄카 세 개의 운하가 가로지르면서 도로와 수로가 교차하는 운하 도시가 탄생했다. 따라서 상트페테르부르크를 제대로 만끽하고 싶다면 도보와 차량은 물론이고, 유람선과 같은 수상 교통수단도 이용해보아야 한다. 또한 상트페테르부르크는 모스크바만큼 지하철이 발달해 있지 않으므로 트롤리버스, 버스, 트램과 같은 지상 교통수단을 적절히 활용하면 편리하고, 교외에 위치한 볼거리들은 마르시룻카 등을 활용하면 어렵지 않게 다녀올 수 있다.

운하 도시인 상트페테르부르크는 네바 강변을 걷는 것만으로도 산책하는 기분을 느낄 수 있다. 특히 페트로파블롭스크 요새에서부터 바실리옙스키 섬의 스트렐카를 거쳐 궁전 광장에 이르는 길이 인기가 많다. 또한 도심의 중심축인 넵스키 대로는 다양한 볼거리와 먹거리가 구비되어 있어 도보로 둘러보기에 안성맞춤이다. 도심을 구불구불 흐르는 운하를 따라 걸어보는 것도 낭만적인데, 특히 피의 사원에서 시작해 센나야 광장 근처를 지나는 그리보예도바 운하가 산책을 즐기기에 좋다.

상트페테르부르크
여행 가이드

어디서 잘까?

Hotel 러시아 최대의 관광 도시인 상트페테르부르크는 성수기와 비수기 숙박 요금의 차이가 크다. 요금이 가장 비싼 성수기는 백야가 지속되는 초여름으로, 비수기인 겨울에 비해 두 배 이상 가격이 오르기도 한다. 다음의 호텔 요금은 성수기 기준이며, 조건과 시기에 따라 변동 폭이 크므로 참고할 것. 궁전 광장 근처의 도심은 고가의 특급 호텔 위주이며, 모스크바 기차역 근처에 중급 호텔이 산재해 있다.

1 푸시카 인 호텔
PUSHKA INN HOTEL

33개의 객실을 갖춘 4성급 소형 호텔. 1860년에 지어진 귀족의 저택을 활용하여 2002년에 오픈했다. 궁전 광장 근처 모이카 운하 변에 자리하고 있어 네바 강변과 겨울궁전의 야경을 즐기기에 좋다.

홈페이지 · www.pushka-inn.com 주소 · набережная реки Мойки, 14
전화 · 812-6447120 요금 · 더블룸 22만 원~
가는 법 · 지하철 5호선 아드미랄테이스카야(Admiralteyskaya) 역 하차. 모이카 운하를 따라 북쪽으로 도보 약 15분.

2 에르미타슈 미술관 오피셜 호텔
THE STATE HERMITAGE MUSEUM OFFICIAL HOTEL

126개의 객실을 갖춘 5성급 호텔. 2013년 여름에 오픈했으며, 박물관에서 운영하는 호텔답게 고풍스럽고 아름다운 인테리어가 돋보인다. 폰탄카 운하 동쪽에 자리해 도심과는 조금 떨어져 있지만, 지하철 1, 4, 5호선을 도보로 이용할 수 있다.

홈페이지 · thehermitagehotel.ru 주소 · Улица Правды, 10
전화 · 812-7779810 요금 · 더블룸 21만 원~
가는 법 · 지하철 1호선 블라디미르스카야(Vladimirskaya) 역과 4호선 도스토옙스카야(Dostoevskaya) 역에서 400미터, 5호선 즈베니고로드스카야(Zvenigorodskaya) 역에서 600미터.

3 도미나 프레스티지 상트페테르부르크
DOMINA PRESTIGE ST.PETERSBURG

108개의 객실을 갖춘 5성급 부티크 호텔. 강렬한 색상과 무늬를 지닌 침구, 커튼, 양탄자 등으로 꾸며진 객실 인테리어가 눈길을 끈다. 지하철역까지 도보 10분 거리라 좀 불편하지만, 길목에 음식점이 산재해 있어 식사는 편리하다.

홈페이지 · dominarussia.com 주소 · набережная реки Мойки, 99
전화 · 812-3859900 요금 · 더블룸 17만 원~
가는 법 · 지하철 5호선 아드미랄테이스카야(Admiralteiskaya) 역에서 도보 약 10분. 성 이삭 대성당 남쪽 모이카 운하 변.

4 넵스키 포럼 호텔
NEVSKY FORUM HOTEL

29개의 객실을 갖춘 4성급 소형 호텔. 베이지색 계열의 차분한 분위기의 객실을 갖추고 있다. 넵스키 대로변에 위치하며, 마야콥스카야 역 바로 옆에 있어 교통이 편리하다.

홈페이지 · www.nevskyforum.com 주소 · Невский проспект 69
전화 · 812-3330222 요금 · 더블룸 23만 원~
가는 법 · 지하철 3호선 마야콥스카야(Mayakovskaya) 역 서쪽 50미터, 1호선 플로샤디 보스타니야(Ploshchad' Vosstaniya) 역 300미터.

5 컴포트 호텔
COMFORT HOTEL

18개의 객실을 갖춘 3성급 소형 호텔. 수수한 객실을 갖춘 작은 호텔이지만 도보 5분 거리에 궁전 광장, 성 이삭 대성당, 구 해군성 등이 있어 관광에 매우 편리하다.

홈페이지 · www.comfort-hotel.org 주소 Большая Морская улица, 25
전화 · 812-5706700 요금 · 더블룸 19만 원~
가는 법   지하철 5호선 아드미랄테이스카야(Admiralteiskaya) 역에서 300미터.

6 M 호텔
M HOTEL

61개의 객실을 갖춘 3성급 호텔. 연한 연두색으로 칠해진 심플한 객실을 갖추고 있다. 근처에 드보르 백화점과 넵스키 대로가 있어 쇼핑과 식사가 수월하며, 지하철 2, 3호선과 가까워 교통도 편리하다.

홈페이지 · mhotelspb.ru 주소 улица Садовая 22/2
전화 · 812-4488383 요금 · 더블룸 14만 원~
가는 법   지하철 3호선 고스티니 드보르(Gostiny Dvor) 역에서 100미터, 2호선 넵스키 프로스펙트(Nevskiy prospekt) 역에서 300미터.

7 크라운 플라자 리고프스키
CROWNE PLAZA
ST. PETERSBURG - LIGOVSKY

195개의 객실을 갖춘 4성급 호텔. 2011년 5월에 오픈했으며, 객실은 모던하고 심플하게 꾸며져 있다. 호텔 앞 대로 맞은편에 갈레레야 쇼핑몰이 있어 쇼핑과 식사가 수월하다. 모스크바 기차역뿐만 아니라 지하철 1, 3호선과도 가까워 교통도 편리하다.

홈페이지 · crowneplaza.com 주소 Лиговский проспект 61
전화 · 812-2440001 요금 · 더블룸 26만 원~
가는 법   지하철 1호선 플로샤디 보스타니야(Ploshchad' Vosstaniya) 역 200미터, 3호선 마야콥스카야(Mayakovskaya) 역 500미터.

8 리고텔
LIGOTEL

32개의 객실을 갖춘 3성급 소형 호텔. 크라운 플라자 리고프스키와 비슷한 입지 조건이면서도 작고 심플한 객실을 갖추고 있어 가격은 더 저렴하다. 갈레레야 쇼핑몰, 모스크바 기차역, 지하철 1, 3호선과 가까워 쇼핑, 식사, 교통이 모두 편리하다.

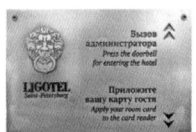

홈페이지 · ligotel.com 주소 Лиговский проспект 55/4
전화 · 812-3201155 요금 · 더블룸 11만 원~
가는 법   지하철 1호선 플로샤디 보스타니야(Ploshchad' Vosstaniya) 역 100미터, 3호선 마야콥스카야(Mayakovskaya) 역 400미터.

Hostel 관광객이 많이 찾는 상트페테르부르크는 모스크바와 달리 호스텔이 발달했다. 하지만 시설이나 서비스 수준은 서유럽의 호스텔에 비해 부족한 편이다. 그래도 모스크바의 호스텔보다는 여러모로 체계가 잘 갖추어져 있어 저렴한 가격의 숙소를 찾는 여행자에게 인기가 높다. 호스텔 표시가 건물 밖에 부착되어 있어 비교적 찾기 쉬운 편이지만, 건물이 크고 구조가 복잡하므로 호스텔 예약 시 주소와 전화번호는 물론 찾아가는 길과 호출 방법까지 숙지해야 한다. 호스텔 또한 성수기와 비수기의 요금 차이가 매우 커서 심하게는 3배까지도 차이가 난다. 다음의 호스텔 요금은 성수기 기준이며, 조건과 시기에 따라 변동 폭이 크므로 참고하자. 호스텔 요금에는 거주자 등록비가 포함되어 있지 않아 1인당 200~250루블 정도씩 별도로 청구된다. 호스텔은 주로 넵스키 프로스펙트 역에서부터 모스크바 기차역에 이르는 지역에 넓게 산재해 있다.

1 소울 키친 주니어 호스텔
SOUL KITCHEN JUNIOR HOSTEL

10여 개의 방에 더블룸과 도미토리를 갖춘 호스텔. 넓고 쾌적한 시설에 인테리어도 잘 꾸며져 있으며, 모이카 운하에 면해 있어 전망도 좋다. 화장실이 딸린 더블룸도 갖추고 있으며, 공용 욕실과 화장실도 잘 마련되어 있는 편이다. 도보 10분 거리에 성 이삭 대성당, 궁전 광장 등이 있어 관광에 편리하며, 지하철역으로 가는 길목에 음식점도 많다.

홈페이지 · soulkitchenhostel.com 주소 · набережная реки Мойки 62/2
전화 · 965-8163470 요금 · 더블룸(화장실 포함) 17만 원~
가는 법 · 지하철 5호선 아드미랄테이스카야(Admiralteiskaya) 역에서 600미터

2 베이비 레모네이드 호스텔
BABY LEMONADE HOSTEL

2층과 3층에 걸쳐 약 10개의 방을 갖춘 호스텔. 원래부터 운영되던 2층에는 작고 심플한 더블룸과 도미토리가 갖추어져 있고, 새롭게 개장한 3층에는 모던한 인테리어로 꾸며진 더블룸들이 마련되어 있다. 화장실이 딸린 더블룸도 갖추고 있으나 대부분은 공용 욕실과 화장실을 이용해야 한다. 도보 5분 거리에 드보르 백화점과 넵스키 대로가 있어 쇼핑과 식사가 수월하며, 지하철 3호선과 가까워 교통도 편리하다.

홈페이지 · www.facebook.com/babylemonadehostel
주소 · улица. Инженерная, 7 전화 · 812-5707943
요금 · 더블룸(화장실 포함) 10만 원~
가는 법 · 지하철 3호선 고스티니 드보르(Gostiny Dvor) 역에서 400미터.

3 MIR 호스텔
MIR HOSTEL

6개의 방에 더블룸, 패밀리룸, 도미토리를 갖춘 미니 호스텔. 화장실이 딸린 더블룸도 갖추고 있으나 대부분은 공용 욕실과 화장실을 이용해야 한다. 인테리어와 시설이 보통 수준인 데다 5층인데도 엘리베이터가 없는 것이 단점이다. 하지만 도보 3분 거리에 궁전 광장과 아드미랄테이스카야 지하철역이 있어 관광과 교통에는 최적의 입지다. 또한 넵스키 대로변에 위치해 식사와 쇼핑도 편리하다. 성 이삭 대성당 남쪽 모이카 강변에 새로운 지점도 개설되어 있다.

홈페이지 · mirhostel.com 주소 · Невский проспект 16
전화 · 911-7556001 요금 · 더블룸(화장실 포함) 7만 원~
가는 법 · 지하철 5호선 아드미랄테이스카야(Admiralteiskaya) 역에서 100미터.

4 프렌즈 호스텔 – 그리보예도바
FRIENDS HOSTEL - GRIBOEDOVA

39개의 방에 더블룸, 3인실, 4인실, 도미토리를 갖춘 호스텔. 상트페테르부르크에 총 7개의 지점을 가지고 있는 호스텔 체인이다. 그리보예도바 지점은 2011년에 오픈하여 시설은 깨끗한 편이나 공용 욕실과 화장실이 좁아서 조금 불편하다. 건물 안쪽 중정에 면해 있어 조용하지만 그 때문에 방에 햇빛이 잘 들지 않는다. 넵스키 대로와 그리보예도바 운하가 교차하는 지점에 위치해 관광, 식사, 쇼핑이 수월하며, 넵스키 프로스펙트 역과 가까워 교통도 편리하다.

홈페이지 · www.en.friendsplace.ru
주소 · набережная канала Грибоедова, 20
전화 · 812-5710151   요금 · 더블룸 9만 원~
가는 법 · 지하철 2호선 넵스키 프로스펙트(Nevskiy prospekt) 역에서 50미터.

5 호스텔 라이프
HOSTEL LIFE

10여 개의 방에 싱글룸, 더블룸, 도미토리를 갖춘 호스텔. 필요한 것만 갖춘 심플한 시설과 인테리어로 꾸며져 있으며, 공용 욕실과 화장실도 잘 마련되어 있는 편이다. 넵스키 대로변에 위치해 식사와 쇼핑이 수월하며, 지하철 1, 3, 4호선을 도보로 이용할 수 있다.

홈페이지 · hostel-life.ru   주소 · Невский проспект 47
전화 · 812-3181808   요금 · 더블룸 11만 원~
가는 법 · 지하철 3호선 마야콥스카야(Mayakovskaya) 역 400미터, 1호선 블라디미르스카야(Vladimirskaya) 역과 4호선 도스토옙스카야(Dostoyevskaya) 역 500미터.

상트페테르부르크
여행 가이드

어디서 먹을까?

Restaurant 상트페테르부르크에는 러시아와 주변 국가의 요리는 물론이고, 이탈리아, 프랑스, 미국, 중국, 일본 등 세계 각국의 음식을 파는 레스토랑이 많다. 외국인 관광객이 많아서 대부분 영어로 의사소통이 가능하며, 영어가 병기된 메뉴판도 잘 갖추고 있다. 주로 넵스키 대로와 성 이삭 대성당 주변에 모여 있어 관광을 하다 식사를 즐기기도 편리하다.

1 리테라투르노예 카페
ЛИТЕРАТУРНОЕ КАФЕ

19세기 러시아 문인들이 자주 찾던 레스토랑으로, 푸시킨이 결투로 사망하기 전 마지막으로 들른 장소로 유명하다. '문학 카페'라는 이름답게 2층으로 올라가는 계단에 작가들의 초상화가 걸려 있으며, 2층 창가에는 푸시킨이 앉았던 자리가 표시되어 있다. 푸시킨이 마셨던 크랜베리 주스나 커피를 마시며 문학의 향기를 만끽하기 좋다. 식사 메뉴도 잘 갖추어져 있어 고풍스러운 분위기에서 정찬을 즐길 수 있다.

홈페이지 · www.litcafe.su 주소 · Невский проспект, 18
전화 · 812-3126057
영업 시간 · 일~목요일 11:00~23:00 / 금~토요일 11:00~1:00
가격 · 아메리카노 165루블, 비프 스트로가노프 895루블, 커틀릿 995루블
가는 법 · 지하철 5호선 아드미랄테이스카야(Admiralteyskaya) 역 하차, 넵스키 대로를 따라 동쪽으로 도보 약 3분. / 지하철 2호선 넵스키 프로스펙트(Nevskiy prospekt) 역 하차, 서쪽 그리보예도바 운하 방면 출구로 나와 넵스키 대로를 따라 서쪽으로 도보 약 5분. 모이카 운하 건너 바로.

1-2

2 마말리가
MAMALBIGA

그루지야 요리를 전문으로 하는 고급 레스토랑. 치즈 빵인 하차푸리와 다양한 샤슐리크가 대표 메뉴다. 카잔 대성당 뒤편을 비롯해 두 개의 지점이 있으며, 고급스러운 분위기 속에서 식사를 즐길 수 있다.

홈페이지 · mamaliga-mamaliga.com 주소 · улица Казанская, 2
전화 · 812-5718287
영업 시간 · 월~금요일 10:00~2:00 / 토, 일요일 12:00~2:00
가격 · 하르초 300루블, 아드자라 하차푸리 490루블, 샤슐리크 440루블~
카잔 대성당 뒤편 지점 가는 법 · 지하철 2호선 넵스키 프로스펙트(Nevskiy prospekt) 역 하차, 서쪽 그리보예도바 운하 쪽 출구에서 도보 3분.

3 팔킨
ПАЛКИНЪ

상트페테르부르크에서도 손꼽히는 최고급 레스토랑. 러시아 음식을 중심으로 캐비어나 랍스터 같은 최상급 요리도 맛볼 수 있다. 벽화로 꾸며진 화려한 인테리어와 고풍스러운 테이블 세팅이 눈길을 끈다. 상당히 고가인 레스토랑이므로 예산에 주의하자.

홈페이지 · www.palkin.ru 주소 · Невский проспект, 47
전화 · 812-7035371 영업 시간 · 12:00~23:00
가격 · 비프 스트로가노프 900루블, 연어 필레 980루블
가는 법 · 지하철 3호선 마야콥스카야(Mayakovskaya) 역 하차, 넵스키 대로를 따라 서쪽으로 400미터.

1 계단을 장식한 작가들의 초상화 1-1 고풍스러운 내부 인테리어 1-2 문학 카페답게 책 모양의 상자에 영수증을 담아준다
2 달걀을 얹은 아드자라 하차푸리 2-1 고수가 듬뿍 든 하르초 2-2 쫄깃한 돼지고기 샤슐리크

4 고급스러운 인테리어와 편안한 소파
4-1 플로프를 자리에서 직접 담아 준다.
4-2 고기와 마늘이 들어간 플로프
4-3 둥근 피자처럼 생긴 하차푸리
5 치즈를 얹은 브로체타
5-1 테이블 종이에 색연필로 낙서를 즐기며 음식을 기다린다.
5-2 줌 카페 외관
5-3 그림이 그려진 예쁜 메뉴판
6 파르크 드주제페 외관

4 바클라잔
БАКЛАЖАН

갈레레야 쇼핑몰 4층에 자리한 고급 레스토랑. 모던하고 화려한 인테리어로 꾸며진 넓은 홀에 푹신한 소파와 의자가 놓여 있다. 직원들의 서비스도 좋아 편안한 분위기 속에서 다양한 중앙아시아 음식을 맛볼 수 있다. 샤실리크, 플로프, 하차푸리가 주요 메뉴이며, 주방이 개방되어 있어 샤실리크 굽는 모습을 구경할 수 있는 점도 흥미롭다.

홈페이지 · www.baklazhan.net 주소 · Лиговский проспект, 30
전화 · 812-6777372 영업 시간 · 10:00~01:30
가격 · 샤실리크 409루블~, 플로프 459루블~, 하차푸리 349루블~
가는 법 · 지하철 1호선 플로샤디 보스타니야(Ploshchad' Vosstaniya) 역 남쪽 출구로 나와 남쪽으로 100미터. 갈레레야 쇼핑몰 4층.

5 줌 카페
ZOOM CAFE

색연필로 그린 그림을 콘셉트로 한 재미있는 레스토랑. 주문한 음식이 나올 때까지 테이블에 마련된 색연필로 낙서를 즐기며 기다리면 좋다. 이탈리아 요리를 중심으로 간단한 먹거리를 제공하므로 점심에 이용하기 안성맞춤이다. 예쁜 그림으로 꾸민 메뉴판부터 시집에 꽂아서 나오는 계산서까지 흥미로움을 더하는 음식점이다.

홈페이지 · www.cafezoom.ru 주소 · улица Гороховая, 22
전화 · 812-6121329 영업 시간 · 월~금요일 9:02~24:00 / 도요일 11.02~24:00 / 일요일 13:02~24:00
가격 · 스파게티 320루블, 펜네 260루블~, 브로체타 220루블
가는 법 · 지하철 2호선 넵스키 프로스펙트(Nevskiy prospekt) 역 하차 도보 약 10분, 5호선 아드미랄테이스카야(Admiralteyskaya) 역 하차 도보 약 10분.

5-3

6 파르크 드주제페
ПАРК ДЖУЗЕППЕ

피의 사원 근처에 자리한 이탈리아 레스토랑. 정원이 내다보이는 커다란 창문과 밝은 색조로 꾸며진 고풍스러운 인테리어가 눈길을 끈다. 파스타와 피자가 대표 메뉴이며, 12시부터 16시까지는 30% 할인된 가격에 제공된다.

홈페이지 · www.park-restaurant.ru
주소 · набережная канала Грибоедова, 2в 전화 · 812-5717309
영업 시간 · 일~목요일 11:00~24:00 / 금~토요일 11:00~1:00
가격 · 파스타 450루블~ / 피자 360루블~
가는 법 · 지하철 2호선 넵스키 프로스펙트(Nevskiy prospekt) 역에서 하차, 서쪽 출구로 나와 그리보예도바 운하를 따라 북쪽으로 도보 약 10분. 피의 사원을 지나 북동쪽 편.

7 소스를 듬뿍 끼얹은 비프 스트로가노프
7-1 토마토가 들어간 샐러드
7-2 장난감이 구비된 놀이방
8 미국풍의 인테리어
8-1 햄버거와 생맥주
9 차이나야 로시카 외관

7 테플로
TEPLO

유럽과 러시아에 걸친 다양한 요리를 제공하는 레스토랑. 테이블이 놓인 모던한 방, 소파가 놓인 가정적인 방 등 방마다 인테리어가 달라 흥미롭다. 아이들을 위한 놀이방도 갖추고 있어 가족 식사에도 안성맞춤이다. 주문할 때 메인 요리만 시키면 곁들여서 나오는 것이 전혀 없으므로 사이드 메뉴를 함께 시켜야 한다.

홈페이지 · www.v-teple.ru **주소** · улица Большая Морская, 45
전화 · 812-5701974 **영업 시간** · 월~목요일 9:00~24:00 / 금요일 9:00~1:00 / 토요일 11:00~1:00 / 일요일 13:00~24:00
가격 · 비프 스트로가노프 480루블, 치킨 필레 280루블
가는 법 · 지하철 5호선 아드미랄테이스카야(Admiralteyskaya) 역 하차 도보 약 10분.

8 시티 그릴 버거앤비어
CITY GRILL BUGER&BEER

미국풍으로 꾸며진 매장에서 햄버거와 그릴을 맛볼 수 있는 가게. 주말 저녁이면 맥주와 함께 음식을 즐기려는 젊은이들로 북적인다. 카잔 대성당 왼편을 포함해 3개의 지점이 있다.

홈페이지 · citygrillexpress.ru **주소** · набережная канала Грибоедова, 20
전화 · 812-9067727
영업 시간 · 월~목요일 10:00~23:00 / 금~토요일 10:00~19:00
가격 · 햄버거 125루블~ / 스테이크 525루블~
가는 법 · 지하철 2호선 넵스키 프로스펙트(Nevskiy prospekt) 역에서 하차, 서쪽 출구를 나와 그리보예도바 운하를 따라 남쪽으로 100미터.

9 차이나야 로시카
ЧАЙНАЯ ЛОЖКА

러시아식 팬케이크인 블린을 중심으로 한 패스트푸드점. 블린 외에도 저렴한 가격에 수프, 샐러드 등을 먹을 수 있어 식사 대용으로 편리하다. 상트페테르부르크 시내 곳곳에서 찾아볼 수 있으며, 다른 패스트푸드점보다는 음식의 질이나 식기의 수준도 좋은 편이다.

홈페이지 · www.teaspoon.ru **영업 시간** · 매장에 따라 다름
가는 법 · 넵스키 대로 44, 66번지와 모스크바 기차역 주변 등에 산재.

Cafe 귀족 문화가 번성했던 상트페테르부르크에는 차를 즐기는 후식 문화가 여전히 성행하고 있다. 넵스키 대로는 물론이요 도시 곳곳에 음료와 디저트를 즐길 수 있는 카페가 넘쳐난다. 케이크나 샌드위치를 파는 서구식 카페도 있지만, 러시아식 디저트나 파이를 맛볼 수 있는 가게도 많으므로 꼭 한번 들려보자.

---

1 시톨레
ШТОЛЛЕ STOLLE

러시아식 파이인 피로그를 판매하는 카페. 피로그 안에는 딸기나 살구 같은 과일부터 다진 고기나 연어와 같은 육류까지 다양한 재료가 들어간다. 맛도 좋고 든든해서 식사 대용으로도 그만이다. 넵스키 대로를 포함해 9개의 지점이 있다.

홈페이지 · www.stolle.ru 주소 · Невский проспект, 11
전화 · 812-3147021 영업 시간 · 9:00~21:00
넵스키 대로 지점 가는 법 · 지하철 5호선 아드미랄테이스카야(Admiralteyskaya) 역에서 하차. 키르피치니 거리를 따라 북서쪽으로 올라간 후 삼거리에서 오른쪽으로 꺾어 넵스키 대로로 나서면 바로.

---

2 부셰
БУШЕ

갓 구운 빵, 달콤한 케이크, 신선한 샌드위치가 맛있는 카페. 모던한 인테리어와 세련된 분위기로 젊은 여성들에게 인기가 많다. 아드미랄테이스카야 역 근처, 카잔 대성당 왼편 등에 지점이 있다.

홈페이지 · www.bushe.ru 주소 · улица Малая Морская, 7
전화 · 812-3155371 영업 시간 · 8:00~22:00
아드미랄테이스카야 역 지점 가는 법 · 지하철 5호선 아드미랄테이스카야(Admiralteyskaya) 역에서 하차. 키르피치니 거리를 따라 북서쪽으로 올라간 후 삼거리에서 왼쪽으로 50미터.

3 피시키
ПЫШКИ

싸고 맛있는 도넛을 파는 가게. 하얀 설탕 가루가 뿌려진 쫄깃한 도넛과 달달한 커피를 맛보려는 사람들로 항상 북적인다. 1인당 5개씩 사서 먹을 정도로 인기가 많으므로 출출할 때 꼭 한번 들러보자.

주소 · Большая Конюшенная улица, 25 **영업 시간** · 9:00~20:00
가격 · 도넛 12루블, 커피 18루블
가는 법 · 지하철 2호선 넵스키 프로스펙트(Nevskiy prospekt) 역 하차. 서쪽 그리보예도바 운하 방면 출구로 나와 운하 건너 오른쪽 두 번째 골목인 볼샤야 코뉴셴나야 거리를 따라 북쪽으로 200미터.

4 세베르
СЕВЕР

다양한 케이크를 맛볼 수 있는 베이커리 체인. 진한 아메리카노에 달콤한 케이크를 즐기려는 사람들로 항상 북적인다. 넵스키 대로를 포함해 시내 곳곳에 지점이 있다.

홈페이지 · metropol.spb.su **영업 시간** · 매장에 따라 다름. 개점은 9:00
가는 법 · 드보르 백화점 맞은편 넵스키 대로 44번지 등.

5 카페 싱어
CAFE SINGER

카잔 대성당 맞은편 싱어빌딩 2층에 위치한 카페. 커다란 창문 밖으로 카잔 대성당과 넵스키 대로를 내려다보며 커피와 케이크를 즐길 수 있다. 창가 자리는 인기가 많아 앉아보기 어렵다.

주소 · Невский проспект, 28 **전화** · 812-5718223 **영업 시간** · 9:00~23:00
가는 법 · 지하철 2호선 넵스키 프로스펙트(Nevskiy prospekt) 역 하차. 서쪽 그리보예도바 운하 방면 출구로 나와 운하를 건너면 바로.

상트페테르부르크
여행 가이드

무엇을 살까?

1 갈레레야
ГАЛЕРЕЯ

상트페테르부르크를 대표하는 대형 쇼핑몰. 다양한 상점은 물론 푸드 코트도 갖추고 있어 현지인은 물론 관광객의 발길도 잦다. 1층에는 오케이 익스프레스(Окей Экспресс)라는 대형 마트가 있어 러시아산 초콜릿, 과자, 술 등을 구입하기 좋다.

홈페이지 · www.galeria.spb.ru 주소 · Лиговский проспект, 30а
전화 · 812-6433172 영업 시간 · 10:00~23:00
가는 법 · 지하철 1호선 플로샤디 보스타니야(Ploshchad' Vosstaniya) 역 남쪽 출구로 나와 남쪽으로 100미터.

2 드보르 백화점
БОЛЬШОЙ ГОСТИНЫЙ ДВОР

1785년 개점한 유서 깊은 백화점. 정식 명칭은 '볼쇼이 고스티니 드보르'로, 약 1킬로미터에 이르는 상점가가 삼각형 모양의 중정을 둘러싸고 있다. 기념품점은 물론 잡화점, 서점, 슈퍼마켓 등 온갖 상점이 입점해 있다. 넵스키 대로변에 있어 이용이 편리한 만큼 가격은 비싼 편이다. 백화점 안에는 환전소, ATM, 극장 티켓 매표소 등이 있으며, 대로변에는 버스 투어를 비롯한 각종 여행 상품을 파는 부스도 세워져 있어 매우 편리하다.

홈페이지 · www.bgd.ru 주소 · Невский проспект, 35
전화 · 812-6305408 영업 시간 · 10:00~22:00
가는 법 · 지하철 3호선 고스티니 드보르(Gostiny Dvor) 역, 2호선 넵스키 프로스펙트(Nevskiy prospekt) 역 하차.

3 옐리세옙스키 가스트로놈
ЕЛИСЕЕВСКИЙ ГАСТРОНОМ

옐리세옙스키 형제가 1903년에 문을 연 고급 식료품점. 보수공사를 거쳐 2012년에 영업을 재개했으며, 건물 외관과 내부 인테리어에서 고풍스러운 분위기가 물씬 풍긴다. 디저트, 케이크, 빵, 치즈, 술 등 다양한 식료품을 갖추고 있으며, 구입한 물건을 바로 맛볼 수 있는 작은 카페도 있다.

주소 · Невский проспект, 56 전화 · 812-5706402
영업 시간 · 월~토요일 9:00~21:00 / 일요일 10:00~19:00
가는 법 · 지하철 3호선 고스티니 드보르(Gostiny Dvor) 역 하차, 동쪽 출구로 나와 넵스키 대로를 따라 동쪽으로 도보 약 2분. 오스트롭스키 광장 맞은편.

4 돔 크니기
ДОМ КНИГИ

상트페테르부르크 최대의 서점. 관광에 도움을 줄 가이드북, 지도 등이 구비되어 있으며, 기념품으로 적당한 사진집, 엽서, 그림 등도 구입할 수 있다.

홈페이지 · www.spbdk.ru 주소 · Невский проспект, 28
전화 · 812-4482355 영업 시간 · 9:00~24:00
가는 법 · 지하철 2호선 넵스키 프로스펙트(Nevskiy prospekt) 역 하차, 서쪽 그리보예도바 운하 방면 출구로 나와 운하를 건너면 바로.

5 로프트 프로젝트 예타지
ЛОФТ ПРОЕКТ ЭТАЖИ

러시아의 유행을 선도하는 상트페테르부르크의 젊은이들이 모여드는 곳. 건물 1~3층에 걸쳐 신예 디자이너들이 신제품을 선보이는 안테나숍을 비롯하여 잡화점, 카페 등이 들어서 있다.

홈페이지 · www.loftprojectetagi.ru 주소 · Лиговский проспект, 74
전화 · 812-4585005 영업 시간 · 9:00~21:00
가는 법 · 지하철 4호선 리곱스키 프로스펙트(Ligovskiy Prospekt) 역 하차. 리곱스키 대로를 따라 북쪽으로 100미터 직진 후 오른편 건물들 안쪽.

1 에스컬레이터로 연결된 지상 5층의 쇼핑몰, 갈레레야 2 드보르 백화점 외관
3 고풍스러운 옐리세옙스키 가스트로놈의 내부 인테리어 4 돔 크니기에서 파는 가이드북과 사진집

기타 정보

인포메이션

- 궁전 광장
홈페이지 · www.ispb.info
주소 · Дворцовая площадь, 12
전화 · 812-3265744
운영 시간 · 9:00~19:00
가는 법 · 지하철 5호선 아드미랄테이스카야(Admiralteyskaya) 역 하차, 궁전 광장의 겨울궁전 왼쪽 편.

- 넵스키 대로
홈페이지 · visit-petersburg.ru
주소 · Садовая улица, 14
전화 · 812-3102822
운영 시간 · 10:00~19:00 / 토요일 12:00~18:00
휴무 · 일요일
가는 법 · 지하철 3호선 고스티니 드보르(Gostiny Dvor) 역 하차, 드보르 백화점 동쪽 끝 사거리에서 대각선 건물.

상트페테르부르크 시티 투어 버스

홈페이지 · www.citytourspb.ru
운행 코스 · 넵스키 대로, 모스크바 기차역, 궁전 광장, 피의 사원, 순양함 오로라, 페트로파블롭스크 요새, 로스트랄 등대, 성 이삭 대성당 등 16개 지점.
언어 · 러시아어, 영어, 스페인어, 중국어, 일본어 등 10개 국어
운영 시간 · 9:00~19:00
운영 간격 · 30~60분
요금 · 일반 600루블, 어린이(12세 미만) 300루블
유효 기간 · 24시간 내 무제한 승하차
티켓 구매 · 버스 운전사에게 직접 구매

상트페테르부르크 카드

박물관, 투어, 교통수단을 무료 또는 할인된 가격으로 이용할 수 있는 카드. 2, 3, 5, 7일권이 있으며, 시티 투어 버스와 페테르고프 여름궁전행 고속 페리(편도)도 혜택에 포함되어 있다.

홈페이지 · petersburgcard.com
가격 · 2일권 2,000루블, 3일권 2,600루블, 5일권 3,400루블, 7일권 4,200루블
구입처 · 인포메이션 또는 시내 곳곳의 카드 판매처

백야의 별 축제(Stars of the White Nights)

백야 기간인 5월 말부터 7월 말에 걸쳐 개최되는 축제. 1993년부터 개최되어 온 상트페테르부르크 최대의 축제로, 마린스키 극장을 중심으로 도시 전역에서 발레, 오페라, 콘서트 등이 수백 여 회 공연된다. 축제 기간 동안 네바 강에서 불꽃놀이를 비롯한 다채로운 행사도 펼쳐진다.

도개교 시간

네바 강의 다리들은 배가 운항할 수 있는 기간에는 새벽 시간 동안 다리를 들어올린다. 이때는 다리 통행이 불가능하므로 아래의 도개 시간에 유의할 것.

드보르초비 다리(궁전 광장 ~ 바실리옙스키 섬)
· 1:25~4:55
트로이츠키 다리(여름정원 ~ 페트로그라드 지역)
· 1:35~4:50

네바 강 유람선

핀란드 만으로 흘러드는 네바 강 하구에 건설된 상트페테르부르크는 '북방의 베니스'라고 불릴 만큼 운하가 발달된 도시다. 유람선을 타고 모이카, 그리보예도바, 폰탄카 등의 운하를 따라가다 보면 도보 여행으로는 알 수 없는 수상 도시의 진면목을 맛볼 수 있다. 또한 유람선을 타고 강변을 따라 고풍스러운 건물들이 늘어선 장관을 만끽할 수 있다. 특히 백야가 찾아오는 여름철이면 어둠이 찾아오지 않는 신비로운 밤이 펼쳐지면서 조명이 들어온 건물들이 화려하게 강변을 수놓는 환상적인 광경을 볼 수 있다. 또한 불이 밝혀진 드보르초비 다리가 들어올려지는 장관을 눈앞에서 감상하는 경험은 백야 기간에만 누릴 수 있는 특권이다.

상트페테르부르크에는 수많은 유람선이 운항하고 있으며, 배가 출항하는 선착장도 제각각이다. 투어의 종류도 단순히 경치 구경만 하는 저렴한 상품부터, 식사를 즐기며 풍경까지 감상하는 고가의 상품까지 다양하다. 여기서는 영어와 러시아어 두 가지 언어로 유람선을 운행하는 앙글로투리스모(Anglotourismo)의 상품을 중심으로 네바 강 유람선의 개요를 살펴본다.

백야 투어 코스

폰탄카 운하 선착장 출발
아니치코프 다리
여름 정원
네바 강 진입
트로이츠키 다리 통과
페트로파블롭스크 요새
스트렐카의 로스트랄 등대
드보르초비 다리 통과
쿤스트카메라
성 이삭 대성당
구 해군성
드보르초비 다리 (도개 장면 감상)
겨울궁전 뒤편 선착장 도착

백야 투어
출항 시간 · 00:20
운영 기간 · 6월 1일~8월 31일
요금 · 일반 800루블, 학생 700루블
소요 시간 · 1시간 20분

주간 투어
출항 시간 · 11:00, 12:30, 14:00, 15:30, 17:00, 18:30
운영 기간 · 5월 5일부터 9월 30일까지
요금 · 일반 650루블, 학생 550루블
소요 시간 · 1시간

야간 투어
출항 시간 · 20:00, 21:30
운영 기간 · 6월 1일~8월 31일
요금 · 일반 650루블, 학생 550루블
소요 시간 · 1시간

궁전 광장과 주변

네바 강변을 따라 겨울궁전, 구 해군성, 성 이삭 대성당이 늘어선 이 지역은 상트페테르부르크의 정치, 군사, 종교, 문화의 중심지다. 특히 겨울궁전과 구 참모본부에 둘러싸인 궁전 광장은 역사적 사건들이 벌어졌던 장소로서, 지금은 에르미타슈 미술관이 들어서 있어 더욱 유명하다. 상트페테르부르크의 건설은 네바 강 건너 토끼 섬에서부터 시작되었지만, 1762년에 겨울궁전이 이 자리에 세워지면서부터 도시 건설의 중심이 반대편으로 옮겨 왔다. 1827년에는 겨울궁전 맞은편에 반원형의 구 참모본부가 세워지면서 궁전 광장이 형성되었고, 이후 광장은 제정 러시아 역사의 상징으로 여겨져 왔다.

궁전 광장의 중앙에는 높이 47.5미터에 이르는 알렉산드르 기둥이 세워져 있다. 기둥 꼭대기에는 왼손에 든 십자가로 발밑의 뱀을 짓누르는 천사상이 달려 있는데, 천사의 얼굴은 조국전쟁에서 나폴레옹을 패퇴시킨 알렉산드르 1세를 모델로 삼았다. 기둥은 한 개의 거대한 화강암 덩어리로 만들어졌으며, 직경 약 4미터, 무게는 약 650톤에 이른다. 2,000명에 이르는 병사가 로프를 잡아당겨 세웠다고 전해진다.

가는 법 • 지하철 5호선 아드미랄테이스카야(Admiralteyskaya) 역 하차, 북쪽으로 도보 약 3분.

겨울궁전
ЗИМНИЙ ДВОРЕЦ

제정 러시아의 정치적 상징인 궁전. 황제는 여름에는 더위를 피해 페테르고프나 차르스코예 셀로에 머물렀지만, 겨울이면 이곳으로 돌아와 집무를 보았다 하여 '겨울궁전'이라 부른다. 1711년 표트르 대제의 명으로 첫 번째 궁전을 지은 이래 18세기 초반에만 세 번이나 허물고 짓기를 반복했다. 마침내 옐리자베타 여제의 명으로 네 번째 궁전이 계획되었고, 이탈리아 출신 바르톨로메오 라스트렐리가 건축가로 낙점되었다. 8년이 걸린 궁전의 건축은 바로크 양식의 대가였던 라스트렐리의 작품답게 화려함의 극치를 보여준다. 궁전의 길이는 약 150미터, 높이는 약 30미터에 이르며, 1,500여 개의 방과 1,945개의 창문을 지녔다. 궁전의 외관에는 총 400여 개의 열주가 늘어서 있으며 수많은 조각과 장식으로 치장되어 있다. 특히 창문의 장식들은 라스트렐리가 30년에 걸쳐 수집한 모티브를 활용하여 16개의 서로 다른 무늬로 꾸며졌다. 궁전은 원래 황색이었으나 상트페테르부르크의 습하고 거친 날씨에 부식되어 19세기 후반에는 흐린 빨간색으로 바뀌었고, 현재는 밝은 녹색으로 칠해져 있다. 신 에르미타슈 건물의 남동쪽에는 에르미타슈가 일반에 공개됐을 때 시민들이 이용했던 현관이 있는데 검고 울퉁불퉁한 근육을 자랑하는 반 벌거숭이 남자 8명을 형상화한 기둥들이 매우 인상적이다. 현관 오른편에 흐르는 짐네이 운하에는 대 에르미타슈와 에르미타슈 극장을 연결하는 아치 통로가 연결되어 있다. 아치 아래로 보이는 네바 강 건너편의 모습이 운치 있다.

구 참모본부
ЗДАНИЕ ГЛАВНОГО ШТАБА

이탈리아 출신 천재 건축가 카를로 로시의 작품으로 1827년에 완공되었다. 길이 약 580미터에 이르는 반원형 건축물로 중앙에는 '개선 아치'가 뚫려 있다. 아치 위에는 네 마리의 말이 끄는 마차를 탄 승리의 여신상이 세워져 있다. 아치를 통과하면 넵스키 대로로 연결된다. 현재는 군 관계기관이 있으며 일부는 에르미타슈 미술관 시설로 사용된다.

03 구 해군성
АДМИРАЛТЕЙСТВО

1711년부터 1917년까지 제정 러시아의 해군성으로 사용된 건물. 겨울궁전 서쪽의 드보르초비 대로 맞은편에 자리하고 있으며, 황금색으로 빛나는 뾰족한 첨탑이 인상적이다. 1704년 조선소가 건립된 이래 여러 차례 개보수가 거듭되어 1823년 현재의 모습을 갖추었다. 구 해군성 입구에는 거대한 지구본을 든 님프들의 조각상이 세워져 있고, 건물 앞 정원에는 흉상들로 둘러싸인 분수가 조성되어 있다.

가는 법 지하철 5호선 아드미랄테이스카야(Admiralteyskaya) 역 하차, 서쪽으로 도보 약 3분.

04 데카브리스트 광장
ПЛОЩАДЬ ДЕКАБРИСТОВ

1825년 12월 14일 황제 니콜라이 1세에 대항한 반란이 일어난 광장. 조국전쟁에서 승리한 러시아 군 장교들은 파리에 주둔하면서 자유주의 사상을 습득했고, 이를 통해 전제정치와 농노제의 폐단을 깨닫고 반란을 계획했다. 황제에 대한 충성선서 날에 맞춰 이곳에서 반란을 일으켰지만 황제의 명을 받은 군대에 잔혹하게 진압 당했다. 주동자 5명이 사형에 처해지고 120여 명이 시베리아 유형에 처해진 이 반란은 12월에 일어났다고 해서 '데카브리스트의 난'이라고 불린다. 광장의 정식 명칭은 서쪽에 있는 원로원의 이름을 딴 '원로원 광장'이지만, 지금도 데카브리스트 광장으로 널리 알려져 있다. 구 해군성 건물 왼편에 있으며, 현재는 광장이라기보다는 꽃과 나무가 심어진 정원 같은 느낌이다.

가는 법 지하철 5호선 아드미랄테이스카야(Admiralteyskaya) 역 하차, 서쪽으로 도보 약 5분.

05 청동 기마상
МЕДНЫЙ ВСАДНИК

표트르 대제를 기념하기 위해 1782년에 예카테리나 2세가 세운 기마상. 독일인으로 남편을 폐위시키고 황위에 오른 예카테리나 2세는 아무래도 황제로서의 명분이 부족했다. 자신의 정치적 입지를 강화하기 위해 상트페테르부르크를 건설한 위대한 황제 표트르의 후계자임을 강조했다. 이러한 목적을 달성하기 위해 제작된 것이 데카브리스트 광장 서북쪽에 세워진 청동 기마상이다. 프랑스인 조각가 에티엔 팔코네가 1766년에 작업을 시작해 12년 만에 완성했으며, 기마상의 화강암 대좌에는 "예카테리나 2세가 표트르 대제에게"라고 새겨져 있다.
대좌 위의 기마상은 당장이라도 네바 강을 향해 뛰쳐나갈 듯 생동감이 넘친다. 거대한 기마상은 뒷발과 꼬리로만 무게를 지탱하고 있는데, 말이 뒷발로 뱀을 짓밟고 있는 것은 성 게오르기가 창으로 용을 죽이는 것과 동일한 의미를 지닌다. 표트르 대제의 청동 기마상은 수많은 시인들에게 영감을 주었으며, 그중에서도 푸시킨의 서사시 〈청동의 기사〉가 유명하다.

성 이삭 대성당
ИСААКИЕВСКИЙ СОБОР

1818년에 공사를 시작해 무려 40년이 지난 1858년에 완공된 대성당. 높이 101.5미터, 폭 97.6미터, 길이 111.3미터로 규모 면에서 세계적인 교회 건축물로 손꼽힌다. 공사에 동원된 인원만 50만 명에 달하며, 최대 수용 인원은 약 14,000명이다. 1710년 표트르 대제의 명으로 목조교회가 지어진 이래 동일한 자리에 1717년에 두 번째, 1790년에 세 번째 성당이 지어졌다. 현재의 건물은 네 번째로 지은 것으로 프랑스 건축가 오귀스트 몽페랑의 작품이다. 지반이 약한 상트페테르부르크에 성당을 짓기 위해 이미 13,000개의 말뚝이 땅에 박혀 있었지만, 네 번째 성당이 워낙 거대해서 새롭게 10,000개의 말뚝을 추가했다. 말뚝을 박고 그 위에 화강암과 석회암을 까는 토대 작업에만 5년의 시간이 소요되었다. 네 번째 성당의 공사는 알렉산드르 1세 때 시작했는데, 니콜라이 1세를 거쳐 알렉산드르 2세 치세에 이르러서야 공사가 완료되었다.

성당 입구에는 총 48개의 코린트식 원주가 세워져 있는데, 기둥의 높이는 17미터, 무게는 114톤에 이른다. 성당의 외관에는 화강암이, 내부에는 대리석이 사용되었으며, 성당 꼭대기에는 직경 25.8미터에 이르는 돔이 조성되어 있다. 날씨가 좋은 날에는 멀리 핀란드 만에서도 보이는 이 돔에는 100킬로그램 이상의 황금이 사용되었다고 전해진다. 현재는 200여 개의 계단을 오르면 돔 아래에 마련된 60미터 높이의 전망대에서 네바 강변에 세워진 상트페테르부르크의 전경을 내려다볼 수 있다.

성당 내부는 기존의 정교회 성당과 다르게 프레스코화가 아닌 모자이크화로 장식되어 있다. 러시아의 저명 화가 22인이 참여하여 그린 103점의 벽화와 52점의 그림을 감상할 수 있는데, 특히 카를 브률로프가 중앙 돔의 천장에 그린 <성모 마리아의 영광>이 유명하다. 또한 지성소 안에 걸린 <그리스도의 부활>은 뮌헨의 왕립공방에서 만든 스테인드글라스 작품이다. 이외에도 네 차례에 걸쳐 신축된 성당의 모형과 건축에 사용된 기계장치 등이 전시되어 있다.

홈페이지 · www.cathedral.ru
주소 · Исаакиевская площадь, 4
운영 시간 · 10:30~18:00
야간 운영(5~9월) · 18:00~22:00
휴무 · 수요일
매표소 · 성당 우측에 마련되어 있으며, 성당 입구의 자동발권기로도 구매 가능.
입장료 · 일반 250루블, 학생 150루블, 어린이 50루블
야간 입장료 · 350루블
오디오 · 100루블
가는 법 · 지하철 5호선 아드미랄테이스카야(Admiralteyskaya) 역 하차, 말라야 모르스카야 거리를 따라 서남쪽으로 도보 약 5분.

[전망대]
운영 시간 · 5~10월 매일 10:30~18:00
휴무 · 11~4월 1, 3주 수요일
야간 운영 · 5~10월 18:00~22:30 / 6월 1일~8월 20일 18:00~4:00(수요일은 22:30까지)
입장료 · 150루블
야간 입장료 · 300루블

넵스키 대로와 주변

넵스키 대로(Nevskii prospekt)는 구 해군성에서 알렉산드르 넵스키 대수도원까지 4.5킬로미터에 걸쳐 뻗어 있는 상트페테르부르크 최대의 번화가다. 1718년에 개통된 넵스키 대로의 건설은 제정 러시아의 군사적 중심과 종교적 상징을 연결하는 역사적인 작업이자 도시의 교통과 경제에 활력을 불어넣을 대동맥을 뚫어주는 중요한 사업이었다. 넵스키 대로는 모스크바 역이 있는 부근에서 살짝 꺾여 있는데, 공사가 두 단계로 나뉘어 진행된 탓에 계측 기술의 부족으로 착오가 생겼기 때문이다. 넵스키 대로는 궁전, 성당, 백화점, 도서관, 극장 등 온갖 건물들을 갖추고 있어 제정 러시아 시절부터 귀족과 시민을 포함한 온 도시민이 문화 생활을 즐겨온 장소다. 지금도 수많은 볼거리와 더불어 상점, 음식점, 카페, 빵집 등이 늘어서 있어 상트페테르부르크에 여행 온 관광객들로 밤낮없이 붐빈다. 넵스키 대로뿐만 아니라 주변의 골목에도 다양한 볼거리가 많으니 산책하듯 걸으면서 상트페테르부르크 시민들의 생활을 만끽해보자.

가는 법 • 지하철 5호선 아드미랄테이스카야(Admiralteyskaya) 역, 2호선 넵스키 프로스펙트(Nevskiy prospekt) 역, 3호선 고스티니 드보르(Gostiny Dvor) 역 하차.

리테라투르노예 카페
ЛИТЕРАТУРНОЕ КАФЕ

'문학 카페'라는 뜻을 지닌 이름처럼 러시아의 문인들이 자주 들러 담소를 나누던 장소다. 특히 러시아의 국민시인으로 추앙받는 알렉산드르 푸시킨이 결투를 하러 가기 전에 들렀던 곳으로 유명하다. 아내 나탈리야가 프랑스인 기병장교 당테스와 불륜을 저지르고 있다는 투서를 받은 푸시킨은 1837년 1월 27일 당테스와 결투를 벌이기로 약속한다. 목숨을 건 결투 장소로 떠나기 전 이 카페에 들른 푸시킨은 크랜베리 주스 한 잔을 마시며 마음을 다잡았다. 카페에 들어서면 1층 오른편에 푸시킨의 실제 외모를 본뜬 밀랍인형이 있다. 인형 앞 탁자 위에는 그가 마셨다던 주스가 한 잔 놓여 있다. 2층 창가에는 푸시킨이 실제로 앉았던 자리가 표시되어 있고 창턱에는 푸시킨과 아내 나탈리야를 본뜬 인형이 놓여 있다. 이 자리는 그를 추모하는 관광객들에게 인기가 많아 앉기가 쉽지 않다.

홈페이지 · www.litcafe.su
주소 · Невский проспект, 18
운영 시간 · 일~목요일 11:00~23:00 / 금~토요일 11:00~01:00
가는 법 · 지하철 5호선 아드미랄테이스카야(Admiralteyskaya) 역 하차. 넵스키 대로를 따라 동쪽으로 도보 약 3분. / 지하철 2호선 넵스키 프로스펙트(Nevskiy prospekt) 역 하차. 서쪽 그리보예도바 운하 방면 출구로 나와 넵스키 대로를 따라 서쪽으로 도보 약 5분. 모이카 운하 건너 바로.

푸시킨 집 박물관
МУЗЕЙ-КВАРТИРА А. С. ПУШКИНА

러시아의 국민시인 알렉산드르 푸시킨이 1836년 9월 12일부터 약 4개월간 머물다 숨을 거둔 집. 당테스와 결투를 벌인 푸시킨은 배에 총상을 입고 이 집으로 실려 왔다. 그리고 2층 응접실의 침대의자에 누워 신음하다가 이틀 후인 1837년 1월 29일 숨을 거두었다. 푸시킨이 가족들과 함께 머물던 이 집은 사망 100주년이 되는 1937년 박물관으로 개장했다. 1층에는 결투 때 사용했던 권총 두 자루가 진열되어 있고, 2층에는 푸시킨과 가족이 생활했던 공간이 재현되어 있다. 특히 눈길을 끄는 것은 푸시킨의 서재로, 책상에는 그의 친필 서한들과 흑인 인형이 장식된 잉크스탠드가 놓여 있다. 푸시킨의 외조부인 아브람 한니발은 에티오피아 출신의 흑인이었는데, 그래서인지 푸시킨은 이 잉크스탠드를 무척 애용했다고 전해진다. 이외에도 푸시킨의 데스마스크를 비롯하여 각종 기록과 그림 등이 전시되어 있다. 푸시킨을 사랑하는 러시아인의 발길이 끊이지 않는 명소로, 앞마당에는 푸시킨의 동상이 세워져 있다.

홈페이지 · www.museumpushkin.ru
주소 · наб. реки Мойки, д. 12
운영 시간 · 10:30~17:00
휴관 · 화요일 & 매월 마지막 금요일
입장료 · 일반 150루블
오디오 · 100루블
사진 촬영 · 150루블
가는 법 · 리테라투르노예 카페 옆 모이카 운하를 따라 북쪽으로 도보 약 10분. 운하 오른편.

싱어빌딩
ДОМ ЗИНГЕРА

1904년 카잔 대성당 맞은편에 지어졌으며, 원래 재봉틀 회사가 입주해 있었던 까닭에 '싱어빌딩(Singer Building)'이라 불린다. 구소련 시절부터는 러시아의 서점 체인인 돔 크니기 본점으로 사용되고 있다. 화강암으로 건축된 외관에는 다양한 조각이 장식되어 있는데, 특히 지붕 위에 세워진 지구본 동상이 눈길을 끈다. 2층에는 카페가 들어서 있어 카잔 대성당과 넵스키 대로를 구경하기에 좋다.

주소 · Невский проспект, 28

카잔 대성당
КАЗАНСКИЙ СОБОР

넵스키 대로를 향해 양 날개를 둥글게 펼친 모습을 하고 있는 성당. 기다란 회랑에는 94개의 코린트식 열주가 늘어서 있다. 파벨 1세의 명으로 농노 출신 건축가 보로니힌이 설계했으며, 바티칸의 산 피에트로 대성당을 본떠 네오 클래식 양식으로 지어졌다. 1801년에 공사를 시작해 1811년에 완공되었으며, 조국전쟁으로 인해 조각 작업은 미완성으로 남았다. 조국전쟁 때 나폴레옹을 격퇴한 쿠투조프 장군의 장례식이 이곳에서 치러졌으며, 성당 내부에 모셔진 유해 위에는 프랑스 군에게서 빼앗은 군기가 장식되어 있다.

모스크바의 카잔 성당과 마찬가지로 폴란드 군을 격퇴하는 데 용기를 불어넣었던 '카잔의 성모' 이콘을 모시기 위한 용도로 지어졌으며, 주제단의 왼편에 모셔진 이콘에 참배하려는 신도들의 줄이 항상 길게 늘어서 있다. 상트페테르부르크의 유명 성당들이 종교 박물관으로 운영되고 있는 것과 달리 정교회 신도들이 예배를 드리는 장소로 사용되므로 정숙이 요구된다.

홈페이지 · kazansky-spb.ru
주소 · Казанская улица, 2
운영 시간 · 매일 8:30~19:00 / 일요일 7:00~19:00
입장료 · 무료
사진 촬영 · 불가
가는 법 · 지하철 2호선 넵스키 프로스펙트(Nevskiy prospekt) 역, 3호선 고스티니 드보르(Gostiny Dvor) 역 하차. 지하철역 서쪽 편 그리보예도바 운하 옆.

예술 광장
ПЛОЩАДЬ ИСКУССТВ

북쪽에는 러시아 박물관, 남쪽에는 상트페테르부르크 필하모니 그랜드 홀, 서쪽에는 미하일로프스키 극장 등에 둘러싸여 있어 '예술 광장'이라는 이름이 붙었다. 제정 러시아 시절에는 '미하일로프 광장'이라고도 불렸으며, 광장 중앙에는 오른 팔을 쭉 뻗은 푸시킨의 동상이 세워져 있다. 러시아 미술, 음악, 오페라, 발레를 두루 감상할 수 있는 예술의 공간이다.

가는 법 · 지하철 3호선 고스티니 드보르(Gostiny Dvor) 역 하차. 서쪽 출구로 나와 북쪽의 미하일롭스카야 거리를 따라 도보 약 2분.

피의 사원
ХРАМ СПАСА НА КРОВИ

1881년 3월 1일 '인민의 의지' 당원들의 폭탄에 목숨을 잃은 황제 알렉산드르 2세를 기리기 위해 지은 성당이다. 정식 명칭은 '그리스도 부활 성당(Собор Воскресения Христова)'이지만 황제가 피를 흘린 장소에 세워졌다고 하여 '피의 사원'이라고 부른다. 알렉산드르 3세의 명으로 1883년에 공사를 시작해 1907년에 완성되었다. 완공 이후 일반에게 공개되지 않은 채 보존되었으나 1917년 사회주의 혁명 때 폭도에게 약탈을 당했고, 제2차 세계대전 중에는 독일군의 포격으로 피해를 입었다. 구소련 시절에는 창고로 이용되며 훼손이 거듭되다가 1970년에 이르러 복원이 시작되어 무려 27년의 시간이 흐른 1997년에야 복원을 마치고 일반에 공개되었다.
피의 사원은 알렉산드르 2세의 희망에 따라 모스크바의 성 바실리 성당을 모델로 삼아 러시아풍 정교회 양식으로 지어졌다. 높이 약 85미터에 알록달록한 돔을 지닌 첨탑이 인상적이며, 토대는 말뚝이 아닌 콘크리트를 사용했다. 사원 외관은 모자이크를 사용한 성화로 장식되었는데, 특히 그리보예도바 운하에 면한 〈십자가에 못 박힌 예수〉 벽화가 인상적이다. 이외에도 사원 외벽은 러시아 내 144개 지역의 문장을 비롯한 수많은 장식과 상징으로 꾸며져 있다.
약 7,500제곱미터에 이르는 사원 내부는 모든 것이 모자이크로 뒤덮여 있어 들어가는 순간 감탄을 금할 수 없다. 파란색 바탕에 황금색으로 포인트를 주어 청량감과 함께 보는 이의 눈을 시원하게 해준다. 빅토르 바스네초프를 비롯한 당대의 일류 화가들이 성화의 밑그림 작업에 참여했으며, 조그만 타일을 하나씩 손으로 붙이는 정성을 마다하지 않은 덕분에 성화의 인물들이 매우 섬세하고 자연스럽다. 이로 인해 피의 사원은 세상에서 가장 아름다운 성당으로 자주 회자된다. 출구 쪽에는 제2차 세계대전 때 포격을 당했던 모습이 사진으로 전시되어 있다.

홈페이지 · www.cathedral.ru
주소 · набережная канала Грибоедова, 2а
운영 시간 · 매일 10:30~18:00
야간 운영(5~9월) · 매일 18:00~22:30
휴무 · 수요일
입장료 · 일반 250루블, 학생 150루블, 어린이 50루블
야간 입장료 · 350루블
오디오 · 100루블
가는 법 · 지하철 2호선 넵스키 프로스펙트(Nevskiy prospekt) 역, 3호선 고스티니 드보르(Gostiny Dvor) 역 하차. 지하철역 서쪽 편 그리보예도바 운하를 따라 북쪽으로 도보 약 10분.

상트페테르부르크 필하모니 그랜드 홀
САНКТ-ПЕТЕРБУРГСКАЯ АКАДЕМИЧЕСКАЯ ФИЛАРМОНИЯ ИМ. Д.Д. ШОСТАКОВИЧА

상트페테르부르크에서 가장 오랜 역사를 자랑하는 교향악단의 연주홀이다. 1839년 예술 광장 남쪽에 건립되었다. 건물은 카를로 로시의 설계로 꾸며졌으며, 실내는 음향 효과가 뛰어나기로 이름 높다. 차이콥스키가 사망하기 9일 전인 1893년 10월 28일 6번째 교향곡인 <비창>을 초연한 곳이며, 이외에도 리스트, 바그너, 베를리오즈, 무소륵스키 등 세계적인 음악가들이 무대에 올랐다.

또한 제2차 세계대전이 한창인 1942년 8월 9일 쇼스타코비치가 교향곡 7번 <레닌그라드 교향곡>을 초연한 장소이기도 하다. 당시 상트페테르부르크 시민들은 독일 군이 도시를 포위한 지 1년여의 세월이 흘러 점차 기아와 죽음의 공포 앞에 힘을 잃어가고 있었다. 페테르부르크 음악원 교수였던 쇼스타코비치는 전쟁이 발발하자 빙공감시원으로 전장에 참여했으며, 상트페테르부르크 시민들에게 저항의 의지를 북돋아주기 위해 참호 속에서 이 교향곡을 작곡했다. 초연에 참가한 연주자 중에는 공연을 위해 전선에서 돌아온 이들도 있었으며, 군 장성을 비롯한 참석자 모두가 눈물을 흘리며 연주를 들었다고 전해진다. 도시 전체에 연결한 스피커를 통해 연주를 들은 상트페테르부르크 시민들은 구원의 희망을 되찾았고, 이후 17개월 동안 지속된 독일 군의 포위를 이겨내고 끝내 도시를 지켜냈다. 현재 그랜드 홀에서는 러시아 작곡가의 작품을 비롯한 다양한 공연이 펼쳐지며, 홈페이지에서 공연 일정 확인 및 티켓 구매를 할 수 있다.

홈페이지 www.philharmonia.spb.ru
주소 Михайловская улица, 2
매표소 11:00~15:00 & 16:00~20:00

오스트롭스키 광장
ПЛОЩАДЬ ОСТРОВСКОГО

극작가 오스트롭스키(Aleksandr Ostrovskii)의 이름을 딴 광장으로, 중앙에 예카테리나 2세의 동상이 세워져 있다. 여제의 발밑을 둘러싼 인물들 중에는 그녀의 애인들이 섞여 있다고 전해진다. 광장 남쪽에는 알렉산드린스키 극장(Александринский театр), 서쪽에는 러시아 국립도서관(Российская национальная библиотека), 동쪽에는 아니치코프 궁전(Аничков дворец)이 세워져 있다. 세 건물 모두 이탈리아 출신의 천재 건축가 카를로 로시(Carlo di Giovanni Rossi)의 설계에 따라 신고전주의 양식으로 지어졌으며, 알렉산드린스키 극장 뒤편으로는 그의 설계로 조성된 거리가 이어진다. 일명 '로시의 길'이라 불리는 거리는 길이 약 220미터, 폭 22미터에 이르며, 거리 좌우로 동일한 스타일의 건물들이 길게 늘어서 있다. 1832년에 완공된 알렉산드린스키 극장의 명칭은 니콜라이 1세의 황후인 알렉산드라의 이름에서 유래했으며, 카를로 로시의 작품 중에서도 대표작으로 손꼽힌다.

가는 법 지하철 3호선 고스티니 드보르(Gostiny Dvor) 역 하차, 동쪽 출구로 나와 넵스키 대로를 따라 동쪽으로 도보 약 2분.

아니치코프 다리
АНИЧКОВ МОСТ

폰탄카 운하(Фонтанка канал)를 가로지르는 다리로, 다리 끝 사방에 세워진 말 동상들이 유명하다. 1850년경에 설치된 말 동상은 표트르 클로트의 작품으로, 당장이라도 뛰쳐나갈 듯 생동감 넘치는 말을 힘겹게 제어하고 있는 사람은 야성을 길들이려는 인간의 이성을 의미한다. 소문에 의하면 말 동상을 제작할 당시 클로트의 아내가 바람을 피우고 있었는데, 이를 눈치 챈 클로트가 남서쪽 말의 생식기에 정부의 얼굴을 새겨 넣었다는 이야기가 전해진다.

가는 법 · 지하철 3호선 고스티니 드보르(Gostiny Dvor)역 하차. 동쪽 출구로 나와 넵스키 대로를 따라 동쪽으로 도보 10분.

옐리세옙스키 가스트로놈
ЕЛИСЕЕВСКИЙ ГАСТРОНОМ

오스트롭스키 광장 맞은편에 있는 식료품점으로, 제정 러시아 시절의 화려한 귀족 문화를 맛볼 수 있다. 18세기 중반 이후 프랑스를 비롯한 서유럽에서 사치품이 밀려들면서 넵스키 대로를 중심으로 고급 백화점, 호텔, 레스토랑, 카페, 과자점, 식료품점이 들어서 귀족 문화가 꽃을 피웠다. 1903년에 문을 연 옐리세옙스키 가스트로놈 또한 이 시기를 대표하는 고급 식료품점이다. 싱어빌딩과 함께 20세기 초에 유행한 모데른 양식을 대표하는 건축물이기도 하다. 고풍스럽고 화려한 인테리어를 자랑하는 내부는 오랜 보수공사를 거쳐 2012년에 영업을 재개했으며, 구입한 식료품을 바로 맛볼 수 있는 카페도 운영되고 있다. 2층 한쪽에는 설립자인 옐리세옙스키 형제의 밀랍 인형이 세워져 있으며, 자동으로 연주되는 피아노의 선율 또한 흥미롭다.

주소 · Невский проспект, 56
운영 시간 · 월~토요일 9:00~21:00 / 일요일 10:00~19:00

상트페테르부르크 둘러보기

페트로파블롭스크 요새와 주변

네바 강 건너편 페트로그라드는 상트페테르부르크의 시발점이 된 지역이다. 특히 강변에 지어진 페트로파블롭스크 요새는 새로운 수도 건설을 위한 전초기지 역할을 수행했다. 또한 네바 강을 두 갈래로 가르는 바실리엡스키 섬의 동쪽 끝은 강변을 따라 지어진 건축물을 조망하기에 더할 나위 없이 좋은 전망대다. 페트로파블롭스크 요새에서 시작해 바실리엡스키 섬을 지나 궁전 광장까지는 도보로 30분 이내의 거리이므로 산책하듯 네바 강변의 경치를 만끽해보자.

페트로파블롭스크 요새

ПЕТРОПАВЛОВСКАЯ КРЕПОСТЬ

'유럽을 향해 열린 창'이라 불리는 상트페테르부르크의 기원이 된 요새. 북방전쟁을 통해 스웨덴으로부터 네바 강 하구를 빼앗은 표트르 대제는 1705년 5월 27일 이 지역을 사수하기 위해 토끼 섬(Заячий остров) 위에 요새를 짓기 시작했다. 6개의 보루를 지닌 육각형 모양의 요새는 원래 나무로 지어져 있었으나 도메니코 트레치니(Domenico Trezzini)의 설계로 1706~1740년에 걸쳐 단단한 석조 요새로 탈바꿈되었다. 스웨덴 군의 역습을 방어하기 위한 용도로 건축되었으나 실제로 군사적인 역할을 수행한 적은 없으며, 20세기 초까지 정치범을 수용하는 감옥으로 사용되었다. 요새의 이름인 '페트로파블롭스크'는 기독교의 성인인 베드로와 바울을 뜻한다.

요새 중심에 우뚝 선 페트로파블롭스크 성당(Петропавловский собор)은 1733년에 완공되었다. 높이 약 122미터의 뾰족한 첨탑은 1850년대에 세운 것으로, 모스크바 크렘린의 이반 대제의 종루보다 높게 만들라는 표트르 대제의 지시로 지어졌다. 새로운 수도 상트페테르부르크가 모스크바보다 더욱 뛰어나다는 것을 알리는 상징물로서, 현재까지도 도심에서 가장 높은 건축물로 남아 있다. 성당 내부는 대리석 기둥, 크리스털 샹들리에, 황금색 장식들로 가득해 화려함의 극치를 보여준다. 이곳에는 표트르 대제부터 니콜라이 2세에 이르는 로마노프 왕조의 역대 황제들의 시신이 안치되어 있는데, 제단 오른쪽에 흉상이 세워져 있는 관이 표트르 대제이고, 그 뒤쪽 대각선 방향에 놓인 관이 예카테리나 2세이다. 입구 바로 오른편에 마련된 예배당 안에는 제정 러시아의 마지막 황제로 비극적인 죽음을 맞이한 니콜라이 2세와 가족들이 잠들어 있다. 성당의 종탑 또한 별도의 가이드 투어를 통해 올라갈 수 있다.

요새의 남서쪽 끝에는 일명 '러시아의 바스티유'라고 불리는 트루베츠코이 보루 감옥(Тюрьма Трубецкого бастиона)이 있다. 감옥에는 70여 개의 독방이 설치되어 있는데, 이곳에서 표트르 대제의 아들인 알렉세이 황태자가 고문을 받고 목숨을 잃었으며, 데카브리스트 반란의 주동자, 체르니셉스키, 바쿠닌, 크로폿킨, 도스토옙스키, 고리키 등 러시아 역사를 수놓은 혁명가와 작가들이 옥고를 치렀다. 감옥 안에 들어가면 침대와 탁자 등이 놓인 독방 시설을 둘러볼 수 있으며, 유명 인사가 머물렀던 감방에는 안내판이 부착되어 있다.

성당 바로 남쪽에는 '상트페테르부르크-페트로그라드 역사 박물관'으로 사용되고 있는 사령관의 집(Комендантский дом)이 있다. 300년에 걸친 도시 건설의 역사 등을 살펴볼 수 있으며, 모형으로 된 전시가 많아 흥미롭다. 사령관의 집 남쪽에는 성벽으로 올라갈 수 있는 계단이 마련되어 있는데, 이곳에서부터 '네바 강 파노라마'라고 불리는 성벽 길이 시작된다. 성벽에 오르면 요새의 내부는 물론 강 건너 도심 지역을 한눈에 조망할 수 있다. 이외에도 성당 남동쪽 정원에는 표트르 대제를 형상화한 기괴한 동상이 세워져 있고, 동상 남쪽 성벽에는 '페트로파블롭스크 요새 역사 박물관'이 마련되어 있다. 이 박물관 옆의 네바 문을 통해 선착장으로 나가면 성벽 길을 이용하지 않더라도 강변 경치를 구경할 수 있다.

홈페이지 · www.spbmuseum.ru
주소 · Заячий остров
매표소 · 요새 동쪽의 이오아노프 문 옆과 페트로파블롭스크 성당 앞 두 곳.
가는 법 · 지하철 2호선 고리콥스카야(Gor'kovskaya) 역 하차, 공원 길을 따라 남쪽으로 도보 약 5분.

[운영 시간]
요새 개방 시간 · 매일 6:00~21:00
성당, 감옥, 박물관 운영 시간 · 10:00~18:00 / 화요일 10:00~17:00 / 수요일 휴무
성당 종탑 가이드 투어 시간(5~9월) · 11:30, 13:00, 14:30, 16:00 / 수요일 휴무
네바 강 파노라마 성벽 길 운영 시간 · 매일 10:00~21:00

[입장료]
성당 입장료 · 일반 250루블, 어린이 & 학생 130루블
성당 종탑 입장료 · 일반 150루블, 어린이 & 학생 90루블
감옥 입장료 · 일반 150루블, 어린이 & 학생 80루블
사령관의 집 입장료 · 일반 110루블, 어린이 & 학생 70루블
네바 강 파노라마 입장료 · 일반 250루블, 어린이 & 학생 200루블
요새 역사 박물관 입장료 · 일반 60루블, 어린이 & 학생 40루블
통합권(성당 & 감옥) · 일반 350루블, 어린이 & 학생 180루블

표트르의 오두막집
ДОМИК ПЕТРА ПЕРВОГО

표트르 대제가 페트로파블롭스크 요새의 건설을 감독하기 위해 거주했던 오두막집. 1703년 5월 24일부터 3일 동안 병사들과 함께 지었으며, 이후 약 6년 동안 여름마다 이곳에서 머물렀다. 건물의 높이는 약 205센티미터, 출입문의 높이는 약 186센티미터인데, 키가 204센티미터였던 표트르는 집을 드나들며 머리를 여러 번 부딪쳤을 것임에 틀림없다. 오두막집 내부는 현관 홀, 침실, 식당, 서재 등 4개의 공간으로 이루어져 있으며, 서재에는 상트페테르부르크 건설과 관련한 계획도와 표트르가 직접 만들었다고 전해지는 팔걸이의자 등이 전시되어 있다. 1723년부터는 오두막집 전체를 뒤덮는 겉집을 지어 보호하고 있다.

주소 · Петровская набережная, 6
운영 시간 · 10:00~18:00 / 목요일 13:00~21:00
휴관 · 화요일 & 매월 마지막 월요일
입장료 · 일반 200루블, 학생 70루블
사진 촬영 · 100루블
가는 법 · 지하철 2호선 고리콥스카야(Gor'kovskaya)역 하차. 공원길을 따라 남쪽으로 걸어 강변까지 온 다음. 왼편으로 꺾어 약 400미터. 도보 약 10분.

순양함 오로라
КРЕЙСЕР АВРОРА

1900년에 완성되어 진수식을 거행한 순양함으로, 1917년 10월 25일 밤 9시 임시정부군이 장악하고 있던 겨울궁전을 향해 공포탄을 날린 것으로 유명하다. 이 대포 소리를 신호 삼아 혁명군이 겨울궁전으로 진격을 시작했고, 다음 날 새벽 2시 겨울궁전을 탈환함으로써 10월 혁명이 완성되었다. 실제로 러일전쟁과 제1차 세계대전에 참전하였으며, 제2차 세계대전 때는 순양함의 대포만 떼어 사용하기도 했다. 현재는 박물관으로 활용되어 내부 견학이 가능하다.

홈페이지 · www.aurora.org.ru **운영 시간** · 11:00~17:15
휴무 · 월, 금요일 **입장료** · 무료
가는 법 · 지하철 2호선 고리콥스카야(Gor'kovskaya)역 하차. 공원 길을 따라 남쪽으로 걸어 강변까지 온 다음. 왼편으로 꺾어 도로 끝까지 걸어갈 것. 도보 약 15분.

로스트랄 등대
РОСТРАЛЬНАЯ КОЛОННА

바실리옙스키 섬의 동쪽 끝 스트렐카(Стрелка)에 세워진 두 개의 등대. '스트렐카'란 러시아어로 곶을 뜻하며, 이 곳을 기준으로 네바 강이 두 갈래로 나누어진다. 높이 32미터의 등대는 1810년에 세워졌으며, 빨간색으로 칠해진 기둥에는 여러 개의 뱃머리 장식이 붙어 있다. 로스트랄은 이 뱃머리 장식을 뜻하며, 적함의 뱃머리 장식을 잘라내 승리를 기념한 고대 로마의 관습을 따른 것이라 한다. 기둥 밑의 대좌 부분에도 총 4개의 조각이 자리하고 있는데, 러시아에 있는 4개의 위대한 강인 네바 강, 볼가 강, 드네프르 강, 볼호프 강을 상징한다고 전해진다.

가는 법 · 페트로파블롭스크 요새 서쪽 출입구에서 강변 길을 따라 서쪽으로 도보 약 15분 / 궁전 광장에서 드보르초비 다리를 건너 도보 약 10분 / 넵스키 대로에서 트롤리버스 7번, 일반버스 10번 승차 후 드보르초비 다리 건너 하차.

동물학 박물관
ЗООЛОГИЧЕСКИЙ МУЗЕЙ

1832년에 설립되었으며 포유류, 조류, 어류, 곤충 등 약 3만 점의 표본과 박제를 전시하고 있는 박물관이다. 건물에 들어서자마자 28미터 길이의 대형 흰긴수염고래가 눈길을 끈다. 동물학 박물관의 가장 유명한 전시품은 1900년 야쿠츠크 지역에서 발견된 매머드의 표본이다. 약 45,000년 동안 동토에 묻혀 있다가 만년설이 녹으면서 모습을 드러낸 매머드는 털까지 그대로 보존되어 있다. 이외에도 생후 3개월쯤 된 새끼 매머드의 미라와 현재는 멸종된 스텔라 해우의 골격 표본, 테스마니아 주머니 늑대의 박제 등을 볼 수 있다.

홈페이지 · www.zin.ru
주소 · Университетская набережная, 1
운영 시간 · 11:00∼18:00 **휴관** · 화요일
입장료 · 일반 200루블, 학생 70루블
가는 법 · 궁전 광장에서 드보르초비 다리를 건넌 후 왼쪽으로 꺾으면 바로 도보 약 10분.

쿤스트카메라
КУНСТКАМЕРА

전 세계의 진기한 물건들을 모아놓은 박물관으로, 1714년 표트르 대제의 명으로 설립되었다. 쿤스트카메라는 '미술이나 골동품의 진열실'이라는 의미로, 정식 명칭은 '표트르 대제 기념 인류학 · 민족학 박물관'이다. 원래는 표트르의 개인적인 수집품을 중심으로 꾸려져 있었으나, 현재는 세계 여러 민족의 자료를 모아놓은 종합 박물관으로 성장했다. 쿤스트카메라의 가장 유명한 전시품은 기형아와 태아의 표본으로, 시험관에 담긴 샴쌍둥이를 비롯해 엽기적인 물건이 많다. 3층에는 러시아의 과학자이자 사상가인 미하일 로모노소프의 전시실이 마련되어 있어 그가 실험에 사용했던 도구 등을 둘러볼 수 있다.

홈페이지 · www.kunstkamera.ru
주소 · Университетская набережная, 3
운영 시가 · 11:00∼18:00
휴관 · 월요일 & 매월 마지막 화요일
입장료 · 일반 200루블, 학생 70루블
사진 촬영 · 금지
가는 법 · 궁전 광장에서 드보르초비 다리를 건넌 후 왼쪽으로 꺾어 약 30미터. 도보 약 10분.

쿤스트카메라

상트페테르부르크 불거리

센나야 광장과 주변

넵스키 대로가 화려한 귀족 문화를 대변한다면, 센나야 광장은 빈민들의 고달픈 삶을 상징하는 장소다. 현재는 재정비가 이루어져 말끔한 모습이지만, 예전에는 선술집과 사창가가 즐비한 빈민가였다. 센나야는 '건초'라는 뜻으로, 이곳이 가난한 이들의 애환이 스민 삶의 터전이었음을 알려준다. 지금은 지하철 3개 노선이 만나는 교통의 요지로 변모했지만, 광장 옆에는 재래시장인 센나야 시장이 있어 여전히 상트페테르부르크 시민들의 삶을 살펴볼 수 있는 장소이기도 하다. 특히 센나야 광장 주변은 도스토옙스키의 소설 《죄와 벌》의 배경이 된 곳으로, 작가도 한때 이 지역에 거주했다. 센나야 광장에서 서쪽으로 1킬로미터쯤 떨어진 곳에는 상트페테르부르크가 자랑하는 마린스키 극장과 림스키코르사코프 음악원이 들어서 있다. 이 지역을 관통하여 구불구불 흐르는 그리보예도바 운하를 따라 걸으며 러시아 문학과 음악의 향기를 만끽해보자.

가는 법 · 지하철 2호선 센나야 플로샤디(Sennaya Ploshchad') 역, 4호선 스파스카야(Spasskaya) 역, 5호선 사도바야(Sadovaya) 역 하차.

《죄와 벌》 순례
ПРЕСТУПЛЕНИЕ И НАКАЗАНИЕ

1866년 발표된 도스토옙스키의 대표작 《죄와 벌》의 흔적을 둘러보는 루트. 한때 대학생이었던 라스콜리니코프란 젊은이가 고리대금업자인 노파를 도끼로 쳐서 죽인 살인 사건을 소재로 삼고 있다. 센나야 광장은 라스콜리니코프가 소냐의 설득으로 자신의 죄를 회개하기 위해 무릎을 꿇고 대지에 입을 맞춘 장소다. 광장 서쪽의 그리보예도바 운하를 따라 100미터쯤 남서쪽으로 내려가다 보면 코쿠시킨 다리(Кокушкин мост)에 다다른다. 도스토옙스키가 소설 속에서 'K다리'라고 명명한 이 다리는 라스콜리니코프가 자주 이용한 다리로 묘사된다. 다리를 건너 북쪽으로 올라가면 소설 속에서 'S골목'으로 명명된 스톨랴르니 거리로 들어서게 된다. 스톨랴르니 거리를 따라 한 블록 올라가면 사거리 북동쪽 모퉁이에 도스토옙스키의 집이 있다. 건물 1층 창문에 "도스토옙스키가 1864년에서 1867년까지 이 집에서 《죄와 벌》을 집필했다"라는 명판이 붙어 있다. 한 블록 더 올라가면 나오는 사거리 북서쪽 모퉁이에는 라스콜리니코프가 살던 하숙집의 배경이 된 건물이 있다. 건물 모퉁이에는 도스토옙스키가 새겨진 부조가 마련되어 있으며, 부조 밑에는 "페테르부르크에 살던 사람들의 비극적인 운명은 도스토옙스키의 손을 통해 전 인류를 위해 선을 설파하는 토대가 되었다"라는 글귀가 있다.

도스토옙스키 집 주소 · Гражданская улица, 19
라스콜리니코프의 하숙집 주소 · Казначейская улица, 7

마린스키 극장
МАРИИНСКИЙ ТЕАТР / MARIINSKY THEATRE

볼쇼이 극장과 함께 러시아를 대표하는 오페라와 발레의 전당. 1860년 알렉산드르 2세의 명으로 건설되었으며, 황후인 마리아 알렉산드로브나의 이름을 따서 '마린스키'라 불렀다. 알베르토비치 카보스가 설계한 극장은 5층 구조에 약 1,625개의 좌석을 갖추고 있다. 1860년 10월 글린카가 작곡한 오페라 〈황제에게 바친 목숨〉을 공연하며 개관했고, 이후 차이콥스키의 〈잠자는 숲 속의 미녀〉와 〈호두까기 인형〉을 비롯한 수많은 명작들이 무대에 올랐다. 제정 러시아 시절에는 러시아 최고의 극장으로 손꼽혔으며, 구소련 시절에는 '키로프 국립 오페라 및 발레 아카데미 극장'이라 불리다가 소련 해체 후 옛 이름을 되찾았다. 150년이 넘는 역사를 자랑하는 극장 건물은 일부 보수공사를 거쳤지만 모스크바의 볼쇼이 극장과는 달리 옛 모습을 간직하고 있으며, 에메랄드 색으로 칠해진 극장 외관은 실로 고색창연하다. 현재는 본관인 마린스키 I 극장, 2013년에 개장한 신관인 마린스키 II 극장, 2006년에 개장한 콘서트 홀까지 세 곳이 운영되고 있다.

홈페이지 · www.mariinsky.ru
주소 · Театральная площадь, 1
매표소 · 11:00~19:00
가는 법 · 지하철 2호선 센나야 플로샤디(Sennaya Ploshchad') 역, 4호선 스파스카야(Spasskaya) 역, 5호선 사도바야(Sadovaya) 역 하차. 그리보예도바 운하를 따라 서쪽으로 도보 약 15분.

림스키코르사코프 음악원
КОНСЕРВАТОРИЯ ИМЕНИ
Н. А. РИМСКОГО-КОРСАКОВА

1862년 안톤 루빈시테인이 설립한 음악원으로 마린스키 극장 맞은편에 자리하고 있다. 과거에는 페테르부르크 음악원이라 불렸으나 1871년부터 37년간 재직한 림스키코르사코프의 공로를 기려 현재의 명칭으로 변경되었다. 림스키코르사코프는 1905년 피의 일요일 사건으로 시위가 발생하자 학생들 편에 서서 정부의 학원 간섭에 반대했다가 음악원 교수직에서 쫓겨나기도 했다. 얼마 후 복직되었지만 몇 년 재임하지 못하고 퇴임했고, 이후에는 자택에서 작곡과 후진 양성에 힘썼다. 차이콥스키가 1865년 제1기로 음악원을 졸업했으며, 이후에도 쇼스타코비치를 비롯한 수많은 인재를 길러낸 유서 깊은 음악원이다. 현재의 음악원 건물은 1890년대 후반에 옛 볼쇼이 극장이 있던 자리에 지어졌으며, 건물 왼편에는 림스키코르사코프의 동상이 세워져 있다.

홈페이지 · www.conservatory.ru
주소 · Театральная площадь, 3

유수포프 궁전
ЮСУПОВСКИЙ ДВОРЕЦ

러시아의 귀족 유수포프 집안이 사용하던 개인 궁전. 1770년경에 모이카 운하 옆에 지어졌으며, 1830년경 유수포프 집안에 넘겨진 이후 대대적인 개축 공사가 이루어져 현재의 모습을 갖추었다. 황실 궁전에 뒤지지 않을 정도로 호화롭게 꾸며진 내부 인테리어가 주요한 볼거리로, 특히 의식의 방과 궁전 극장이 눈길을 끈다. 궁전은 로마노프 왕조 말기를 어지럽혔던 괴승 라스푸틴이 암살당한 곳으로도 유명하다. 니콜라이 2세와 황후의 비호 아래 라스푸틴이 국정을 문란케 하자 이를 더 두고 볼 수 없었던 펠릭스 유수포프 공이 동료들과 라스푸틴을 암살하기로 결심한다. 1916년 12월 17일 라스푸틴을 이 궁전으로 초대한 펠릭스는 독이 든 음식을 먹인 후 라스푸틴을 총으로 쏘아 쓰러뜨린 뒤 그의 시신을 묶어 얼어붙은 강물 아래에 던져버렸다. 암살이 벌어진 곳은 궁전의 지하실로, 별도의 가이드 투어를 통해서만 관람할 수 있다.

홈페이지 · www.yusupov-palace.ru
주소 · набережная реки Мойки, 94
운영 시간 · 11:00~17:00
휴관 · 10~4월 매월 첫 번째 수요일
입장료 · 일반 500루블, 학생 380루블
사진 촬영 · 150루블
오디오 · 입장료에 포함(보증금 1,000루블 필요)
지하실 투어 · 1일 1회 20명 선착순 / 13:45 시작 / 약 30분 소요
지하실 투어 입장료 · 일반 300루블, 학생 180루블
가는 법 · 마린스키 극장 앞 글린키 대로를 따라 북쪽으로 올라가 모이카 운하에 다다르면 오른편 꺾고 약 300미터. 도보 약 7분 / 성 이삭 대성당 왼편 이사키옙스카야 대로를 따라 남쪽으로 내려와 모이카 운하에 다다르면 다리를 건너 오른쪽으로 꺾고 약 500미터. 도보 약 10분.

기타 지역

알렉산드르 넵스키 대수도원
АЛЕКСАНДРО-НЕВСКАЯ ЛАВРА

상트페테르부르크의 수호성인으로 추앙받는 알렉산드르 넵스키 대공의 유해를 모신 수도원. 알렉산드르는 1240년 러시아를 침공한 스웨덴 군을 무찌르고 조국을 구해낸 영웅이다. 모스크바에서 상트페테르부르크로 수도를 옮기려고 마음먹은 표트르 대제는 새 수도에 정치적 권위를 부여하기 위해 고심했다. 이에 1710년 수도원을 설립하고 1724년 성대한 행사를 열어 블라디미르에 안장되어 있던 알렉산드르의 유해를 모셔왔다. 이후 1797년 파벨 1세의 명으로 러시아정교회에서 가장 크고 중요한 수도원을 의미하는 '라브라(лавра)'로 승격되었다.

수도원의 중심은 1790년에 이반 스타로프의 설계로 지어진 '트로이츠키 성당'으로, 제단 좌측에 알렉산드르의 유해가 담긴 은으로 만든 성합이 모셔져 있다. 수도원 입구 왼쪽에는 가장 오래된 건축물인 블라고베셴스카야 교회가 세워져 있는데, 내부에는 표트르 대제의 여동생인 나탈리야를 비롯한 귀족과 군인들의 묘소가 마련되어 있다. 정교회 예배가 이루어지는 수도원이므로 정숙이 요구되며, 건물 안으로 출입하려면 여성은 스카프를 머리에 둘러야 하고 반바지 등은 피해야 한다.

홈페이지 · www.lavra.spb.ru
주소 · набережная реки Монастырки, 1
운영 시간 · 매일 6:00~23:00
트로이츠키 성당 운영 시간 · 매일 6:00~19:00
입장료 · 일반 130루블, 어린이 & 학생 100루블
가는 법 · 지하철 3,4호선 플로샤디 알렉산드라 넵스코고(Ploshchad' Aleksandra Nevskogo) 역 하차, 남쪽으로 도보 2분.

[블라고베셴스카야 교회]
운영 시간 · 11:00~17:00 **휴무** · 월, 목요일
입장료 · 100루블

대수도원 묘지
КЛАДБИЩЕ

알렉산드르 넵스키 대수도원으로 향하는 길목에 조성된 묘지로, 18~19세기에 활약한 문화예술계 인사들이 안식을 취하고 있다. 오른편의 티흐빈 묘지에는 문학가와 음악가가, 왼편의 라자레프 묘지에는 건축가와 과학자가 주로 매장되어 있다. 관광객이 주로 방문하는 쪽은 티흐빈 묘지로, 대문호 도스토옙스키를 비롯하여 유명 작곡가인 차이콥스키, 림스키코르사코프, 무소륵스키, 루빈시테인, 스트라빈스키와 발레 안무가 마리우스 프티파 등이 매장되어 있다. 원하는 무덤을 찾기 위해서는 입구 왼쪽에 설치된 안내도를 살펴보는 것이 좋다. 주요 무덤들은 입구 오른편 길을 따라 늘어서 있다. 안내도와 아래의 번호를 참고할 것.

51번 · 도스토옙스키 / 110번 · 무소륵스키
121번 · 마리우스 프티파 / 128번 · 림스키코르사코프
130번 · 루빈시테인 / 153번 · 스트라빈스키
167번 · 차이콥스키

운영 시간 · 매일 9:30~21:00 **입장료** · 200루블

스몰니 수도원
СМОЛЬНЫЙ СОБОР

18세기 초반 옐리자베타 여제가 여성의 교육 기관으로 창설한 수도원. 1764년 예카테리나 2세가 여학교로 새롭게 문을 열었고, 19세기에는 기숙사가 완성되어 귀족의 자녀들이 교육을 받았다. 1917년에 사회주의 혁명 세력의 작전 본부로 사용되었으며, 같은 해 10월 25일에는 소련 정권의 수립이 이곳에서 선언되었다. 이후에도 1918년에 수도가 모스크바로 이전될 때까지 소련 정치의 중추적인 역할을 수행한 역사적인 장소이다. 수도원 중심에는 라스트렐리의 설계로 1835년에 완공된 스몰니 성당이 세워져 있다. 바로크 양식에 양파 돔 모양의 러시아 건축기법을 가미한 성당은 푸른색으로 칠해진 외관이 매우 아름답다.

홈페이지 · www.cathedral.ru
주소 · площадь Растрелли, 1
운영 시간 · 10:30~18:00 **휴무** · 수요일
입장료 · 일반 150루블, 학생 90루블, 어린이 50루블
종탑 입장료 · 100루블
가는 법 · 트롤리버스 5, 7, 11, 15번, 일반버스 22, 46, 105번을 타고 툴스카야 울리차(Тульская улица)에서 하차, 북쪽으로 도보 약 5분.

림스키코르사코프 집 박물관
МЕМОРИАЛЬНЫЙ МУЗЕЙ-КВАРТИРА Н. А. РИМСКОГО-КОРСАКОВА

작곡가 니콜라이 림스키코르사코프가 만년을 보냈던 집. 그는 원래 정식 음악 교육을 받지 않았다. '러시아 5인조' 중 한 명인 발라키레프와 사귀며 본격적으로 작곡을 공부하기 시작해서 1871년에는 페테르부르크 음악원의 교수로 초빙되기에 이르렀다. 〈세헤라자데〉를 비롯한 관현악곡뿐만 아니라 러시아 전설을 소재로 한 오페라 〈삿코〉 등 러시아 민요와 이교적 세계를 다룬 작품을 다수 작곡했다. 림스키코르사코프의 집은 동료 음악가들이 자주 드나들던 장소로서, 그가 사용했던 방에는 책상, 가구, 사진 등이 보존되어 있어 작곡가의 일상을 엿볼 수 있다.

주소 · Загородный проспект, 28
운영 시간 · 11:00~18:00 / 수요일 13:00~21:00
휴관 · 월, 화요일 & 매월 마지막 금요일
입장료 · 150루블 사진 촬영 · 200루블
가는 법 · 지하철 1호선 블라디미르스카야(Vladimirskaya)역, 4호선 도스토옙스카야(Dostoyevskaya)역 하차. 남쪽의 자고로드니 대로를 따라 약 500미터 직진, 왼쪽 건물.

여름 정원
ЛЕТНИЙ САД

표트르 대제의 명으로 1704년에 조성된 정원으로 넓이가 약 12만 제곱미터에 달한다. 사방이 네바 강, 폰탄카 운하, 모이카 운하, 백조 운하로 둘러싸여 있으며, 약 250개에 이르는 조각들과 시원한 물줄기를 뿜어내는 분수들이 산재해 있다. 정원 북쪽에는 표트르 대제가 머물던 궁전이 남아 있는데, 상트페테르부르크에서 가장 오래된 석조 건축물로 1714년에 완공되었다. 정원 남쪽의 인제네르니 다리 밑에는 작은 새 조각이 만들어져 있어 동전을 던져 운을 시험하려는 사람들이 모여든다.

홈페이지 · www.rusmuseum.ru
개장 시간 · 5~9월 10:00~22:00 / 10~3월 10:00~20:00
휴무 · 매월 두 번째 화요일 **입장료** · 무료
가는 법 · 지하철 3호선 고스티니 드보르(Gostiny Dvor)역 하차, 사도바야 거리를 따라 북쪽으로 도보 약 15분.

레닌그라드 포위와 방위 박물관
МУЗЕЙ ОБОРОНЫ И БЛОКАДЫ ЛЕНИНГРАДА

제2차 세계대전 당시 독일 군에게 포위된 상트페테르부르크의 참상과 저항을 간직한 박물관. 독일 군은 1941년 9월부터 1944년 1월까지 약 900일간 상트페테르부르크를 포위한 채 포격을 퍼부었다. 이 기간 동안 전기와 수도가 끊긴 상태에서 추위와 굶주림에 시달리던 상트페테르부르크 시민 중 60만 명 이상이 사망했다고 전해진다. 하지만 시민들은 고난에 굴하지 않고 저항을 지속했으며, 결국 독일 군은 상트페테르부르크를 함락시키지 못한 채 물러갔다. 박물관에는 포위 당시의 참상과 시민들의 영웅적인 투쟁 활동이 전시되어 있다.

홈페이지 · blokadamus.ru
주소 · Соляной переулок, 9
개장 시간 · 10:00~17:00 / 수요일 12:30~21:00
휴관 · 화요일 & 매월 마지막 목요일
입장료 · 일반 200루블, 학생 100루블
사진 촬영 · 100루블
가는 법 · 여름정원 남쪽 입구에서 폰탄카 운하를 건너 직진한 후, 첫 번째 블록에서 솔랴노이 거리 방향으로 좌회전. 북쪽으로 약 200미터 직진하면 왼쪽 건물. 도보 약 10분.

도스토옙스키 박물관
ЛИТЕРАТУРНО-МЕМОРИАЛЬНЫЙ МУЗЕЙ Ф.М. ДОСТОЕВСКОГО

러시아의 대문호 표도르 도스토옙스키가 만년을 보내고 임종을 맞이한 집. 도스토옙스키는 1878년부터 생을 마감한 1881년 2월 9일까지 이곳에 머물며 미완성의 대작 《카라마조프 가의 형제들》을 집필했다. 1971년에 문을 열었으며, 2층은 전시실, 3층은 생활 공간으로 꾸며져 있다. 매표소는 기념품점도 겸하고 있어 책과 티셔츠 등을 판매하고 있으며, 전시실에는 사진을 비롯한 각종 자료와 도스토옙스키의 데스마스크가 보존되어 있다. 3층에는 응접실, 식당, 아내 안나의 방, 아이들의 방 등이 마련되어 있는데, 특히 서재에는 녹색 테이블보가 깔린 책상 위에 도스토옙스키가 작성한 원고가 남아 있어 위대한 작가의 향기를 음미할 수 있다. 박물관 근처 도스토옙스카야 지하철 역 앞에는 그의 동상도 세워져 있으므로 놓치지 말자.

홈페이지 · www.md.spb.ru
주소 · Кузнечный переулок, 5
운영 시간 · 11:00~18:00 / 수요일 13:00~20:00
휴관 · 월요일
입장료 · 일반 160루블, 어린이 & 학생 80루블
오디오 · 200루블
가는 법 · 지하철 1호선 블라디미르스카야(Vladimirskaya) 역, 4호선 도스토옙스카야(Dostoyevskaya) 역 하차. 블라디미르스카야 교회 담장을 따라 동쪽으로 한 블록, 삼거리 모퉁이 건물.

교외 지역 페테르고프 Петергоф

상트페테르부르크에서 남서쪽으로 약 30킬로미터 떨어진 핀란드 만 연안에 세워진 근교 도시. 분수와 정원이 어우러진 여름궁전이 자리한 곳으로 유명하다. 표트르 대제는 새롭게 북방의 강국으로 부상한 러시아의 국력을 과시하기 위해 1714년 페테르고프에 궁전을 지을 것을 명령했다. 이탈리아와 프랑스를 비롯한 세계 각지의 건축가, 조각가, 기술자가 참여하여 10년의 세월에 걸쳐 1723년 궁전이 완성되었다. 이후 역대 황제들의 정성이 더해져 현재와 같은 아름다운 모습을 갖추었으며, 구소련 시대에는 '표트르 대제의 궁전'이라는 뜻에서 '페트로드보레츠'라고도 불렀다. 제2차 세계대전 때 독일 군의 방화로 무참히 파괴되었으나, 복구 작업을 통해 과거의 아름다운 자태를 되찾아 유네스코 세계문화유산으로 지정되었다.

약 천만 제곱미터에 달하는 여름궁전은 대궁전을 사이에 두고 남쪽의 상부 정원, 북쪽의 하부 공원으로 나뉜다. 북쪽의 핀란드 만에서부터 남쪽을 향해 테라스처럼 고도가 높아지는 것에 주목한 표트르는 표고 차이를 이용해 가동되는 분수를 구상했다. 이에 고지대인 남쪽에는 프랑스식의 상부 정원이 조성되었고, 저지대인 북쪽에는 분수로 가득한 하부 공원이 건설되었다. 여름궁전은 그야말로 물의 향연이 펼쳐지는 명소로서, 분수가 가동되는 5월에서 10월 중순까지 그 매력을 만끽할 수 있다.

상트페테르부르크에서 여름궁전으로 가는 방법은 크게 두 가지로, 고속 페리와 대중교통편으로 나뉜다. 고속 페리를 이용할 경우 북쪽 선착장에 내려 곧바로 하부 공원으로 입장하게 된다. 대중교통편인 마르시룻카와 일반버스는 남쪽의 상부 정원 입구에서 하차하게 되는데, 입장이 무료인 상부 정원을 거쳐 대궁전과 하부 공원에서 입장료를 내고 들어오면 된다.

홈페이지 • www.peterhof.ru / www.peterhofmuseum.ru(영어)
가는 법 •

[고속 페리] 에르미타슈 미술관 뒤편 선착장
· 요금 : 편도 650루블, 왕복 1,200루블
· 운영 시간 : 10:00~18:00 / 약 30분 소요

[대중교통편] 아래의 지하철역에서 약 30~45분 소요
· **지하철 1호선 아브토보**(Avtovo) **역** : 마르시룻카 224, 300, 424번 등 / 일반버스 200번, 210번
· **지하철 1호선 발티스카야**(Baltiyskaya) **역** : 마르시룻카 404번
· **지하철 1호선 레닌스키 프로스펙트**(Leninskiy Prospekt) **역** : 마르시룻카 420번
· **지하철 1호선 프로스펙트 베테라노프**(Prospekt Veteranov) **역** : 마르시룻카 343번

하부 공원
НИЖНИЙ ПАРК

분수와 정원이 어우러진 하부 공원은 여름궁전의 대표적인 볼거리로, 특히 대궁전 아래 테라스에 설치된 대폭포가 하이라이트다. 7층의 테라스로 이루어진 대폭포에는 황금색 동상이 37개, 물을 뿜는 분수가 64개 설치되어 있다. 대폭포 아래에는 사자의 입을 찢고 있는 삼손의 모습을 표현한 삼손 분수가 자리하고 있는데, 사자의 입에서 뿜어져 나온 물이 20미터 높이까지 솟아오른다. 삼손 분수는 1734년에 북방전쟁의 분수령이었던 폴타바 전투 승전 25주년을 기념하여 제작되었으며, 삼손은 러시아를, 사자는 스웨덴을 상징한다. 하부 공원의 분수는 오전 10시부터 가동되지만, 대폭포와 삼손 분수만은 웅장한 음악 소리와 함께 11시부터 가동된다. 이로 인해 11시 경이 되면 대폭포 주변은 물을 뿜는 모습을 구경하려는 관광객들로 인산인해를 이룬다.
하부 공원에는 이외에도 아담 분수, 이브 분수, 태양의 분수, 삐라미드 분수 등 150여 개의 분수가 설치되어 있는데, 숲으로 이루어진 공원에 숨어 있는 각양각색의 분수들을 찾아다니는 재미도 쏠쏠하다. 특히 정원 동쪽에 자리한 우산 분수는 커다란 우산 모양의 분수 아래를 들고나는 사람이 옷을 적시도록 만들어져 있어 아이들에게 인기가 높다. 하부 공원의 분수는 펌프 등의 기계를 일절 사용하지 않고 물의 낙차만을 이용해 뿜어 올리도록 설계되었다. 22킬로미터 떨어진 수원지에서 고지대인 상부 정원까지 물을 끌어온 후, 파이프를 통해 16미터 아래로 물을 떨어뜨려 분수를 뿜어 올린다.
하부 공원은 대궁전에서부터 핀란드 만까지 일직선으로 연결된 삼손 운하를 중심으로 좌우로 나누어진다. 삼손 분수가 만들어지기 전까지는 상트페테르부르크에서 온 배가 운하를 통해 대궁전 바로 밑까지 들어왔다고 한다. 운하를 가로지른 다리 위에 서면 양옆으로 늘어선 나무 사이로 보이는 대궁전과 대폭포의 모습이 실로 아름답다.
또한 하부 공원에는 황족들이 사용했던 거처가 여기저기 산재해 있다. 공원 동쪽의 핀란드 만과 접해 있는 위치에 세워진 몬플레지르 궁전은 여름궁전에서 가장 초기에 지어진 건물이다. 표트르는 대궁전보다 바다가 바라보이는 이 궁전을 애용했는데, '인기 있는 궁전'이란 뜻의 이름도 황제 자신이 붙였다고 전해진다. 공원 서쪽 바닷가에는 에르미타슈가 자리하고 있는데, '은둔자의 집'이란 뜻답게 해자로 둘러싸인 구조로 되어 있다. 또한 공원 서쪽 끝에는 손님이 묵는 게스트하우스인 마를리 궁전이 세워져 있다. 하부 공원의 궁전과 박물관 등은 모두 별도의 입장료를 내야만 관람 가능하다.

개방 시간 · 매일 9:00~20:00
분수 가동 시간(5월~10월 중순) · 10:00~18:00 / 토, 일, 공휴일 10:00~19:00
입장료 · 일반 500루블, 어린이 & 학생 250루블

몬플레지르 궁전

대궁전
БОЛЬШОЙ ДВОРЕЦ

상부 정원과 하부 공원의 경계를 이루는 고지대에 세워져 있는 궁전. 1714년에 건설을 시작해 1721년에 완공되었으며, 원래는 2층짜리 건물이었으나 표트르의 딸인 엘리자베타 여제 시절에 라스트렐리의 설계로 3층짜리 궁전으로 개축되었다. 궁전 내부는 바로크, 클래식, 로코코 등 다양한 건축 양식을 활용해 호화롭게 꾸며졌으며, 제2차 세계대전 때 독일 군의 방화로 파괴되었다가 1958년에 복원되었다. 주목할 볼거리로는 황금색 동상들이 세워진 '의식의 계단', 18세기 이탈리아의 화가 로타리가 그린 368점의 인물화로 뒤덮인 '그림의 방', 대궁전 초기에 만들어진 '표트르 대제의 떡갈나무 방' 등이 있다. 여름 성수기에는 관람객이 몰리므로 입장을 서둘러야 한다.

운영 시간 · 10:30~19:00
휴무 · 월요일 & 매월 마지막 화요일
입장료 · 일반 550루블, 어린이 학생 300루블
사진 촬영 · 금지

교외 지역 차르스코예 셀로 Царское Село

차르스코예 셀로는 '황제의 마을'이라는 뜻으로, 상트페테르부르크에서 남쪽으로 약 25 킬로미터 떨어져 있다. 정식 명칭은 푸시킨Пушкин 시이며, 구소련 시절인 1937년 푸시킨 사망 100주년을 기념하여 개명했다. 하지만 여전히 차르스코예 셀로라는 옛 이름이 널리 쓰이며, 호화로운 궁전과 아름다운 정원이 어우러진 명소다. 제2차 세계대전 때 독일 군의 약탈로 피해를 입었으나, 현재는 복구되어 유네스코 세계문화유산으로 지정되었다. 드넓은 녹지에 예카테리나 궁전을 비롯하여 귀족학교인 리체이 등이 들어서 있어 제정 러시아 시절 황족과 귀족의 삶을 살펴볼 수 있다.

가는 법
대중교통편 : 아래의 지하철역에서 약 30분 소요.
· 지하철 2호선 모스콥스카야(Moskovskaya) 역(공항버스 출구 방향) : 마르시룻카 342, 545번 등
· 지하철 2호선 즈뵤즈드나야(Zvyozdnaya) 또는 쿠프치노(Kupchino) 역 : 일반버스 186번

리체이
ЛИЦЕЙ

1811년 10월 19일 알렉산드르 1세의 명으로 개교한 귀족학교. 예카테리나 정원 입구 맞은편에 있으며, 시인 푸시킨이 제1기 입학생으로 들어와 6년 동안 공부했던 곳으로 유명하다. 4층 14호실이 푸시킨이 머물던 방으로, 침대와 서랍장, 책상과 의자, 간이 세면대 등의 가구가 남아 있다. 리체이 뒤쪽 정원에는 벤치에 앉아 상념에 젖어 있는 푸시킨의 동상이 세워져 있다.

운영 시간 · 10:30~18:00
휴무 · 화요일 & 매월 마지막 금요일
입장료 · 일반 200루블, 학생 40루블
사진 촬영 · 150루블

예카테리나 궁전
ЕКАТЕРИНИНСКИЙ ДВОРЕЦ

제정 러시아 황실의 여름 거처로서, 1724년 표트르 대제가 황후 예카테리나 1세를 위해 지은 궁전이다. 이후 표트르의 딸인 옐리자베타 여제의 명으로 1752년부터 라스트렐리에 의해 바로크 양식으로 개축되었으며, 예카테리나 2세 시절에는 찰스 캐머런이 클래식 양식으로 개조했다. 길이 300미터에 이르는 궁전의 외관은 러시아 바로크 양식으로 지어졌으며, 파란색 바탕에 황금색으로 장식되어 있어 산뜻한 느낌을 준다.

궁전 내부는 현재 가이드 투어로만 관람이 가능하며, 복원된 29개의 방 중 일부만 돌아볼 수 있다. 가장 큰 볼거리는 방 전체가 호박(琥珀)으로 뒤덮인 '호박방'이다. 방을 장식하기 위해 총 6톤의 호박이 사용되었으며, 한때 세계 8대 불가사의로 꼽혔을 만큼 전대미문의 호화로움을 자랑한다. 호박 조각을 세밀하게 짜 맞추어 벽을 만들었을 뿐만 아니라, 그림의 액자 부분에서 볼 수 있듯 정교한 세공으로 방 전체가 하나의 예술품이나 다름없다. 호박방은 제2차 세계대전 때 독일 군에 약탈당했으나, 1980년대에 복원이 추진되어 상트페테르부르크 탄생 300주년인 2003년에 일반에 공개되었다. 궁전 내부에는 이외에도 황금빛으로 넘실거리는 '대회장', 방 벽이 그림으로 뒤덮인 '그림의 방', 고대 로마풍의 조각이 장식된 '녹색 식당' 등 제정 러시아 황실의 화려했던 생활상을 살펴볼 수 있다.

궁전 남쪽에는 건축가 찰스 캐머런의 이름을 딴 캐머런 갤러리가 자리하고 있다. 이 갤러리는 열주가 늘어선 고전주의 양식의 건물이다. 긴 회랑을 따라 고대 그리스로마의 신과 인물들의 흉상이 늘어서 있어 예술품을 감상하며 사색을 즐길 수 있다. 갤러리 남쪽 끝에 서면 예카테리나 공원이 눈앞에 펼쳐진다. 숲과 호수가 어우러진 예카테리나 공원에는 건물과 조각 등이 산재해 있어 산책하듯 돌아보면 좋다.

예카테리나 궁전은 호박방이 공개된 이후 여름 성수기에 관람객이 너무 많이 몰려 입장 제한이 이루어지고 있다. 개인 관람보다는 단체 투어를 우선시하고 있기 때문에 개인 관람객은 몇 시간을 기다려도 들어가보지 못하는 경우가 발생한다. 따라서 개인인 경우에는 입장 시간을 잘 따져 미리부터 서둘러야 하며, 대기 시간을 줄일 수 있는 단체 투어를 이용하는 것도 좋은 방법이다. 겨울 비수기에는 관람객이 적어 개인이라도 입장에 무리가 없다. 궁전에 입장하기 위해서는 예카테리나 정원 입장권을 구매해야 한다.

홈페이지 · tzar.ru
운영 시간(10월~4월) · 10:00~18:00 / 월요일 10:00~21:00
휴무 · 화요일 & 매월 마지막 월요일
입장료 · 일반 400루블, 어린이 & 학생 200루블
개인 관람객 가이드 투어 · 러시아, 영어, 프랑스어, 독일어, 이탈리아어
개인 관람객 투어 코스 · Catherine Palace historical interiors(Golden Enfilade)
티켓 유효 시간 · 구입 후 1시간 이내

[여름 성수기 & 공휴일 개인 입장 시간]
6~8월 · 12:00~19:00 / 월요일 12:00~20:00
5월 & 9월 · 12:00~14:00 & 16:00~17:00 / 월요일 12:00~14:00 & 16:00~20:00

[예카테리나 공원]
개방 시간 · 7:00~21:00
입장료 · 일반 120루블, 어린이 & 학생 60루블
무료 개방 · 11월~3월

교외 지역 파블롭스크 Павловск

차르스코예 셀로에서 남동쪽으로 약 4킬로미터 떨어져 있는 곳에 위치한 파블롭스크 공원Павловский парк은 면적이 약 6백만 제곱미터에 이르는 큰 공원이다. 원래는 황제가 사냥을 즐기던 수렵장이었으며, 빽빽한 자작나무 숲으로 이루어져 있다. 1777년 예카테리나 2세가 손자의 탄생을 축하하는 뜻에서 이 지역을 아들인 파벨 1세에게 하사했다. 슬라뱐카 강 유역에 자리한 공원은 물길이 지나가는 지형을 잘 살린 가운데 건물, 조각, 다리들이 어우러져 있어 자연미와 인공미가 조화를 이룬 경관으로 유명하다. 1803년부터 피에트로 곤자가가 30여 년에 걸쳐 만들었으며 가히 자연에 인간의 손길을 더해 만들어낸 예술품이라 평가할 만하다. 현재는 울창한 숲과 잔잔한 개울가를 거닐며 전원의 아름다움을 만끽할 수 있어 산책 코스로 애용된다.

공원 개방 시간 • 매일 9:30~22:00
입장료 • 일반 150루블, 학생 80루블
가는 법 • 지하철 2호선 모스콥스카야(Moskovskaya) 역에서 마르시룻카 545번 등 승차. 차르스코예 셀로를 경유하여 약 40분 소요.

파블롭스크 궁전
ПАВЛОВСКИЙ ДВОРЕЦ

1786년 찰스 캐머런의 설계로 완공된 클래식 양식의 궁전. 64개의 기둥으로 지지된 돔은 물론, 궁전 양쪽으로 펼쳐진 날개에 늘어선 기둥들이 인상적이다. 반원형의 날개 부분은 파벨 1세와 황후 마리아 표도르브나가 유럽을 순방할 때 각국의 왕실에서 받은 선물과 미술품을 소장하기 위해 1789년에 증축되었다. 제2차 세계대전 중 독일 군에 의해 피해를 입어 1946년에 복원에 착수하여 1973년에 작업을 마쳤으며, 현재 유네스코 세계문화유산으로 지정되어 있다.
궁전의 입구는 '이집트 현관'이라 부르는데, 일년 12달을 나타내는 동상과 12궁의 별자리를 상징하는 심벌로 장식되어 있다. 이외에도 돔 천장 밑에 꾸며진 '이탈리아의 방', 녹색 대리석 기둥이 늘어선 '그리스의 방'이 주요한 볼거리다. 궁전의 남쪽 '마리아의 방' 구역에는 별도의 입장료가 필요한 방들이 마련되어 있는데, 특히 화려하게 장식된 규방과 침실이 눈길을 끈다. 궁전에 입장하기 위해서는 파블롭스크 공원의 입장권을 별도로 구매해야 한다.

홈페이지 • www.pavlovskmuseum.ru
운영 시간 • 매일 10:00~18:00
휴무(겨울) • 금요일 & 매월 첫 번째 월요일
입장료 • 일반 450루블, 학생 250루블
사진 촬영 • 200루블

[마리아 표도르브나의 방]
입장료 • 일반 120루블, 학생 60루블
휴무 • 화, 금요일

러시아에서 예술을 만나다

세계 3대 박물관

상트페테르부르크
에르미타슈 미술관

The State Hermitage Museum

약 300만 점의 예술품을 소장하고 있어 세계 3대 박물관으로 손꼽히는 에르미타슈 미술관. 1764년 예카테리나 2세의 명으로 설립되었으며, 1863년 일반에 공개된 이래 러시아는 물론 전 세계 미술 애호가의 사랑을 받아왔다. 원시문화에서 르네상스를 거쳐 근현대에 이르는 방대한 소장품을 자랑하며, 겨울궁전을 비롯한 5개의 건물을 전시관으로 사용하고 있다. 에르미타슈 미술관을 찾아 레오나르도 다빈치, 라파엘로, 미켈란젤로, 렘브란트, 루벤스, 모네, 고흐, 피카소 등 기라성 같은 거장들의 작품을 감상해보자.

기본 정보

- 명칭 에르미타슈 미술관(The State Hermitage Museum, Государственный Эрмитаж)
- 홈페이지 www.hermitagemuseum.org
- 주소 Дворцовая площадь, 2 (궁전 광장)
- 운영 시간 10:30~18:00, 10:30~21:00(수요일), 월요일 휴무
- 입장료 일반 400루블, 어린이&학생 무료, 매달 첫 번째 목요일 무료.
- 오디오 가이드 350루블(한국어 가능. 신분증 또는 보증금 2,000루블 필요)
- 사진 & 비디오 촬영 티켓 200루블
- 티켓 판매 폐관 30분 전까지 구매 가능.
- 온라인 예매 사이트 www.hermitageshop.org/page.php?pagename=tickets
- 가는 방법 지하철 아드미랄테이스카야(Admiralteyskaya) 역 하차, 북쪽으로 도보 5분.

[관람 팁]

- 학생 무료입장 매표소에서 국제학생증을 제시하고 무료입장권을 수령해야 한다.
- 짐 보관 큰 가방, 우산 등은 반입할 수 없으므로, 입장 전에 짐 보관소(Cloakroom)에 맡긴다.
- 오디오 가이드 티켓을 구매해 개찰구를 통과하면 오디오 가이드를 빌려주는 부스가 마련되어 있다. 한국어도 구비되어 있으니 적극 활용하자.
- 음료 반입 페트병을 포함한 음료는 반입이 안 된다. 입장 전에 미리 마셔두자.
- 사진 촬영 촬영 티켓을 구매해 카메라에 붙이고, 플래시는 사용하지 말 것.
- 카페 & 기념품점 겨울궁전 1층에 마련되어 있으며, 카페의 음식 가격이 비싸므로 식사는 밖에서 해결하고 가자.
- 티켓 구매 성수기에는 티켓을 구매하는 데 시간이 많이 소요된다. 온라인으로 티켓을 미리 예매해 가면 편리하다.
- 야간 개장 오전에는 관람객이 많아 작품을 제대로 감상하기 힘들다. 수요일 야간 개장을 적극 활용하자.
- 관람 동선 각 층을 연결하는 계단이 적어 층간 이동이 불편하고, 전시실도 일렬로 배열되어 있지 않아 길을 잃기 쉽다. 박물관 안내도와 전시실에 붙어 있는 방 번호를 비교하여 동선을 확인하자.
- 주요 작품 주요한 회화 작품은 주로 2층과 3층에 전시되어 있다. 시간이 부족하다면 박물관 입구와 가까운 요르단 계단을 이용해 2층부터 관람을 시작하자.
- 황실 공간 겨울궁전 2층에는 제정러시아 황실의 생활상을 살펴볼 수 있는 공간들이 마련되어 있으므로 놓치지 말자.

박물관 구조

에르미타슈 미술관은 겨울궁전, 소(小) 에르미타슈, 대(大) 에르미타슈, 신(新) 에르미타슈, 에르미타슈 극장의 5개 건물로 이루어져 있다. 박물관 입구는 궁전 광장에 세워진 겨울궁전에 있으며, 궁전의 정문을 통과해 안쪽으로 깊숙이 들어와야 한다.

겨울궁전 관람

제정러시아의 역사가 펼쳐진 겨울궁전의 화려한 생활상을 살펴보자!

1 요르단 계단
요단강에서 세례를 받은 예수를 기리기 위한 세례식이 네바 강에서 치러졌을 때, 황실 가족이 이 계단에서 관람한 것에서 유래했다. 바로크 양식의 대가 라스트렐리의 작품으로, 외국 사절이 자주 이용하여 '대사(大使)의 계단'이라고도 불린다.

2 표트르 대제의 방 / 194실
표트르 대제의 위업을 기리기 위해 만든 방으로, 일명 '소옥좌(小玉座)의 방'이라고 불린다. 옥좌 뒤에는 미네르바 여신과 나란히 선 표트르 대제의 그림이 걸려 있다.

3 1812년 조국전쟁의 회랑 / 197실
1812년 나폴레옹과 벌인 조국전쟁에서 거둔 승리를 기념하기 위한 회랑. 전쟁 영웅 쿠투조프 장군을 중심으로 조국전쟁에 참전한 300명의 초상화가 걸려 있다. 빈자리는 전투에서 사망하는 바람에 초상화를 그리지 못한 인물을 기린 공간이다.

4 성 게오르기의 방 / 198실
러시아 황제가 외국 사절을 알현했던 접견실로 일명 '대옥좌(大玉座)의 방'이라고도 불린다. 옥좌 뒤에는 로마노프 왕조의 문장인 쌍두 독수리가 새겨진 휘장이 드리워져 있다.

5 파빌리온의 방 / 204실
원래는 예카테리나 2세의 정부가 머물던 방으로, 정교하게 제작된 '공작 시계'가 유명하다. 18세기 후반에 영국에서 제작된 이 시계는 정각이 되면 공작의 꼬리가 펼쳐져서 인기가 높다. 바닥이 팔각형의 모자이크화로 장식된 화려한 방 밖으로는 궁전 2층에 마련된 공중정원이 내다 보인다.

6 황실 거주 공간
니콜라이 2세의 도서실 / 178실
황금의 응접실 / 304실
황실 규방 / 306실

주요 작품 감상

전 세계에서 수집한 명화들이 즐비한 에르미타슈 미술관의 방대한 컬렉션을 감상한다.

이탈리아 컬렉션

리타의 성모 Madonna and the Child(The Litta Madonna)
레오나르도 다 빈치 Leonardo da Vinci / 1490년경 / 214실

아기 예수를 품에 안고 있는 성모 마리아의 모습을 담은 성모자상. 원소유자인 안토니오 리타 백작의 이름을 따서 '리타의 성모'라고 불린다. 〈모나리자〉처럼 신비한 미소를 머금은 성모는 르네상스 시기의 이상적인 미인상을 구현하고 있다. 성모가 애정 어린 눈길로 품에 안은 예수를 바라보는 데 반해 예수는 그림 바깥쪽을 응시하고 있다. 예수의 관심사는 자신이 장차 구원해야 할 바깥세상이기 때문이다. 현존하는 다 빈치의 유화는 전부 합쳐서 12~14점 밖에 안 되는데, 그중 두 점인 〈리타의 성모〉와 〈베노아의 성모〉가 같은 방에 전시되어 있으므로 놓치지 말 것!

유디트 Judith
조르조네 Giorgione / 1500년대 초 / 217실

베네치아 파의 또 다른 거장 조르조네가 〈구약성서〉의 유디트를 소재로 그림 작품이다. 이스라엘의 유대인 과부 유디트는 아시리아의 군대가 도시를 포위하자 적과 맞서기 위해 나섰다. 그리고 유디트의 아름다움에 매료된 적장 홀로페르네스가 술에 취해 의식을 잃자 칼로 목을 베어버렸다. 유디트의 활약으로 지휘자를 잃은 아시리아 군은 퇴각하고 이스라엘은 평화를 되찾았다. 기존 화가들이 적장의 목을 벤 유디트를 용맹한 여걸이나 관능미 넘치는 요부로 묘사한 반면에, 조르조네는 정숙한 성녀의 모습으로 그려낸 것이 특징이다.

라파엘로의 회랑 / 227실

라파엘로가 이탈리아 바티칸에 그린 프레스코화를 본떠 만든 회랑. 복도 전체를 뒤덮은 아름다운 그림과 문양이 눈길을 사로잡는다.

The State Hermitage Museum

웅크린 소년Crouching Boy
미켈란젤로Michelangelo Buonarroti / 1530~34년 / 230실

이탈리아 피렌체의 메디치 가문의 묘소가 있는 산 로렌조 성당의 예배당을 장식하기 위해 제작된 작품이다. 아직 태어나지 않은 영혼이나 재능을 펼쳐 보이지 못한 소년을 표현한 것으로 여겨진다. 잔뜩 웅크린 몸을 통해 억압된 인간의 내면까지 형상화한 작품으로, 인간성의 회복을 강조한 르네상스 정신을 잘 담아내고 있다.

다나에Danae
티치아노Titian(Vecellio Tiziano) / 1546~53년 / 221실

베네치아 파를 대표하는 거장인 티치아노가 그리스 신화 속의 다나에를 소재로 그린 작품이다. 아크리시오스 왕은 딸인 다나에가 낳은 아들에게 죽임을 당할 것이라는 예언을 들었다. 이에 다나에를 청동으로 만든 방에 가두어 어떤 남자도 접근할 수 없도록 만들었지만 그녀를 사랑한 제우스가 황금비로 변신해 숨어들었다. 이로 인해 제우스와 다나에 사이에서 아들이 태어나는데 그가 바로 그리스 신화의 영웅 중 한 명인 페르세우스다. 그런데 그림을 보면 신화와는 약간 다르게 황금비 대신에 금화가 쏟아져 내린다. 재물을 상징하는 금화를 늙은 유모가 앞치마로 황급히 받는 장면 때문에 티치아노의 다나에는 돈을 받고 몸을 파는 창녀라는 해석도 있다.

류트 연주자Lute-Player
카라바조Caravaggio / 1595~96년 / 237실

17세기 바로크 양식을 대표하는 카라바조의 대표작이다. 류트를 튕기는 연주자와 주변의 정물이 사실적으로 묘사되어 있다. 그림을 자세히 보면 탁자 위에 놓인 바이올린의 현이 끊어져 있는데, 이는 생명을 지닌 존재의 숙명인 죽음을 의미한다. 이처럼 인생의 덧없음을 담아낸 그림을 '바니타스 정물화'라고 부르는데, 단순한 정물을 통해 다양한 교훈을 떠올리게 한다.

주요 작품 감상

플랑드르 & 네덜란드 컬렉션

로마의 자비|Roman Charity
루벤스Pieter Paul Rubens / 1612년경 / 246실

아버지에 대한 효성을 주제로 한 그림이지만 내용은 조금 충격적이다. 고대 로마 시대에 시몬이라는 사람이 큰 죄를 지어 감옥에 갇혔다. 시몬에게 내려진 형벌은 음식물을 주지 않고 굶겨 죽이는 것이었다. 죽어가는 아버지를 두고 볼 수 없었던 딸 페로는 매일 감옥을 찾아가 아버지에게 젖을 물렸다. 간수들 몰래 딸의 젖을 먹은 시몬은 굶어 죽을 위기에서 벗어나 점차 원기를 회복할 수 있었다. 아버지를 안고 젖을 먹이는 페로에게서 숭고한 효성이 느껴지는 동시에, 허겁지겁 딸의 젖을 빠는 시몬을 보면 부녀 사이에 있을 수 없는 행위라는 윤리적인 갈등이 피어난다.

플로라Flora
렘브란트Rembrandt / 1634년 / 254실

렘브란트의 아내인 사스키아 반 올렌부르흐의 초상화다. '플로라'는 봄과 번영을 상징하는 여신으로, 꽃으로 몸을 장식한 소녀의 모습으로 묘사된다. 머리에 화관을 쓰고 손에 꽃 지팡이를 든 사스키아의 모습은 그야말로 꽃의 여신의 재림에 다름없다. 렘브란트가 사스키아와 결혼한 해에 그린 이 그림에는 아내에 대한 애정이 듬뿍 묻어난다. 하지만 두 사람의 행복한 결혼 생활은 사스키아가 서른 살의 나이에 생을 마감함으로써 일찍 막을 내렸다.

돌아온 탕자 Return of the Prodigal Son
렘브란트Rembrandt / 1668년경 / 254실

〈신약성서〉를 소재로 삼아 그린 렘브란트 만년의 걸작이다. 유산을 미리 받아 집을 떠났던 작은아들이 재산을 전부 탕진한 후 아버지에게 돌아온다. 아버지로부터 호되게 야단을 맞을 것이라고 생각했지만 뜻밖에도 아버지는 아들을 반갑게 맞아준다. 남루한 옷과 닳아빠진 샌들을 보면 집을 떠나 있는 동안 얼마나 많은 고생을 했을지 짐작할 수 있다. 무릎을 꿇고 오열하는 아들의 등을 토닥이는 아버지의 손길이 더할 나위 없이 따뜻하다. 그림 맨 오른쪽에 선 큰 아들이 그런 모습을 못마땅한 표정으로 바라보는 것도 재미있다.

다나에Danae
렘브란트Rembrandt / 1636~42년 / 254실

렘브란트가 다나에를 소재로 삼아 그린 작품으로, 티치아노의 작품과는 달리 금화가 아니라 황금빛 천사가 등장한다. 다나에가 바라보고 있는 그림 왼쪽 편 바깥에 제우스가 서 있고, 그에게서 뿜어져 나온 빛이 다나에의 온몸을 비추고 있다. 이 그림은 1985년에 관객 한 명이 황산을 뿌리는 바람에 크게 손상되었으며, 약 10년에 걸친 복원 작업에도 완전히 옛 모습을 되찾지 못했다. 이 사건으로 인해 에르미타슈 미술관에는 일체의 액체류를 가지고 들어오지 못하게 규정이 바뀌었다.

The State Hermitage Museum

프랑스 & 영국 컬렉션

폴리페모스가 있는 풍경 Landscape with Polyphemus
니콜라스 푸생 Nicolas Poussin / 1649년 / 279실

뱀을 목 졸라 죽이는 어린 헤라클레스
Infant Hercules Strangling the Serpents
조슈아 레이놀즈 Joshua Reynolds / 1786~88년 / 300실

그리스로마 신화에 등장하는 헤라클레스를 소재로 삼은 작품이다. 제우스의 아내 헤라는 남편과 알크메네 사이에서 태어난 아기를 죽이고자 뱀 두 마리를 보냈다. 하지만 요람에서 잠들어 있던 아기가 눈을 뜨더니 양 손에 뱀을 움켜쥐고 숨통을 끊어놓고 말았다. 그림을 보면 요람을 둘러싼 사람들이 깜짝 놀라 쳐다보는 가운데 아기 헤라클레스가 태연하게 뱀들을 처치하고 있다. 레이놀즈는 러시아 황실의 의뢰로 이 그림을 그렸는데, 엄청난 힘을 소유한 헤라클레스는 당시 새롭게 유럽의 강자로 부상하고 있던 러시아를 상징한다.

오비디우스의 《변신 이야기》에서 소재를 따온 작품. 외눈박이 거인인 폴리페모스는 바다의 요정인 갈라데이를 짝사랑하지만 그녀는 이미 목동 아치와 연인사이다. 결국 갈라테아가 폴리페모스의 구애를 거절하자 질투에 눈이 먼 그는 바위를 던져 아치를 죽여버린다. 하지만 푸생의 그림은 비극적인 짝사랑을 소재로 삼았다기에는 너무나 목가적이고 평화롭다. 바위산에 앉아 등을 돌린 채 피리를 불고 있는 거인이 폴리페모스다. 갈라테아의 사랑을 갈구하는 피리소리가 울려 퍼지는 가운데 강과 숲의 요정들이 아름다운 선율에 귀를 기울이고 있다.

푸른 여인 Woman in Blue
토머스 게인즈버러 Thomas Gainsborough / 1770~80년 / 298실

영국 주재 프랑스 대사의 부인인 보포르 공작부인의 초상화로 추정되는 작품이다. 게인즈버러는 서양 미술사에서 최고로 손꼽히는 초상화가 중 한 명으로, 어두운 배경으로 인해 두드러진 푸른 색조가 더할 나위 없이 신선하다. 어깨에서 흘러내리는 목도리를 가볍게 쥔 자세에서 귀부인의 우아함이 풍긴다. 또한 화가의 섬세한 붓질은 그림에 감지하기 힘들 정도로 가벼운 떨림을 주어 여인이 살아 숨 쉬는 듯한 느낌마저 안겨준다.

러시아에서 예술을 만나다 · 207

주요 작품 감상

19~20세기 서유럽 컬렉션

생트 빅트와르 산의 전경 Mount Sainte-Victoire
폴 세잔Paul Cézanne / 1896~98년 / 318실

프랑스의 엑상프로방스 근처에 자리한 생트 빅트와르 산을 그린 풍경화다. 세잔이 나고 자란 이 지방에서 이 산보다 세잔이 사랑한 그림 소재는 없었다. 세부적인 묘사 없이 그려진 산은 마치 하나의 커다란 덩어리처럼 보이는데, 이로 인해 산의 양감이 도드라져 관람객에게 더욱 확연하게 다가온다.

과일을 들고 있는 여인 Woman Holding a Fruit
폴 고갱Paul Gauguin / 1893년 / 316실

1891년 고국인 프랑스를 떠나 타히티에 정착한 고갱이 만년에 그린 대표작이다. 그림 속에서 호박을 들고 고요한 시선으로 관람객을 바라보고 있는 여인은 고갱의 타히티인 부인으로 추정된다. 생동감 넘치는 색채로 가득한 이 그림은 문명에서 벗어난 야생의 모습을 담고 있으며, 여인들이 빚어내는 평화로운 분위기는 남태평양의 천국에 온 듯한 느낌을 안겨준다.

정원의 여인 Woman in the Garden
클로드 모네Claude Monet / 1867년 / 319실

모네가 26살인 1867년에 생타드레스에 살며 그린 작품이다. 그림 속의 모델은 사촌의 부인인 장 마리로 추정된다. 태양이 작열하는 정원에 하얀 옷을 입고 서 있는 여인이 눈길을 끌며, 향후 인상파 화가로 활약하며 대기 중의 빛에 천착할 모네의 화풍을 엿볼 수 있다.

춤Dance
앙리 마티스Henri Matisse / 1910년 / 344실

마티스의 최고 걸작 중 하나로 손꼽히는 작품으로, 모스크바의 대부호이자 미술품 수집가인 세르게이 시추킨의 집을 꾸미기 위해 제작된 그림 중 하나다. 녹색으로 뒤덮인 지구와 그 위에 드리워진 파란색 하늘. 그리고 그 사이에서 서로 손을 맞잡고 흥겹게 춤을 추는 인간들. 생동감 넘치는 원무(圓舞)는 끊임없이 반복되는 생명의 리듬을 상징하며, 하늘과 땅 사이에 선 인간은 자연과 하나 된 조화로운 상태를 나타낸다.

붉은색의 조화Red Room(Harmony in Red)
앙리 마티스Henri Matisse / 1907~8년 / 344실

강렬한 색상으로 '야수파'라는 사조를 탄생시킨 마티스의 화풍을 만끽할 수 있다. 언뜻 보면 빨간색으로 칠해진 방 안의 모든 것이 공간 속에 부유하는 듯이 보인다. 자세히 보면 벽과 테이블을 가르는 선이 그어져 있지만 벽지의 아라베스크 문양이 테이블 위에도 반복되어 혼란을 가중시킨다. 그림 속의 여인은 방을 장식하기 위한 인테리어처럼 느껴지고, 외부와 연결된 창문은 방에 걸어놓은 한 폭의 그림처럼 다가온다.

서 있는 장 사마리Portrait of the Actress Jeanne Samary
오귀스트 르누아르Auguste Renoir / 1878년 / 320실

1879년 파리 살롱전에 출품된 작품으로, 모델은 르누아르의 연인이었던 여배우 장 사마리다. 분홍색 의상을 입은 장 사마리가 두 손을 마주잡고 인사를 하려는 순간을 포착했는데, 이로 인해 마치 그림을 보는 관람객을 환대하는 듯한 착각 속에 빠뜨린다.

압생트를 마시는 여인Absinthe Drinker
파블로 피카소Pablo Picasso / 1901년 / 348실

피카소의 작품 활동 초기인 '청색시대'에 속하는 작품으로, 카페에 앉아 있는 고독한 여인을 소재로 한 연작들 중에서도 손꼽히는 그림이다. 왼손으로 턱을 괸 창백한 얼굴과 길게 뻗은 오른팔에 감싸인 어깨에서 여인의 깊은 외로움이 전해져 온다.

부채를 들고 있는 여인Woman with a Fan
파블로 피카소Pablo Picasso / 1908년 / 348실

'분석적 입체파'라 불리던 시기의 작품으로, 아프리카 흑인 조각에서 영감을 받아 황토색과 갈색이 도드라진다. 스케치를 마친 상태에서 바로 굵은 선과 색상을 이용해 그려냈으며, 이를 통해 형상화된 여인의 육체는 단단하면서 양감 넘치는 느낌으로 다가온다.

러시아 미술의 보고
상트페테르부르크 **러시아 박물관**

The Russian Museum

모스크바의 트레티야코프 미술관과 함께 러시아 미술의 보고로 일컬어진다. 예술광장에 면한 미하일롭스키 궁전을 주 전시관으로 사용하고 있으며, 궁전은 1825년에 카를로 로시의 설계로 완성된 고전주의 양식의 걸작이다. 1898년에 니콜라이 2세가 아버지의 이름을 따서 '알렉산드르 3세 기념 러시아 박물관'으로 문을 열었다. 트레티야코프 미술관이 창설자 개인의 수집품을 토대로 삼은 것과는 달리 미술 아카데미의 소장품과 에르미타슈 미술관에서 이관된 작품이 근간을 이루었다. 현재는 11~21세기에 걸친 예술품 40만 점을 소장하고 있으며, 러시아 미술을 만끽할 수 있는 장소로 이름 높다.

기본 정보

- 명칭 러시아 박물관(The Russian Museum, Русский музей)
- 홈페이지 www.rusmuseum.ru
- 주소 Инженерная ул, 4(미하일롭스키 궁전) / Набережная канала Грибоедова, 2(베노이스 동)
- 운영 시간 10:00~18:00, 13:00~21:00(목요일), 화요일 휴무
- 입장료 일반 350루블, 어린이 & 학생 150루블.
- 사진 & 비디오 촬영 티켓 250루블
- 티켓 판매 폐관 30분 전까지 구매 가능.
- 가는 방법 지하철 고스티니 드보르(Gostiny Dvor) 또는 넵스키 프로스펙트(Nevsky Prospekt) 역 하차, 북쪽으로 도보 5분.

[관람 팁]

- 짐 보관 큰 짐은 입장 전에 짐 보관소에 맡길 것.
- 사진 촬영 촬영 티켓을 구매해 카메라에 붙이고, 플래시는 사용하지 말 것.
- 야간 개장 낮 동안 시간을 내기 어렵다면 목요일 야간 개장을 적극 활용하자.
- 관람 동선 전시실이 시대 순으로 배치되어 있으므로 박물관 안내도와 방 번호를 비교하며 순차적으로 관람하자.
- 주요 작품 주요한 회화 작품은 11~54번 전시실에 집중되어 있으므로 시간이 부족하다면 이 부분부터 관람하자.

박물관 구조

러시아 박물관 본관은 미하일롭스키 궁전, 로시 동, 베노이스 동의 3개 건물로 구성된다. 전시실은 지상 1, 2층에 걸쳐 있으며, 편의시설은 미하일롭스키 궁전 지하와 베노이스 동 1층에 마련되어 있다. 박물관 정문은 미하일롭스키 궁전 오른쪽 끝에 있으며, 베노이스 동 서쪽에도 그리보예도바 운하와 연결된 출입구가 있다.

전시실 1~4 : 고대 러시아 미술
전시실 5~10, 12 : 18세기 미술
전시실 11, 12~17 : 19세기 초기 미술
전시실 18~48, 54 : 19세기 후기~20세기 초기 미술
전시실 66~85 : 20세기 미술
전시실 48과 연결된 로시 동 : 포크아트(Folk Art)
전시실 87~94 : 20세기 장식미술과 응용미술
전시실 101~109 : 임시 전시

주요 작품 감상

이콘에서 근현대미술까지 러시아 회화의 진수를 만나보자!

보리스와 글레프 St.Boris and St.Gleb
모스크바 학파 / 14세기 중반 / 1실

러시아정교회에서 최초로 성인으로 인정받은 보리스와 글레프를 그린 이콘. 두 사람은 정교회를 러시아의 국교로 삼은 블라디미르 대공의 아들이다. 1015년 블라디미르가 죽자 왕권을 놓고 아들들 사이에서 권력 다툼이 벌어졌다. 장남 스뱌토폴크는 동생들을 유인해 죽이고자 편지를 보냈고, 보리스와 글레프는 죽음의 길인 것을 알면서도 형의 부름에 따랐다. 형제간의 다툼으로 수많은 사람이 희생될 것을 우려했기 때문이다. 두 사람의 숭고한 희생정신에 감복한 러시아인들은 이후 이들을 성인으로 받들었다. 그림 왼편의 수염을 기른 이가 보리스, 오른편의 머리가 긴 이가 글레프다. 두 사람 모두 오른손에 십자가를 들고 정교회 신앙에 귀의했음을 나타내고 있다.

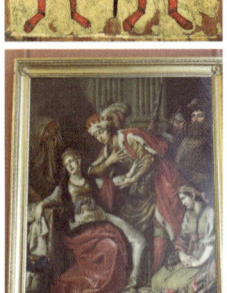

블라디미르와 로그네다 Vladimir and Rogneda
안톤 로센코 Anton Lossenko / 1770년 / 9실

블라디미르 대공이 폴로츠크의 로그네다에게 청혼을 하는 장면을 그린 작품. 언뜻 보기에는 낭만적인 그림 같지만 이 속에는 끔찍한 사연이 숨어 있다. 아버지가 죽자 형과 권좌를 놓고 경쟁하게 된 블라디미르는 형의 약혼자인 로그네다를 찾아갔다. 그녀의 아버지인 로그볼드 공에게 딸을 달라고 요구했지만 거절당하자 폴로츠크를 무력으로 점령했다. 그리고 부모가 보는 앞에서 로그네다를 겁탈한 후 로그볼드 공 내외를 무참히 살해해 버렸다. 그림을 보면 블라디미르가 가슴에 손을 얹으며 자신의 진심을 알아달라고 요청하지만 부모의 죽음을 눈앞에서 지켜본 로그네다는 이미 제정신이 아니다. 그렇다면 두 사람의 결혼 생활은 어땠을까? 로그네다는 현자로 이름 높은 야로슬라프 대공을 비롯한 네 아들과 두 딸을 낳았다. 겉으로는 화목해 보였지만 남편을 볼 때마다 참혹하게 살해당한 부모와 강제로 결혼한 자신의 처지를 떠올리지 않았을까?

폼페이 최후의 날 The Last Day of Pompeii
카를 브률로프 Karl Bryullov / 1833년 / 14실

고대 로마시대에 베수비오 화산의 폭발로 사라진 도시 폼페이의 참상을 그린 작품. 1833년 밀라노에 전시되어 격찬을 받았으며, 1834년 파리 살롱전에서 금메달을 수상했다. 검붉은 색으로 뒤덮인 하늘에서 화산재가 쏟아져 내리는 가운데 거대한 자연의 힘 앞에서 공포에 질린 인간의 모습이 생생하게 묘사되어 있다. 상트페테르부르크의 미술 아카데미를 졸업한 브률로프는 이 작품을 통해 서유럽 역사화의 전형을 보여준다.

The Russian Museum

놋뱀 Moses and the Brazen Serpent
표도르 브루니 Fyodor(Fidelio) Bruni / 1841년 / 15실

〈구약성서〉에 수록된 놋뱀을 소재로 그린 고전주의 성향의 작품이다. 이스라엘 백성이 광야에서 생활하며 고생이 심해지자 하느님에게 불평하기 시작했다. 이에 하느님이 불뱀을 보내 백성들을 물게 하자 모세에게 달려가 구원을 청했다. 이에 모세는 청동으로 뱀의 형상을 만들어 장대 위에 매단 후, 이 놋뱀을 보는 자는 살 것이라고 말했다. 그림을 보면 사방에서 출몰하는 불뱀에 쫓긴 백성들이 장대 주위에 몰려들어 놋뱀을 올려다보고 있다.

엘레우시니아의 포세이돈 축제의 프리네
Phryne at the Festival of Poseidon at Eleusis
헨리크 지미라즈키 Henryk Siemiradzki / 1889년 / 21실

고대 그리스의 고급 창부인 프리네를 소재로 축제의 흥겨움을 담아낸 작품이다. 당시의 고급 창부는 단순히 몸을 파는 여인이 아니라 남자들과 토론을 벌일 수 있는 지적 소양을 갖춘 존재였다. 프리네는 이제 곧 물속으로 걸어 들어가 비너스의 탄생을 재현할 예정인데, 그녀가 옷을 벗고 아름다운 몸매를 드러내자 주변 남자들의 시선이 쏟아지고 있다. 섬세한 붓놀림 아래 탄생한 고대의 축제 장면은 마치 현장에 서 있는 듯한 착각마저 불러일으킨다.

그리스도와 간음한 여인 Christ and a Sinner
바실리 폴레노프 Vasilii Polenov / 1888년 / 32실

바리새인들이 예수를 시험하고자 간음한 여인을 끌고 온 장면을 그린 작품으로, 모세의 율법에 따르면 간음한 여인은 돌로 쳐 죽이게 되어 있다. 하지만 바리새인들의 추궁에 예수는 "너희 중에 죄 없는 자가 먼저 돌로 치라"고 답했다고 〈요한복음〉에 전해진다. 그림을 보면 왼쪽의 무리는 차분하고 평화로운 분위기에 감싸여 있는 반면, 오른쪽의 무리는 분노에 휩싸여 흥분된 표정을 감추지 않고 있다. 특히 한 노인이 여인과 돌을 가리키며 분란을 조장하는 중인데도 사려 깊은 눈매로 그들을 쳐다보는 예수의 수수한 모습이 인상적이다.

주요 작품 감상

꿈(언덕에서)Dreams
바실리 폴레노프Vasilii Polenov / 1890~1900년대 / 32실

폴레노프가 1890년대 말부터 그리기 시작한 '예수의 일생' 연작 중 하나다. 언덕 위에 앉아 먼 곳을 바라보는 예수의 모습에는 기존의 성화에서 보이는 종교적인 상징을 전혀 찾아볼 수 없다. 세상을 구원해야 하는 막중한 임무를 어깨에 진 고독한 구원자 예수. 인간의 몸으로 태어났기에 미래에 대한 불안 또한 없지는 않았을 것이다. 바실리는 깊은 상념에 빠진 예수의 모습을 통해 그가 지닌 인간적인 면을 부각시키고 있다.

볼가 강에서 배를 끄는 인부들The Bargemen on the Volga
일리야 레핀Il'ya Repin / 1870~73년 / 33실

1868년 네바 강에서 배를 타던 레핀은 커다란 바지선을 끄는 노동자들을 목격했다. 한가롭게 강변을 산책하는 부유층과 대비되는 이들의 모습에 충격을 받은 레핀은 이후 배를 끄는 인부들에게 관심을 가지게 되었다. 이후 볼가 강으로 두 차례 스케치 여행을 떠나 이들의 모습을 담아왔는데, 그림을 보면 10여 명의 인부들이 사력을 다해 배를 뭍으로 끌어올리고 있다. 가슴에 끈을 맨 채 앞으로 쓰러질 듯 몸을 기울인 모습에서 가축처럼 혹사당하는 인부들의 노고가 전해져온다.

맨발의 톨스토이Portrait of Lev Tolstoy
일리야 레핀Il'ya Repin / 1901년 / 34실

러시아의 대문호 레프 톨스토이를 그린 초상화. 레핀은 톨스토이와 30여 년에 걸쳐 교분을 나누며 톨스토이를 소재로 다수의 작품을 남겼다. 톨스토이는 만년에 야스나야 폴랴나에 은거하며 금욕적인 생활을 영위했다. 짙은 눈썹 아래 빛나는 눈동자, 은빛으로 빛나는 긴 수염, 소박한 차림으로 신발도 없이 대지를 밟고 선 두 발에서 톨스토이의 풍모가 잘 드러난다.

자포로지예 카자흐Zaporozhie Cossaks
일리야 레핀Il'ya Repin / 1880~91년 / 34실

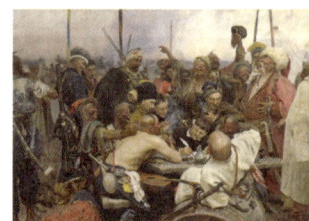

우크라이나의 카자흐 자치 지역인 자포로지예에 무리지어 사는 카자흐인들을 소재로 삼은 역사화. 러시아의 광활한 대지에서 자유롭게 살아가던 카자흐들에게 1675년 오스만터키의 술탄 무하마드 4세가 무조건적인 항복을 요구해왔다. 두려움을 모르는 용맹한 성품을 지닌 카자흐들은 술탄의 위협에 콧방귀를 끼며 술탄을 조롱하는 편지를 써서 돌려보냈다. 그림을 보면 편지를 둘러싼 카자흐들이 어떻게 하면 술탄을 골탕 먹일 수 있을지 궁리하며 즐거워하고 있다. 시간을 초월해 당시의 모습을 생생히 재현하는 힘이야말로 레핀의 역사화가 가지는 매력이다.

The Russian Museum

스테판 라진 Stepan Razin
바실리 수리코프 Vasilii Surikov / 1906년 / 37실

러시아 농민 반란의 대명사인 스테판 라진을 그린 역사화. 라진은 돈 지방의 부유한 카자흐 가문 출신으로 가난한 카자흐인과 농노제에서 도주한 농민들을 규합하여 대규모 농민 반란을 일으켰다. 1667년부터 볼가 강 하류와 카스피 해 연안을 휩쓸었지만 그해 10월 정부군에 대패하고 말았다. 결국 이듬해 4월 체포된 라진은 모스크바로 압송되었고, 사지가 절단되어 죽어가면서도 신음소리 한번 내지 않았다고 전해진다. 이후 러시아인 사이에서 라진은 착취에 시달리는 민중의 저항을 상징하는 영웅으로 기억되어 왔다. 그림을 보면 볼가 강을 헤치고 나가는 배 위에 앉은 라진이 깊은 상념에 젖어 있다. 먼 곳을 바라보는 그의 형형한 눈빛에서 모든 억압을 거부하는 영웅의 기상이 느껴진다.

니콜라이 2세의 초상 Emperor Nicholas II
일리야 레핀 Il'ya Repin / 1896년 / 54실

제정러시아의 마지막 황제 니콜라이 2세를 그린 초상화. 니콜라이 2세는 성품이 선량한 반면 우유부단해서 군주에 적합한 인물이 아니었다. 요승 라스푸틴에게 현혹되어 내정을 혼란스럽게 만들었고, 근대화의 물결을 거스르고 전제정치를 고집하는 바람에 사회주의 혁명을 초래했다. 결국 혁명으로 제정러시아가 무너지자 니콜라이 2세를 포함한 황실 가족 전부가 예카테린부르크로 이송되었고, 1918년 7월 16일 볼셰비키의 지시로 총살당하고 말았다.

1901년 5월 7일 100주년 기념 정례 국가평의회
Formal Session of the State Council on May 7, 1901, in honour of the 100th Anniversary of Its Founding
일리야 레핀 Il'ya Repin / 1903년 / 54실

정관계 인사와 군부의 장성이 모여 황제에게 자문을 하는 국가평의회의 모습을 그린 역사화. 알렉산드르 1세 시절에 설치된 국가평의회가 100주년을 맞자 정부는 레핀에게 회의 장면을 그려줄 것을 요청했다. 그림의 배경이 된 장소는 마린스키 궁전의 회의실로, 그림 중앙의 초상화 앞에 앉은 이가 니콜라이 2세다. 원형으로 둘러앉은 인물들의 모든 시선이 집중되고 있는 황제야말로 그림의 중심으로, 제정러시아를 지배하는 지존으로서의 존재감을 드러내고 있다. 붉은 빛으로 넘실대는 이 대작 앞에 서면 실제로 눈앞에서 국가평의회가 벌어지고 있는 듯한 착각에 빠진다.

18세기 이후 러시아 회화 작품의 보고

모스크바 트레티야코프 미술관

The State Tretyakov Gallery

18세기 이후 러시아 회화 작품을 가장 많이 소장하고 있어 러시아 미술의 보고로 일컬어진다. 미술관의 이름은 창립자인 파벨 트레티야코프Pavel Tretyakov의 이름을 따서 지었으며, 미술관 안뜰에 그의 동상이 세워져 있다. 트레티야코프는 모스크바의 거상이자 미술 애호가로, 때마침 황금기를 맞이한 19세기 후반 러시아 미술의 명화를 다수 수집한 명 콜렉터로도 유명하다. 1856년부터 동생 세르게이Sergei Tretyakov와 함께 러시아 미술을 개괄할 수 있는 작품을 수집하는 데 심혈을 기울였으며, 점차 컬렉션이 갖춰지자 시민 누구나 소장품을 감상할 수 있도록 공공미술관을 세워야겠다고 결심하기에 이른다. 이에 1892년 자신과 동생의 소장품 전부를 모스크바 시에 전격 기증하였고, 이를 기반으로 설립된 미술관이 지금까지 그 명맥을 유지하고 있다. 트레티야코프는 미술관이 개관한 이후부터 1898년 사망할 때까지 종신 큐레이터로 활동하며 미술관의 형성에 크게 기여했다. 또한 당대의 유명 화가들을 적극적으로 후원하여 러시아 미술 발전에 공헌한 선구자였다. 트레티야코프 미술관은 본관과 신관을 모두 합쳐 약 16만 점의 예술품을 소장하고 있다.

기본 정보

- **명칭** 트레티야코프 미술관(The State Tretyakov Gallery, Государственная Третьяковская галерея)
- **홈페이지** www.tretyakovgallery.ru
- **주소** Лаврушинский переулок, 10(본관)
- **운영 시간** 10:00~18:00, 10:00~21:00(목~금요일), 월요일 휴무
- **입장료** 일반 450루블, 학생 250루블, 7세 미만 아동 무료.
- **사진 촬영 티켓** 200루블
- 티켓 판매 폐관 한 시간 전까지 구매 가능.
- **가는 방법** 지하철 트레티야콥스카야(Tretyakovskaya) 역 하차, 서쪽으로 도보 5분.

[관람 팁]

- **짐 보관** 큰 짐은 입장 전에 짐 보관소(Cloakroom)에 맡길 것.
- **사진 촬영** 촬영 티켓을 구매해 카메라에 붙이고, 플래시는 사용하지 말 것.
- **야간 개장** 낮 동안 시간을 내기 어렵다면 목요일과 금요일 야간 개장을 적극 활용하자.
- **주요 작품** 러시아 미술의 황금기인 19세기 후반 회화 작품은 2층 16~34번 전시실에 집중되어 있으므로 시간이 부족하다면 이 부분부터 관람하자.

박물관 구조

트레티야코프 미술관은 지하에 마련된 로비에 짐 보관소, 카페, 기념품점, 화장실이 설치되어 있다. 전시실은 지상 1, 2층에 걸쳐 있으며, 전시실의 순번이 2층에서부터 시작되므로 계단을 통해 2층으로 곧장 올라가 관람을 시작한다.

전시실 1~7 : 18세기 회화 & 조각
전시실 8~15 : 19세기 초반 회화 & 조각
전시실 16~31, 35~7 : 19세기 후반 회화 & 조각
전시실 32~34, 38~48 : 19세기 후기 ~ 20세기 회화 & 조각
전시실 49~54 : 18세기 ~ 20세기 미술
전시실 55 : 보물관
전시실 56~62 : 고대 러시아 예술

주요 작품 감상

러시아 미술의 황금기인 19세기 후반 회화 작품을 만끽하자!

혼인 축하 Celebrating the Wedding Pact
미하일 시바노프 Mikhail Shibanov / 1777년 / 2실

농노 출신의 화가로 러시아 농촌 풍경에 관심을 기울였던 시바노프의 대표작이다. 러시아 인구의 대다수를 차지하면서도 주목받지 못했던 농민들에게 결혼은 중요한 의미를 지니는 인륜지대사였다. 그림 중앙에서 밝게 빛나는 신부를 중심으로 주변을 둘러싼 하객들의 애정 어린 시선이 따뜻한 분위기를 연출한다. 크게 차린 것은 없지만 전통 의상을 걸치고 결혼식을 올리는 신랑신부의 모습에서 러시아 농민들의 소박한 생활상을 엿볼 수 있다.

시인 알렉산드르 푸시킨의 초상 Portrait of Alexander Pushkin
오레스트 키프렌스키 Orest Kiprensky / 1827년 / 8실

러시아의 국민시인으로 추앙받는 푸시킨의 초상화 중에서도 가장 유명한 작품으로, 곱슬곱슬한 머리카락과 동그란 얼굴 생김새는 외가 쪽으로 흑인 혈통을 지닌 푸시킨의 외모를 잘 드러내고 있다. 트레티야코프 미술관의 초상화 중에서 유일하게 꽃다발이 바쳐져 있는 것만 보아도 러시아에서 푸시킨이 지닌 높은 위상을 실감할 수 있다.

민중 앞에 나타난 그리스도 The Apparition of Christ to the People
알렉산드르 이바노프 Aleksandr Ivanov / 1837~57년 / 10실

예수를 소재로 한 작품으로 러시아 회화사에서 최고의 걸작 중 하나로 손꼽힌다. 〈요한복음〉에 따르면 지팡이를 든 세례 요한이 멀리서 걸어오는 예수를 가리키며 "보라, 세상 죄를 지고 가는 하나님의 어린 양이로다"라고 외쳤다고 전해진다. 그림을 보면 요한을 중심으로 세례를 받는 사람, 바리새인, 노예, 로마 군인 등 다양한 사람들이 모여서 있다. 이바노프는 이 작품을 통해 전제정치의 억압에 고통 받는 민중을 구원할 구세주의 등장을 기원하고 있다. 완성까지 무려 20년이 걸린 대작으로, 이바노프는 이 작품을 위해 600점이 넘는 드로잉과 유화 스케치를 제작했다.

The State Tretyakov Gallery

트로이카 Troika
바실리 페로프 Vasily Perov / 1866년 / 17실

한겨울의 강추위가 불어 닥치는 가운데 어린아이들이 커다란 물통을 얹은 썰매를 끌고 가는 장면을 그린 작품이다. 러시아에서 '트로이카'란 세 마리의 말이 끄는 썰매를 뜻하는데, 이 그림에서는 썰매를 끄는 세 명의 아이를 가리킨다. 빈민의 가정에서 태어나 어쩔 수 없이 노동의 현장으로 내몰린 아이들의 얼굴에는 피곤에 절은 체념만이 떠돈다. 페로프는 이 그림을 통해 극소수의 상류층이 호의호식하는 가운데 절대다수의 하층민은 헐벗고 굶주리는 러시아 사회를 비판하고 있다.

도스토옙스키의 초상 Portrait of Fyodor Dostoevskii
바실리 페로프 Vasilii Perov / 1872년 / 17실

'러시아의 위대한 고뇌자'라고 불리는 대문호 도스토옙스키를 그린 초상화. 두 손을 굳게 깍지 낀 채 깊은 상념에 젖어 있는 모습이 고뇌자라는 별칭에 어울린다. 도스토옙스키는 젊어서 사형선고를 받고 시베리아 유형을 다녀왔으며, 간질 빌직으로 고통을 받으면서 노박에 빠시기노 했다. 우여곡절 많은 인생을 살아서인지 인간의 심리묘사에 탁월했던 그의 작품에는 다양한 인간군상이 넘쳐난다. 그림 앞에 서면 도스토옙스키의 눈빛에 인간 내면의 모든 본성이 담겨 있는 듯한 느낌마저 든다.

황야의 그리스도 Christ in the Wilderness
이반 크람스코이 Ivan Kramskoi / 1872년 / 20실

예수가 황폐한 들판에서 40일간 기도를 하는 모습을 그린 작품. 이때 악마가 예수를 찾아와 일명 '황야의 유혹'으로 알려진 시험에 들게 한다. 악마는 돌을 빵으로 변하게 만들거나 성전의 꼭대기에서 뛰어내리는 기적을 통해 예수가 하느님의 아들이라는 것을 증명하라고 요구한다. 하지만 예수가 이를 거부하자 자신을 숭배하면 지상의 모든 영화를 안겨주겠노라고 유혹한다. 그림 속의 예수는 보이지 않는 악마를 물리치기 위해 고독한 싸움을 수행하고 있다.

미지의 여인 An Unknown Lady
이반 크람스코이 Ivan Kramskoi / 1883년 / 20실

크람스코이가 말년인 1883년에 그린 작품으로 실제 모델이 알려져 있지 않다. 일설에는 톨스토이의 소설 《안나 카레니나》를 읽고 여주인공 안나를 묘사한 것이라고 전해진다. 눈 덮인 도시를 배경으로 마차에 앉아 있는 여인의 눈빛이 더할 나위 없이 도도하다.

주요 작품 감상

자작나무 숲 Birch Grove
아르히프 쿠인지 Arkhip Kuindzhi / 1879년 / 21실

러시아의 광활한 대지를 가득 채우고 있는 자작나무를 그린 풍경화. 초록색으로 물든 숲 속에 햇살이 비춰드는 가운데 자작나무의 하얀 피부가 반짝인다. 러시아를 대표하는 자작나무는 보통 20~30미터씩 자라는데, 그림 속의 자작나무도 하늘을 향해 쭉쭉 뻗어 있다. 짧지만 아름다운 러시아의 여름을 떠올리게 하는 풍경이 보는 이의 가슴까지 따뜻하게 만든다.

호밀 Rye
이반 시시킨 Ivan Shishkin / 1878년 / 25실

가을이 되어 누렇게 익은 호밀밭의 풍경을 그린 작품. 언제나 배고픈 러시아의 농민들에게 곡식을 키워주는 대지는 생명의 어머니와 같다. 이삭이 여물어 고개를 숙인 호밀밭에 우뚝 선 떡갈나무는 오랜 세월 동안 수많은 역경을 이겨내고 대지를 지켜온 농민의 자화상에 다름없다.

3인의 보가트이리 Bogatyr'
빅토르 바스네초프 Viktor Vasnetsov / 1898년 / 26실

곤경에 처한 민중을 보호하는 용사들을 소재로 삼은 역사화. 보가트이리는 '용사'라는 뜻으로, 옛날부터 강도나 외적을 물리치는 용사들의 활약상은 러시아인의 상상력을 자극해왔다. 용사를 소재로 한 민요풍의 서사시를 일컬어 '브일리나'라고 부르는데, 바스네초프는 낭만적인 터치로 용사들의 모습을 그려내 인기를 모았다. 말을 타고 먼 곳을 응시하는 세 용사의 당당한 모습에서 어떤 난관이라도 해결해낼 수 있다는 자신감이 전해져온다.

전쟁 예찬 The Apotheosis of War
바실리 베레시차긴 Vasilii Vereshchagin / 1871년 / 27실

황폐한 대지에 해골 무더기가 쌓여 있는 이 그림은 제목과는 달리 전쟁의 참상을 고발한 작품이다. 창백하게 빛나는 하늘을 날아 해골 위에 앉은 까마귀는 죽음을 상징한다. 또한 무덤 속이 아니라 땅 위에 아무렇게나 쌓인 해골들은 이들이 자연사가 아니라 인위적인 죽음을 당했음을 보여준다. 베레시차긴은 러·터 전쟁 등에 보도화가로 종군하여 그림을 통해 전쟁의 폐해를 세상에 알린 화가다. 결국 전쟁 반대를 호소하던 베레시차긴은 1904년 러일전쟁에 종군했다가 여순 항에서 목숨을 잃었는데, 이 작품에 '과거와 현재 그리고 미래의 정복자에게'라는 헌사를 남겼다.

The State Tretyakov Gallery

대귀족부인 모로조바 Boyarina Morozova
바실리 수리코프 Vasilii Surikov / 1887년 / 28실

17세기 러시아정교회의 총대주교 니콘이 추진한 종교개혁에 반대한 구교도의 모습을 그린 작품. 쇠사슬에 팔이 묶인 채 수레에 실려 가는 여인이 그림의 주인공인 모로조바 부인이다. 대 귀족 집안 출신인 모로조바는 러시아정교회의 전통을 고수하며 종교개혁에 저항했다가 보로프스키 수도원 감옥에 유폐된 채 생을 마감했다. 오른손을 치켜들고 손가락으로 십자가를 그리고 있는 모로조바의 광기어린 눈빛은 이 여인의 신앙과 의지가 얼마나 굳건한지 보여준다. 수레 옆에는 여동생 우르소바가 두 손을 깍지 낀 채 묵묵히 언니의 뒤를 따르고 있다. 모로조바를 구경나온 사람들 중에서 구교도는 안타까움에 눈물을 흘리는 반면, 신교도는 웃음을 흘리며 바라보고 있다.

쿠르스크 구베르니아의 종교 행렬 Religious Procession in Kursk Gubernia
일리야 레핀 Il'ya Repin / 1881~83년 / 29실

쿠르스크는 중앙 러시아 고지에 자리한 러시아의 옛 도시로, 이곳에서 벌어진 종교 행렬을 담아낸 역사화다. 성유물함을 어깨에 멘 성직자들이 행렬을 이끄는 가운데, 헤아릴 수 없이 많은 신도들이 그 뒤를 따르고 있다. 그림을 자세히 보면 행렬의 좌우에 늘어선 경찰과 사제들이 헐벗은 빈민들이 행렬에 들어오는 것을 저지하고 있음을 알 수 있다. 그림 왼편에 목발을 짚은 꼽추가 행렬에 끼어드는 것을 사제가 작대기를 들어 막고 있는 모습이 대표적이다. 레핀은 이 작품을 통해 힘없고 가난한 이들은 신의 은총을 나누어 받는데도 차별을 당하는 러시아의 현실을 고발하고 있다.

소피아 알렉세예브나 황녀 Princess Sofia Alekseevna
일리야 레핀 Il'ya Repin / 1879년 / 29실

표트르 대제의 정적인 소피아 황녀의 비참한 만년을 그린 작품. 표트르가 어렸을 때 섭정의 지위에 앉아 러시아를 다스린 소피아는 표트르가 점차 성장하자 권좌에 불안을 느낀다. 그래서 표트르를 제거하기 위해 군대를 보냈지만 실패하는 바람에 도리어 자신이 노보데비치 수도원에 유폐되고 만다. 결국 소피아는 1704년 47세의 나이로 죽을 때까지 수도원에 갇혀 지냈는데, 창문으로 측근들이 처형되는 장면을 지켜보아야 했다고 전해진다. 그림을 보면 분노에 휩싸여 두 눈을 부릅뜬 소피아의 오른편 창문 밖으로 목 매달려 죽은 측근의 모습이 보인다.

주요 작품 감상

아무도 기다리지 않았다 Unexpected Return
일리야 레핀Il'ya Repin / 1884~88년 / 30실

갖은 역경을 이겨낸 혁명가가 집으로 돌아온 장면을 묘사한 작품이다. 민중 운동에 참여했다가 유형지로 끌려가는 바람에 언제 돌아올지 기약이 없던 아들이 어느 날 갑자기 고향집 문을 열고 들어온다. 예상치 못한 아들의 귀향에 늙은 어머니는 자리에서 벌떡 일어선다. 얼마나 오랜 세월 유형지에 머물렀는지 문간의 하녀는 그가 누군지 몰라 호기심 어린 눈빛으로 쳐다본다. 그를 알아본 식구들의 얼굴에 놀람과 반가움이 번지는 가운데 어린아이는 낯선 이방인의 등장에 두려움 띤 시선을 보낸다. 죽은 줄만 알았던 혁명가의 귀향을 접한 가족들의 격한 감정이 생생하게 전해져 온다.

1581년 11월 16일 이반 뇌제와 그의 아들 이반 Ivan the Terrible and his Son Ivan on November 16, 1581
일리야 레핀Il'ya Repin / 1885년 / 30실

러시아 역사에서 잔혹한 공포정치로 유명한 이반 4세의 광기를 소재로 한 작품. 어찌나 성품이 잔인하고 충동적이었는지 '뇌제(雷帝)'라는 별명이 붙은 이반 4세가 어느 날 아들의 처소에 들렀다. 그런데 임신한 며느리의 옷이 음란하다며 두들겨 패기 시작했다. 며느리의 비명을 들은 아들이 달려오자 분노를 자제하지 못한 이반 4세는 손에 들고 있던 쇠 지팡이로 아들의 관자놀이를 후려쳤다. 피를 흘리며 바닥에 쓰러진 아들을 보고 나서야 자신이 무슨 짓을 저질렀는지 깨닫은 이반 4세. 그의 눈빛에서 끝없는 경악과 죄책감이 전해져온다.

골고다 Golgotha
니콜라이 게 Nikolai Ge / 1893년 / 31실

사형을 언도 받은 예수가 다른 두 명의 죄수와 함께 골고다 언덕으로 향하는 장면을 그린 작품. 두 손으로 머리를 감싸 쥐고 절망에 몸부림치는 예수의 모습이 무척 생경하다. 아무리 자신이 신의 아들이라고 믿을지라도 예수 또한 인간이기에 죽음의 공포를 피할 수 없다. 예수는 죽음을 두려워하지 않은 것이 아니다. 두려움에 울부짖으면서도 자신의 사명을 완수하기 위해 스스로 죽음을 선택한 것이다. 그래서 예수야말로 진정으로 위대한 인간이었다고 평가한 니콜라이 게는 예수의 고통에 연민의 감정을 담아 이 작품을 그려냈다.

The State Tretyakov Gallery

알렉세이 황태자를 심문하는 표트르 대제 Peter the Great Interrogating the Tsarevich Alexei Petrovich at Peterhof
니콜라이 게 Nikolai Ge / 1871년 / 31실

표트르 대제와 아들 알렉세이 사이의 갈등을 그린 작품이다. 러시아를 근대화시키기 위해 서구화 정책에 매진한 표트르 대제는 2미터가 넘는 장신에 혈기왕성한 군주였다. 이에 반해 아들 알렉세이는 소심하고 내성적인 성격인 데다 아버지의 서구화 정책에 반대하고 있었다. 결국 반란을 기도했다는 혐의를 받은 알렉세이는 아버지 앞에 서서 심문을 당하는 처지가 되고 말았다. 의자에 앉아 못마땅하다는 시선으로 아들을 쳐다보는 표트르 대제와, 위대한 전제군주인 아버지 앞에서 움츠러들 수밖에 없는 알렉세이의 모습이 대조를 이루고 있다.

라일락 lilac
미하일 브루벨 Mikhail Vrubel / 1900년 / 32실

구노(Charles Gounod)의 오페라 〈파우스트〉 중 제3막 '마르게리테의 정원'에서 소재를 가져와 제작한 작품. 밤의 어둠이 내려앉은 가운데 화사하게 피어오른 라일락 향기가 화면을 가득 메운다. 그리고 라일락 꽃송이를 배경으로 선 소녀에게서는 마법과도 같은 신비로움이 피어오른다. 라일락을 좋아한 브루벨의 취향이 반영된 그림으로, 브루벨만의 독자적인 미적 세계를 잘 드러낸 작품이다.

앉아 있는 악마 Demon(sitting)
미하일 브루벨 Mikhail Vrubel / 1890년 / 33실

러시아의 시인 레르몬토프의 시에서 영감을 얻어 제작한 작품으로, 타마라 공주를 사랑한 악마를 소재로 삼았다. 공주는 저주받은 영혼인 악마에게 두려움을 느끼면서도 마침내 악마의 순수한 사랑을 받아들인다. 하지만 사랑의 결실을 맺은 밤이 지나자 공주는 차가운 주검으로 변하고 만다. 절망한 악마는 그녀의 영혼이라도 곁에 두고 싶어 하지만 천사가 내려와 데려가 버린다. 그림 속의 악마는 노을이 지는 화려한 꽃밭에 홀로 앉아 있다. 우두커니 먼 곳을 바라보는 악마의 눈빛에는 우수만이 가득하고, 사랑조차 허락되지 않는 악마의 몸에서 쓸쓸함이 배어나온다.

러시아 오페라와 발레의 전당
모스크바 볼쇼이 극장
Bolshoi Theatre

극장 광장 북쪽에 세워진 러시아 오페라와 발레의 전당. '볼쇼이(Bolshoi)'란 '크다'는 뜻이므로 직역하면 '대극장'이 된다. 18세기부터 상트페테르부르크의 마린스키 극장과 함께 러시아 공연예술의 양대 산맥을 이루고 있다. 1776년에 극단이 설립된 후 1780년에 극장이 세워졌으나 두 차례의 화재를 겪고 말았다. 이에 1825년 오시프 보베(Joseph Bové)의 설계로 유럽에서 가장 큰 극장이 현재의 위치에 세워졌고, 이때부터 '볼쇼이 극장(Bolshoi Theatre)'이라는 이름이 붙여졌다. 하지만 이 극장 또한 1853년에 일어난 대형 화재로 소실되는 바람에 알베르트 카보스(Alberto Cavos)의 설계로 1856년에 새로 건설한 것이 현재 남아 있는 볼쇼이 극장이다. 이후 약 150년의 세월 동안 매년 300여 회의 공연을 감당하면서 극장은 무너지기 일보직전에 이르렀다. 극장의 벽이 기울어진 것은 물론 건물의 토대마저 침하되어 1987년에는 폐쇄 권고가 내려지기도 했다. 예산 부족으로 방치되던 볼쇼이 극장은 2005년 7월부터 대대적인 보수에 들어갔고, 약 6년에 걸친 작업 끝에 2011년 10월 새롭게 단장한 모습으로 관객을 맞이하게 되었다.

볼쇼이 극장은 1877년 차이콥스키의 〈백조의 호수〉가 초연된 장소로 유명하지만, 발레 이외에도 오페라, 콘서트 등 다양한 공연이 펼쳐진다. 붉은 벨벳과 황금색 장식으로 치장된 극장 내부는 화려함의 극치를 보여주며, 약 2,200명을 수용하는 거대한 규모는 관객을 압도하기에 충분하다. 전 세계 발레 애호가들이 꼭 한 번 공연을 관람하고 싶어 하는 극장이기에 인기 레퍼토리는 수개월 전에 표가 매진된다. 관람하고 싶은 공연이 있다면 미리 예매를 서두르자. 특급 공연의 경우에는 좌석 가격이 2만 루블(한화 약 40만 원)을 호가할 정도로 비싸지만, 웬만한 공연은 5~6천 루블 선에서 관람이 가능하다. 비록 좌석이 좋지 않더라도 러시아 현지에서 세계 최고 수준의 공연을 관람할 수 있는 기회를 놓치지 말자. 또한 공연을 보지 않더라도 극장 투어를 통해 내부를 둘러볼 수 있으므로 참고할 것.

기본 정보

- 명칭 볼쇼이 극장(Bolshoi Theatre, Большой театр)
- 홈페이지 www.bolshoi.ru/en
- 주소 Театральная площадь, 1
- 매표소 극장 광장 서쪽 청년 아카데미 극장 건물
- 매표소 운영 시간 11:00~20:00(점심시간 15:00~16:00)
- 극장 투어 월, 수, 금요일 12:00(러시아어)&12:15(영어) / 1시간 소요, 1일 20명 제한 / 티켓은 투어 당일 볼쇼이 극장 본관 매표소(12번 문)에서 판매.
- 가는 법 지하철 1호선 테아트랄나야(Teatral'naya)역 하차.

[볼쇼이 극장 공연 예매하기]

① 볼쇼이 극장 영문 홈페이지에 접속한다.
② 홈페이지 우측 최상단 메뉴에서 'Sign in'을 클릭한다.
③ 회원 등록이 되어 있지 않으면 'reqister'를 눌러 회원 등록 화면으로 넘어간다.
④ E-mail, Telephone, Surname(이름), First Name(성)을 입력하고 'Save'를 클릭한다.
⑤ 등록이 완료되면 다시 우측 최상단 메뉴에서 'Login' 버튼을 누른다. 로그인을 위한 패스워드를 볼쇼이 극장 측에서 지정해주므로 'Forgot Password?' 버튼을 누른다.
⑥ 회원 등록 시 입력한 이메일 주소를 넣고 'Retrieve Password'를 클릭한다. 이메일로 패스워드가 도착하면 다시 로그인 화면에서 이메일과 페스워드를 넣고 로그인한다.
⑦ 상단 메뉴에서 'Schedule of Performances'를 클릭해 공연 스케줄을 확인한다.
⑧ 공연 명, 공연의 종류(오페라, 발레, 콘서트 등), 무대의 종류를 확인한다. 볼쇼이 극장에는 Historic stage, New stage, Beethoven hall 3개의 무대가 있으며, 우리가 알고 있는 볼쇼이 극장은 Historic state를 지칭한다. 확인이 끝났으면 왼쪽의 'Buy e-ticket'을 클릭한다.
⑨ 예매가 가능한 좌석은 초록색 띠로 표시된다. 좌석의 위치와 금액을 확인한 후, 원하는 좌석을 선택하면 노란색으로 변한다. 이후 화면 상단의 'Complete your booking' 버튼을 누른다.
⑩ 좌석과 금액을 확인한 후 이미지 문자를 칸에 입력한다. 'Continue' 버튼을 눌러 결제를 진행한다.
⑪ 결제가 완료되면 예매 티켓을 출력한다. 공연 전에 볼쇼이 극장 매표소에 출력한 티켓과 예매 시 사용했던 신용카드를 제출하고 실물 티켓을 수령한다.

[주의사항]

- 좌석의 종류는 'Seating Plan' 메뉴를 선택하면 무대별 좌석 안내도를 볼 수 있다. 좌석의 가격은 무대와의 거리, 시야를 가리는 정도에 따라 세분화되어 있으므로 참고할 것.
- 고가의 티켓이므로 구매 전에 홈페이지 상단 메뉴 중 'Plan Your Visit'를 클릭해 티켓 환불을 포함한 각종 규정을 숙지한다.
- 공연 관람 시 복장은 'Etiquette' 메뉴에서 확인한다. 엄격한 정장 차림을 요구하지는 않으나 티셔츠나 운동화 차림은 자제할 것. 특히 남성의 경우 반바지 차림은 입장을 제지당할 수 있다. 외투나 큰 짐은 반드시 짐 보관소에 맡기고 입장해야 한다.
- 공연 시장을 알리는 벨은 3번 울린다. 막이 오르고 나면 입장이 불가능하므로 벨이 3번 울리고 나면 서둘러 착석한다.

사회주의의 상징 붉은 광장에 서다!

오랜 세월 금단의 땅으로 여겨져 온 모스크바. 모스크바에 도착하면 가장 먼저 어디를 가면 좋을까? 최초의 사회주의 국가로 한때 세계를 호령했던 소련의 위협적인 이미지는 떨쳐버리고 우선 붉은 광장을 거닐며 역사의 뒤안길로 사라진 옛 소련의 자취를 더듬어보자.

사회주의와 미(美)의 대명사, 붉은 광장
RED SQUARE

5 DAY
Theme 1

모스크바에서 맞이한 첫 아침. 새벽 4시에 눈을 뜬 후 더 이상 잠을 이루지 못했다. 이동하느라 피곤할 만도 한데 왜 그럴까. 시차 때문인가. 하긴 서울은 지금 아침 9시이니까 잠이 깰 만도 하다. 그런데 창밖을 보니 꼭 시차 때문만은 아닌 것 같다. 모스크바의 하늘은 이미 훤히 밝아서 어둠은 흔적조차 남아 있지 않다. 백야가 찾아온 이 땅에 안식을 취할 밤은 너무도 짧다. 아무리 잠꾸러기라도 일어나야 할 것 같은 기분이다. 로마에 가면 로마 법을 따르라고 했던가. 백야의 모스크바에 왔으니 하루를 일찍 시작할 수밖에.

호텔 근처 카페에서 아침식사를 마치고 느긋하게 지하철역으로 향했다. 행선지는 '혁명 광장'이라는 뜻을 지닌 플로샤디 레볼류치Ploshchad' Revolyutsii 역이다. 이 역은 러시아에 오려고 마음먹었을 때 가장 먼저 떠올린 장소로 나를 인도한다. 지하철역에서 나와 왼쪽 골목으로 들어서자 거리 끝에 빨간 벽돌로 지은 건물이 보인다. 사진에서 익히 보아왔던 국립역사박물관State Historical Museum이다. 아침 햇살을 받아 붉게 타오르는 그 모습을 보는 순간 가슴이 두근거리기 시작했다. 마치 보물 상자를 앞에 놓고 열기 직전의 느낌이랄까. 시원하게 뻗은 보행자 거리를 지나 국립역사박물관 앞에 서자 마침내 모스크바에 왔다는 실감이 났다. 성벽과 건물로 둘러싸인 거대한 광장, 바로 '붉은 광장Red Square'이다.

러시아에 대한 꿈을 품었던 20년 전, 이곳에 서 있는 건 상상조차 할 수 없는 일이었다. 붉은 광장이 어떤 곳인가. 사회주의의 종주국으로 전 세계를 호령했던 소련의 상징과도 같은 곳이 아닌가. 1918년 3월 수도를 모스크바로 옮긴 혁명정부는 이후 붉은 광장을 사회주의의 위대함을 선전하기 위한 장소로 사용해왔다. 대표적인 예가 소련의 군사력을 과시하기 위한 군사 퍼레이드로, 승전기념일 같은 국가적인 날에는 빠짐없이 거행되었다. 일사불란하게 행진하는 군인들, 지축을 울리며 달려오는 탱크들, 그리고 세상을 멸망시킬 위력을 지닌 핵미사일이 이 광장을 지나갈 때면 소련인의 가슴은 국가에 대한 자긍심으로 부풀어 올랐다. 하지만 소련과 반대 진영에 속한 국민들은 TV 뉴스를 통해 군사 퍼레이드를 지켜보며 제3차 세계대전의 공포에 몸을 떨어야 했다. 한때 적국이었던 나라의 심장부에 서 있는 이 순간 어찌 두근거리지 않을 수 있으랴.

붉은 광장으로 발을 들여놓으려는데 오른편에서 은은한 종소리가 들린다. 분홍색으로 꾸며진 외관의 카잔 성당Kazan Cathedral이다. 그런데 오랜 역사를 지녔다고 하기에는 성당의 채색이 너무 선명하다. 알고 보니 소련 시절에 군사 퍼레이드에 방해가 된다는 이유로 성당은 물론 그 옆의 부활의 문Resurrection Gate 까지 허물었다가 소련 붕괴 후 재건했다고 한다. 소문에 의하면 국립역사박물관까지 해체하려 했었다니 당시 소련 정부는 역사와 문화에 대해 무지하지 않았나 싶다. 카잔 성당만 해도 외적으로부터 러시아를 구해낸 성모를 기리기 위해 지은 건물이기 때문이다. 폴란드가 러시아를 침공하여 나라의 명운이 경각에 달렸을 때, 성모 마리아가 어느 소녀의 꿈에 세 번이나 나타났다. 소녀는 성모의 지시에 따라 폐허가 된 도시 카잔의 잿더미 속에서 성모가 그려진 이콘Icon을 찾아냈다. 이후 '카잔의 성모'라 불리게 된 이콘에서 힘을 얻은 러시아 의용군은 악전고투 끝에 폴란드 군을 격파하고 조국을 위기에서 구해냈다. 전설에 의하면 성당의 종루 위에 걸려 있던 이콘을 몇 번이나 성당 내부로 옮겼으나 어찌된 일인지 계속 종루 위 제자리에 걸려 있었다고 한다. 결국 카잔의 성모는 외적으로부터 러시아를 구해낸 수호자인 셈인데, 군사 퍼레이드 때 탱크가 지나가는 데 방해가 된다고 성당을 없애버렸으니 기가 찰 노릇이다. 하긴 무신론을 주장하며 러시아정교회마저 부정한 소련 정부였으니 카잔의 성모가 푸대접을 받은 게 이상할 것도 없다. 그들을 지켜주는 것은 성모의 이콘이 아니라 크렘린의 탑 위에서 빛나는 사회주의의 붉은 별이었을 테니까.

그렇다고 붉은 광장에서 벌어진 퍼레이드를 전부 공포심 가득한 눈으로 바라볼 필요는 없다. 행진이란 세상을 바꾸기 위해 거리로 나선 사람들의 물결이며, 한때는 이 광장 또한 사회주의 이상향에 대한 순수한 열정을 품은 이들로 가득했으니까. 예를 들어 러시아의 혁명시인 블라디미르 마야콥스키Vladimir Mayakovskii는 〈좌익의 행진〉이라는 시를 통해 모두가 함께 떨쳐 일어나 행진하자고 노래했다.

행진하라! 비방은 이제 그만.
연사는 침묵하라! 그대의 말은 낡아빠진 권총.
아담과 이브의 율법에 따른 삶은 이미 충분하다.
역사를 끌고 온 늙은 말을 몰아내자.
좌익이여! 좌익이여! 좌익이여!

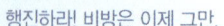

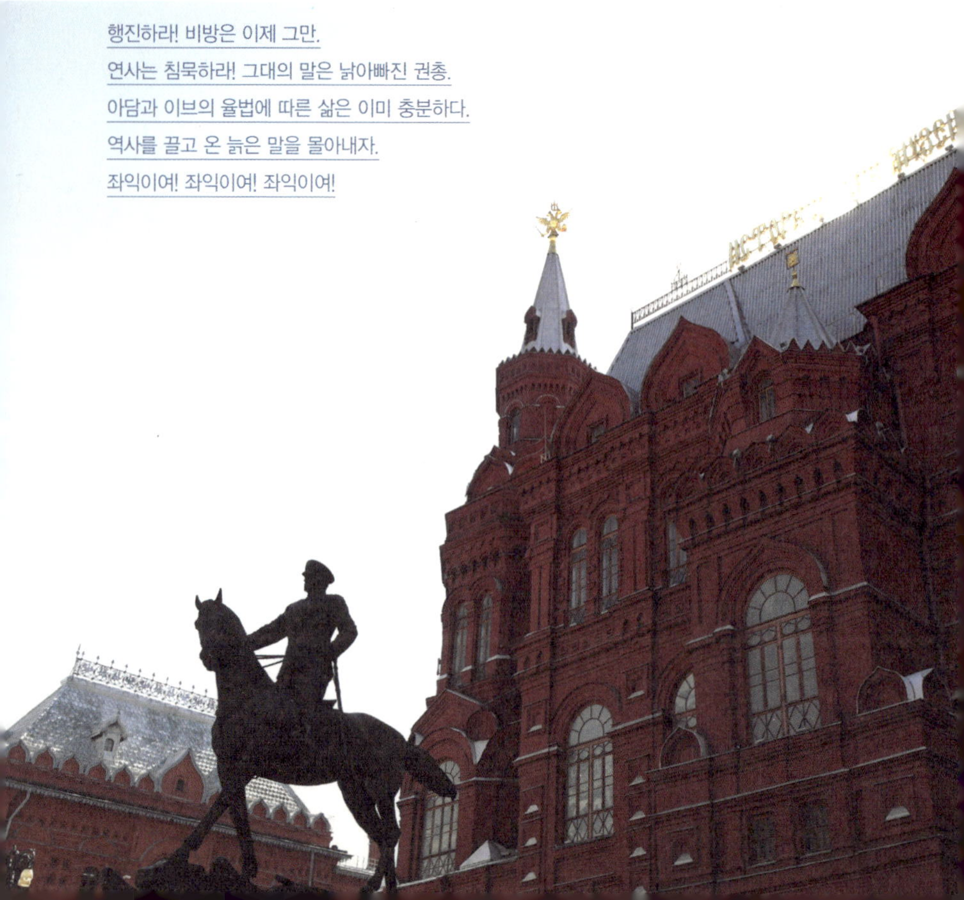

사회주의 국가에 대한 희망으로 부푼 시인의 가슴속에 더 이상 과거의 러시아는 존재하지 않았다. 지금까지 러시아인을 옭아매어 온 전통은 영광된 미래를 위해 과감히 깨부수어야 할 구태일 뿐이었다. 그래서 마야콥스키는 친구들과 손잡고 〈대중의 취향에 따귀를 때려라〉라는 선언문을 발표했다. "과거는 갑갑하다. 아카데미와 푸시킨은 상형문자보다 더 이해하기 힘들다. 푸시킨, 도스토옙스키, 톨스토이 등을 현대라는 기선에서 던져버려라"라고 주장하며 러시아가 자랑하는 문호들마저 부정했다. 그들의 임무는 오직 인민을 위해 봉사할 사회주의 국가 건설을 향해 다 함께 행진하는 것뿐이었다. 그렇다면 과연 세계 최초의 사회주의 국가 소련은 그들이 꿈꾸던 이상향을 이루어냈을까? 지금 서 있는 이곳, 소련의 70년 역사를 간직한 붉은 광장이 그 대답을 들려줄 터였다.

사실 붉은 광장이란 이름을 들으면 소련에 대한 인상이 너무 강한 나머지 사회주의를 상징하는 붉은색을 떠올리기 쉽다. 하지만 붉은 광장의 '붉은색'은 사회주의와는 아무런 관련이 없다. 붉은 광장의 러시아어 명칭은 크라스나야 플로샤디(Красная площадь, Krasnaya Ploshchad)'로, '크라스나야'는 원래 '아름답다'라는 의미를 지닌 단어다. 그럼 '아름다운 광장'이라 불려야 마땅할 장소가 왜 붉은 광장이 된 것일까? 15세기경 처음으로 형성된 이 광장은 이후 상업광장, 화재광장 등 여러 이름으로 불렸고, 17세기 말에 이르러 마침내 크라스나야 플로샤디라는 명칭을 얻게 되었다. 그런데 시간이 흐르면서 크라스나야라는 단어가 붉다는 의미를 지니게 되자, 외국에서 번역을 하면서 원뜻을 고려하지 않고 붉은 광장이라 부른 것이다. 일종의 오역인 셈인데 아무튼 붉은 광장이라는 이름이 19세기 이후 광장의 역사를 가장 잘 표현한 단어라는 점은 인정해야 할 것 같다. 사회주의의 상징과 같은 장소로 사용되어 왔을 뿐만 아니라, 지금은 광장의 삼 면이 붉은색 성벽과 건물로 둘러싸여 있으니 말이다.

이제 붉은 광장으로 발을 들여놓는다. 남북으로 길게 뻗은 광장의 서쪽에는 크렘린 Kremlin의 웅장한 성벽이 펼쳐지고, 광장을 둘러싼 건물들과 삐죽삐죽 솟은 탑들이 방문객을 반긴다. 가슴이 뻥 뚫릴 만큼 시원하게 펼쳐진 광장을 둘러보다 남쪽 끝에 자리한 건축물에 시선을 빼앗기고 말았다. 그러고 보니 다른 관광객들도 홀린 듯이 그쪽을 향해 나아가고 있다. 알록달록한 양파 모양의 돔으로 치장된 성 바실리 성당 St. Basil's Cathedral이다. 성당의 외관을 보고 왠지 익숙하다고 느끼는 사람은 한때 게임을 좋아했던 사람임에 분명하다. 1984년에 개발되어 전 세계인의 사랑을 받은 테트리스의 첫 화면을 장식한 건축물이기 때문이다. 그렇다면 테트리스에 성 바실리 성당이 등장한 이유는 뭘까? 이 게임의 개발자는 소련 과학 아카데미에 소속된 컴퓨터 프로그래머였는데, 벽돌을 끼워 맞추는 게임의 성격을 고려하여 모스크바를 대표하는 건축물을 첫 화면에 넣은 것은 아닐까? 개발 후 불법으로 복사된 게임이 북미를 시작으로 전 세계에 퍼져나갔는데, 어찌나 인기가 좋았던지 소련의 정보기관 KGB가 냉전 시대의 라이벌인 미국의 전산망을 마비시키기 위해 이 게임을 유포했다는 소문이 돌 정도였다.

1560년에 완공된 성 바실리 성당은 이반 4세 Ivan IV가 몽골 세력을 몰아낸 후 승리를

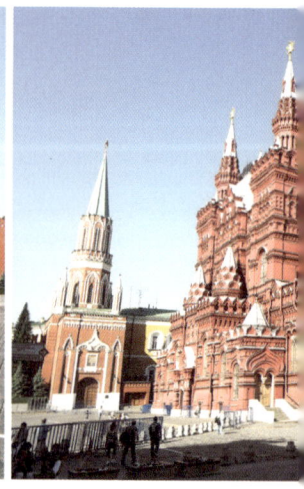

기념하기 위해 세운 성당이다. 성당의 가장 큰 매력은 서로 다른 자태를 뽐내는 9개의 첨탑이다. 46미터에 이르는 중앙탑을 에워싼 나머지 첨탑들은 양파 모양 돔을 머리에 이고 있는데, 내부를 들여다보면 첨탑들이 각기 다른 예배당의 지붕 역할을 맡고 있다. 불규칙하게 조성된 첨탑과 형형색색의 돔이 너무 비현실적이라서 아이들이 갖고 노는 장난감처럼 보이는 건 나뿐일까? 실제로 아이들이 장난감에 욕심을 부리듯 이 성당을 독점하기 위해 수단과 방법을 가리지 않은 사람이 있었다. 바로 성당 건축을 지시한 이반 4세다. 전설에 따르면 성당의 아름다움을 전해들은 영국 여왕 엘리자베스가 성당을 지은 건축가인 야코블레프Postnik Yakovlev를 보내달라고 부탁했다. 하지만 이와 같은 성당이 다른 곳에 세워지는 것을 원치 않은 이반 4세는 야코블레프를 장님으로 만들어버렸다고 한다. 하지만 이 전설은 성당의 아름다움을 강조하기 위해 지어낸 이야기일 가능성이 높다. 야코블레프는 성당을 완공한 후에도 활발히 활동하며 여러 건축물을 남겼기 때문이다. 그래도 러시아 성당 건축의 백미로 손꼽히는 성 바실리 성당 앞에 서니 이 전설이 전부 거짓은 아닐 것이란 생각이 든다. 눈을 멀게 만들지는 않았다 해도 외국으로 나가지 못하게 협박 정도는 하지 않았을까? 그 누구라도 독점욕을 느낄 정도로 성 바실리 성당의 자태는 환상적이니까.

혁명가 레닌과 독재자 스탈린

LENIN AND STALIN

5 DAY
Theme 2

붉은 광장의 서쪽을 막아선 크렘린의 성벽 앞에는 계단식 피라미드가 있다. 조금 생뚱맞아 보이는 이 구조물이 실은 붉은 광장이 사회주의 국가 소련의 성지처럼 여겨지는 이유다. 1917년 '10월 혁명'으로 제정 러시아를 사회주의 국가로 탈바꿈시킨 블라디미르 레닌 Vladimir Lenin의 시신이 안치되어 있는 곳이기 때문이다. 사회주의 혁명을 위해 평생을 바친 레닌은 그 결실을 제대로 확인하지도 못한 채 1924년 1월 21일 숨을 거두었다. 그러자 소련 공산당은 가족들의 반대를 무릅쓰고 레닌의 시신을 미라로 만들어 대중에 공개하기로 결정했다. 이후 레닌은 90년의 세월이 지난 지금까지도 이곳에 누워 참배객을 맞이하고 있다.

오전 10시부터 레닌 묘 참배가 가능하다기에 시간 맞춰 묘 앞으로 갔다. 묘의 문은 열려 있는데 묘 앞에 사람들의 접근을 막아선 긴 줄이 쳐 있다. 참배를 위해 모여든 사람들이 영문을 몰라 우왕좌왕하고 있는데 러시아 관광객 한 명이 조심스럽게 묘를 지키고 있는 군인에게 질문을 한다. 군인은 무뚝뚝한 표정으로 국립역사박물관 쪽을 가리킨다. 그가 가리키는 쪽을 바라보니 박물관 옆으로 긴 줄이 늘어서 있다. 알고 보니 레닌 묘의 입장은 박물관 옆의 성벽 아래를 통해서만 가능하며, 입장 시에는 소지품 검사가 엄격히 이루어진다. 평일 오전인데도 몰려든 관광객들로 인해 30분 이상을 기다리고 나서야 검문소를 통과할 수 있었다. 정해진 동선을 따라 줄지어 걸어간 끝에 마침내 레닌 묘 앞에 다다랐다. 레닌 묘로 들어가자마자 정복을 입은 군인이 부동자세로 서 있다. 입구뿐만 아니라 묘실로 이어진 계단이 꺾이는 곳마다 군인들이 참배객들을 감시하고 있다. 더구나 묘 안은 너무 어두워서 계단을 내려가다 발을 헛디딜 지경이다. 발밑이 안 보여서 그랬는지 한 러시아 여자가 큰 목소리로 투정을 부렸다. 그러자 갑자기 앞에서 "쉬~잇" 하는 소리가 들린다. 계단을 지키고 선 군인이 조용히 하라고 주의를 준 것이다. 그 소리에 재잘대며 계단을 내려가던 참배객들 사이에는 무거운 침묵이 내려앉았다. 키가 2미터는 될 듯한 군인들이 지켜보는 가운데 어두운 묘 안을 걸어 내려가자니 나도 모르게 몸이 움츠러든다. 사진이라도 한 장 찍었다가는 당장에 뒷덜미를 붙잡혀 KGB로 끌려갈 것 같은 분위기다. 감시병과 조명을 통해 참배를 위한 엄숙한 분위기 하나만큼은 확실히 다잡아 놓았다.

묘실 안에 들어서니 유리관 안에 누워 있는 레닌이 보인다. 턱수염을 기른 하얀 얼굴이 일찍이 사진에서 보았던 모습 그대로다. 오른손은 주먹을 쥐고 왼손은 편 상태로 조용히 누워 있는 모습을 보니 편히 잠들어 있는 듯한 느낌마저 든다. 소련 공산당은 레닌을 미라 상태로 보존하기 위해서 당시의 모든 과학 기술을 동원했다. 시신의 부패를 막기 위해 생화학자와 해부학자를 중심으로 비밀 연구가 진행되었다. 결국 피부를 표백하고 입과 눈을 꿰맨 후 방부 처리를 하여 시신이 썩지 않도록 하는 데 성공했고, 소련 공산당은 1930년 피라미드 모양의 영묘를 지어 그 안에 레닌의 미라를 모셨다. 그렇다면 고대 이집트의 파라오처럼 미라 상태로나마 영생을 얻은 레닌은 자신의 처지를 기뻐했을까? 사실 레닌은 자신이 죽으면 상트페테르부르크의 어머니 옆에 묻어달라고 유언했다. 아무리 사회주의의 아버지로 추앙받는 레닌이라 할지라도 죽어서까지 사회주의의 선전물로 쓰이리라는 걸 알았다면 편히 눈을 감지는 못했으리라.

레닌의 미라가 신기하기는 하지만 음침한 무덤 안에 오래 머물고 싶지는 않다. 레닌묘를 빠져나온 참배객들은 밖으로 나오자마자 너나 할 것 없이 큰 숨을 들이쉰다. 죽음의 그림자를 털어내고 삶의 활기를 조금이라도 더 들이마시겠다는 듯이. 긴장감으로 주눅 들어 있던 참배객들의 표정이 몰라보게 밝아진다. 성벽을 따라 출구 쪽으로 향하는데 석조로 된 흉상들이 길게 늘어서 있다. 소련 공산당의 역대 서기장들의 묘비인데 그중에 익숙한 얼굴이 하나 보인다. 바로 대숙청을 통해 30년 동안 소련을 지배한 이오시프 스탈린Iosif Stalin 이다.

레닌은 죽기 전에 남긴 유서에서 스탈린의 능력을 인정하면서도 난폭하고 남을 용서할 줄 모르는 성격을 결함으로 지적하며 서기장에서 물러나게 할 것을 지시했다. 하지만 이미 비밀경찰 등을 통해 기반을 다져놓은 스탈린은 레닌의 유서를 은폐하고 숙청을 통해 권력을 잡았다. 실은 스탈린이란 이름은 필명으로 '강철의 사나이'란 뜻이다. 그는 권력을 잡기 위해 실로 강철과 같은 냉혹함을 보여주었는데, "모조리 죽여라. 죽음은 모든 문제를 해결한다. 인간이 없으면 문제도 없다"고 말할 정도였다. 그는 독재를 강화하기 위해 혁명을 함께 수행했던 동지들은 물론이고 붉은 군대의 고위 장교들까지 희생시켰고, 끝내는 무고한 인민들까지 처형장으로 끌고 갔다. 스탈린이 집권한 30년 세월 동안 숙청으로 목숨을 잃은 사람만 수십 만 명에 이를 것으로 추산된다. 스탈린의 성격적 결함을 지적한 레닌의 날카로운 통찰력을 증명한 사례라고나 할까.

레닌의 시신을 미라로 만들어 전시할 것을 지시한 인물 또한 스탈린으로, 원래는 그의 시신도 미라로 만들어져 레닌의 관 옆에 안치되어 있었다. 하지만 후임 서기장 흐루쇼프 시절 스탈린에 대한 재평가가 이루어져 제2차 세계대전을 승리로 이끈 '위대한 승리자'에서 수많은 인명을 살상한 '희대의 독재자'로 격하되었다. 이로 인해 레닌 옆에 누워 있던 스탈린의 미라는 1961년 10월 화장된 후 성벽 밑의 자리로 옮겨졌다. 레닌은 자신의 유언을 무시한 스탈린이 옆에서 사라졌으니 마음이 좀 홀가분해졌을까. 최근 들어 레닌의 미라도 화장해서 안치해야 한다는 주장이 거세지고 있으나 야당인 공산당의 거센 반발에 부딪혀 실현되지 못하고 있다. 이미 사회주의를 탈피한 러시아에서 더 이상 레닌을 신격화할 이유는 없지만, 소련의 옛 영화를 그리워하는 이들을 다독일 시간이 필요한지도 모르겠다.

레닌 묘를 벗어나자 왠지 기분을 산뜻하게 바꾸고 싶어져서 붉은 광장 동쪽에 늘어선 건물 쪽으로 발걸음을 옮겼다. 바로 러시아를 대표하는 백화점인 굼ГУМ, GUM이다. 제정 러시아 시절인 1893년에 설립되어 현재까지 명맥을 이어온 굼은 그야말로 러시아 상업의 산 증인이다. 예카테리나 2세 시절부터 상점가로 명맥을 이어온 굼은 사회주의 혁명이 일어난 후 국가 소유로 전환되었다. 굼이란 '국영백화점 Государственный универсальный магазин'을 뜻하는 러시아어 단어의 첫 글자를 조합하여 만든 이름으로, 1920년대부터 소련이 추진한 신경제정책을 선전하는 전시장으로 사용되기 시작했다. 혁명정부는 '전국적으로 노동자와 농민의 소비 생활을 민주화한다'는 기치를 내걸고 계급, 성별, 인종에 구애받지 않고 굼을 사용할 수 있다고 선전했다. 굼을 사회주의 경제 체제의 우수성을 과시하는 모델로 삼았던 셈이다. 하지만 배급체제가 중심을 이룬 경제 정책에서 이와 같은 선전은 소비자의 불만만 키울 뿐 효과를 거둘 수 없었다. 1953년 지금과 같은 모습으로 개조하여 재개장했지만, 도리어 소련의 궁핍한 경제 상황을 대변하는 장소가 되고 말았다. 상점의 선반 위에는 질 떨어지는 제품 몇 개가 진열되어 있을 뿐인 데다, 그나마도 재고가 부족하여 물건을 사려고 늘어선 줄이 붉은 광장까지 길게 이어졌기 때문이다.

하지만 소련이 붕괴되고 20여 년의 세월이 흐른 현재 굼은 옛날의 활력을 되찾았다. 신고전주의풍의 화려한 외관만으로도 보는 이의 발길을 끌어당기는데, 백화점 안으로 들어가니 천장에서 쏟아지는 햇살에 눈이 부시다. 어찌된 일인가 싶어 고개를 드니 상점가 사이를 연결한 천장이 전부 유리로 이루어져 있다. 총 2만 개 이상의 유리판으로 만든 천장을 통해 들어온 햇살이 대리석 벽에 부딪혀 부드러운 빛으로 실내를 비춘다. 3층으로 이루어진 내부에는 세계적인 패션 브랜드를 비롯한 상점들이 들어서 있고, 전 세계에서 몰려든 관광객들이 상점가를 오가며 물건을 구경하느라 여념이 없다. 붉은 광장을 걸어 다니느라 갈증을 느낀 나는 우선 1층 안쪽에 자리한 식료품점부터 찾았다. 오랜 역사를 자랑하는 백화점의 식료품점이라 그런지 고풍스러움이 넘친다. 널찍한 식료품점을 가득 채운 상품들을 보니 이곳이 물건이 없어 장사진을 쳤던 장소라는 사실이 믿어지질 않는다.

궁을 구경하다 보니 벌써 점심시간이다. 요기를 하려고 3층에 있는 식당을 찾았다. 식당 이름은 스톨로바야 No.57Stolovaya No.57. '스톨로바야'란 줄을 서서 음식을 받는 배식소를 뜻한다. 일반 식당처럼 테이블에 앉아 음식을 주문하는 것이 아니라, 음식이 차려진 진열대 앞을 지나가며 먹고 싶은 걸 골라서 쟁반에 담은 후 마지막에 계산하는 방식이다. 우리나라의 고속도로 휴게소에서 볼 수 있는 카페테리아와 비슷한 시스템이다. 소련 시절의 식습관이 현재까지도 이어져 내려온 셈인데, 러시아어를 몰라 주문에 애를 먹는 외국인에게는 아주 편리한 방식이다. 나는 연어에 생선 알을 곁들인 전채에 러시아식 팬케이크인 블린을 선택했다. 러시아인이 전채로 생선 알을 즐겨 먹는다기에 도전해보기로 했다. 포크로 생선 알을 듬뿍 퍼서 입 안에 넣고 아무 생각 없이 씹었다. 순간 알들이 한꺼번에 터지면서 입 안에 비린내가 퍼진다. 입 안 가득 퍼진 비린내 때문에 얼굴을 찡그린 나를 보고 아내는 뭐가 좋은지 웃어댄다. 아무튼 비린내의 아픈 기억 때문에 이후 러시아를 떠날 때까지 생선 알에는 손도 대지 않았다. 간단히 식사를 마친 후, 남아 있는 비린내를 제거할 겸 1층 카페로 향했다. 붉은 광장을 바라보며 달짝지근한 에스프레소를 마시니 그제야 마음에 여유가 돌아온다. 아침에 붉은 광장에 들어섰을 때 받았던 감동이 먼 옛날 일처럼 느껴진다.

한참을 카페에 앉아 관광객들이 오가는 붉은 광장을 바라보다 국립역사박물관 쪽으로 걸음을 옮겼다. 박물관 오른편에는 붉은 광장의 출입구라 할 수 있는 부활의 문이 세워져 있다. 문을 지나 광장 밖으로 나오니 사람들이 빙 둘러서 있다. 한 꼬마가 둥근 원 안에 서서 머리 뒤로 뭔가를 던진다. 꼬마가 밟고 선 황금색 원판은 러시아 전국에 퍼져 있는 도로의 기점으로, 이곳에 서서 머리 뒤로 던진 동전이 선 밖으로 나가지 않으면 소원이 이루어진단다. 도로 기점에 무슨 영험함이 있을까 싶지만 관광객들은 너나 할 것 없이 동전 던지기에 여념이 없다. 그런데 가만히 지켜보니 관광객이 소원을 빌고 나면 주변에 서 있던 할아버지가 슬쩍 다가와 동전을 주워간다. 관광객이 버리고 간 동전을 주워 용돈으로 쓰는 모양이다. 그런데 진짜 도로기점은 이곳이 아니라 레닌 묘가 있는 자리라는 말도 있으니 이쯤 되면 '도로 기점 소원설'은 이들 할아버지들이 퍼뜨린 것이 아닌가 하는 의심마저 든다. 아무튼 러시아의 모든 길은 모스크바의 붉은 광장에서 뻗어나간다. 이곳에서 시작된 수많은 길 중 상트페테르부르크까지 곧바로 연결되어 있다는 트베르스카야 대로Tverskaya Street를 따라 나아간다. 길 중간에 우뚝 서 있는 마야콥스키를 만나기 위해서다.

사회주의의 실현을 위해 열정을 불태운 마야콥스키지만 1920년대 말부터 혁명정부와 갈등을 빚기 시작했다. 스탈린 체제가 지닌 권위주의와 신경제정책으로 강화된 관료주의를 풍자하는 희곡들을 발표한 것이 결정적이었다. 결국 정부와 적대 관계에 놓인 마야콥스키는 점차 문학계에서 고립되었고, 여기에 실연의 아픔까지 더해지자 절망감을 이기지 못하고 1930년 4월 14일 권총 자살로 생을 마감했다. 그가 자살하자 스탈린은 마야콥스키야말로 '소련 최고의 시인'이라며 떠받들었고, 그 바람에 1938년 붉은 광장에서 약 1.5킬로미터 떨어진 지점에 마야콥스키를 기리는 광장이 조성되었다. 대로를 따라 한참을 걸어 마야콥스키 광장

Mayakovskii Square로 들어섰다. 사방이 건물들로 둘러싸인 광장 한가운데에 덩그러니 그의 동상이 세워져 있다. 오가는 차량과 인파로 번잡한데도 두 팔을 늘어뜨린 마야콥스키의 모습이 왠지 쓸쓸해 보인다. 사실 마야콥스키는 자살하기 전에 사회주의 혁명문학에 회의를 느끼고 있었다. 그는 미완성으로 남은 장시 〈목청을 다하여〉에서 자신의 고뇌를 다음과 같이 토로했다.

선전과 선동이 내 마음에도 역시 걸렸다.
차라리 당신들을 위해 연애시를 쓰고 싶었다.
좀 더 유익하고 매력적인.
하지만 나는 자신을 억누르고
내 노래의 목청을 짓밟았다.
나의 시는 그대들에게 가리라,
모든 시대의 절정을 뛰어넘어
시인과 정부마저 앞질러서.

사회주의 이상향을 실현하기 위해 문학과 예술마저 선전의 도구로 사용하기를 주저하지 않았던 마야콥스키. 하지만 스탈린의 독재 아래 변질되어 가는 혁명의 모습에 참을 수 없는 회한과 좌절을 느꼈다. 비록 권총 자살로 생을 마감했지만 그의 머리를 꿰뚫은 탄환은 인민을 억압하는 스탈린 정권에 대한 마지막 저항이었다. 결국 독재와 관료주의로 병든 소련의 사회주의는 이상향 건설에 실패하고 역사의 뒤안길로 사라졌다. 하지만 죽어서도 혁명의 이상을 부르짖은 시인의 노래는 오늘날까지도 전 세계 젊은이들의 가슴을 뜨겁게 달구고 있다. 마야콥스키의 말처럼 시는 언제나 '애무이자, 슬로건이자, 칼이자, 채찍'이기에.

RUSSIA HISTORY

소련과 미국의 대립, 냉전 시대

1947년 3월 당시 영국의 수상이었던 윈스턴 처칠은 "오늘날 발트 해부터 아드리아 해에 이르기까지 유럽을 가로질러 철의 장막이 드리워져 있다"고 주장했다. 여기서 말한 '철의 장막'이란 동유럽을 장악한 사회주의 세력을 지칭한 것으로, 그 중심에는 세계 최초의 사회주의 국가연맹인 소련이 자리 잡고 있었다. 처칠은 제2차 세계대전 당시 나치 독일의 막강한 군사력에 대항하기 위해 어쩔 수 없이 소련과 손을 잡았지만, 전쟁이 막바지에 이르자 독일의 패망 이후 소련이 갖게 될 영향력을 우려하기 시작했다. 소련은 막대한 희생을 치르면서도 영웅적인 투쟁 끝에 독일군을 패퇴시켰고, 소련 덕분에 나치 독일의 손아귀에서 벗어난 동유럽인은 소련군을 해방자로서 열렬히 환영했다. 따라서 동유럽 각국에서 반 나치 투쟁을 벌여온 세력들이 소련과 손을 잡고 사회주의 체제로 이행해 나간 것은 매우 자연스러운 흐름이었다. 게다가 당시 서유럽의 진보적인 지식인들은 소련에서 벌어지고 있는 사회주의 실험과 제2차 세계대전 중 소련이 거둔 군사적 성과에 대해 호감을 지니고 있었다. 따라서 처칠이 동유럽뿐만 아니라 서유럽마저 사회주의에 물들고 말 것이라고 위기감을 느낀 것도 당연했다.

이때부터 공산주의와 자본주의 양진영으로 갈라져 대립하는 '냉전Cold War'이 본격화되었는데, 미국의 평론가 리프먼Walter Lippmann이 처음으로 사용한 냉전이라는 용어는 '직접적으로 무력을 사용하지 않고 경제, 외교, 정보 따위를 수단으로 하는 국제적 대립'을 의미한다. 이후 소련과 미국 양 강대국을 중심으로 전개된 냉전은 군비 경쟁을 격화시켜 전 세계를 제3차 세계대전의 위기로 몰아넣었다. 그중에서도 특히 공포의 대상이 된 것이 바로 핵무기 개발이다. 제2차 세계대전 말 미국이 보유한 원자폭탄의 위력을 실감한 소련은 미국을 따라잡기 위해 원자폭탄 개발에 매진했다. 그리고 1947년 원자 폭탄 개발에 성공하여 미국의 독점 상황을 깨뜨렸다. 그러자 미국이 1952년 원자폭탄보다 훨씬 강력한 수소폭탄을 개발하여 또 다시 한발 앞서나갔으나, 이듬해 소련도 수소폭탄을 개발하여 곧바로 미국을 따라잡았다. 이후 소련이 대륙 간 탄도미사일을 개발하여 미사일 전력에서 미국을 앞서 나가자, 미국은 잠수함 발사 미사일을 개발하여 소련의 선제 핵공격에 대비했다. 만약 소련의 선제 핵공격으로 미국 본토가 초토화되더라도 바다에서 살아남은 잠수함의 핵무기로 보복을 가한다는 전략이었다. 그야말로 한 치도 물러날 기미를 보이지 않은 두 나라의 군비 경쟁은 일단 전쟁이 벌어지면 승자나 패자의 구별없이 인류 전체가 공멸할 지경에 이르고 말았다.

핵무기의 수량을 늘리며 무한 군비 경쟁을 펼치던 두 나라 사이에서 결국 일촉즉발의 상황이 벌어졌다. 바로 1962년에 벌어진 '쿠바 미사일 위기'다. 1959년 카스트로가 이끄는 혁명군은 부패한 바티스타 정권을 축출하고 권력을 잡았다. 쿠바에 대해 실질적인 지배권을 행사하고 있던 미국은 대대적인 제재를 가하는 동시에 혁명 정부를 전복시키기 위해 모든 수단을 동원했다. 이에 쿠바는 1961년 1월 미국과 국교를 단절하고 위기 상황을 타파하기 위해 미국의 라이벌인 소련과 손을 잡았다. 그리고 1962년 9월 소련과 무기원조협정을 맺고 쿠바에 중거리 탄도탄 42기를 배치하기로 합의했다. 쿠바는 거듭되는 미국의 군사적 위협으로부터 자국을 보호하려는 의도였고, 소련은 미국의 턱밑에 핵무기를 배치하여 군사적 우위를 점해보겠다는 속셈이었다. 10월 14일 첩보기가 찍어온 공중촬영 사진으로 쿠바에 미사일 기지가 건설 중임을 확인한 미국은 즉각 국가안전보장위원회를 소집했다. 그리고 10월 22일 미국 대통령 케네디는 TV방송을 통해 "소련은 서반구에 대하여 핵공격을 가할 수 있는 기지를 쿠바에 건설 중"이라고 발표했다. 미국은 쿠바 해상을 봉쇄하여 소련에서 올 미사일의 반입을 막는 동시에, 쿠바의 핵미사일이 서방을 공격할 경우에는 소련이 미국을 공격한 것으로 간주하여 핵무기로 보복할 것을 천명했다. 전 세계가 핵전쟁의 공포에 빠진 채 카리브 해에서 벌어질 미국과 소련의 해상 대치를 주목했다. 10월 24일 바다 위에 함정과 전투기를 배치한 미국은 소련 선박이 정지 명령에 불응하면 격침시킬 것이라 선언했고, 10월 26일 미사일을 적재한 16척의 소련 선박이 마침내 미국이 펴놓은 봉쇄선에 도달했다. 소련은 미국의 해상봉쇄 및 검문이 국제법을 무시한 해적 행위라고 비난했으나, 결국 소련 서기장 흐루쇼프는 미국의 강경 대응에 한발 물러나기로 결정했다. 소련은 미국이 쿠바를 침공하지 않는다고 약속하면 미사일 기지를 철거하겠다고 약속했고, 이틀 후 미국이 조건을 수락하자 미사일을 실은 선박을 되돌렸다. 이로써 핵전쟁의 공포를 안겨준 일주일간의 쿠바 미사일 위기는 미국의 무력 시위와 쿠바에 대한 불가침 천명으로 끝을 맺었다. 비록 핵전쟁의 위기는 있었으나 두 강대국도 이 사건을 통해 깨우친 바가 있었다. 실제로 핵전쟁이 벌어지면 어느 누구도 살아남지 못할 것이라는 점을 새삼 깨닫게 된 것이다. 이에 1963년 7월 소련과 미국은 핫라인을 설치하여 두 나라 사이에 벌어질 긴박한 사태에 대비하였으며, 핵전쟁을 회피하자는 취지에서 같은 해 8월 '부분적 핵실험 금지조약'을 맺고 평화 공존의 길을 모색하게 되었다.

6DAY
MOSKVA

러시아인의 정신적 지주, 정교회를 찾아서

현대적인 도시 모스크바에 어울리지 않게 스카프를 머리에 뒤집어쓴 여인들. 정숙한 발걸음으로 그녀들이 향하는 곳은 어디일까? 정답은 바로 러시아정교회의 예배당이다. 그 옛날 동방에서 전래된 정교회는 지금도 러시아인의 신앙의 구심점이자 문화의 원천이다. 사랑과 존경을 담은 입맞춤이 흘러넘치는 그곳, 러시아정교회를 만나러 가보자.

러시아 정교회와 황실의 뿌리, 크렘린

KREMLIN

6 DAY
Theme 1

어릴 때 액션 영화를 좋아했던 나는 할리우드에서 제작한 〈007시리즈〉를 즐겨 봤다. 영국의 첩보기관 MI6 소속의 제임스 본드가 기상천외한 무기를 갖고 악당들을 물리치는 장면이 어찌나 재미나던지. 그런데 베일에 싸여 있던 악당의 정체를 밝히고 보면 그 배후에는 으레 소련의 '크렘린Kremlin'이 버티고 있었다. 그래서 당시 세상 물정 모르던 나는 크렘린이 악당들의 소굴인 줄로만 알았다. 그런데 나중에 커서 보니 영화에 등장하던 크렘린이란 사회주의 국가 소련의 정치적 심장부였다. 소련의 최고 지도자인 서기장이 머물며 전 세계에 퍼져 있는 사회주의 세력에 영향력을 행사하던 장소였던 것이다. 당시는 미국과 소련이 세계의 패권을 두고 자웅을 겨루던 냉전 시대였으므로, 미국 영화에서 라이벌의 상징인 크렘린을 곱게 그려줄 리 없었다. 아무튼 어릴 때 형성된 이미지의 영향은 매우 강력한 것이어서, 모스크바의 크렘린을 떠올리기만 해도 어쩐지 으스스한 것이 영 꺼림칙했다.

그럼 크렘린이란 정확히 뭘 뜻하는 걸까? 원래 크렘린이란 러시아어 '크레믈Кремль'에서 유래한 말로, 도시를 방어하기 위해 세운 성채城砦를 뜻한다. 따라서 모스크바 말고도 러시아의 유서 깊은 도시에는 대부분 크렘린이 세워져 있다. 하지만 모스크바의 크렘린이 가장 크고 유명하기 때문에 첫 글자인 'K'를 대문자로 쓰면 모스크바의 크렘린을 가리킨다. 크렘린 중에서도 대장이란 뜻이랄까. 더구나 냉전 시대에 모스크바가 세계 정치의 중심지로 부상하며 뉴스에 자주 등장하자, 외국에서는 크렘린이 소련 정부를 지칭하는 대명사로 쓰이게 되었다. 하지만 크렘린을 단순히 정치적 수사로만 이해한다면 그 진면목을 놓치게 된다. 크렘린은 격동의 러시아 역사를 함께한 증인으로, 그 유래는 약 900년 전으로 거슬러 올라간다. 1156년 모스크바 공국의 시조인 유리 돌고루키Yurii Dolgorukii 공이 모스크바 강가의 숲에 나무로 된 요새를 쌓으면서 크렘린은 시작되었다. 그리고 수많은 외침을 겪으면서 보강과 확장을 거듭하다 15~16세기에 걸쳐 지금처럼 돌로 된 성채의 모습을 갖추게 되었다.

붉은 광장에서 바라본 크렘린은 그야말로 거대한 성벽으로 둘러싸인 철옹성이다. 최대 20미터에 이르는 성벽 위로 솟은 감시탑들은 어떠한 침입도 용납하지 않겠다는 듯 위풍당당하다. 아무도 몰래 들어갈 수 없는 요새의 풍모를 갖춘 데다,

현재는 러시아 연방의 대통령이 머물고 있으니 감히 크렘린을 구경할 수 있으리라고 생각하지 않았다. 할리우드 영화의 영향도 크지만 나 또한 사회주의에 대한 공포심을 주입받으며 자란 세대니까. 그런데 여행을 준비하다 보니 지금의 크렘린은 모스크바를 찾은 관광객들이 가장 많이 들르는 최고의 관광지란다. 어찌나 인기가 많은지 구경하려면 개장 시간 전에 찾아가도 길게 줄 서야 할 정도다. 실제로 짐 검사를 위해 길게 늘어선 관광객들의 수다를 들어보니 지구촌의 언어가 다 들린다. 이 많은 사람들이 위험을 감수하고 악의 소굴을 제 발로 찾아왔을 리는 없을 테니 한시름 놓아도 되려나.

크렘린 서쪽 편에 우뚝 솟은 트로이츠카야 탑 Troitskaya Tower을 통해 안으로 들어간다. 탑 밑에 뚫린 문을 지나면 도로에 경찰들이 쫙 깔려 있을 줄 알았는데 생각보다 경비가 삼엄해 보이지 않는다. 서울의 청와대는 근처만 가도 경찰이 깔린 데다 복장이 단정치 않으면 왜 왔냐고 묻기도 하는데 여기는 그렇지 않은 모양이다. 긴장이 좀 풀어져서 사방을 두리번거리는데 갑자기 길 건너편에 서 있던 경찰이 호통을 친다. 깜짝 놀라 쳐다보니 관광객 한 명이 횡단보도가 아닌 곳에서 길을 건너다 혼이 나고 있다. 관광객이 인도가 아닌 곳으로 걷거나 무단횡단을 하면 경찰들이 제지하는 모양이다. 작은 아치를 지나 탁 트인 광장으로 들어서자 저절로 감탄사가 흘러 나왔다. 순백과 황금으로 둘러싸인 '성당 광장 Cathedral Square'은 여러 개의 성당으로 둘러싸여 이런 이름이 붙었는데, 흰색 건물들 위로 눈부시게 빛나는 황금색 돔이 눈길을 사로잡는다. 그런데 눈처럼 하얀 건물에 별다른 장식이나 채색이 되어 있지 않다. 서유럽의 성당들과는 확연히 다른 외형으로 그 흔한 부조 하나 없다. 유서 깊은 성당들로 둘러싸여 있다고 듣고 왔는데 뭔가 좀 허전하다. 그나마 외벽에 프레스코화가 몇 점 그려져 있는 성당 쪽으로 발걸음을 옮겼다. 성당 옆에 난 작은 문을 통해 내부로 들어간 순간, 머리를 한 대 얻어맞은 느낌이 들었다. 외관의 단순함과는 극명하게 상반되는 화려

함이 눈앞에 펼쳐졌기 때문이다.

성당 내부는 천장, 벽, 기둥 할 것 없이 눈에 보이는 부분은 전부 이콘과 프레스코화로 장식되어 있다. 외부의 빛이 거의 들어오지 않는 가운데 천장에 매달린 샹들리에가 성당 안을 밝힌다. 은은한 불빛을 받은 성화들이 뿜어내는 신비로운 기운으로 내부가 꽉 찬 느낌이다. 수백 년의 세월을 뛰어넘어 중세의 러시아에 와 있는 듯한 착각마저 불러일으킬 정도다. 지금까지 수많은 성당을 보았지만 이처럼 한순간 신성함에 사로잡힌 곳은 처음이다. 우스펜스키 대성당Uspenskii Cathedral은 러시아정교회의 총본산이자 황실의 뿌리와도 같은 곳이다. 정교회 대주교의 무덤이 있을 뿐만 아니라 황제의 대관식이 거행되었던 장소이기 때문이다. 러시아의 정신적 지주이자 정통성의 상징과도 같은 곳이니 어찌 내부를 꾸미는 데 하나라도 소홀함이 있었겠는가. 일설에는 성당 내부를 장식한 이콘을 그리는 데만 천 명의 수도사가 매달렸다고 한다. 황홀함에서 겨우 벗어나 얼결에 카메라를 치켜드는데 옆에 선 아내가 팔을 잡고 제지한다. 성당 내부는 사진 촬영이 금지되어 있다는 사실을 깜빡한 것이다. 소문에 의하면 몰래 사진을 찍다 걸리면 카메라를 박살내고 사람을 끌어낸단다. 설마 했지만 아무래도 이곳이 크렘린이다 보니 허투루 들리지 않는다.

성당을 나서니 어느새 광장은 관광객들로 북적이고 있다. 번잡함을 피해 광장 동편의 계단에 앉아 있는데 뒤쪽에서 사람이 내려온다. 알고 보니 내가 앉은 곳은 이반 대제의 종루Ivan the Great Bell Tower로 오르는 계단이었다. 81미터의 높이를 자랑하는 종루는 건축 당시 모스크바에서 가장 높은 건물이었다. 외적의 침입을 가장 먼저 알아차릴 수 있는 장소였기에 적이

나타나면 종루에 설치된 21개의 종을 일제히 울려 위험을 알렸다고 한다. 하지만 종만 친다고 해서 외적의 침입을 막을 수 있는 것은 아니었다. 예를 들어 크렘린을 함락시킨 대표적인 침략자로 프랑스의 나폴레옹을 꼽을 수 있다. 유럽을 무력으로 석권한 나폴레옹은 러시아의 알렉산드르 1세가 약속을 어기고 영국과 무역을 재개하자 1812년 60만 대군을 이끌고 러시아를 침공했다. 후퇴를 거듭한 러시아 군은 모스크바마저 버리고 도망쳤고, 나폴레옹은 같은 해 9월 14일 총 한 방 쏘지 않고 크렘린에 입성했다. 보무도 당당하게 말을 타고 크렘린을 돌아본 나폴레옹은 그 화려한 모습에 감탄을 금치 못했다고 한다. 아내 마리 루이즈에게 "파리만큼이나 큰 도시로 없는 게 없다"고 편지를 보낼 정도였다.

하지만 모스크바를 차지했다는 기쁨도 잠시, 입성 다음 날 밤 원인 모를 화재가 발생해 모스크바 대부분이 잿더미로 변하고 말았다. 더 이상 모스크바에 머물 수 없게 된 나폴레옹은 러시아 군에 거듭 항복을 권했으나 알렉산드르 1세는 콧방귀도 뀌지 않았다. 이에 겨울이 찾아와 보급이 끊길 것을 우려한 나폴레옹은 모스크바 입성 5주 만에 후퇴를 명령했지만, 항복을 거절한 알렉산드르 1세에게 분풀이를 하기 위해 크렘린을 박살내 버리기로 마음먹었다. 크렘린 안의 수많은 건물들에 폭발물이 설치됐고 결국 무기고, 성벽, 탑 등이 파손되고 말았다. 만약 때마침 비가 내려 도화선이 젖지 않았더라면 지금 보고 있는 아름다운 성당들은 나폴레옹의 야만적인 파괴

행위로 인해 모두 사라지고 말았을 것이다. 그때 내린 비야말로 러시아를 지켜준 신의 은총이라 해야 할까.

비록 나폴레옹에게 혼쭐이 나기는 했어도 크렘린에 드리워져 있는 러시아 황실의 위엄은 여전히 건재하다. 종탑 뒤편에는 '황제'라는 닉네임이 붙은 두 가지 물건이 놓여 있다. 바로 황제의 종과 황제의 대포다. 종과 대포에 이런 닉네임이 붙은 이유는 아무래도 세계 최대를 자랑하는 어마어마한 크기 때문일 것이다. 그런데 무게 200톤에 달하는 황제의 종 일부분이 떨어져 나와 옆에 세워져 있다. 종을 주조하던 중 화재가 발생하자 당황한 누군가가 불을 끈다고 물을 끼얹는 바람에 종이 깨지고 말았다고 한다. 그래서 황제의 종은 탄생 후 단 한 번도 울리지 못한 채 그 거대한 몸을 땅바닥에 내려놓고 있다. 재미있는 건 구경 89센티미터로 위풍당당함을 자랑하는 황제의 대포도 비슷한 운명을 맞이했다는 점이다. 대포를 보러 가니 거대한 포신 앞에 포탄 4발이 쌓여 있다. 하지만 포탄들은 그냥 장식품일 뿐, 대포 또한 단 한 번도 발사된 적이 없다. 그저 황제의 위엄을 드러내기 위해 최대한 크게 만들어진 후 여기저기로 끌려 다니며 전시됐을 뿐이다. 내가 보기에는 실제로 발사가 될지조차 의문스럽다. 지금은 버튼 하나만 누르면 미사일이 날아가는 세상이니 이 대포를 사용할 일은 영원히 없을 것이다. 아무튼 단 한 번 울리지도 쏘지도 못한 채 관광객의 촬영 파트너로 전락해버린 종과 대포를 보니 왠지 씁쓸하다.

아르바트에서 빅토르 최를 만나다

VIKTOR TSOI IN ARBAT

크렘린을 나와 서쪽으로 쭉 뻗은 대로를 따라 걷는다. 더운 데다 햇살까지 뜨거워 얼마 걷지 않았는데도 몸이 축축 늘어진다. 그때 아내가 지하도 입구에서 아이스크림 노점을 발견하고 냉큼 달려간다. 러시아 꼬마들과 몸싸움을 하며 냉장고 안을 요리조리 살피다가 마음에 드는 걸 하나 고르더니 부드럽고 시원한 맛이 일품이라며 난리다. 지하도를 건너자 앞에 널찍한 보행자 거리가 이어진다. 바로 모스크바의 예술가 거리인 '구舊 아르바트Arbat'다. 15세기에 형성되기 시작한 구 아르바트는 수공예품을 만드는 장인들이 모여 살던 거리였다. 18세기 들어 모스크바의 귀족들이 거주하는 고급 주택가로 바뀌었지만 나폴레옹의 대화재 때 전부 타버리고 말았다. 이후 재건된 거리에 19세기부터 예술가와 학자들이 찾아들면서 모스크바 예술과 문화의 대명사로 자리 잡았다.

거리로 들어서자마자 귓가에 맑은 종소리 같은 것이 들린다. 한쪽에서 흰옷을 입은 아저씨가 다양한 크기의 동판을 두드려 아름다운 선율을 만들어내고 있다. 아저씨 옆에 선 아주머니는 한 손에 CD를 들고 광고하면서 나머지 한 손으로는 가끔씩 동판을 한 방씩 쳐준다. 동판의 수가 너무 많다 보니 남편의 손이 닿지 않는 곳은 아내가 쳐주는 모양이다. 동판에서 울려 나오는 맑은 소리에 기분이 절로 상쾌해진다. 거리 한 가운데는 초상화를 그려주는 화가들의 차지다. 저마다 자신이 그린 유명 영화배우의 초상화를 늘어놓고 실력을 뽐내고 있다. 만약 모스크바에 온 기념으로 초상화나 캐리커처를 남기고 싶다면 화가 앞에 놓인 의자에 앉아봐도 좋다. 그런데 한 가지 주의할 점은 거리의 화가들이 으레 그렇듯이 실력도 중구난방, 가격도 천차만별이다. 게다가 짧은 시간 안에 그려내는 그림이므로 전시용으로 걸어놓은 것들과는 수준 차이가 날 수밖에 없다. 제일 좋은 방법은 다른 사람의 초상화를 그릴 때 뒤에 서서 실력을 확인하는 것이다. 그러고 나서 가격 흥정까지 확실히 끝낸 후 자리에 앉으면 된다.

거리 양쪽에는 온갖 기념품을 파는 상점들이 관광객의 눈길을 사로잡는다. 아내는 쇼윈도에 진열된 크고 작은 마트료시카를 보더니 마법에라도 홀린 듯 상점 안으로 빨려 들어간다. 급하게 따라 들어가보니 눈을 또르르 굴리며 마트료시카를 구경하느라 여념이 없다. 하지만 만만치 않은 가격에 쉽사리 사겠다는 말을 꺼내지 못하는 눈치다. 사실 구 아르바트에서 쇼핑할 때는 가격을 잘 따져봐야 한다. 모스크바의 중심가에 자리 잡은 관광 명소이기 때문에 기념품의 질이 높지만 그만큼 가격도 세다. 같은 물건이라도 다른 지역의 상점보다 가격을 높게 부를 가능성이 높다. 구경만 실컷 하고 아내의 팔을 잡아 상점 밖으로 끌어냈다. 주변을 둘러보니 눈앞에 웬 거대한 젖소가 서 있다. 처음에는 거리를 장식한 예술품인 줄 알았는데 실은 유명 식당의 상징물이라고 한다. 식당의 이름은 무무. 러시아에 흔한 카페테리아식 식당으로, 안으로 들어서니 줄이 길게 늘어서 있다. 식당 앞을 지나가는 관광객들, 특히 아이들은 빠짐없이 젖소와 사진을 찍고 싶어 하니 식당에 사람이 많을 수밖에.

번듯하게 정돈된 구 아르바트는 온통 기념품점과 음식점이 점령한 모양새다. 관광객을 대상으로 하는 거리라 이해는 가지만 음식점도 대부분 시내 어디서나 찾아볼 수 있는 유명 체인이다. 거리를 걷다 보면 맥도널드, 스타벅스, 던킨 도너츠, 배스킨 라빈스는 물론이고 이제 우리나라에서는 찾기 힘든 웬디스 매장까지 보인다. 과연 이곳이 모스크바가 맞는지 눈을 의심할 지경이다. 거리의 예술가들을 빼고 나면 예술과 낭만을 노래하던 옛 모습은 거의 찾아볼 수 없다. 사실 기념품이나 먹거리에 별 관심이 없는 내가 일부러 이곳을 찾은 이유는 따로 있다. 러시아 젊은이들의 가슴에 자유와 저항의 상징으로 남은 빅토르 최Viktor Tsoi의 흔적을 찾아보기 위해서다.

갑자기 구름 낀 하늘에서 비가 한두 방울씩 내리기 시작한다. 비를 피할 곳을 찾아 두리번거리는데 거리 왼편에 어지러이 낙서로 뒤덮인 벽이 보인다. 바로 내가 찾던 '빅토르 최의 벽Viktor Tsoi Wall'이다. 1962년 6월 21일에 태어난 빅토르 최는 한국인 아버지와 우크라이나인 어머니 사이에서 태어난 한인 3세다. 스무 살이 되던 1982년 록그룹 키노KINO를 결성해 본격적으로 음악 활동을 시작했지만 한동안 미장공이나 보일러실 화부로 생계를 유지해야 할 만큼 어려움을 겪었다. 그러던 1986년 발표한 여섯 번째 앨범 〈밤〉이 밀리언셀러를 기록하며 유명 가수의 대열에 들어섰고, 이후 펑크록 스타일에 러시아 특유의 선율이 가미된 노래로 젊은이들을 사로잡았다. 1988년에는 영화 〈이글라Igla〉의 주인공으로 출연하여 1,500만 명의 관객을 동원했고, 오데사 영화제에서 최우수 연기자로 선정되기까지 했다. 그가 영화 속에서 철길을 걸으며 부른 〈혈액형Gruppa Krovi〉이라는 노래를 따라 부르는 젊은이들이 거리에 넘쳐났다. 그가 작사한 가사에는 항상 자유와 저항의 정신이 녹아들어 있기 때문이다.

나는 승리를 위해 어떤 희생도 치루고 싶지 않아.
내 군화발로 누군가의 가슴을 짓밟고 싶지 않아.
너와 함께 있고 싶어. 그저 너와 함께 있고 싶을 뿐.
하지만 하늘 높이 솟은 별이 전쟁터로 나를 부르네.

소매 끝에 쓰인 혈액형.
소매 끝에 쓰인 군번.
이 전투에서 내가 살아남길 빌어다오.
이 들판에 나 홀로 남지 않도록 빌어다오.
나에게 행운을 빌어다오…

'저항과 자유의 음유시인'이라는 칭호와 함께 러시아 젊은이들의 대변자가 되어버린 빅토르 최. 결국 그가 지닌 영향력을 깨달은 소련 서기장 고르바쵸프가 빅토르 최를 불러 자신이 추진하는 개혁 정책에 협조를 요청하기까지 했다. 1990년 서울 공연에 대한 제안을 받고 기쁜 마음으로 라트비아의 수도 리가에서 뮤직비디오를 촬영하던 어느 날, 호텔로 돌아오던 빅토르 최는 버스 충돌 사고로 갑자기 생을 마감하고 말았다. 그의 나이 겨우 만 28세. 빅토르 최의 죽음으로 비탄에 빠진 여성 5명이 그를 따라 목숨을 끊었고, 소련 보수파의 암살이라는 소문에 분노한 팬들로 인해 장례식이 연기되는 사태마저 벌어졌다.

마주 선 빅토르 최의 벽 상단에 자그마하게 그의 얼굴이 보인다. 처음에는 그림인 줄 알았는데 가까이 다가가 보니 벽에 회칠을 한 후 정성스럽게 모자이크로 만든 작품이다. 벽 아래쪽에는 네모난 모양의 벽감이 마련되어 있는데 그가 즐겨 피웠던 담배는 물론이고 음료수와 빵까지 놓여 있다. 몇 년 전 담배를 끊지만 않았더라면 나도 담배 한 개비에 불을 붙여 그의 넋을 위로해주었을 텐데. 난잡하게 그려진 낙서와 볼품없는 벽감만 놓고 보면 그의 죽음을 추모하기 위해 마련된 장소라고 하기에는 너무 초라해 보일지 모르겠다. 하지만 '오늘 나는 자유를 위해 모든 것을 희생할 수 있다'며 모든 억압과 간섭을 거부했던 빅토르 최에게는 도리어 어울리는 제단이 아닐까.

아름다움을 간직한 노보데비치 수도원

6 DAY
Theme 3

NOVODEVICHII CONVENT

구 아르바트 거리 끝자락에서 지하철을 타고 모스크바 강 서쪽으로 향한다. 그런데 역 밖으로 나오니 도무지 방향을 모르겠다. 모스크바 지하철은 워낙 깊어서 방향을 가늠하기가 쉽지 않다. 역 앞에 서서 두리번거리는데 내가 가려는 수도원 표지판이 눈에 들어온다. 시키는 대로 우측 방향으로 한참을 걸었는데도 수도원이 나오지 않아 슬슬 불안해질 무렵, 나무들 위로 높이 솟은 탑 같은 것이 보인다. 다가가자 수도원이라고 부르기에는 너무 높고 견고해 보이는 담장이 모습을 드러낸다. 바로 러시아의 종교 및 정치와 깊은 연관을 맺고 있는 노보데비치 수도원Novodevichii Convent이다. 수도원의 겉모습이 요새처럼 보이는 이유는 모스크바를 지키기 위한 전략적 요충지에 세워졌기 때문이다. 모스크바 강이 굽이치며 서쪽으로 불룩 튀어나온 이 지점은 모스크바로 입성하는 길목에 해당한다. 그래서 16세기에 타타르 군을 저지한 곳도, 17세기에 폴란드와 리투아니아 연합군을 격파한 곳도 바로 이곳이다. 1524년 모스크바의 대공 바실리 3세가 폴란드령이었던 스몰렌스크를 병합한 것을 기념하여 수도원을 세웠으니 계속해서 전쟁과 인연을 맺은 것도 어쩔 수 없는 일이랄까. 게다가 황제의 자리를 둘러싼 권력 투쟁에서 패배한 황족을 유폐시키는 장소로도 활용되었으니 담장이 높은 것도 당연했다. 유폐된 황족 중 가장 유명한 이는 표트르 대제의 이복누이인 소피아 황녀Sofia Alekseevna다. 나이 어린 표트르를 대신하여 섭정의 자리에 올라 7년 동안 러시아를 다스린 소피아는 점점 성장하는 표트르를 불안한 눈길로 바라보던 중 마침내 표트르를 제거하고 스스로 황제가 되기로 결심한다. 소피아는 표트르를 죽이려고 군대를 동원했지만 이를 눈치 챈 표트르가 몸을 피하는 바람에 실패하고 만다. 결국 권력을 잃고 노보데비치 수도원으로 끌려온 소피아는 1704년 사망할 때까지 15년 동안이나 이곳에 갇혀 있었다. 게다가 처형당한 측근들이 창밖에 매달린 모습까지 봐야 했으니 소피아가 미쳐버린 것도 무리는 아니었다.
수도원 안은 겉모습과는 전혀 다른 풍경이다. 꽃과 나무로 장식된 정원 너머로 크고 작은 성당들이 자태를 뽐내고 있다. 이처럼 아름다운 수도원에 그토록 어두운 역사가 드리워져 있다고 누가 믿을까. 사실 노보데비치 수도원은 황실과 귀족 집안 사람들이 자주 찾던 곳으로 특히 여성들에게 사랑과 존경을 받아왔다. 이름부터 여성스러워서 크렘린에 있는 '노처녀' 수도원과 구별해 부르기 위해 '새 처녀'라는 뜻의 노보데비치라 이름 지었다. 수도원 안에 자리한 우스펜스카야 교회Uspenskaya Church로 들어서니 입구에서부터 머리에 스카프를 둘러쓴 여인들이 보인다. 높지 않은 천장에 장방형의 구조를 갖춘 교회는 한눈에 봐도 관광객이 아니라 정교회 신도들을 위한 공간이다. 성화 앞에 다소곳하게 서서 기도를 드리는 여인들의 모습이 성스러움마저 자아낸다. 의자에 앉아 그 모습을 바라보니 성화를 향해 다들 똑같은 행동을 되풀이한다. 성화를 모셔 놓은 유리벽을 향해 다가간 후, 가볍게 유리벽에 입을 맞춘다. 그 다음 가만히 이마를 유리벽에 붙였다 뗀 후, 가슴 앞에서 성호를 긋는다. 그야말로 성화에 대한 사랑과 존경이 넘치는 마음의 표현으로 보인다.

교회 옆에 자리한 스몰렌스키 성당Smolenskii Cathedral은 수도원 제일의 볼거리로 금색과 은색으로 칠해진 돔이 눈길을 끈다. 관광객들로 북적이는 성당 안은 크렘린의 성당들처럼 온통 이콘과 벽화로 채워져 있다. 그중에서도 특히 눈길을 끄는 것은 동쪽을 장식하고 있는 이코노스타스Ikonostas다. 이코노스타스란 '이콘을 거는 칸막이'라는 뜻으로, 신을 모신 지성소와 예배를 드리는 공간을 분리하는 역할을 한다. 가운데에는 지성소로 들어가는 문이 뚫려 있는데, 화려함의 극치를 보여주는 이 문을 일명 '아름다운 문'이라 부른다. 신에게 향하는 문 앞에 서서 벽처럼 늘어선 이콘들을 올려다본다. 황금빛 테두리에 둘러싸인 성인들이 내려다보는 모습에 절로 마음이 숙연해진다. 사진을 찍고 싶어 주위를 둘러보니 이 성당에서는 촬영을 막지 않는 모양이다. 크렘린에서 찍지 못했던 한풀이라도 하듯 신나게 사진을 찍고 밖으로 나왔다.

노보데비치 수도원에 사람들의 발길이 잦은 이유로는 아름다운 경관과 성당 등 여러 가지를 꼽을 수 있겠지만 그중에서도 유명인들이 잠들어 있는 묘지를 빼놓을 수 없다. 수도원 경내에도 무덤이 많지만 우리가 알 만한 사람들은 대부분 수도원 남쪽 벽 너머 별도의 묘지에 모셔져 있다. 정치가는 물론이고 작가, 음악가, 연출가, 배우, 영화감독 등 러시아의 정치·예술·문화계 인사를 총망라하고 있는데, 나로서도 이곳은 그냥 지나칠 수 없는 장소다. 러시아의 유명 작가인 니콜라이 고골Nikolai Gogol'과 안톤 체호프Anton Chekhov가 잠들어 있는 곳이기 때문이다. 이 둘의 무덤만큼은 꼭 보고 말겠다는 결심으로 묘지에 들어섰는데, 아뿔싸! 묘지가 넓어도 너무 넓다. 게다가 무덤들이 어찌나 촘촘하게 들어서 있는지 러시아어로 쓰인 비석만 봐서는 도저히 누구의 무덤인지 분간할 수 없다. 유명인의 무덤을 안내하는 표지판이라도 걸려 있을 줄 알았더니 그런 것은 전혀 없다. 결국 발품만 팔다가 무덤 안내도를 보기 위해 묘지 입구로 되돌아왔다. 그런데 러시아어로 쓰인 수백 명의 이름이 눈에 잘 들어올 턱이 없다. 눈이 빠지도록 이름을 살핀 끝에 간신히 고골과 체호프의 무덤 위치를 알아냈다. 가서 보니 야트막한 담장에 가려 정문에서는 보이지도 않는 위치에 작은 묘비가 세워져 있다. 전 세계에 이름을 알린 작가들의 안식처라고 하기에는 너무나 초라한 무덤이었다. 그래도 그들의 작품에 매료되어 머나 먼 이국땅에서 찾아온 것을 알면 무덤 속에서나마 반가워하려나.

묘지를 나와 이번에는 수도원 오른편의 호숫가로 향한다. 호수 건너에서 바라보는 수도원의 경관이 아름답기로 유명하기 때문이다. 호수 건너편에 도착하자 가이드를 따라 몰려온 단체 관광객들이 여기저기 모여 있다. 호수 너머로 분홍색과 하얀색이 어우러진 수도원의 전경이 펼쳐지고, 물새들이 떠다니는 호수 위로는 신기루처럼 수도원의 잔영이 물결친다. 일찍이 차이콥스키가 〈백조의 호수〉를 작곡할 때 이 호숫가를 거닐며 영감을 얻었단다. 이제 옛날의 작곡가는 사라지고 없지만 이 아름다운 경관을 직접 보고 그리려는 화가들은 남아 있다. 물론 관광객에게 팔려는 용도로 그리는 그림이지만 어떠랴. 화폭 속에 담긴 노보데비치의 아름다움은 진짜인 것을. 나도 오늘은 남은 시간을 이 호숫가에서 보내련다. 수줍은 처녀의 볼처럼 붉게 물들어갈 노보데비치의 저녁노을을 놓칠 수는 없으니까.

RUSSIA HISTORY

러시아정교회의 형성과 특징

988년 키예프 공국의 지배자 블라디미르 대공Vladimir the Great은 나라의 기반을 다지기 위해 국교를 정하기로 마음먹었다. 당시 유럽에는 이슬람교, 유대교, 로마가톨릭, 동방정교회라는 4대 종교가 주류를 이루고 있었다. 이에 대공은 특사를 파견하여 각 종교의 특성에 대해 조사해오도록 명을 내렸다. 그렇게 입수된 정보를 놓고 어느 종교를 국교로 정할 것인지 신하들과 토론을 벌였다. 이슬람교는 '러시아인의 삶의 낙'인 술을 금지한다는 이유로 탈락, 성지 예루살렘을 빼앗긴 유대교 또한 '신에게 버림받고 떠도는 사양 종교'라는 이유로 탈락, 결국 남은 두 종교를 두고 고민하던 대공은 예배 의식이 아름답다는 이유로 동방정교회를 국교로 삼았다. 국교를 정하는 중차대한 일의 결정치고는 너무 허술해 보이지만 일단 정교회로 개종한 대공의 신앙심은 강했다. 이교도 신앙을 뿌리 뽑기 위해 타 종교의 성상을 모두 파괴하고, 모든 도시의 주민들에게 현지의 강가에서 세례를 받도록 명했다. 키예프 공국이 전 지역에 성당을 건설할 정도로 정교회 전파에 힘쓴 대공의 노력 덕분에 정교회는 단기간에 뿌리내릴 수 있었다. 정교회를 국교로 삼은 덕택에 러시아는 기독교 사회의 일원으로서 보다 수월하게 선진 문명의 혜택을 받게 되었고, 이를 통해 슬라브어 표기를 위한 키릴문자가 보급되는 등 문화 면에서도 비약적인 발전을 이루었다. 15세기경 강대한 오스만터키가 비잔티움제국을 위협하자 1439년 동방정교회는 로마가톨릭과의 재통합을 합의했다. 그러자 이를 정교회에 대한 배신으로 여긴 모스크바 대사교좌는 1448년 독자적인 총주교를 세워 콘스탄티노플의 총주교좌로부터 독립했다. 이것이 바로 러시아정교회의 시작으로, 1453년에 비잔티움제국이 오스만터키에 의해 멸망하자 러시아야말로 정교회의 유일한 후계자라고 주장했다. 이후 러시아에는 모스크바가 '제3의 로마'라는 사상이 퍼져나가기 시작했는데, 하느님에게서 "구심점을 잃은 정교회를 수호하라"는 거룩한 소명을 부여받았다고 믿었던 것이다. 급기야는 러시아가 기독교 세계를 구원하리라는 종말론적 메시아 사상마저 탄생했다. 이후 1472년 멸망한 비잔티움제국의 공주 소피아와 결혼한 이반 3세Ivan Ⅲ가 황제의 칭호인 '차르Tsar'를 사용하기 시작했다. 더불어 쌍두 독수리 문장을 사용함으로써 자신이 비잔티움제국의 적법한 후계자 자격을 지녔음을 공표했다. 이로써 러시아는 비잔티움제국이 지녔던 종교적, 정치적 권위를 일정 부분 흡수하여 러시아정교회의 정통성을 더욱 공고히 할 수 있었다.

러시아정교회의 가장 큰 위기는 1917년 사회주의 혁명과 함께 찾아왔다. 무신론을 내세운 혁명정부가 반교회 포고령을 발표하고 대대적인 종교 탄압에 나섰기 때문이다. 수많은 성직자가 사형이나 유형에 처해졌고 교회는 파괴되거나 압수되었다. 종교 탄압의 강도가 어찌나 거셌던지 약 3만 개에 달하던 교회가 1940년에는 천 개 이하로 줄어들 정도였다. 그런데 제2차 세계대전이라는 국가적 위기로 인해 탄압 일변도였던 혁명정부의 태도에 변화가 생겼다. 정교회가 정부의 정책에 협력하는 대신 활동의 자유를 일정 부분 보장해주기로 타협한 것이다. 하지만 이는 정교회가 정부의 시녀 역할을 하며 명맥을 유지한 것일 뿐 상황은 크게 달라지지 않았다. 실제로 1980년대 교회는 6천 개까지 늘어났지만 그중에서 예배를 보는 곳은 백 개도 안 됐기 때문이다. 정교회가 실질적인 활동의 자유를 허락받은 것은 1980년대 후반 소련의 서기장 고르바쵸프가 개혁개방정책을 펼치면서부터다. 그리고 1988년 6월 정교회가 러시아에 전래된 지 천년을 기념하는 축제가 국가적인 행사로 거행되면서 마침내 정교회의 복권이 공식화되었다. 이후 빠른 속도로 교세를 회복한 정교회는 2000년 8월 구세주 그리스도 대성당을 재건함으로써 화려했던 옛 위상을 찾아가고 있다.

그렇다면 러시아인의 정신적 지주인 정교회의 특징은 무엇일까? 우선 교회 안으로 들어가면 의자가 없다. 신도들은 모두 선 채로 예배를 봐야 한다. 따라서 가톨릭이나 개신교처럼 신도들이 의자에서 일어났다 앉았다를 반복하며 내는 소음이 없다. 또한 예배 시에는 오르간과 같은 악기를 일절 사용하지 않고 오직 목소리만으로 찬송가를 부른다. 고요한 교회 내부에 울려 퍼지는 청아한 목소리가 더할 나위 없이 경건한 마음을 불러일으킨다. 게다가 프레스코화와 이콘으로 장식되어 성스러움을 더한 교회에서 성직자들이 행하는 예배 의식도 매우 장중하다.

정교회에서 신앙의 대상으로 특히 강조되는 이콘은 예수 그리스도, 성모, 성인 등을 그린 그림을 뜻한다. 이콘은 정교회 신도가 집에 항상 모시고 있을 뿐만 아니라 여행을 갈 때도 몸에 지닐 정도로 강한 믿음의 대상이다. 교회에 가도 가톨릭 성당에서 자주 볼 수 있는 조각이나 부조 대신 이콘이 내부를 장식하고 있다. 특히 교회 동쪽 끝에 자리한 지성소를 분리하기 위해 세운 이코노스타스는 그야말로 이콘의 총화라 할 수 있다. 아름다운 문을 중심으로 오른편에 예수상, 왼편에 성모자상을 모신 후 그 위쪽으로 수십 개에 달하는 성인상이 장식되어 있다. 실로 보는 이의 감탄을 자아내는 예술 작품이다. 이콘 중에서도 특히 신앙의 대상으로 추앙 받는 것은 어린 예수를 안고 자애롭게 미소 짓는 마리아를 그린 성모자상이다. 블라디미르 성모, 카잔의 성모, 스몰렌스크 성모 등 기적을 일으킨 것으로 알려진 영험한 이콘들은 대부분 성모자상으로, 정교회 신도는 물론이고 전 러시아 민중에게 전폭적인 사랑을 받고 있다.

7DAY
MOSKVA

모스크바로 떠나는 주말여행

모스크바 사람들은 주말을 어떻게 보낼까? 바쁜 일상에서 벗어나 늘어지게 늦잠만 잘까? 그렇지 않다. 예배를 드리러 교회에 가고, 카페에서 친구와 수다도 떨고, 아이에게 줄 장난감을 사러 시장에도 간다. 그리고 때로는 근사하게 차려 입고 발레 공연도 보러 간다. 이제 지하철을 타고 모스크바 사람들의 활기찬 주말을 따라가보자.

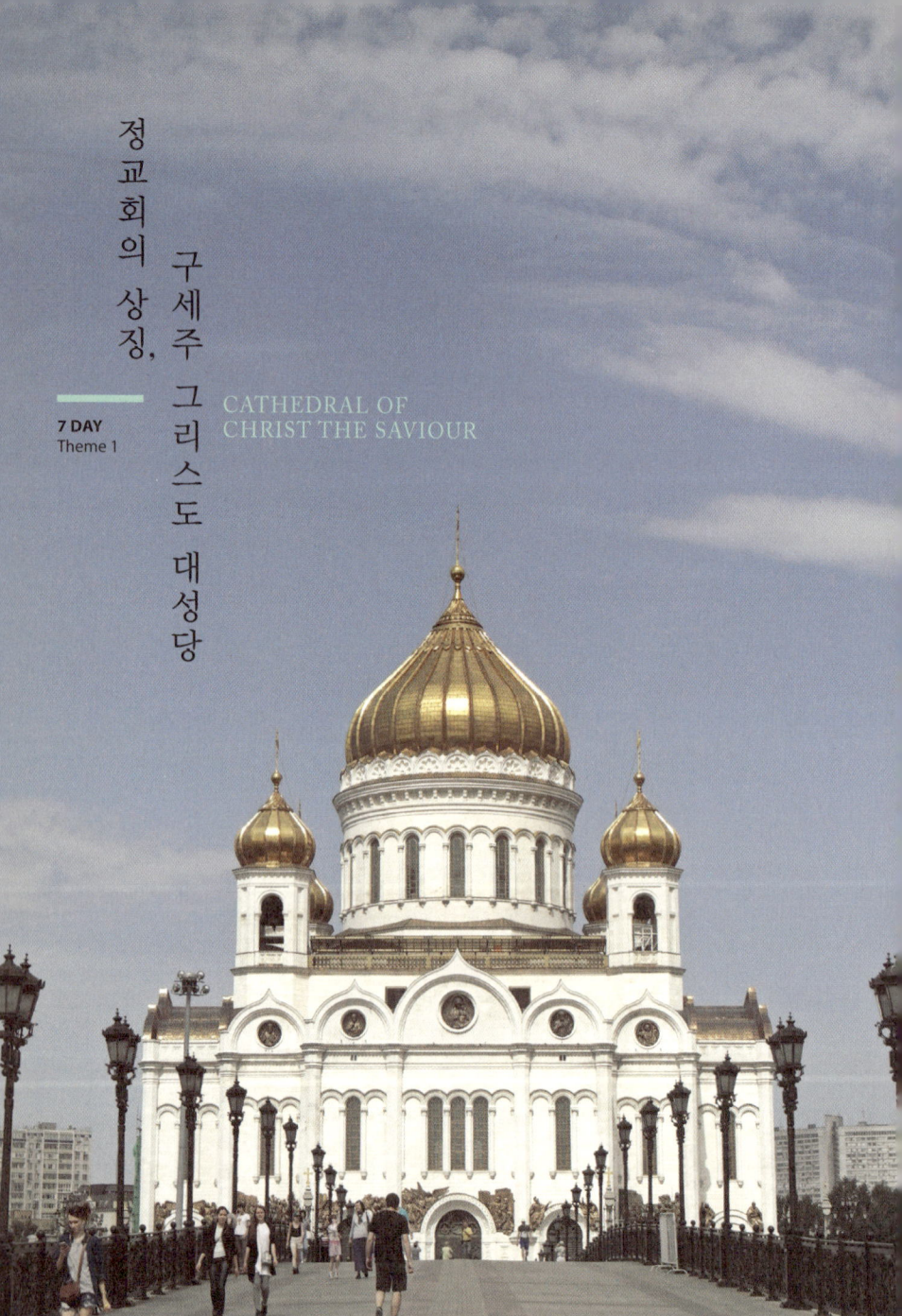

7 DAY
Theme 1

정교회의 상징, 구세주 그리스도 대성당

CATHEDRAL OF
CHRIST THE SAVIOUR

크로폿킨스카야 역을 빠져나오자 눈앞에 황금빛 돔을 자랑하는 거대한 건물이 보인다. 바로 러시아정교회의 성지 중 하나인 구세주 그리스도 대성당Cathedral of Christ the Saviour이다. 성당에 구세주라는 이름이 붙은 이유는 나폴레옹의 침공으로 벌어졌던 조국전쟁에서 승리한 것을 기념하기 위해 세워졌기 때문이다. 1838년에 공사를 시작해 무려 45년의 세월이 지난 1883년에 완공된 성당은 신 비잔틴 양식의 아름다운 외관과 103미터에 이르는 높이를 자랑한다. 당시 모스크바에서 가장 높았던 이 성당 앞에 서서, 하늘 아래 찬란히 빛나는 황금빛 돔을 바라보는 것만으로도 신자들은 구세주가 자신들을 보호하고 있다는 위안을 얻었을 것이다.

그런데 1931년 12월 5일 신자들에게 청천벽력과 같은 사건이 벌어졌다. 혁명정부에서 사회주의의 위대함을 과시하기 위한 소비에트 궁전을 짓겠다며 성당을 폭파해버린 것이다. 사회주의 국가 건설에 걸림돌이 된다며 종교 탄압을 자행하던 혁명정부는 정교회의 상징과도 같은 구세주 그리스도 대성당을 없애 본보기를 보인 셈이었다. 이후에도 다시 신자들의 억장이 무너질 상황이 벌어졌다. 궁전 건설이 시작되고 얼마 지나지 않아 제2차 세계대전이 벌어지자 공사가 차일피일 미루어지더니 결국 그 자리에 옥외 수영장이 들어서고 만 것이다. 사회주의의 상징을 만들겠다며 목숨처럼 소중한 성당을 허물더니 그 자리에 고작 물놀이용 수영장을 만들었으니 신자들의 심정이 어떠했겠는가. 이후 오랜 세월 옥외 수영장으로 사용되었던 성당 터는 소련이 붕괴된 후 마침내 부활의 기회를 잡았다. 정교회의 상징을 이대로 잃어버릴 수 없다는 신자들의 염원 하에 재건이 결정되었고, 마침내 2000년 8월 새로운 구세주 그리스도 대성당이 모스크바의 푸른 하늘 아래 그 모습을 드러냈다.

성당 안으로 향하는 계단을 오르자 입구 앞에 표지판이 세워져 있다. 모자, 민소매, 가방, 휴대폰, 카메라, 촬영 장비의 휴대를 금지한다는 안내문이다. 실제로 입구 안쪽의 검문대에서 소지품 검사를 철저히 하는데, 물론 요즘 웬만한 사람이면 다 들고 다

니는 휴대폰까지 빼앗지는 않는다. 하지만 복장에 대한 기준은 꽤 까다로워서 여자는 머리를 가리지 않거나 소매가 없거나, 치마가 짧으면 절대 들여보내주지 않는다. 남자도 반바지를 입으면 출입이 안 된다. 짧은 치마나 반바지 금지 규정은 아이들도 예외가 아니다. 결국 나도 카메라가 문제가 되어 아내를 먼저 들여보내고 성당 밖에 남았다. 그러고 보니 성당 앞 광장을 할 일 없이 배회하는 이들은 다들 입장 부적격자들이다. 광장 한쪽에 자리한 기념품 가게 옆에 앉아 있는데 아이를 대동한 젊은 부부가 다가온다. 금세라도 울음을 터뜨릴 것 같은 아이 엄마의 표정을 보니 아무래도 그녀의 짧은 치마가 문제가 되었나 보다. 구세주 그리스도 대성당을 보기 위해 지방에서 올라온 모양인데 눈앞에 성당을 두고 치마 때문에 들어가질 못하니 속이 탔을 것이다. 아이 엄마는 다급하게 기념품 가게로 들어가더니 잠시 후 길고 커다란 스카프를 사서 나온다. 그러고는 스카프를 펼쳐 다리를 칭칭 휘감는다. 얼마나 들어가고 싶으면 스카프를 사서 치마 길이를 늘렸을까. 구경을 마치고 나온 아내에게 카메라를 맡기고 성당 안으로 들어갔다. 새로운 밀레니엄에 맞춰 완공된 건물답게 내부가 깨끗하고 현대식이다. 벽화도 이전에 본 성당들과 달리 서유럽 화풍으로 깔끔하

게 그려져 있다. 내부는 발 디딜 틈이 없을 정도로 신도들로 꽉 차 있는데, 마침 오늘이 일요일이어서 아침 미사를 드리는 중이었다. 오르간 반주도 없이 사람의 목소리로만 부르는 찬송가가 성당 내부에 울려 퍼진다. 제단 위에서는 정교회의 전통복장을 갖춰 입은 사제들이 장중한 몸짓으로 미사를 집전한다. 의자 하나 놓여 있지 않은 성당 안에서 신도들은 다들 선 채로 기도를 올리기에 여념이 없다. 고난 끝에 되찾은 성당이 신도들에게 얼마나 애틋하고 소중할 것인가. 열렬한 신앙심으로 가득 찬 성당 안을 둘러보다 나 같은 이방인이 오래 머물 곳이 아님을 깨달았다. 이곳은 그야말로 정교회 신앙을 가진 이들을 위한 장소인 것이다.

미사에 방해가 될까 싶어 얼른 나왔지만 구세주 그리스도 대성당의 아름다운 외관을 감상하는 데는 아무런 제약이 없다. 특히 성당 뒤쪽에 모스크바 강을 가로지르는 다리 위야말로 성당을 감상하기에 최적의 장소다. 햇살을 받아 반짝이는 황금색 돔과 새하얀 외벽이 머리에 왕관을 쓴 한 마리 백조처럼 보인다면 과장일까? 다리를 건너 강 위에 떠 있는 볼로트니 섬Bolotny Island으로 발걸음을 옮긴다. 오래된 초콜릿 공장을 개조해 갤러리, 스튜디오, 상점 등을 유치한 이 섬은 요즘 모스크바 젊은이들의 새로운 놀이 공간으로 부상하고 있다. 특히 강을 사이에 두고 구세주 그리스도 대성당과 마주한 카페들은 커피를 마시며 성당을 구경하기에 딱 좋다. 선선한 강바람과 향긋한 커피, 그리고 눈앞에 펼쳐진 아름다운 경관. 모스크바의 일요일을 즐기기에 이보다 더 좋은 곳이 있을까?

마트료시카 입양하기

7 DAY
Theme 2

MATRYOSHKA

러시아에 온 김에 기념품을 하나 산다면 무엇을 사야 할까? 아마 열에 아홉은 마트료시카Matryoshka 인형을 떠올릴 것이다. 동글동글한 몸통의 마트료시카는 모양도 예쁘지만 열고 열고 또 열어도 새로운 인형이 나오는 맛이야말로 인기의 비결이다. 사실 마트료시카는 워낙 유명해서 웬만한 기념품 가게만 가도 차고 넘친다. 그런데 문제는 가격이 만만치 않다는 것이다. 제대로 된 물건을 사려면 몇 만 원 이상은 주어야 한다. 이럴 때 꼭 들려야하는 곳이 바로 이즈마일로보 시장Izmailovo Market이다. 마트료시카를 비롯한 러시아의 모든 기념품을 저렴한 가격에 살 수 있기 때문이다. 러시아에 오기 전부터 마트료시카를 사겠다며 노래를 부른 아내를 데리고 이즈마일로보 시장으로 향했다. 파르티잔스카야 역에 내려 밖으로 나오니 고층 호텔들 옆으로 철조망이 쳐진 길이 보인다. 주말이라 그런지 물건을 사러 시장으로 향하는 사람들의 행렬이 줄을 잇는다. 길을 따라 5분쯤 걸어 들어가자 시장이 시작되었다. 마트료시카는 물론이고, 알 공예, 보석함, 도자기, 나무 공예 등 기념품의 종류가 너무 많아 그 수를 다 셀 수 없을 정도다. 기념품 말고도 중고물품을 내놓은 벼룩시장까지 마련되어 있으니 조금 보태서 없는 거 빼고 다 있다고 봐도 좋다.

아내의 쇼핑 목록 1위인 마트료시카는 어디서 유래한 인형일까? 사람들이 러시아 전통인형이라 생각하는 마트료시카의 역사는 생각보다 길지 않다. 1890년 공예가 말류틴Sergei Malyutin이 처음으로 디자인했다고 전해지는데, 일본의 나무 인형을 보고 영감을 얻었다고 한다. 1900년 파리 만국박람회에 출품된 마트료시카가 동메달을 수상하며 해외에 알려지기 시작했고, 이후 러시아를 대표하는 기념품으로 자리 잡았다. 마트료시카는 인형 안에 더 작은 인형을 넣는 구조이기 때문에 팔다리가 없는 둥그스름한 모양새다. 가장 안쪽의 인형을 제외하고는 모두 위아래가 분리되어 뚜껑처럼 여닫을 수 있는데, 생각보다 빡빡해서 초보자는 여는 것도 쉽지 않다. 마트료시카라는 이름은 러시아에서 여성의 이름으로 쓰이는 '마트료나Matryona'에서 유래했는데, 굳이 해석하자면 '엄마'라는 뜻이다. 그래서인지 전통적인 마트료시카는 대개 머리에 두건을 쓰고 몸에는 사라판Sarafan을 걸친 여인의 모습이다. 사라판은 소매가 없이 길게 늘어지는 치마 형태의 옷인데 언뜻 보면 멜빵 치마처럼 생겼다. 여기에 손에는 닭, 과일, 솥단지 등 농가에서 쉽게 볼 수 있는 물건을 들고 있으니 영락없이 농가에 시집온 새색시 차림이다. 인형을 열수록 크기가 작아지면서 연령도 어려지는데, 마지막에 이르면 아주 어린 꼬마가 나타난다. 그래서 인형들을 일렬로 쭉 늘어놓고 보면 러시아 여인의 성장 과정을 펼쳐놓은 느낌마저 든다.

아내는 시장에 들어서자마자 다른 건 거들떠도 안 보고 오직 마트료시카에 홀렸다. 가게마다 각양각색의 마트료시카가 줄지어 서 있다. 크고 작은 인형이 적게는 3개, 많게는 10개까지 크기 순으로 늘어서 있는 모습이 그렇게 귀여울 수가 없다. 디자인과 크기도 천차만별인 데다 백 루블짜리 싸구려에서부터 천 루블이 훌쩍 넘는 고가의 '작품'까지 선택의 폭이 무척 넓다. 종류가 너무 많으니까 아내도 섣불리 고르기 힘든지 일단 시장 안을 쭉 둘러보며 대충 감을 잡는 모양새다. 쇼핑은 아내에게 맡겨둔 채 예쁜 디자인에 눈이 팔려 사진만 연신 찍어댔다. 손님들이 대부분 관광객이다 보니 사진을 찍는다 해도 별로 신경 쓰지 않는다. 그런데 한 가게에서 독특한 디자인의 마트료시카를 발견하고 기쁜 마음에 카메라 셔터를 누르는데 저쪽에서 웬 아주머니가 소리를 지르며 달려온다. 그러고는 화가 난 표정으로 마구 쏘아대기 시작했다.

"이봐, 너 빨리 사진 찍은 거 지워!"

"미안해요. 당장 지울게요. 찍으면 안 되는 줄 몰랐어요."
"이 마트료시카는 내가 디자인한 거야. 사진 찍어가서 짝퉁을 만드는 작자들 때문에 아주 짜증난다고."
"아, 난 한국에서 온 관광객이에요. 그냥 예뻐서 찍었을 뿐 짝퉁은 걱정 안 해도 돼요."
"요즘 중국에서 어찌나 짝퉁을 만들어내는지 장사가 안 돼 큰일이야. 주변을 봐. 저것들 다 중국에서 만들어 온 거라고."

그러고 보니 싸구려 마트료시카는 디자인이나 채색 등이 대동소이하다. 겉은 멀쩡한데 안으로 들어갈수록 채색이 조악해지는 물건이 대부분이다. 사실 마트료시카는 전체적인 디자인도 중요하지만 마지막까지 얼마나 정성스럽게 채색했느냐가 가격을 좌우한다. 안으로 들어갈수록 인형이 작아지기 때문에 정교한 손재주가 필요하기 때문이다. 예를 들어 맨 마지막 인형은 새끼손톱 크기 밖에 안 되는 것도 있는데, 비싼 물건은 표정까지 살아 있는 반면 싸구려는 형체도 알아볼 수 없다. 이렇게 되니 아내의 고민은 더욱 깊어졌다. 정교한 예술미를 자랑하는 작품을 사자니 가격이 너무 비싸고, 싸구려를 사자니 질이 한참 떨어져서 성에 차지 않는 것이다. 아내가 어떤 결정을 내릴지 흥미진진하게 지켜보고 있는데 한참을 고민하더니 얼토당토않은 소리를 한다. 작품과 싸구려를 하나씩 사겠다는 것이다. 그래서 비싸더라도 작품 쪽을 선택하라고 권했더니 "싼 것은 싼 것대로 은근히 매력 있단 말이야"란다.
그래서 우선 3백 루블을 주고 싸구려 마트료시카를 하나 구입한 후에, 시장 안에서 가장 마음에 들었던 작품을 사러 갔다. 그렇다고 아주 고가의 물건은 아니다. 인형이

다섯 개짜리인데 가격을 물어보니 천 2백 루블이란다. 좀 깎아 달랬더니 이것도 장사를 접는 시간이라 낮춰 부른 거라고 한다. 시장의 다른 상인들과는 달리 옷차림과 말투에 기품이 넘치는 아주머니여서 거짓말처럼 느껴지지는 않는다. 그래도 물건 구입은 깎는 맛 아니던가. 백 루블만 깎아 달라도 안 된다기에 비싸서 포기하는 척 그냥 돌아섰다. 아, 그런데도 전혀 붙잡는 기색이 없다. 파는 사람이 이렇게 아쉬울 것 없다는 태도로 나오면 물건을 사고 싶어 안달인 사람이 질 수밖에. 결국 부른 가격을 다 주고 점찍어 둔 물건을 구입했다.

마트료시카도 구입했고 시장 구경도 할 만큼 했기에 걸음을 출구 쪽으로 옮겼다. 그런데 아내가 자꾸 뒤로 쳐진다. 마트료시카를 사고 나자 다른 물건들이 눈에 들어오기 시작한 모양이다. 이번에는 냉장고에 붙이는 자석을 고르는데 가만히 보니 이번에도 마트료시카 모양이다. 결국 서로 다른 모양의 마트료시카 자석까지 4개를 구입한 후에야 호텔로 돌아왔다. 나중에 구입한 텀블러도 마트료시카 모양이었으니 먹을 것을 제외한 기념품은 전부 마트료시카 관련 제품으로 채워졌다. 그래도 인형들을 일렬로 쭉 세워놓고 보니 은근 뿌듯하다. 정성이 담긴 작품도 예쁘지만 아내 말처럼 싸구려도 나름의 맛이 있다. 그런데 아내가 싸구려의 가장 작은 녀석의 머리에 아무 색도 칠해져 있지 않아 대머리처럼 보인다며 아쉬워한다. 그래서 내가 검정색 유성 펜으로 녀석의 넓은 이마에 죽죽 두 줄을 그어줬다. 어차피 싸구려라 그렇게 칠해도 별로 티가 안 난다. 앞머리가 생긴 녀석의 얼굴을 쳐다보니 그새 내 손을 탔다고 없었던 애정이 샘솟는다. 집에 돌아가면 책상 위에 쭉 세워놓고 매일 먼지를 닦아줘야겠다. 어렵게 입양한 딸들이니 소중하게 키워야지.

러시아 발레의 전당, 볼쇼이 극장

BOLSHOI THEATRE

7 DAY
Theme 3

오후 5시쯤 정장에 구두까지 갖춰 신고 호텔을 나섰다. 여행 다닐 때 이렇게 차려 입는 경우는 극히 드물지만 오늘만큼은 예외다. 볼쇼이 극장Bolshoi Theatre에 발레를 보러 가는 날이기 때문이다. 지하철 테아트랄나야 역에서 내려 밖으로 나오자 그리스 신전을 연상케 하는 건물이 시선을 사로잡는다. 바로 러시아 공연예술의 상징인 볼쇼이 극장이다. '볼쇼이'란 '크다'라는 의미로 직역하면 '대극장'이란 뜻이니 사실 고유명사도 아니다. 그래서 다른 도시에도 볼쇼이란 이름이 붙은 극장이 있지만 감히 모스크바의 볼쇼이 극장과 어깨를 나란히 할 곳은 없다. 위풍당당한 극장의 정면에는 여덟 개의 기둥이 늘어서 있고, 그 위로 한 남자가 네 마리의 말이 끄는 마차를 몰고 있다. 태양 마차를 몰고 하늘을 나는 아폴론의 청동 조각상이다. 아폴론은 보통 태양의 신으로 알려져 있지만 동시에 음악의 신이기도 하다. 아홉 명의 뮤즈를 거느린 아폴론은 연극과 무용을 포함한 예술 전반을 관장하며 그 자신도 리라 연주를 즐긴다. 러시아 오페라와 발레의 전당인 볼쇼이 극장의 상징으로 이보다 적당한 인물이 있을까?

한국에서 미리 인터넷으로 예매한 표를 가지고 광장 왼편의 매표소를 찾아갔다. 그런데 매표소 계단에 서너 명의 남자가 앉아서 우리를 쳐다본다. 눈치를 보니 말로만 듣던 볼쇼이 극장의 암표상이다. 전 세계 발레계의 최고봉으로 평가받는 볼쇼이 발레단의 공연은 표를 구하는 것조차 쉽지 않다. 특히 겨울 시즌에 유명 작품을 관람하려면 최소 몇 개월 전에 예매해야 한다. 암표상들의 뜨거운 눈길을 뒤로하고 매표소로 들어가니 창구도 몇 개 안 되고 생각보다 비좁다. 표를 바꾸려고 창구 안을 들여다보니

그 안에 앉은 아주머니의 모습이 사뭇 색다르다. 우아한 원피스에 목에는 은빛 목걸이까지 드리운 모습이 창구직원이라기보다는 고급 레스토랑에 식사하러 온 차림이다. 사실 볼쇼이 발레 표를 예매하면서 드레스 코드 때문에 신경이 많이 쓰였다. 수십만 원짜리 표를 샀는데 복장 때문에 입장을 못하면 얼마나 억울하겠는가. 그래서 비좁은 여행 가방 안에 정장에 구두까지 챙겨 넣고 왔다. 그런데 막상 극장 안으로 들어가니 남자들의 옷차림이 생각보다 딱딱하지 않다. 물론 대부분은 양복에 넥타이를 맸지만 셔츠에 캐주얼슈즈를 신은 이들도 가끔 보인다. 생각보다는 까다롭게 규제하지 않는 모양이다. 그런데 여자들의 옷차림은 차원이 다르다. 어깨나 가슴이 훤히 드러나는 드레스를 걸친 여인이 많은 데다, 심지어 불타는 듯한 빨간색 드레스를 입은 여인도 여럿 보인다. 마치 자신의 미모를 한껏 뽐낼 수 있는 기회라도 잡은 느낌이랄까.

검표를 하고 극장 안으로 들어가니 여인들의 옷차림이 이해가 간다. 웬만큼 튀는 옷이 아니고는 극장의 인테리어에 묻혀 빛을 잃을 지경이다. 붉은 벨벳에 황금색으로 치장된 내부는 그야말로 화려함의 극치다. 천장에 매달린 거대한 샹들리에를 중심으로 7층 높이의 객석이 온통 점점이 수놓인 불빛으로 반짝인다. 무대 정면에는 러시아의 상징인 쌍두 독수리가 수놓인 커튼이 쳐 있고, 그 아래로는 음악을 연주할 오케스트라가 공연 준비로 분주하다. 약 2,200명을 수용할 수 있는 볼쇼이 극장의 최고 귀빈석은 1층 객석 뒤편에 휘장이 쳐진 자리다. 그 옛날 러시아의 황제가 저곳에 앉아 대가들의 손에서 탄생한 발레 공연을 감상했다고 한다. 비록 황제의 자리에는 못 미치지만 어렵게 1층 맨 앞줄을 예매했으니 불만이 없다. 사실 볼쇼이 극장은 약 150년에 이르는 역사에 비해 지나칠 정도로 깨끗해서 고풍스러운 맛은 없다. 약 6년에 걸친 대대적인 리모델링을 거쳐 2011년 10월 새롭게 문을 열었기 때문이다. 지난 세월 동안 매년 300여 회의 공연을 감당해온 데다 전란 중의 폭격 등으로 인해 그야말로 손끝만 닿아도 무너질 지경이었다. 수리에 들어간 비용도 어마어마해서 소문에는 1조 원 이상이 들었다고 한다. 어쩌면 라이벌 관계에 있는 상트페테르부르크의 마린스키 극장에 지지 않기 위해서 최대한의 예산을 쏟아부었는지도 모르겠다. 모스크바 시민에게 볼쇼이 극장이란 예술에 대한 자긍심이자 러시아 수도로서의 자존심이니까.

오늘 관람할 발레 공연의 제목은 〈해적Le Corsaire〉이다. 영국의 시인 바이런이 지은 서사시의 줄거리를 따서 발레로 각색한 작품으로, 해적이 노예로 팔려간 소녀를 구출하는 과정에서 그녀와 사랑에 빠지는 이야기다. 1837년 런던에서 초연되었지만 별로 인기를 얻지 못하다가 19세기에 러시아에서 활동한 천재 안무가 마리우스 프티파Marius Petipa의 손에 의해 재탄생되었다. 특히 남녀 주인공이 펼치는 2인무인 파드되pas de deux가 유명한데, 지금은 전 세계 무대에 오르는 인기 레퍼토리 중 하나다. 마침내 조명이 어두워지고 막이 오르자 눈앞에 펼쳐진 광경에 입이 딱 벌어졌다. 무대 배경부터 무용수들의 복장까지 기존에 알고 있던 발레 공연과는 너무도 달랐기 때문이다. 〈지젤〉처럼 흰색 발레복을 입은 무희들이 총총걸음으로 뛰어다니는 발레만 알았던 내 눈 앞에 화려한 무대를 배경으로 각양각색의 의상을 차려 입은 사람들이 등장했다. 〈해적〉은 오페라라고 해도 믿을 정도로 호화로운 무대에 각각의 캐릭터가 춤과 마임으로 개성을 뽐내는 유쾌한 작품이다. 납치와 구출, 배신과 반란이 난

무하는 드라마틱한 줄거리에 고전주의 발레의 화려함이 더해지니 관객들의 눈을 한 순간에 사로잡을 수밖에.

웅장한 무대에서 펼쳐지는 다양한 볼거리에 정신이 팔려 1막이 순식간에 지나갔다. 휴식 시간을 이용해 굳은 몸을 푸는데 뒤쪽이 소란스럽다. 세 번째 줄에 앉은 한 아주머니의 자리에 문제가 있는 모양이다. 젊은 아가씨가 불만스런 표정으로 아주머니에게 항의를 하는 눈치다. 그러자 아주머니가 별 말 없이 자리에서 일어나 뒤쪽으로 걸어간다. 자기 자리는 뒤쪽인데 빈자리를 발견하고 앞쪽으로 옮겨왔던 모양이다. 그런데 2막이 끝난 뒤에 그 아주머니가 또 다시 앉았던 자리에서 쫓겨나는 장면을 목격했다. 아무래도 이상해서 계속 지켜보니 복도를 배회하면서 자꾸 주변을 두리번거린다. 알고 보니 이 아주머니는 빈자리를 옮겨 다니며 공연을 보는 속칭 '메뚜기'였다. 어떻게 이런 비싼 공연에 메뚜기가 있는지 이해할 수 없지만 극장의 검표원과 친밀하게 대화를 나누는 것을 봐서는 몰래 숨어들어온 것 같지는 않다. 웃기는 건 이런 메뚜기가 이 아주머니 혼자가 아니라는 사실이다. 메뚜기의 존재를 알아차리고 유심히 살펴보니 빈자리만 노리고 돌아다니는 메뚜기가 몇 명 더 있다. 대학도서관 같은 곳에서 볼 수 있는 메뚜기와 다른 것이 있다면 나름 옷을 잘 갖춰 입었단 점이랄까.

다시 막이 오르고 볼쇼이 발레단이 펼치는 춤의 향연이 이어진다. 발레리노의 힘찬 도약과 발레리나의 우아한 회전에 여기저기서 "브라보" 하는 환호성이 터져 나온다. 그리고 수십 명의 무희가 호흡을 맞춘 군무가 펼쳐지자 무대 위가 약동하는 생기로 넘쳐흐른다. 역동적인 힘에 동화된 관객들은 무대와 혼연일체가 되었고 클라이맥스에 다가갈수록 극장 전체가 환희와도 같은 예술적 영감으로 충만해졌다. 마침내 공연이 막을 내리자 관객들은 동시에 자리를 박차고 일어나 열렬한 환호와 박수를 보냈다. 무용수들이 모두 인사를 하고 나서도 무대 앞을 떠나지 않고 계속해서 박수를 보내는 관객들. 주인공 커플은 몇 번이고 거듭해서 커튼 뒤에서 나타나 관객들의 환호에 답례했다. 바로 몇 미터 앞에서 보니 가냘프게만 보였던 발레리나의 다리가 군살 하나 없는 탄탄한 근육질이다. 그녀의 우아한 춤사위는 끊임없는 연습으로 다져진 근육의 힘에서 비롯된 것이었다. 볼쇼이 극장의 진정한 보배는 화려하고 거대한 극장이 아니라, 지칠 줄 모르는 열정으로 무대를 채운 무용수들이란 생각이 들었다.

극장 밖으로 나오니 벌써 10시가 훌쩍 지났다. 백야가 찾아온 모스크바의 밤하늘은 여전히 푸르스름한 기운이 감돈다. 창백한 하늘을 배경으로 황홀하게 빛나는 볼쇼이 극장을 뒤로하고 붉은 광장으로 발걸음을 옮긴다. 부활의 문을 통과해 광장으로 들어서니 크렘린 성벽이 붉은 빛으로 은은하게 빛나고 있다. 온 세상을 사회주의 국가로 만들겠다며 맹렬히 타올랐던 혁명의 불길은 이미 역사의 뒤안길로 사라졌다. 이제는 스파스카야 탑 위에서 반짝이는 붉은 별만이 파란만장했던 무대를 비추고 있을 뿐이다. 하지만 사회주의를 위해 모든 것을 불사르고 남은 잿더미 속에서도 러시아인은 살아남았다. 모스크바 사람들의 눈빛에는 어떤 고난에도 굴하지 않겠다는 강인함이 묻어났고, 언뜻 무뚝뚝해 보이는 표정 뒤에는 따뜻한 인정이 숨어 있다. 그래서 나는 믿는다. 지금 이 광장을 물들인 붉은 빛은 더 이상 피비린내 나는 사회주의의 잔재가 아니라 세상을 바꾸기 위해서라면 죽음도 마다하지 않는 러시아인의 뜨거운 가슴에서 비롯된 것임을. 이제 아내의 손을 꼭 잡고 드넓은 광장 한가운데로 걸어간다. 그리고 깊은 숨을 들이쉬며 주변을 둘러싼 붉은 빛에 온몸을 맡긴다. 두려움이 아닌 열정으로 가슴이 가득 찰 때까지.

RUSSIA HISTORY

러시아 발레의
역사

모스크바나 상트페테르부르크를 방문한 관광객이라면 누구나 발레 공연을 보고 싶어 한다. 러시아에 발레가 소개된 것은 1673년 알렉세이 황제를 위해 독일 무용단이 펼친 〈오르페우스와 유리디스의 발레〉 공연이었다. 이후 표트르 대제가 민중의 오락거리로 발레를 채택했고, 예카테리나 2세가 발레학교를 세우면서 러시아 발레의 기초가 다져졌다. 서유럽 발레를 모방하는 수준에 머물렀던 러시아 발레는 19세기에 외국인 안무가를 초빙하며 비약적인 발전을 이루었다. 그중에서도 대표적인 인물이 러시아 발레의 기초를 다졌다고 평가받는 프랑스 출신 안무가 샤를 디드로Charles Didelot다. 러시아 발레의 아버지로 불리는 디드로는 상트페테르부르크에서 활동하며 발레학교의 교육 과정과 황실극장의 발레 스타일을 개혁했다. 또한 팬터마임의 기법을 발레에 도입했는데, 이로써 마임이 발레의 중요 구성 요소 중 하나로 자리 잡게 되었다.

이후 러시아 발레는 또 한 명의 프랑스 출신 안무가인 마리우스 프티파Marius Petipa의 손에 의해 한 단계 더 도약했다. 원래 상트페테르부르크 발레단에 남성 제1무용수로 초빙되었던 프티파는 1862년 발레 마스터가 된 후 약 60편에 이르는 장편 발레의 안무를 창작 또는 개작했다. 그중에는 고전주의 발레의 3대 명작인 〈잠자는 숲 속의 미녀〉, 〈호두까기 인형〉, 〈백조의 호수〉를 비롯하여 〈돈키호테〉, 〈해적〉 등 지금도 전 세계 무대에 자주 오르는 인기 레퍼토리가 다수 포함되어 있다. 19세기 최고의 안무가로 손꼽히는 프티파는 고전주의 발레를 완성했을 뿐만 아니라, 대규모의 스펙터클한 공연을 통해 러시아 발레의 황금기를 주도했다.

20세기가 되자 러시아 발레는 외국인 안무가의 품을 떠나 러시아인의 손에서 화려하게 꽃피우기 시작했다. 특히 1909년 5월 18일 세르게이 댜길레프Sergei Dyagilev는 러시아의 젊은 무용수들로 구성된 '발레 뤼스Ballets Russes'를 이끌고 프랑스 파리에서 공연을 펼쳐 열렬한 찬사를 받았다. 서유럽에서 사양길에 들어선 발레가 변방으로 여겨지던 러시아 발레의 힘으로 재조명된 셈이었다. "발레야말로 모든 예술을 전부 포함하는 종합예술이다"라고 주장한 댜길레프는 당대 최고의 예술가들을 끌어들여 새로운 경향의 발레 작품들을 선보였다. 그는 파리에서의 성공에 만족하지 않고 런던, 뉴욕, 몬테카를로 등에서 공연하며 발레의 세계화에 앞장섰다. 비록 발레 뤼스는 1929년 댜길레프가 사망하면서 해산되었으나 그와 함께 활동했던 안무가와 무용수들이 세계 각지로 퍼져나가 러시아 발레의 우수성을 입증했다. 발레 뤼스로 활약한 무용수로는 안나 파블로바Anna Pavlova, 미하일 포킨Michel Fokine, 바츨라프 니진스키Vatslav Nizhinskii가 있다.

해외에서 승승장구하던 러시아 발레는 오히려 국내에서 존폐의 위기를 맞았다. 1917년 사회주의 혁명이 성공하자 혁명정부는 발레를 황실의 후원 아래 번성한 귀족문화의 잔재로 규정했다. 하지만 본격적인 탄압이 이뤄지려는 순간 불행 중 다행으로 발레를 인민 교화와 문화 외교의 수단으로 삼자는 결정이 내려졌다. 이로 인해 1920년대부터 새로운 방향의 러시아 발레가 태동하기 시작했는데, 〈붉은 양귀비〉를 비롯한 사회주의 리얼리즘 계열의 작품들이 대표적이다. 또한 극장의 입장료를 대폭 낮추어 시민들도 발레를 구경할 수 있게 함으로써 발레는 점차 프롤레타리아 예술로서의 면모를 갖추게 되었다. 혁명정부는 자신들의 구미에 맞게 변형된 발레에 만족하여 볼쇼이 발레단을 적극적으로 지원했고, 스타급 무용수들은 '인민 예술가'의 칭호를 받으며 각종 특권을 누렸다.

혁명 이전까지만 해도 러시아 발레의 중심은 황제가 머물던 상트페테르부르크의 마린스키 발레단이었다. 그러나 혁명 후 수도가 모스크바로 이전되고 혁명정부가 볼쇼이 발레단을 지원하면서 상황이 바뀌기 시작했다. 그리고 1964년 유리 그리고로비치 Yurii Grigorovich가 볼쇼이 극장의 예술 감독으로 취임하면서부터 러시아 발레의 중심은 완전히 볼쇼이 발레단으로 넘어왔다. 유리는 기존의 고전주의 발레 작품을 새롭게 개작하는 동시에, 〈스파르타쿠스〉와 같은 작품을 창작하여 여성 무용수의 그늘에 가려 있던 남성 무용수를 발레 공연의 주역으로 재탄생시켰다. 유리가 볼쇼이 발레단을 이끈 30여 년의 세월 동안 러시아 발레는 다시 한 번 전성기를 구가했고, 이로써 '발레 하면 볼쇼이'라는 인식이 전 세계에 퍼지게 되었다.

모스크바
여행 가이드

어떻게 갈까?

공항과 기차역

모스크바에는 셰레메티예보, 도모데도보, 브누코보 3개의 국제공항이 있다. 현재는 모든 국제공항이 공항철도인 아에로익스프레스로 도심과 연결되어 있어 이동이 편리하다.

1 셰레메티예보 국제공항
SHEREMETYEVO INTERNATIONAL AIRPORT

셰레메티예보 국제공항은 모스크바 중심에서 서북쪽으로 약 20킬로미터 떨어진 지점에 위치한다. 공항은 A~F까지 6개의 터미널을 갖추고 있으며, 터미널 D, E, F는 통로로 연결되어 있으나 터미널 A, B, C는 활주로 반대편에 있어 셔틀버스를 이용해야 한다. 인천에서 출발하는 대한항공과 아에로플로트의 직항편은 셰레메티예보 국제공항 터미널 D에 도착한다. 터미널 D는 아에로플로트를 비롯한 러시아 항공사들의 주요 국내선도 발착하므로 환승이 편리하다.

홈페이지 · www.svo.aero

공항에서의 교통편

아에로익스프레스 Aeroexpress
공항철도 아에로익스프레스는 교통 체증이 심각한 모스크바에서 계획된 시간 내에 공항을 드나들 수 있는 유일한 교통수단이다. 공항에서 벨로루시 기차역까지 직통으로 연결되며, 벨로루시 기차역에서는 지하철 2, 5호선 벨로루스카야(Belorusskaya) 역과 연결된다. 아에로익스프레스의 탑승역은 터미널 D, E, F와 인접해 있으며, 터미널 D 도착장을 나와서 바닥에 표시된 빨간색 공항철도 표시를 따라가면 된다. 엘리베이터를 이용해 터미널 D 3층으로 올라가면 연결통로가 나오는데 탑승역까지는 도보로 10분 정도 소요된다. 티켓은 일반(Standard)과 비즈니스(Business) 클래스 두 종류가 있으며, 티켓 창구나 자동발매기에서 구입할 수 있다.

홈페이지 · www.aeroexpress.ru
운행 시간 · 5:00~00:30 운행 간격 · 약 30분 소요 시간 · 약 35분
요금 · 일반 400루블 / 비즈니스 900루블

대중교통편
버스, 마르시룻카, 택시 세 종류를 이용할 수 있다. 택시의 경우 공항에서부터 도심까지 한 시간 정도 걸리지만, 교통 체증이 심할 때는 소요 시간을 장담할 수 없다. 공항 1층 도착장을 나오면 택시 예약을 위한 카운터들이 마련되어 있으며, 공항 안에서 호객 행위를 하는 기사는 무허가 택시일 가능성이 높다. 공항 1층 출구를 나서면 버스, 마르시룻카, 택시 승차장이 설치되어 있다. 버스와 마르시룻카가 지하철 2호선 레츠노이 보크잘(Rechnoy Vokzal) 역, 7호선 플라네르나야(Planernaya) 역을 연결한다. 지하철역까지 버스는 약 한 시간, 마르시룻카는 약 30분이 소요된다.

셰레메티예보 공항 대중교통편 · www.svo.aero/en/directions

2 도모데도보
국제공항
DOMODEDOVO
INTERNATIONAL AIRPORT

도모데도보 국제공항은 모스크바 중심에서 남쪽으로 약 48킬로미터 떨어진 지점에 위치해 있다. 러시아 최대의 국제공항으로 터미널이 하나로 되어 있어 환승하기 편리하다.

홈페이지 · www.domodedovo.ru

공항에서의 교통편

아에로익스프레스
공항에서 파벨레츠 기차역까지 직통으로 연결되며, 파벨레츠 기차역에서는 지하철 2, 5호선 파벨레츠카야(Paveletskaya) 역과 연결된다. 탑승 역은 공항 1층과 바로 연결되어 있으며, 도착장을 나오면 건물 좌측 끝에 자동발매기와 연결 통로가 설치되어 있다.

운행 시간 · 6:00~24:00 운행 간격 · 약 30분 소요 시간 · 약 45분
요금 · 일반 400루블 / 비즈니스 900루블

대중교통편
버스, 마르시룻카, 근교열차, 택시 네 종류를 이용할 수 있다. 버스와 마르시룻카가 지하철 2호선 도모데돕스카야(Domodedovskaya) 역을 연결하며, 약 30분 정도 소요된다.

도모데도보 공항 대중교통편 · www.domodedovo.ru/en/main/getting/1

3 브누코보 국제공항
VNUKOVO INTERNATIONAL AIRPORT

브누코보 국제공항은 모스크바 중심에서 서남쪽으로 약 30킬로미터 떨어진 지점에 위치한다. 국제선이 일부 운행되지만, 시베리아, 우랄, 코카서스 방면의 국내선이 주로 발착한다.

홈페이지 · www.vnukovo.ru

공항에서의 교통편

아에로익스프레스
공항에서 키예프 기차역까지 직통으로 연결되며, 키예프 기차역은 지하철 3, 4, 5호선 키옙스카야(Kievskaya) 역과 연결된다.

운행 시간 · 6:00~24:00
운행 간격 · 약 한 시간
소요 시간 · 약 35분
요금 · 일반 400루블 / 비즈니스 900루블

대중교통편
버스, 마르시룻카, 택시 등 세 종류를 이용할 수 있다. 버스와 마르시룻카가 지하철 1호선 유고자파드나야(Yugo-Zapadnaya) 역을 연결하며, 약 20분이 소요된다.

4 기차역
TRAIN STATION

모스크바에는 서울역과 같은 중앙역은 없으며, 행선지에 따라 기차역이 달라진다. 러시아의 기차역은 열차가 도착하는 도시의 이름을 따서 역명을 지으므로, 카잔에 가고 싶으면 카잔 역에 가서 열차를 타야 한다. 주요 역과 행선지는 아래와 같다.

레닌그라드 역(Ленинградский вокзал)
주요 행선지 · 상트페테르부르크, 노브고로드
가는 법 · 지하철 1, 5호선 콤소몰스카야(Komsomol'skaya) 역

벨로루시 역(Белорусский вокзал)
주요 행선지 · 벨라루스, 폴란드, 독일
가는 법 · 지하철 2, 5호선 벨로루스카야(Belorusskaya) 역

카잔 역(Казанский вокзал)
주요 행선지 · 카잔, 볼고그라드, 중앙아시아
가는 법 · 지하철 1, 5호선 콤소몰스카야(Komsomol'skaya) 역

키예프 역(Киевский вокзал)
주요 행선지 · 우크라이나, 동유럽
가는 법 · 지하철 3, 4 ,5호선 키옙스카야(Kievskaya) 역

쿠르스크 역(Курский вокзал)
주요 행선지 · 코카서스, 흑해 연안
가는 법 · 지하철 3, 5, 10호선 쿠르스카야(Kurskaya) 역

리가 역(Рижский вокзал)
주요 행선지 · 라트비아, 에스토니아, 리투아니아
가는 법 · 지하철 6호선 리시스카야(Rizhskaya) 역

야로슬라프 역(Ярославский вокзал)
주요 행선지 · 시베리아
가는 법 · 지하철 1, 5호선 콤소몰스카야(Komsomol'skaya) 역

모스크바와 상트페테르부르크 간 열차편

초고속열차, 주간열차, 야간열차 세 종류가 있으며, 모스크바의 레닌그라드 역(Ленинградский вокзал)에서 출발해 상트페테르부르크의 모스크바 역(Московский вокзал)에 도착한다. 티켓에는 기차역의 공식 명칭에 따라 레닌그라드 역이 'Oktiabrskaia 역'으로, 모스크바 역이 'Glavny 역'으로 표시된다. 인터넷으로 예매한 경우 출력한 티켓만으로 승차 가능하며, 출발 30분 전에는 기차역에 도착하여 승차를 준비하는 것이 좋다.

삽산САПСАН
러시아가 자랑하는 초고속열차. 모스크바와 상트페테르부르크 구간을 약 4시간 만에 주파한다. 아침 일찍 삽산을 타면 오전 중에 상트페테르부르크에 도착해 관광을 시작할 수 있어 매우 편리하다.

주간열차
요금이 저렴한 반면 이동에 약 8~9시간이 걸리기 때문에 시간 낭비가 심하다. 하지만 달리는 열차의 창밖으로 러시아의 광활한 자연을 만끽할 수 있다.

야간열차
우등열차인 붉은 화살(Красная стрела)이 대표적이며, 침대칸을 보유하고 있어 자는 동안 이동할 수 있다. 이동에 약 8~9시간이 소요되며, 시간과 숙박료를 절약할 수 있어 배낭 여행객에게 인기가 높다.

모스크바
여행 가이드

어떻게 돌아 다닐까?

지하철
트롤리버스
버스
트램

1 지하철
METRO

교통 체증이 심한 모스크바 도심에서 지하철은 최상의 교통수단이다. 현재 12개 노선에 약 195개 역이 개통되었으며, 대부분의 관광지와 기차역을 지하철로 갈 수 있다. 승차 거리와 상관없이 동일한 요금이 적용되며, 현재 1회 승차요금은 40루블이다. 모스크바의 지하철은 지하 깊숙이 자리하고 있기 때문에 짧게는 수십 미터 길게는 수백 미터에 이르는 에스컬레이터를 이용해 플랫폼까지 이동해야 한다. 배차 간격이 짧으므로 열차를 놓칠까봐 서두를 필요가 없다. 플랫폼이 예술 작품을 방불케 할 만큼 호화롭게 꾸며져 있어 구경을 하면서 시간을 보내기에도 좋다. 열차가 낡아서 상당히 덜컹거리며, 창문을 열고 다니기 때문에 소음도 심하다.

홈페이지 · www.mosmetro.ru
최단 거리 & 소요 시간 계산 · mosmetro.ru/flash/scheme12.html

지하철 이용하기

- 지하철역으로 가려면 지하철 마크인 빨간색 'M' 자를 찾을 것.
- 입구는 녹색으로 'вход', 출구는 빨간색으로 'выход'으로 표시되어 있다. 우리나라와 달리 출입구에서부터 통로가 갈리는 경우가 많으므로 반드시 입구와 출구를 구분한다.
- 에스컬레이터를 타고 내려가 매표소 또는 자동발매기에서 티켓을 구매한다. 자동발매기에서는 1회권과 2회권만 구입 가능하며 영어가 지원된다.

- IC카드로 된 파란색 티켓을 개찰구의 노란색 원 부분에 터치한다. 원 옆의 램프가 빨간색에서 녹색으로 바뀌면 통과할 수 있다. 노란색 원 윗부분에 잔여 승차 가능 횟수가 숫자로 표시되므로 참고하자.
- 플랫폼은 좌우 양쪽에서 열차가 들어오는 구조이므로 행선지에 따라 방향을 선택한다.
- 환승하는 경우에는 플랫폼 천장에 부착된 안내판을 참고한다. 환승할 노선이 색깔과 번호로 구분되어 있으므로 원하는 노선의 화살표를 따라갈 것. 환승 통로의 경우 보통 계단으로 연결되어 있으며, 자칫 에스컬레이터를 잘못 타면 출구로 연결되므로 주의해야 한다.
- 행선지에 도착하면 플랫폼 천장에 부착된 안내판(выход в город)을 참고해 출구를 확인한다. 안내판에 출구와 가까운 목적지들이 표시되어 있으므로 어느 출구로 나갈지 잘 살펴보아야 한다.
- 출구의 개찰구는 티켓을 댈 필요 없이 그냥 통과하면 된다.

이용 시 주의 사항

- 모스크바 지하철은 안내판과 노선도 등이 러시아 문자로만 표기되어 있다. 여행을 떠나기 전에 문자만이라도 반드시 익혀누자.
- 한국의 지하철과 다르게 환승역의 이름이 노선별로 다른 경우가 많다. 환승 시에는 지하철 노선도를 잘 살피자.
- 도착역에 대한 안내 방송이 안 나오므로 하차할 역의 이름과 순번을 기억해두어야 한다. 신형 열차인 경우에는 객차 간 통로 위에 설치된 전광판에 도착역이 표시되기도 한다.
- 일단 출구 쪽 에스컬레이터를 타면 플랫폼으로 되돌아올 수 없다. 이런 경우 다시 티켓을 구매해 들어와야 하므로 에스컬레이터를 탈 때는 항상 주의하자.
- 출구는 보통 플랫폼의 양쪽 끝에 설치되어 있으며, 출구를 잘못 골랐을 경우 많이 걸어야 하므로 주의해야 한다.
- 열차의 문이 아주 세게 닫히므로 절대로 무리해서 끼어 타지 말 것.
- 지하철은 보통 5:30~1:00까지 운행한다. 지하철역의 출입구에 각 역의 첫 열차와 마지막 열차의 시각이 표시되어 있다.
- 지하철역에는 화장실이 없으므로 타기 전에 생리현상을 해결할 것.
- 출퇴근 시간에는 열차가 매우 혼잡하므로 소매치기 등을 주의해야 한다.
- 노약자 중에서도 특히 할머니에게 자리를 양보하는 문화가 있으므로 참고할 것.

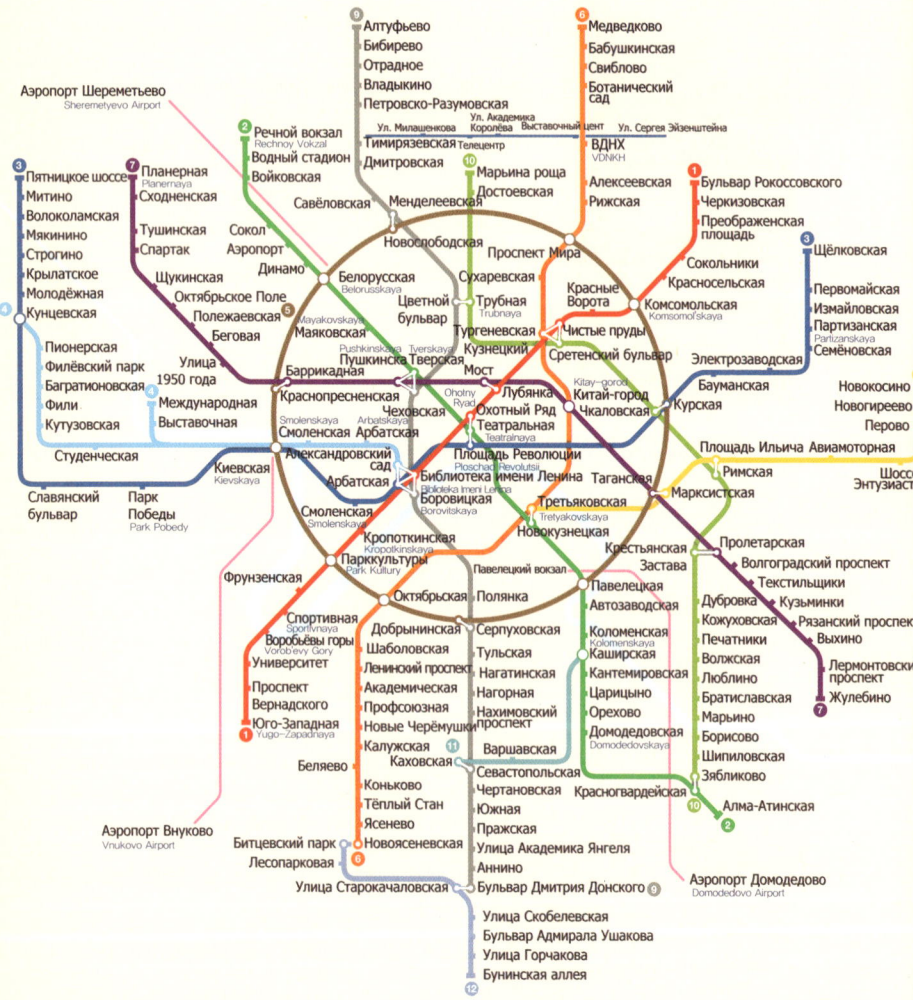

할인 티켓

모스크바 지하철과 관련된 할인 티켓은 예디니, 90 미누트, 트로이카 세 종류가 있다. 지하철, 트롤리버스, 버스, 트람 네 가지 교통수단을 모두 이용할 수 있으며, 티켓에 따라 사용법과 요금에 차이가 있다.

할인 티켓 홈페이지 : troika.mos.ru/en

- **예디니(ЕДИНЫЙ)**
  네 가지 교통수단을 이용할 때마다 1회씩 차감된다. 5회권부터 할인 적용.
  1회권 : 40루블 / 2회권 : 80루블 / 5회권 : 160루블 / 11회권 : 320루블 / 20회권 : 540루블 / 40회권 : 1080루블 / 60회권 : 1300루블 / 24시간 무제한 : 210루블

- **90 미누트(90 МИНУТ)**
  90분 동안 네 가지 교통수단 무제한 사용 가능. 5회권부터 할인 적용.
  1회권 : 50루블 / 2회권 : 100루블 / 5회권 : 240루블 / 11회권 : 500루블 / 20회권 : 800루블 / 40회권 : 1600루블 / 60회권 : 1900루블

- **트로이카(ТРОЙКА)**
  충전식 카드로, 보증금 50루블. 보증금은 나중에 돌려받을 수 있다. 네 가지 교통수단을 이용할 때마다 1회씩 차감되며, 90분 내 무세한 사용도 가능하다.
  지하철 1회 : 28루블
  트롤리버스, 버스, 트람 1회 사용 : 26루블
  90분 무제한 사용 : 44루블

---

2 트롤리버스 버스 트람
TROLLEYBUS, BUS, TRAM

트롤리버스와 버스가 주종을 이루며 일부 구간에 한해 트람이 운용되고 있다. 노선이 복잡하기 때문에 러시아어를 하지 못하는 관광객이 이용하기는 상당히 어렵다. 차량의 앞문으로 승차하여 노란색 기계에 티켓을 터치한 후 바를 통과하면 된다. 요금은 30루블이며, 지하철 티켓(40루블)도 사용 가능하다. 티켓 한 장으로 모스크바 시내 어디든 갈 수 있으며, 티켓은 거리의 키오스크에서 구입할 수 있다. 지하철 할인 티켓인 예디니, 90 미누트, 트로이카 모두 사용 가능하며, 지상 교통수단에만 적용되는 TAT 할인 티켓도 있다.

TAT
지상 교통수단인 트롤리버스, 버스, 트람만 승차 가능. 세 가지 교통수단을 이용할 때마다 1회씩 차감된다. 5회권부터 할인 적용.
1회권 : 30루블 / 2회권 : 60루블 / 5회권 : 110루블 / 11회권 : 210루블 / 20회권 : 370루블 / 40회권 : 750루블 / 60회권 : 800루블

모스크바 지하철 둘러보기

모스크바 시내 곳곳을 연결하는 지하철은 단순한 교통수단을 넘어 모스크바를 대표하는 명소 중 하나다. 일명 '지하궁전'이라고 불리는 지하철 역들은 구소련 시절의 기술과 예술을 집약시켜 만든 작품이나 다름없다. 모스크바 지하철을 이용할 때마다 잊지 말고 아름다운 지하 세계를 둘러보자.

모스크바의 열악한 교통 상황을 해결할 방책으로 20세기 초부터 지하철 건설이 논의되었다. 하지만 교회와 같은 역사적인 건물 밑으로 터널을 뚫는 것이 탐탁지 않았던 모스크바 대주교와 고고학 협회의 반대에 부딪혔다. 결국 혼잡을 더해가는 모스크바의 교통 상황을 더는 방치할 수 없어 1931년에 지하철 건설에 대한 허가가 떨어졌고, 1935년 5월 15일 11킬로미터 길이에 13개의 역을 지닌 첫 번째 라인이 개통되었다. 소련 정부의 주도하에 진행된 지하철 공사는 제2차 세계대전 중에도 지속되었으며, 독일 군의 공중 폭격을 피할 수 있는 지하 방공호의 역할도 수행했다. 또한 냉전 시대에는 미국의 핵 공격을 받아도 버텨낼 수 있도록 설계했다.

모스크바의 지하철이 궁전과 같은 화려함을 갖추게 된 데는 스탈린의 정치적 의도가 크게 작용했다. 대공황으로 미국을 비롯한 자본주의 사회가 곤경에 처한 1930년대에 스탈린은 사회주의 체제의 우월성을 전 세계에 과시하기로 마음먹었다. 그리고 이를 위한 전시장으로 수많은 인민들이 사용하는 지하철을 선택했다. 스탈린은 공사에 참여한 건축가와 예술가를 불러 지하철역의 디자인에 소련의 찬란한 미래상을 반영하도록 지시했고 이로써 소련 역사상 가장 사치스러운 건축물로 기록된 모스크바 지하철은 웅장한 규모와 빼어난 예술미를 뽐내는 공간으로 탄생했다. 벽과 바닥은 값비싼 대리석으로 치장되었고, 드높은 천장에는 다양한 그림이 그려졌으며, 호화로운 상들리에가 설치되었다. 또한 역 구내 여기저기에 사회주의 체제에서 즐겁게 살아가는 노동자, 농민, 군인들의 모습을 조각과 그림으로 묘사했다. 모스크바 지하철은 소련이 지향하는 사회주의 이상향을 구현한 것에 다름없었고, 화려하기 그지없는 지하철역을 구경한 인민들의 놀라움도 실로 대단했다. 1938년 9월 11일 문을 연 마야콥스카야 역을 둘러본 알렉세이 푸시킨은 당시의 모습을 다음과 같이 전했다.

"수천의 군중이 낮과 밤을 가리지 않고 매일 플랫폼으로 모여들어 환호성을 질렀다. 모스크바의 지하에 이런 것이 있다고는 믿기 어려웠다."

실제로 마야콥스카야 역은 1938년 미국 뉴욕에서 개최된 세계 지하철 품평회에서 그랑프리를 차지하여 소련의 위상을 드높였다. 지하철을 통해 체제의 우위를 과시하려 한 스탈린의 의도가 결실을 맺는 순간이었다. 모스크바 지하철의 탄생에 정치적 의도가 짙게 깔린 것은 사실이지만, 현재까지도 예술미 넘치는 지하철 역들이 계속해서 지어지고 있다. "모스크바에서 가장 가까운 박물관은 지하철이다"라는 말이 있듯이, 시민들이 가장 손쉽게 문화 생활을 즐길 수 있는 공간인 셈이다. 약 195개에 이르는 모스크바 지하철역 중에서도 특히 마야콥스카야(Mayakovskaya), 플로샤디 레볼류치(Ploshchad' Revolyutsii), 콤소몰스카야(Komsomol'skaya), 벨로루스카야(Belorusskaya), 아르밧스카야(Arbatskaya), 키옙스카야(Kievskaya), 도스토옙스카야(Dostoyevskaya), 파르크 포베디(Park Pobedy), 파르티잔스카야(Partizanskaya) 등이 유명하다.

마야콥스카야 역

전 세계에서 아름답기로 손꼽히는 지하철역. 러시아의 혁명시인 블라디미르 마야콥스키의 이름에서 유래했다.

스테인리스 스틸과 분홍색 장미휘석으로 만든 우아한 기둥들 / 34개의 모자이크 화로 구성된 '24시간 소비에트 하늘'의 한 장면

플로샤디 레볼류치 역

'혁명 광장'이라는 이름답게 사회주의 혁명을 이끈 인물들의 동상으로 채워져 있다. 개를 데리고 있는 군인의 동상이 특히 인기가 높은데, 개의 주둥이를 만지면 행운이 찾아온다고 한다.

76개의 동상으로 꾸며진 엄숙한 플랫폼 / 모스크바 시민들이 만져서 닳아버린 개의 주둥이

콤소몰스카야 역

모스크바에서 화려하기로 가장 이름 높은 지하철역. 대리석 조각으로 장식된 웅장한 규모뿐만 아니라 색유리를 쪼개 붙인 모자이크화도 볼 만하다.

노란색으로 칠해져 화려함을 더하는 천장 / 지하의 어둠을 밝히는 호화로운 샹들리에.

도스토옙스카야 역

러시아의 대문호 도스토옙스키의 이름을 딴 역. 플랫폼 여기저기에 도스토옙스키가 쓴 소설의 장면이 벽화로 그려져 있다.

지하철 이용객을 맞아주는 커다란 도스토옙스키 얼굴(위) / 순수한 영혼을 지닌 미시킨 공작이 등장하는 《백치》의 한 장면(위)
도끼로 살인을 저지르는 라스콜리니코프가 그려진 《죄와 벌》의 한 장면(아래) / 서둘러 계단을 내려가는 라스콜리니코프처럼 보이는 남자(아래)

파르티잔스카야 역

한국어로 '빨치산'으로 번역되는 파르티잔은 정규군과는 별도로 적의 배후에서 활약하는 유격대를 의미한다.

남녀를 가리지 않고 전투에 나선 유격대원들 / 총을 어깨에 메고 먼 곳을 응시하는 여성 전투원

모스크바
여행 가이드

어떻게 걸어 다닐까?

러시아의 수도인 모스크바는 약 1,200만 명의 인구를 자랑하는 대도시다. 크렘린을 중심으로 간선도로가 방사상으로 뻗어 있으며, 원형의 순환도로가 도심 주변을 둘러싸고 있어 과녁과 흡사한 구조다. 직선으로 뻗은 간선도로에는 상트페테르부르크까지 연결된 트베르스카야를 비롯하여 신 아르바트, 미르, 볼혼카 거리 등이 있다. 순환도로는 도심 안쪽에서부터 불바르노예, 사도부예, 모스크바 도로 등이 있다. 특히 불바르노예 도로는 길을 따라 공원 지대가 형성되어 있어 산책을 즐기듯 돌아볼 수 있는 것이 특징이다.

지하철과 철도 역시 도로와 마찬가지로 크렘린을 중심으로 방사상으로 뻗어나간다. 특히 지하철 노선 중 순환선인 5호선은 나머지 노선과 주요 기차역들을 연결해주는 역할을 맡고 있다. 따라서 5호선과 도심의 환승역들만 잘 활용해도 모스크바 시내의 주요 관광지를 손쉽게 돌아볼 수 있다. 또한 모스크바는 다수의 볼거리가 크렘린과 붉은 광장 주변에 포진해 있으므로 도보로 여행하기에도 안성맞춤이다. 보행자 거리인 구 아르바트, 카메르게르스키, 스톨레시니코프 거리 등도 이 주변에 있어 여유롭게 걸으며 음식과 쇼핑을 즐기기에 좋다.

모스크바
여행 가이드

어디서 잘까?

Hotel 모스크바는 숙박료가 비싸기로 세계에서 손꼽히는 도시다. 러시아의 수도답게 대형 호텔들이 다수 들어서 있는데도 객실이 부족해 가격이 높게 형성되어 있다. 더구나 호텔의 등급이 높아도 내부 시설이 낙후된 경우가 많아 이용 시에 불만을 느끼기도 한다. 최근에는 국내외 자본이 투입된 고급 호텔을 중심으로 쾌적한 환경과 편리한 시설을 갖춘 호텔들이 늘어나고 있다. 크렘린과 붉은 광장 근처 도심은 고가의 특급 호텔 위주이며 저가의 중소형 호텔은 찾아보기 어렵다.

1 **머큐어 아르바트 모스크바**
MERCURE ARBAT MOSCOW

109개의 객실을 갖춘 4성급의 부티크 스타일 호텔. 구 아르바트 거리 끝에 위치해 있어 식사와 쇼핑에 최적의 입지를 자랑한다. 스몰렌스카야 역 바로 옆에 있어 지하철 이용도 편리하다.

홈페이지 · www.mercure.com 주소 · Смоленская площадь, 6
전화 · 495-2250025 요금 · 더블룸 23만 원~
가는 법 · 지하철 3, 4호선 스몰렌스카야(Smolenskaya) 역에서 100미터.

2 **인터콘티넨탈 모스크바 트베르스카야**
INTERCONTINENTAL MOSCOW TVERSKAYA

222개의 객실을 갖춘 5성급 호텔. 2011년에 오픈했으며 트베르스카야 대로 변에 위치해 있다. 푸시킨 광장과 지하철 2, 7호선을 도보로 이용할 수 있다.

홈페이지 · www.intercontinental.com/moscow 주소 · Тверская улица, 22
전화 · 495-7878887 요금 · 더블룸 32만 원~
가는 법 · 지하철 2호선 트베르스카야(Tverskaya) 역에서 300미터, 7호선 푸시킨스카야(Pushkinskaya) 역에서 300미터.

3 **호텔 메트로폴 모스크바**
HOTEL METROPOL MOSCOW

볼쇼이 극장이 바라다 보이는 혁명 광장에 자리한 5성급 호텔. 1903년 실업가 마몬토프가 설립했으며, 338개의 객실을 갖추고 있다. 건물의 내부와 외관이 아름답게 꾸며져 있으며, 사회주의 혁명 당시 혁명의회가 열렸을 정도로 유서 깊은 호텔이다. 크렘린, 붉은 광장, 극장 광장 등 모스크바의 주요 명소를 도보로 둘러볼 수 있을 뿐만 아니라, 지하철 1, 2, 3호선과도 가까워 최고의 입지를 자랑한다.

홈페이지 · www.metropol-moscow.ru 주소 · Театральный проезд, 2
전화 · 499-5017800 요금 · 더블룸 29만 원~
가는 법 · 지하철 2호선 테아트랄나야(Teatral'naya) 역에서 100미터, 3호선 플로샤디 레볼류치(Ploshchad' Revolyutsii) 역에서 200미터, 1호선 오호트니 랴트(Okhotny Ryad) 역에서 300미터.

4 **모스크바 메리어트 로열 오로라 호텔**
MOSCOW MARRIOTT ROYAL AURORA HOTEL

231개의 객실을 갖춘 5성급 호텔. 부티크가 늘어선 스톨레시니코프 거리, 레스토랑이 밀집한 카메르게르스키 거리와 가까워 쇼핑과 식사가 편리하다. 지하철역까지 도보 10분 거리라 좀 불편하지만, 극장 광장 등을 도보로 돌아볼 수 있다.

홈페이지 · marriottmoscowroyalaurora.com 주소 · Улица Петровка, 11
전화 · 495-9371000 요금 · 더블룸 29만 원~
가는 법 · 지하철 2호선 테아트랄나야(Teatral'naya) 역에서 도보 약 10분, 7호선 쿠즈네츠키(Kuznetsky) 역에서 도보 약 10분, 10호선 트루브나야(Trubnaya) 역에서 도보 약 10분.

5 모스크바 메리어트 그랜드 호텔
MOSCOW MARRIOTT GRAND HOTEL

387개의 객실을 갖춘 5성급 호텔. 트베르스카야 대로변에 위치하며, 마야콥스키 광장과 지하철 2호선을 도보로 이용할 수 있다.

홈페이지 · marriottmoscowgrand.com / www.marriott.co.uk
주소 · Улица Тверская, 26/1
전화 · 495-9370000 요금 · 더블룸 24만 원~
가는 법 · 지하철 2호선 마야콥스카야(Mayakovskaya) 역에서 200미터, 7호선 푸시킨스카야(Pushkinskaya) 역에서 500미터.

6 가든 링 호텔
GARDEN RING HOTEL

85개의 객실을 갖춘 4성급 호텔. 2010년에 오픈했으며 모노톤의 객실을 갖추고 있다. 지하철 5, 6호선을 도보로 이용할 수 있다.

홈페이지 · www.gardenringhotel.ru 주소 · проспект Мира, 14 строение 2
전화 · 495-9883460 요금 · 더블룸 22만 원~
가는 법 · 지하철 5호선 프로스펙트 미라(Prospect Mira) 역에서 300미터, 6호선 수하렙스카야(Sukharevskaya) 역에서 300미터.

7 힐튼 모스크바 레닌그라드스카야
HILTON MOSCOW LENINGRADSKAYA

1950년대에 스탈린 양식으로 지어진 '7자매' 중 하나로, 273개의 객실을 갖춘 5성급 호텔. 2008년에 힐튼 호텔 계열에 편입되어 객실이 새롭게 정비되었다. 1층 로비는 화려한 샹들리에와 대리석 기둥으로 꾸며진 구소련 시절의 모습을 여전히 간직하고 있다. 레닌그라드, 카잔, 야로슬라프 기차역 근처에 있어 다른 도시로 이동하기 편리하다.

홈페이지 · www.moscow.hilton.com 주소 · Улица Каланчевская, 21/40
전화 · 495-6275550 요금 · 더블룸 17만 원~
가는 법 · 지하철 1, 5호선 콤소몰스카야(Komsomol'skaya) 역에서 300미터.

8 쉐라톤 팰리스 호텔 모스크바
SHERATON PALACE HOTEL MOSCOW

212개의 객실을 갖춘 5성급 호텔. 셰레메티예보 국제공항에서 출발하는 아에로익스프레스의 도착역인 벨로루시 기차역에서 가까워 이동이 편리하다.

홈페이지 · www.sheratonpalace.ru 주소 · Улица 1-я Тверская-Ямская, 19
전화 · 495-9319700 요금 · 더블룸 21만 원~
가는 법 · 지하철 2, 5호선 벨로루스카야(Belorusskaya) 역에서 300미터.

9 아삼블레야 니키츠카야
ASSAMBLEYA NIKITSKAYA

29개의 객실을 갖춘 4성급 소형 호텔. 규모가 작고 시설은 수수하지만 레스토랑과 바도 갖추고 있다. 지하철역까지 도보 10분 거리라 좀 불편하지만, 크렘린, 붉은 광장, 구 아르바트 거리 등을 도보로 돌아볼 수 있다.

홈페이지 · www.assambleya-hotels.ru
주소 · улица Большая Никитская, дом 12, строение 2
전화 · 495-9335001   요금 · 더블룸 17만 원~
가는 법 · 지하철 3호선 아르밧스카야(Arbatskaya) 역에서 도보 약 10분, 1호선 오호트니 라트(Okhotny Ryad) 역에서 도보 약 10분, 4호선 알렉산드롭스키 사드(Aleksandrovsky Sad) 역에서 도보 약 10분.

10 카메르게르스키 호텔
KAMERGERSKIY HOTEL

24개의 객실을 갖춘 소형 호텔. 객실이 작고 심플하지만 레스토랑이 밀집한 카메르게르스키 거리에 있어 식사에는 최적의 조건이다. 도보 10분 거리에 크렘린, 붉은 광장, 극장 광장 등이 있어 관광에 편리하다.

홈페이지 · hotelkamer.ru
주소 · Камергерский переулок, дом 6/5, строение 3
전화 · 495-6921315   요금 · 더블룸 19만 원~
가는 법 · 지하철 2호선 테아트랄나야(Teatral'naya) 역에서 300미터, 1호선 오호트니 라트(Okhotny Ryad) 역에서 500미터.

11 이즈마일로보 감마-델타
IZMAILOVO GAMMA-DELTA

모스크바 도심에서 지하철로 약 13분 거리인 파르티잔스카야 역 옆에 위치한 호텔. 2,000개의 객실을 갖추었으며 감마는 3성급, 델타는 4성급 호텔이다. 도심과 떨어져 있는 점이 단점이지만 10여 개의 레스토랑과 각종 시설을 갖추고 있어 이용에 불편함이 없다. 주변에 감마-델타를 비롯한 5개의 호텔이 들어서 있어 '이즈마일로보 관광 호텔 단지(Izmailovo Tourist Hotel Complex)'라고 불린다. 근처에는 기념품 시장으로 유명한 이즈마일로보 시장이 있어 쇼핑하기도 편리하다.

홈페이지 · www.izmailovo.ru   주소 · Измайловское ш., д. 71, корп. 4 Г-Д
전화 · 495-7377070   요금 · 더블룸 8만 원~
가는 법 · 지하철 3호선 파르티잔스카야(Partizanskaya) 역에서 100미터.

Hostel 모스크바는 관광객을 대상으로 한 호스텔이 그다지 활성화되어 있지 않으며, 아직까지는 서비스 마인드나 시설의 수준도 많이 떨어지는 편이다. 관광객이 많이 찾는 구 아르바트 거리를 중심으로 다수 형성되어 있으나 대형 호스텔은 몇 개 되지 않는다. 대부분 아파트 한 채를 개조해 만든 소형 호스텔로, 침대의 숫자는 보통 10~20개 정도다. 호스텔에 공용 화장실이 한 개뿐인 곳도 있으므로 예약 시에는 시설이 열악하지 않은지 꼼꼼히 살펴보아야 한다.

호스텔은 큰 건물 한 층에 입주해 있는데 대부분 건물 밖에 표시가 제대로 되어 있지 않다. 또한 출입구가 여러 개인 데다 닫혀 있는 문을 어떻게 통과해야 할지 알 수 없는 경우가 많다. 따라서 호스텔을 예약할 때는 주소와 전화번호는 물론이고 어떻게 찾아가야 하는지, 어떻게 호출해야 하는지 정확한 방법을 파악해두어야 한다.

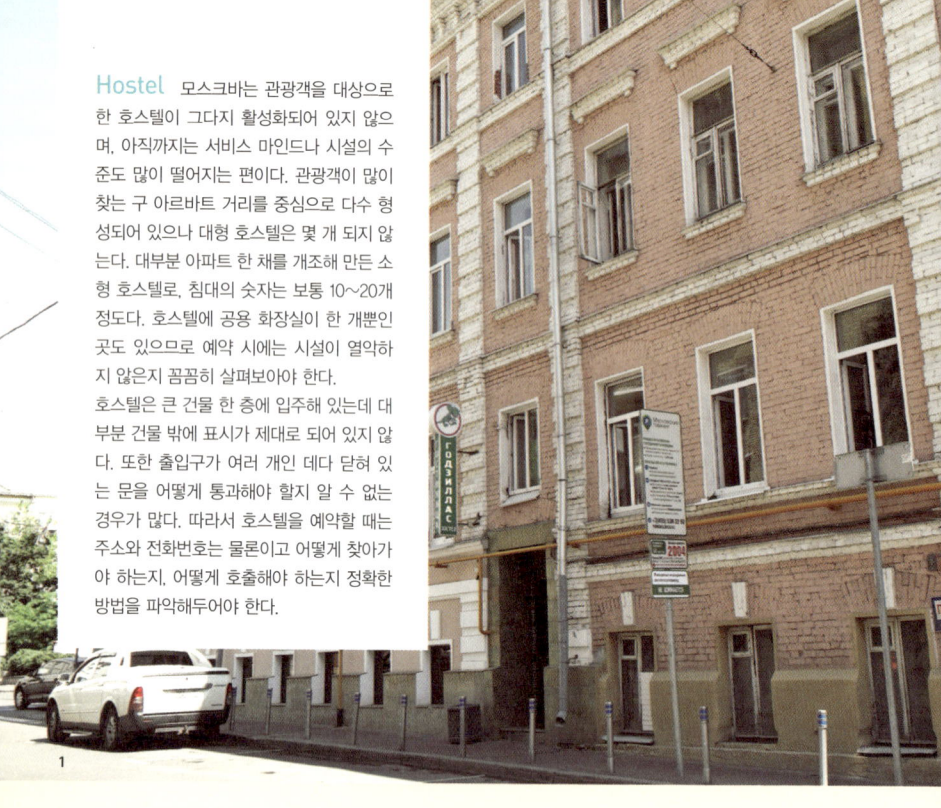

1

1 고질라 호스텔
GODZILLAS HOSTEL

3층짜리 건물을 전부 사용하고 있는 대형 호스텔. 싱글룸, 더블룸, 트윈룸, 도미토리 등을 갖추고 있으며, 체계적인 시스템을 갖춘 기업형 호스텔이다. 심플한 인테리어에 꾸며져 있으며 공용 욕실과 화장실을 이용해야 한다. 주택가 지역이라 주변이 조용한 것은 장점이지만 지하철역까지 도보 10분 거리라 교통이 약간 불편하다. 지하철 6호선 키타이 고로드(Kitay gorod) 역 부근에 2호점도 개설되어 있다.

홈페이지 · godzillashostel.com　**주소** · Большой Каретный переулок 6　**전화** · 499-6994223　**요금** · 더블룸 6만 원~
가는 법 · 지하철 10호선 트루브나야(Trubnaya) 역에서 도보 약 10분.

2 불가코프 호스텔
BULGAKOV HOSTEL

18개의 방에 더블룸과 도미토리를 갖춘 호스텔. 조금 낡은 빈티지 스타일로 꾸며져 있으며, 공용 욕실과 화장실을 이용해야 한다. 구 아르바트 거리에 있어 식사와 쇼핑에 최적의 입지이며, 지하철 3, 4호선을 도보로 이용할 수 있다.

홈페이지 · home-fromhome.com 주소 · улица Арбат 49
전화 · 499-2414482 요금 · 더블룸 6만 원~
가는 법 · 지하철 3호선 스몰렌스카야(Smolenskaya) 역에서 200미터, 4호선 스몰렌스카야(Smolenskaya) 역에서 300미터. 49번지 건물 뒤편.

3 트베르스카야 로프트
TVERSKAYA LOFT

10개의 방에 싱글룸, 더블룸, 트윈룸, 패밀리룸을 갖춘 미니 호텔. 방은 작지만 심플하고 깨끗하며, 대부분은 공용 욕실과 화장실을 사용해야 한다. 작은 부엌도 딸려 있어 호텔이라기보다는 호스텔에 가깝다. 한 블록 거리에 푸시킨 광장이 있으며, 지하철 2, 7, 9호선이 가까워 교통이 편리하다.

홈페이지 · tverskayaloft.com 주소 · Тверская улица, 12/7
전화 · 499-6946774 요금 · 더블룸 10만 원~
가는 법 · 지하철 2호선 트베르스카야(Tverskaya) 역에서 100미터, 7호선 푸시킨스카야(Pushkinskaya) 역에서 100미터, 9호선 체홉스카야(Chekhovskaya) 역에서 300미터.

4 페트롭카 로프트
PETROVKA LOFT

10개의 방에 더블룸과 트윈룸을 갖춘 미니 호스텔. 내부는 쾌적하고 채광이 좋으며, 대로변 안쪽에 있어 조용한 편이다. 공용 욕실과 화장실을 이용해야 하며, 지하철역까지 도보 10분 거리라 교통이 약간 불편하다.

홈페이지 · petrovkalofthotelmoscow.com 주소 · улица Петровка, 17/2
전화 · 495-6262210 요금 · 더블룸 4만 원~
가는 법 · 지하철 2호선 테아트랄나야(Teatral'naya) 역에서 도보 약 10분, 9호선 체홉스카야(Chekhovskaya) 역에서 도보 약 10분, 7호선 쿠즈네츠키 모스트(Kuznetsky Most) 역에서 도보 약 10분. 페트롭카 거리 골목 안쪽.

모스크바
여행 가이드

어디서 먹을까?

Restaurant 모스크바에서는 정통 러시아 요리는 물론 그루지야, 아제르바이잔, 우즈베키스탄, 우크라이나 음식도 맛볼 수 있다. 또한 구소련 시절에 운영된 배식소 시스템을 유지한 카페테리아식 음식점도 성행하고 있어 눈길을 끈다. 진열대에 차려진 음식 중에 마음에 드는 것을 골라 한꺼번에 계산하는 방식으로, 러시아어를 하지 못하는 외국인에게 매우 편리하다. 소련 붕괴 후 맥도널드를 필두로 한 서구식 패스트푸드가 유입돼 관광지에서 쉽게 찾아볼 수 있으며, 러시아 음식을 파는 패스트푸드점도 많다.

레스토랑 거리로는 관광객이 많이 찾는 구 아르바트 거리와, 볼쇼이 극장 뒤쪽의 카메르게르스키(Камергерский) 거리를 들 수 있다. 모스크바 예술극장이 있는 카메르게르스키 거리는 원래 제정 러시아의 궁정에서 일하는 시종들이 모여 살던 장소다. 지금은 보행자 거리로 꾸며져 다양한 레스토랑이 들어서 있다.

1 카페 푸시킨
КАФЕ ПУШКИНЪ

푸시킨 탄생 200주년을 기념하여 1999년에 문을 연 레스토랑. 푸시킨이 살던 19세기 러시아의 모습을 재현했으며 1층은 약국, 2층은 서재, 3층은 벽난로의 방으로 꾸며져 있다. 고풍스러운 분위기 속에서 빨간 조끼를 입은 웨이터들의 시중을 받으며 식사를 즐길 수 있다. 러시아와 프랑스 요리를 중심으로 한 음식 맛이 뛰어나지만, 가격이 매우 비싸므로 평일 점심에 런치 메뉴를 선택하면 실속 있게 즐길 수 있다. 1층보다는 2층이 분위기가 좋고 레스토랑 오른편에 디저트를 즐길 수 있는 카페가 따로 마련되어 있으므로 식사 후에 들러보자.

홈페이지 · www.cafe-pushkin.ru **주소** · улица Тверской бульвар, дом 26-A
전화 · 495-7390033 **영업 시간** · 12:00~24:00
런치 메뉴 · 평일 점심 12:00~16:00 / 2코스 620루블, 3코스 930루블
가는 법 · 지하철 2호선 트베르스카야(Tverskaya) 역, 7호선 푸시킨스카야(Pushkinskaya) 역 하차. 남동쪽 출구로 나와 트베르스코이 불바르 거리를 따라 50미터.

1-3

2 스톨로바야 No. 57
СТОЛОВАЯ NO. 57

'스톨로바야'는 줄을 서서 음식을 받는 배식소를 뜻한다. 굼 백화점 3층에 위치해 붉은 광장 주변을 구경한 후 식사하기 편리하다. 다양한 러시아 요리를 저렴한 가격에 맛볼 수 있으며 식당 내부도 깔끔하다. 진열대에 준비된 음식 중 마음에 드는 것을 골라 계산한 후, 앉고 싶은 자리에서 식사하면 된다. 음식에 영어로 이름이 붙어 있어 외국인도 이용하기 쉽다.

홈페이지 · gum.ru/projects/s57 **주소** · площадь Красная, 3
전화 · 495-6203129 **영업 시간** · 10:00~22:00
가는 법 · 지하철 3호선 플로샤디 레볼류치(Ploshchad' Revolyutsii)역 하차. 붉은 광장의 굼 백화점 3열 3층, 남동쪽 모퉁이.

3 셰시-베시
ШЕШ-БЕШ

우즈베키스탄 음식을 전문으로 하는 프랜차이즈 레스토랑. 모스크바 시내 여러 곳에 지점이 있으며 샤실리크가 대표 메뉴다. 샐러드, 채소, 고기, 생선 요리 등을 갖춘 샐러드 바를 운영하고 있으며, 1회 이용 시마다 비용을 지불하는 시스템이다.

홈페이지 · www.rmcom.ru/page-shesh-besh
주소 · улица Воздвиженка, 11, строение 3
전화 · 495-9788004 **영업 시간** · 12:00~24:00
가격 · 샤실리크 320루블~, 샐러드 바 1회 이용 590루블
아르바트 역 지점 가는 법 · 지하철 3, 4호선 아르밧스카야(Arbatskaya) 역 사이.

---

1 19세기의 서재처럼 꾸며진 2층 홀 1-1 레스토랑 오른편의 디저트 카페 1-2 생선 꼬치와 사과 콩피 요리 1-3 으깬 감자를 곁들인 비프 스트로가노프
2 이름과 가격이 붙은 각종 소스들 2-1 다양한 음식을 맛볼 수 있는 것이 장점!

4 바라시카
BARASHKA

아제르바이잔 요리를 전문으로 하는 고급 레스토랑. 양고기 샤실리크가 대표 메뉴이며, 이외에도 다양한 육류, 생선, 쌀 요리를 맛볼 수 있다. 가격이 상당히 비싸지만 메인 요리는 물론이고, 식전에 나오는 가벼운 전채와 말린 대추까지도 맛이 뛰어나다. 페트롭카 거리를 포함해 세 군데에 지점이 있으며, 모던하고 고급스러운 분위기 속에서 식사를 즐길 수 있다.

홈페이지 · novikovgroup.ru/restaurants **주소** · улица Петровка, 20/1
전화 · 495-6252892 **영업 시간** · 10:00~24:00
가격 · 샤실리크 700루블~, 플로프 1,050루블~
페트롭카 지점 가는 법 · 지하철 2호선 테아트랄나야(Teatral'naya) 역에서 도보 약 10분.

5 테레목
TEREMOK

다양한 블린을 제공하는 패스트푸드점. 얇게 구운 반죽에 햄 치즈, 스메타나, 다진 고기, 버섯, 연어, 생선 알 등 다양한 재료를 넣어 먹는다. 모스크바 시내 어디에서나 찾아볼 수 있으며, 패스트푸드점이라 음식의 질은 높지 않다. 그래도 저렴한 가격과 다양한 맛 덕분에 간단한 식사 대용으로 인기가 높다.

홈페이지 · www.teremok.ru **영업 시간** · 매장에 따라 다름
가격 · 블린 63루블~, 보르시 122루블, 크바스 69루블
가는 법 · 지하철 1호선 오호트니 랴트(Okhotny Ryad) 역의 오호트니 쇼핑몰, 지하철 3호선 아르밧스카야(Arbatskaya) 역 근처 구 아르바트 거리 등에 많음.

6 욜키 팔키
ЁЛКИ ПАЛКИ

대중적인 러시아 음식을 파는 프랜차이즈 레스토랑. 모스크바 시내에 다수의 지점이 있으며, 샤실리크, 블린 등 다양한 음식을 맛볼 수 있다. 전채 요리로 구성된 샐러드 바를 갖추고 있다.

홈페이지 · www.elki-palki.ru **주소** · Новый Арбат 11, строение 1
전화 · 495-6917654 **영업 시간** · 11:00~24:00
가격 · 샤실리크 300루블~, 샐러드 바 495루블
가는 법 · 지하철 3호선 아르밧스카야(Arbatskaya) 역 하차. 서쪽으로 뻗은 신 아르바트 거리를 따라 서쪽으로 약 400미터.

---

4 페트롭카 거리에 위치한 바라시카 **4-1** 빵을 곁들여 나온 가벼운 전채
4-2 육즙이 살아 있는 양고기 샤실리크 **4-3** 고기와 채소가 들어간 전통 플로프
5 원하는 재료를 블린 안에 넣어 먹을 수 있는 것이 장점! **5-1** 바나나를 안에 넣은 블린
6 신 아르바트 거리에 위치한 욜키 팔키 **6-1** 차가운 전채 위주로 구성된 샐러드 바

7 크로시카 카르토시카
КРОШКА КАРТОШКА

'작은 감자'라는 뜻을 지닌 감자 요리 패스트푸드점. 오븐에서 구운 감자를 절반으로 갈라 버터와 치즈를 바른 후, 그 위에 원하는 토핑을 얹어서 먹는다. 모스크바 시내 어디에서나 찾아볼 수 있으며, 저렴하고 맛도 좋아 식사 대용으로 그만이다.

홈페이지 · www.kartoshka.com **영업 시간** · 매장에 따라 다름
가격 · 감자 79루블, 토핑 45루블
가는 법 · 지하철 1호선 오호트니 랴트(Okhotny Ryad) 역의 오호트니 쇼핑몰, 플로샤디 레볼류치 역과 붉은 광장을 잇는 니콜스카야 거리 등에 산재.

7-3

8 무무
МУМУ

모스크바 시내에 수십 개의 점포를 갖추고 있는 카페테리아식 레스토랑. 메인 요리에서부터 빵, 샐러드, 스프, 블린, 음료까지 갖추고 있어 선택의 폭이 넓다. 저렴한 가격에 다양한 러시아 음식을 맛볼 수 있으며, 카페테리아식 치고는 음식의 질도 좋은 편이다. 식당 앞에 젖소 모형이 세워져 있어 찾기 쉬우며, 구 아르바트 거리에만도 두 개의 점포가 영업 중이다.

홈페이지 · www.cafemumu.ru **주소** · улица Арбат дом 4, строение 1
전화 · 495-6918588 **영업 시간** · 10:00~23:00
가는 법 · 지하철 3호선 아르밧스카야(Arbatskaya) 역에서 노모 2분. 구 아르바트 거리 초입.

9 하차푸리
ХАЧАПУРИ

그루지야 음식을 전문으로 하는 대중적인 레스토랑. '하차푸리(Khachapuri)'란 그루지야의 대표적인 치즈 빵을 의미한다. 내부 인테리어는 젊은 층에 맞춘 모던한 분위기지만 음식 맛은 그루지야 전통을 고수하고 있다. 치즈 맛이 풍성하게 살아 있는 하차푸리와 샤실리크를 비롯한 다양한 육류 요리를 맛볼 수 있다. 트베르스카야 역 근처를 포함해 세 군데에 지점이 있다.

홈페이지 · www.hacha.ru **주소** · Большой Гнездниковский пер., 10
전화 · 985-7643118 **영업 시간** · 10:00~01:00
가격 · 샤실리크 320루블~, 하차푸리 190루블~
트베르스카야 지점 가는 법 · 지하철 2호선 트베르스카야(Tverskaya) 역, 7호선 푸시킨스카야(Pushkinskaya) 역 하차. 남동쪽 출구로 나와 트베르스카야 대로를 따라 남동쪽으로 약 100미터. 대로 오른편 건물들 안쪽 깊숙한 곳에 위치.

---

7 아담하고 깔끔한 매장. 관광지에서는 이동식 매장도 볼 수 있다 **7-1** 점원이 감자를 갈라 버터와 치즈를 발라준다
7-2 원하는 토핑을 고르면 감자 위에 얹어 준다 **7-3** 김이 모락모락 나는 뜨거운 감자와 햄 토핑
8 카페테리아식 레스토랑의 대표, 무무 **8-1** 진열대 위의 다양한 샐러드 **8-2** 원하는 음식만 골라 먹을 수 있는 것이 장점!

Cafe 후식 문화를 즐기는 러시아인의 성향을 반영하듯 모스크바 시내에는 카페가 넘쳐난다. 쇼콜라드니차(Шоколадница)나 코페 하우스(Кофе Хауз) 같은 러시아산 대형 커피 체인이 성행하고 있으며, 스타벅스나 던킨 도너츠 같은 미국 브랜드도 들어와 있다. 카페에는 각종 음료는 물론 빵, 케이크, 디저트 등이 갖추어져 있어 간식을 즐기기에 그만이다. 또한 간단한 음식 메뉴도 구비되어 있으므로 식사 대용으로 활용하면 좋다.

1 보스코 카페
BOSCO CAFÉ

굼 백화점 1층에 자리하고 있어 붉은 광장을 바라보며 커피를 마실 수 있는 카페. 음료는 물론 이탈리아 음식을 위주로 한 가벼운 식사도 가능하다.

홈페이지 · www.bosco.ru/restoration/bosco_cafe 주소 · Красная площадь, 3 전화 · 495-6203182 영업 시간 · 9:00~24:00
가는 법 · 지하철 3호선 플로샤디 레볼류치(Ploshchad' Revolyutsii) 역 하차. 붉은 광장의 굼 백화점 1층.

2 스트렐카
БАР СТРЕЛКА

모스크바 강 건너의 구세주 그리스도 대성당을 바라보며 음료와 식사를 즐길 수 있는 전망 좋은 바. '스트렐카 인스티튜트'라는 학교에서 운영하는 곳으로, 강변에 자리하고 있어 여름철에 특히 인기가 많다. 알코올을 포함한 각종 음료는 물론 햄버거, 샐러드, 디저트 등 간단한 식사도 가능하다. 또한 부근의 레드 옥토버에는 다양한 바, 카페, 나이트클럽 등이 들어서 있어 모스크바 젊은이들의 각광을 받고 있다.

홈페이지 · www.strelkainstitute.com/en/bar
주소 · Берсеневская наб., 14, строение 5 전화 · 495-7717416
영업 시간 · 월~목요일 9:00~24:00 / 금요일 9:00~03:00 / 토요일 12:00~03:00 / 일요일 12:00~24:00
가는 법 · 지하철 1호선 크로폿킨스카야 (Kropotkinskaya) 역 하차. 구세주 그리스도 대성당 뒤편 다리 건너 우측.

모스크바
여행 가이드

무엇을 살까?

1 이즈마일로보 시장
ВЕРНИСАЖ В ИЗМАЙЛОВО

이즈마일로보 공원 안에 자리하고 있는 상설 민예품 시장. 시내의 상점보다 훨씬 저렴한 가격에 기념품을 구입할 수 있어 인기가 높다. 마트료시카, 알 공예, 보석함, 도자기, 나무공예 등 각종 민예품을 비롯하여, 구소련 시절의 군복과 모자, 겨울용 털모자인 샵카, 냉장고용 자석, 러시아 명화의 모사품 등 온갖 물건을 판매한다. 손님이 몰리는 수발에 문을 여는 싱짐이 더 많으며, 시장 입구 쪽보다는 안쪽의 가격이 싼 편이다. 마트료시카의 경우 저렴한 물건부터 고가의 작품까지 천차만별이므로 천천히 둘러보며 가격을 잘 비교해야 한다. 시장 주변에 예쁘게 치장된 크렘린과 보트를 탈 수 있는 호수도 있으므로 시장 구경 후에 들러보자.

입장료 · 주말 10루블. 평일과 주말 오후 늦게는 무료. **영업 시간** 9:00~18:00
가는 법 · 지하철 3호선 파르티잔스카야(Partizanskaya) 역 하차. 호텔 구역 오른편 길을 따라 도보 약 7분.

2　옐리세옙스키 마가진
ЕЛИСЕЕВСКИЙ МАГАЗИН

모스크바의 거상 그리고리 옐리세예프가 1901년에 개업한 식료품점. 18세기에 건축된 유서 깊은 건물의 내부를 네오 바로크 양식으로 꾸몄다. 크리스털 샹들리에와 화려하게 장식된 기둥과 아치를 보면 식료품점이라는 것을 믿을 수 없을 정도다. 다양한 식료품 이외에 주류, 선물 등도 판매하고 있다.

홈페이지 · www.eliseevskiy.ru 주소 · улица Тверская, 14
전화 · 495-6504643 영업 시간 · 24시간
가는 법 · 지하철 7호선 푸시킨스카야(Pushkinskaya) 역, 2호선 트베르스카야(Tverskaya) 역 하차. 남동쪽 출구로 나와 트베르스카야 대로를 따라 남동쪽으로 한 블록. 대로 왼편 건물.

3　굼 백화점
ГУМ

붉은 광장에 자리한 모스크바를 대표하는 백화점. 1893년에 설립되었으며 3층으로 된 3개의 아케이드를 지니고 있다. 각종 브랜드의 상점은 물론 식료품점, 레스토랑, 카페, 은행 등을 갖추고 있다.

홈페이지 · www.gum.ru
주소 · Красная площадь, 3
전화 · 495-7884343
영업 시간 · 매일 10:00~22:00
가는 법 · 지하철 3호선 플로샤디 레볼류치(Ploshchad' Revolyutsii) 역, 1호선 오호트니 랴트(Okhotny Ryad)역 하차. 도보 약 5분.

4 구 아르바트 거리
УЛИЦА СТАРЫЙ АРБАТ

원래 예술가의 거리로 알려져 있지만 지금은 기념품점과 레스토랑으로 넘쳐난다. 인기 관광지이다 보니 기념품의 질도 좋지만 가격도 상당히 비싼 편이다. 기념품 이외에도 구소련 시절의 서적과 포스터, 길거리 화가들의 그림 등을 팔고 있다.

가는 법 · 지하철 3, 4호선 아르밧스카야(Arbatskaya) 역 하차, 서쪽으로 니키츠키 불바르(Никитский бульвар)를 건너 남서쪽으로 뻗은 보행자 거리.

---

5 춤 백화점
ЦУМ

볼쇼이 극장 오른편에 자리한 백화점으로 검은색 외관이 특징이다. 1880년 상트페테르부르크에 있던 '뮤르와 메릴리스' 백화점이 모스크바로 이전하면서 시작되었다. 두 차례의 화재를 거쳐 1906년에 새로 지은 건물로, 내부는 일반적인 백화점 분위기와 같다.

홈페이지 · www.tsum.ru **주소** · улица Петровка, 2
전화 · 495-9337300 **영업 시간** · 매일 10:00~22:00 / 일요일 11:00~22:00
가는 법 · 지하철 1호선 테아트랄나야(Teatral'naya) 역 하차, 극장 광장을 대각선으로 가로질러 100미터.

---

6 스톨레시니코프 거리
СТОЛЕШНИКОВ ПЕРЕУЛОК

서쪽의 트베르스카야 광장에서부터 동쪽의 페트롭카 거리까지 이어진 부티크 거리. 명품 브랜드들이 들어서 있어 서유럽 같은 분위기를 풍긴다. 거리의 동쪽 절반은 보행자 거리여서 산책하듯 걸으며 쇼핑을 즐기기 좋다.

가는 법 · 지하철 2호선 트베르스카야(Tverskaya) 역에서 하차. 볼샤야 드미트롭카 거리(улица Большая Дмитровка)를 따라 북쪽으로 300미터.

기타 정보

모스크바 관광 사이트

홈페이지 · moscow.ru

인포메이션

주소 · площадь Революции, 2/3
운영 시간 · 10:00~18:00, 목요일 11:00~21:00
휴무 · 화요일
가는 법 · 붉은 광장 근처, 1812년 조국전쟁기념관 건물.

모스크바 시티 투어 버스

홈페이지 · www.city-sightseeing.com/en/tours/russia/moscow.htm
운행 코스 · 크렘린, 붉은 광장, 극장 광장, 볼로트니 섬, 구세주 그리스도 대성당, 구 아르바트 거리 등 30개 지점.
언어 · 러시아어, 영어, 스페인어, 중국어 등 8개 언어.
운행 간격 · 1코스 레드라인 20~30분 / 2코스 그린라인 40~60분.
요금 · 일반 600루블(2일권 900루블), 어린이 & 학생 500루블(2일권 800루블).
유효 기간 · 24시간 내 무제한 승하차.

무료 워킹 투어

홈페이지 · moscowfreetour.com
출발 시간 · 10:45
소요 시간 · 2시간 30분
언어 · 영어
집결 장소 · 지하철 6, 7호선 키타이 고로드(Kitay gorod) 역 근처 공원 기념상 앞.

축제 정보

겨울 축제
12~1월에 걸쳐 2주간 개최된다. 붉은 광장에 세워진 얼음 조각상 등이 볼거리.

도시의 날
모스크바의 탄생을 기념하는 축제로 9월 첫째 주에 개최. 퍼레이드, 불꽃놀이, 라이브 공연 등이 거행.

모스크바 국제 영화제
(Moscow International Film Festival)
6월 하순에 10일간 열리는 국제 영화제. 러시아는 물론 미국과 유럽의 배우와 영화 관계자들이 참석한다.
홈페이지 · www.moscowfilmfestival.ru

크렘린

크렘린(Kremlin)이란 도시를 방어하기 위해 세운 성채를 뜻하며, 러시아어 '크레믈(Кремль)'에서 유래했다. 1156년 모스크바 공국의 시조인 유리 돌고루키 공이 모스크바 강가에 목조로 된 요새를 쌓은 것이 시초다. 1367년경 목책을 돌로 쌓은 성벽으로 대체했고, 15~16세기에 개축하여 현재와 같은 모습을 갖추었다. 크렘린은 전체적으로 삼각형 모양을 이루고 있으며, 한 변의 길이는 약 700미터이다. 성벽의 높이는 9~20미터, 두께는 4~6미터에 이르며, 성벽 위에는 거대한 망루들이 세워져 있어 철옹성이라는 느낌을 준다. 성벽 안에는 이반 3세의 주도로 세워진 아름다운 건축물들이 즐비한데, 이탈리아에서 초빙한 유명 건축가들의 솜씨다. 특히 러시아정교회를 대표하는 성당들이 밀집해 있는 성당 광장은 러시아만의 독특한 색채를 띤 건축물들로 관람객의 눈길을 사로잡는다. 크렘린은 오랫동안 러시아의 수도로 정치·종교·문화의 중심지 역할을 해왔다. 1712년 표트르 대제가 제국의 수도를 상트페테르부르크로 옮기면서 한동안 수도의 지위를 잃었지만, 사회주의 혁명이 일어난 이듬해인 1918년 혁명정부가 수도를 다시 모스크바로 옮기면서 옛 영화를 되찾았다. 이후 크렘린은 초강대국 소련의 서기장이 머무는 권력의 상징으로 여겨졌으며, 전 세계 사회주의 국가들을 좌지우지하는 정치적 중심으로 주목 받았다. 소련 붕괴 이후에도 러시아 연방의 대통령들이 계속 크렘린에 머물며 러시아의 부흥에 매진하고 있다.

[기본 정보]

명칭 • 모스크바 크렘린 박물관
(Музеи Московского Кремля)
홈페이지 • www.kreml.ru
운영 시간 • 10:00~17:00
휴관 • 목요일
티켓 판매 • 9:30~16:30
가는 법 • 지하철 9호선 보로비츠카야(Borovitskaya)역, 4호선 알렉산드롭스키 사드(Aleksandrovsky Sad)역, 1호선 비블리오테카 이메니 레니나(Biblioteka imeni Lenina)역 하차, 동쪽으로 도보 약 5분.

입장료

크렘린의 입장료는 크게 성당 구역, 이반 대제의 종루, 무기고 세 가지로 구분된다. 종루 티켓에는 성당 구역 입장이 포함되어 있다. 무기고와 종루는 입장 및 티켓 판매 시간이 정해져 있으므로 구입 시 주의해야 한다.

· **성당 구역**(Architectural ensemble of the Cathedral Square)
입장료 : 일반 350루블, 어린이&학생 150루블
입장 가능 건물 : 우스펜스키 대성당, 블라고베센스키 성당, 아르한겔스키 성당, 리조폴로제니야 교회, 파트리아르시 궁전

· **이반 대제의 종루**(The Museum of History of the Kremlin architecture in the Ivan the Great Bell-Tower)
입장료 : 일반 500루블, 어린이&학생 250루블
입장 시간 : 10:15, 11:30, 13:45, 15:00, 16:00 / 티켓은 각 입장 시간 45분 전부터 판매.
투어 진행 : 약 45분 소요, 12세 미만 아동 출입 금지.

· **무기고**(Armoury Chamber)
입장료 : 일반 700루블, 어린이&학생 200루블
입장 시간 : 10:00, 12:00, 14:30, 16:30 / 티켓은 각 입장 시간 45분 전부터 판매
다이아몬드 박물관 : 무기고 옆에 마련되어 있으며 티켓은 입구에서 별도 구매. 입장료는 일반 500루블, 어린이 & 학생 200루블

관람 팁

티켓 구매 • 성수기 오전에는 티켓 구매에 시간이 많이 소요되므로 준비를 서둘러야 한다.
학생 할인 • 매표소에서 국제학생증을 제시할 것.
짐 보관 • 큰 가방은 반입 불가. 입장 전에 쿠타피야 탑 아래의 짐 보관소(Cloakroom)에 맡길 것.
사진 촬영 • 성당, 박물관, 무기고 내부에서 사진 촬영 금지.
이동 제한 • 러시아 연방 대통령이 머물고 있어 경비가 삼엄하므로 출입 금지 구역에 들어가거나 무단횡단을 하지 않도록 주의한다.

[크렘린 구조]

크렘린에는 트로이츠카야 탑과 보로비츠카야 탑이라는 2개의 출입구가 있다. 주 출입구인 트로이츠카야 탑으로 연결되는 흰색의 쿠타피야 탑 근처에 매표소와 짐 보관소가 마련되어 있다. 트로이츠카야 탑으로 들어서면 눈앞에 대로가 뻗어 있는데, 대로의 왼쪽 편에 자리한 병기고와 대통령부는 출입 금지 구역이다. 대로를 따라 들어가면 오른편으로 관람객의 출입이 허용된 성당 구역이 나온다. 보로비츠카야 탑으로 입장한 경우에는 곧바로 무기고와 연결되며, 대로를 따라 올라오면 역시 성당 구역에 이르게 된다.

성벽과 탑
КРЕПОСТЬ И БАШНИ

크렘린 성벽의 길이는 약 2,235미터에 이르며, 총 20개의 탑과 망루를 갖추고 있다. 옛날에는 성벽의 탑마다 사용자가 따로 정해져 있었다. 일명 '구세주 탑'이라 불리는 스파스카야 탑은 황제가 이용하던 문으로, 현재도 러시아 대통령과 외국 사절이 드나드는 공용 문으로 사용되고 있다. 또한 러시아정교회의 수장인 총대주교는 트로이츠카야 탑을, 일반 시민들은 보로비츠카야 탑을 이용했다. 성벽에 세워진 6개의 탑에는 모두 사회주의를 상징하는 빨간 별이 달려 있으며, 그중 스파스카야 탑에는 시계도 부착되어 있다.

쿠파티야 탑

트로이츠카야 탑
ТРОИЦКАЯ БАШНЯ

1499년에 완공되었으며 일명 '삼위일체 탑'이라 불린다. 높이 80미터로 크렘린의 탑 중에서 제일 높으며, 탑 꼭대기에 달린 별은 지름이 3.75미터, 무게 1.5톤에 이른다. 현재 알렉산드로프 정원이 조성되어 있는 탑 바깥쪽에는 원래 네글리나 강이 흐르고 있었다. 1516년에 강을 가로지르는 석조 다리가 지어졌고 다리 초입에는 쿠타피야 탑이 세워져 트로이츠카야 탑으로 통하는 입구 역할을 맡았다. 1812년 모스크바를 점령한 나폴레옹이 크렘린에 입성할 때 이용한 문으로서, 지금은 관람객이 들고나는 주 출입구로 사용된다.

크렘린 대회 궁전
ГОСУДАРСТВЕННЫЙ КРЕМЛЕВСКИЙ ДВОРЕЦ

1961년에 완공된 크렘린에서 볼 수 있는 유일한 현대식 건물이다. 장방형의 건물을 유리와 대리석으로 꾸며 놓아 아무래도 주변의 경관과 어울리지 않는다. 구소련 시절에 공산당 대회와 중앙위원회 총회 등이 열렸으며, 당의 서기장을 비롯한 고위 관료들이 장시간에 걸쳐 열변을 토한 장소다. 지금은 국제회의나 연회 장소로 사용되며, 객석 수는 총 6,000석에 이른다. 볼쇼이 극장의 두 번째 무대로서 오페라와 발레 공연이 열리기도 한다.

대통령부
СЕНАТ

구소련 시절 서기장의 집무실이 있던 장소로, 일명 '원로원'이라 불린다. 마트베이 카자코프의 설계로 1787년 완공되었으며, 모스크바로 수도를 옮긴 레닌이 1918~1922년까지 머문 장소이기도 하다. 레닌은 대통령부 3층의 작은 방 세 개를 사용했는데, 그가 쓰던 책상, 펜, 편지 등이 보관되어 있다. 대통령부는 지금도 러시아 연방 대통령의 집무실로 사용되고 있으며, 대통령이 관저에 머물고 있을 때는 꼭대기에 대통령기가 게양된다. 대통령부를 중심으로 왼편에는 병기고, 오른편에는 대통령 관저가 들어서 있으며, 세 건물 모두 일반인의 출입이 금지되어 있다. 멋모르고 이 건물들에 접근했다가는 경찰에게 혼이 날 수 있으므로 주의하자.

파트리아르시 궁전
ПАТРИАРШИЙ ДВОРЕЦ

5개의 은색 돔을 가진 건물로, 러시아정교회의 총대주교가 머물던 궁전이다. 언제 완공되었는지는 알 수 없으나 1656년 니콘 총대주교의 명령으로 궁전에 연이어서 '12사도 교회'가 세워졌다. 니콘은 1653년에 종교 개혁을 단행하여 개혁에 반대하는 성직자와 신자들을 파문하고 유배 보낸 인물로 유명하다. 니콘의 강력한 탄압으로 인해 러시아정교회는 신교도와 구교도로 분열하여 극심한 갈등을 빚게 된다. 궁전은 현재 17세기 러시아 공예품을 전시하는 박물관으로 사용되고 있다. 12사도 교회 밑의 아치를 통과하면 성당 광장으로 연결된다.

성당 광장
СОБОРНАЯ ПЛОЩАДЬ

크렘린의 심장부로서 유서 깊은 성당들로 둘러싸여 있어 '성당 광장'이라 불린다. 광장 북서쪽에서부터 우스펜스키 대성당, 그라노비타야 궁전, 블라고베셴스키 성당, 아르한겔스키 성당, 이반 대제의 종루 순으로 들어서 있다. 크렘린 내에서 가장 넓은 광장이며, 과거에는 공식 행사가 거행된 장소다. 광장 한가운데서 보면 순백의 건물들 위에서 반짝이는 황금색 돔들이 인상적이다.

우스펜스키 대성당
УСПЕНСКИЙ СОБОР

러시아정교회의 총본산으로 역대 총대주교의 무덤이 있는 성당이다. 러시아의 국가적인 사원으로 황제의 대관식이 거행된 장소이기도 하다. 이반 1세의 명으로 1327년에 완공된 성당은 1474년 대지진으로 파괴되었고, 이에 이반 3세가 이탈리아의 건축가 아리스토텔레 피오라반티(Aristotele Fioravanti)를 초빙해 성당의 재건을 맡겼다. 피오라반티는 러시아 각지를 돌며 러시아 정교 사원의 건축 양식에 대한 정보를 수집했고, 1479년 블라디미르에 있는 우스펜스키 사원을 본떠 대성당을 새로 지었다. 러시아와 서유럽의 건축 양식이 조화를 이룬 대성당의 외관에서 특히 눈길을 끄는 것은 양파 모양의 황금색 돔으로 장식된 지붕이다.

대성당 내부는 벽, 천장, 기둥 할 것 없이 모두 이콘과 프레스코화로 장식되어 있으며, 무려 천 명의 수도사가 그림을 그리는 데 참여했다. 내부의 화려한 샹들리에는 나폴레옹 군대가 훔쳐 달아난 300킬로그램의 금과 5톤의 은을 다시 빼앗아 제작되었다. 국가적인 행사가 거행된 장소답게 제단의 우측에서부터 황제의 옥좌, 대주교의 자리, 황후의 자리가 마련되어 있다. 특히 황제의 옥좌는 1551년 거행된 이반 4세의 대관식 때 제작된 것으로, 러시아의 영토를 북방으로 넓힌 블라디미르 모노마흐(Vladimir Monomakh)의 활약상이 새겨진 걸작이다. 출입구 양쪽에는 총대주교를 비롯한 고위 성직자의 무덤이 마련되어 있다.

블라고베셴스키 성당
БЛАГОВЕЩЕНСКИЙ СОБОР

1484~1489년에 이반 3세의 명으로 지어졌으며, 황제의 예배 장소로 사용된 성당이다. 1547년에 화재가 발생해 피해를 입자 이반 4세가 복구하였는데, 이때 성당의 남쪽에 현관을 덧붙여 확장했다. 9개의 아기자기한 황금색 돔을 지니고 있으며, 규모는 작지만 황실 전용 예배당답게 내부는 화려한 장식으로 꾸며져 있다. 특히 성당 내부 제단에 세워진 이코노스타스는 15~16세기에 제작된 것으로, 천재 이콘 화가로 불리는 안드레이 루블료프를 비롯한 거장들이 그린 이콘이 걸려 있어 러시아에서 가장 뛰어난 이코노스타스 중 하나로 손꼽힌다. 또한 성당 내부 서쪽에 설치된 아치문은 16세기 이탈리아 장인의 솜씨로, 식물 문양의 섬세한 부조가 인상적이다.

그라노비타야 궁전

아르한겔스키 성당 입구

⑩ 그라노비타야 궁전
ГРАНОВИТАЯ ПАЛАТА

성당 광장의 서쪽에 자리한 녹색 지붕의 궁전. 러시아어 '그라노비타야'는 '다면(多面)'이란 뜻을 가진 단어로, 궁전에 이런 이름을 붙인 이유는 현관을 장식한 돌이 다면형을 이루고 있기 때문이다. 1491년에 완성된 이래 승전을 축하하는 연회, 외국 대사의 접견, 의식과 제전 등이 열렸다. 연회에 참석할 수 없었던 황실의 여인들이 궁전 내부를 장식한 태피스트리 사이로 연회를 훔쳐보았다는 이야기가 전해진다. 현재 일반에는 공개되지 않는다.

⑪ 리조폴로제니야 교회
ЦЕРКОВЬ РИЗОПОЛОЖЕНИЯ

우스펜스키 대성당 서쪽에 자리한 작은 교회로, 1484∼1485년에 걸쳐 프스코프의 석조 건축가에 의해 세워졌다. 교회 내부는 17세기에 그려진 벽화로 장식되어 있다. 규모는 작지만 내부에 전시된 목조 성화와 프레스코화가 볼 만하다.

⑨ 아르한겔스키 성당
АРХАНГЕЛЬСКИЙ СОБОР

러시아 군대의 수호천사인 아르한겔 미하일(대천사 미카엘)을 기원하기 위해서 세워진 성당. 이반 3세의 명으로 1505∼1508년에 걸쳐 이탈리아 건축가 알레비즈 프라진(Aleviz Fryazin)에 의해 건축되었으며, 이로 인해 르네상스 양식의 영향이 뚜렷하게 나타난다. 이 성당은 14세기부터 18세기 초까지 러시아 황제를 비롯한 황실 가족의 묘소로 사용되어 왔으며, 내부에는 총 48개의 관이 안치되어 있다. 모스크바 공국 시절부터 표트르 대제가 수도를 상트페테르부르크로 옮기기 전까지 러시아를 지배했던 역대 황제들이 모셔져 있다. 그중에서 가장 유명한 인물은 '뇌제(雷帝)'라고 불릴 정도로 폭정을 일삼았던 이반 4세다. 하지만 안타깝게도 이반 4세의 관은 이코노스타스 안쪽에 자리하고 있어 관람은 불가능하다.

이반 대제의 종루
КОЛОКОЛЬНЯ ИВАНА ВЕЛИКОГО

1505~1508년에 건물의 본체를 세웠고, 1532~1543년에 팔면체의 종루를 추가하여 완성했다. 이반 4세의 통치 시기에는 모스크바에 이 종루보다 높은 건물이 없었는데, 이보다 높은 건물을 짓는 것이 허용되지 않았기 때문이다. 높이 81미터의 종루에 서면 외적의 침입을 가장 먼저 알아차릴 수 있었으며, 적이 나타나면 21개의 종을 일제히 울려 위험을 알렸다. 나폴레옹이 퇴각하면서 종루를 파괴하려 했으나 실패했고, 지금은 18개의 종이 남아 있다. 별도의 티켓을 끊으면 투어를 통해 건물 본체의 전시 공간은 물론 종루에도 올라볼 수 있다. 종루에서 바라보는 성당 광장과 모스크바 시가지의 전경은 매우 아름답지만, 137개의 계단을 오르는 수고를 감수해야만 한다.

황제의 대포
ЦАРЬ-ПУШКА

1586년 안드레이 초호프(Andrei Chokhov)가 청동으로 주조한 대포로, 구경 89센티미터, 중량 40톤에 이른다. 당시 세계에서 가장 큰 대포로 알려졌으나 지금까지 단 한 번도 발사된 적이 없다. 처음에는 붉은 광장에 설치되었다가 이후 크렘린의 스파스카야 탑으로 통하는 길에 놓여 있었다. 대포 앞에 쌓여 있는 4발의 포탄 또한 무게가 1톤에 달하지만, 19세기에 만들어진 후 한 번도 사용된 적이 없다.

황제의 종
ЦАРЬ-КОЛОКОЛ

1733~1735년에 이반 모토린(Ivan Motorin)과 미하일 모토린(Mikhail Motorin) 부자가 만들었으며, 높이 6.14미터, 중량은 200톤에 달한다. 이 또한 세계에서 가장 큰 종으로 알려져 있으나 황제의 대포와 마찬가지로 사용된 적이 없다. 당시의 주조 기술을 최대한 활용하여 거대한 종을 제작하는 도중에 갑자기 화재가 발생했다. 이때 누군가 불을 끄기 위해 차가운 물을 붓자 갑자기 식은 종의 일부분이 깨져 떨어져 나가고 말았다. 기능을 상실한 황제의 종은 이후 땅바닥에 놓인 채로 전해져 왔으며, 11톤에 달하는 조각도 종의 본체와 함께 전시되어 있다.

대 크렘린 궁전
БОЛЬШОЙ КРЕМЛЁВСКИЙ ДВОРЕЦ

크렘린 남서부의 모스크바 강에 면한 이 자리에는 원래 역대 황제들의 거처였던 크렘린 궁전이 세워져 있었다. 그러나 1812년에 크렘린 궁전이 화재로 소실되자 1838~1849년에 걸쳐 대 크렘린 궁전이 새롭게 지어졌다. 과거에는 궁전 안에 마련된 700여 개의 방을 2만 개의 촛불이 화려하게 밝혔다고 전해진다. 궁전 안에는 19세기 가구, 샹들리에, 악기, 회화, 조각 등의 예술품이 소장되어 있다. 현재는 국가 원수의 회견장이나 외국 정부 요인의 접견장으로 사용될 뿐 일반에게 공개되지 않는다.

무기고
ОРУЖЕЙНАЯ ПАЛАТА

16세기에 무기와 갑옷을 만드는 작업장이 있던 곳으로, 1720년부터 표트르 대제의 명으로 각종 공예품을 보관하는 수장고로 사용되었다. 1813년부터 공식 박물관으로 지정되었으며, 무기고라는 이름이 붙어 있기는 하지만 실제로는 역사박물관에 다름없다. 2층으로 된 건물 안에 러시아 황실이 수집한 전리품과 외국에서 보내온 선물 등 귀중한 전시품들이 소장되어 있다. 그중에서도 유리 돌고루키의 은잔, 역대 황제가 썼던 모노마흐 모자, 안나 여제의 왕관, 다이아몬드가 박힌 옥좌, 표트르 대제의 거대한 옷, 예카테리나 2세의 화려한 의상 등이 관람객의 눈길을 끈다.

1번 홀 : 12~17세기 금은 세공 컬렉션
2번 홀 : 17~20세기 금은 세공 컬렉션
3번 홀 : 동서양 무기류 컬렉션
4번 홀 : 러시아 무기류 컬렉션
5번 홀 : 서유럽 은세공 컬렉션
6번 홀 : 의상, 직물 컬렉션
7번 홀 : 왕관, 왕홀 등 제례 물품 컬렉션
8번 홀 : 말 장식품 컬렉션
9번 홀 : 궁정마차 컬렉션

다이아몬드 박물관
АЛМАЗНЫЙ ФОНД

무기고의 한편, 입구에서 전시실로 향하는 도중에 다이아몬드 박물관이 마련되어 있다. 입구의 매표소에서 별도의 티켓을 구매해야 입장할 수 있으며, 고가의 보석들이 전시되어 있어 경비가 삼엄하다. 전시품 중에서도 '오를로프(Orlov)'라고 불리는 약 200캐럿짜리 다이아몬드가 특히 유명한데, 예카테리나 2세의 애인으로 이 다이아몬드를 선물한 오를로프 백작의 이름에서 유래했다. 다이아몬드 박물관에 소장된 보물들은 그 값어치를 가늠하기조차 어려울 정도로 고가의 물건들로서, 제정 러시아 황실의 부유함을 실감할 수 있다.

붉은 광장과 주변

붉은 광장(Красная площадь)은 사회주의의 종주국 소련을 대표하는 장소로, 크렘린의 북동쪽 성벽 옆에 펼쳐져 있다. 붉은 광장의 러시아어 명칭은 '크라스나야 플로샤디'로, 크라스나야는 원래 '아름답다'라는 뜻이다. 하지만 세월이 흐르며 '붉다'라는 뜻이 추가되면서 지금과 같은 이름으로 불리게 되었다. 일종의 오역이지만 사회주의를 상징하는 붉은색을 떠올리게 함으로써 더욱 큰 감흥을 불러일으킨다. 광장의 서쪽과 동쪽에는 크렘린의 성벽과 굼 백화점이 늘어서 있고, 북쪽과 남쪽에는 국립역사박물관과 성 바실리 성당이 솟아 있다. 광장의 길이는 500미터, 폭은 100미터에 이르며, 노동절과 같은 국가적인 기념일에는 러시아의 국력을 과시하기 위한 군사 퍼레이드 등 다채로운 행사가 펼쳐진다. 붉은 광장에서 시작해 마네시 광장과 혁명 광장을 거쳐 극장 광장에 이르는 지역이야말로 모스크바의 문화와 예술의 중심지다.

가는 법 • 지하철 3호선 플로샤디 레볼류치(Ploshchad' Revolyutsii) 역, 1호선 오호트니 랴트(Okhotny Ryad) 역 하차, 도보 5분.

부활의 문
ВОСКРЕСЕНСКИЕ ВОРОТА

붉은 광장의 입구 역할을 하는 문. 국립역사박물관의 북동쪽 벽과 이어져 있으며 원래의 문은 1680년에 지어졌다. 1931년 군사 퍼레이드에 방해가 된다는 스탈린의 명에 따라 허물었다가, 구소련 붕괴 후인 1995년에 재건되었다. 문 앞에는 이베르스카야 예배당이 모셔져 있어 신도들의 발길이 잦다. 예배당 앞에는 '러시아 전국도로 기점' 표식이 설치되어 있는데, 기점 위에 서서 머리 뒤로 던진 동전이 둥근 선 밖으로 나가지 않으면 소원이 이루어진다는 이야기가 전해진다.

카잔 성당
КАЗАНСКИЙ СОБОР

부활의 문을 들어서면 바로 왼편에 세워져 있는 성당. 산뜻한 분홍색으로 칠해진 이 성당 또한 1936년 부활의 문과 동일한 이유로 허물었다가 1993년에 재건되었다. 원래의 카잔 성당은 1612년 폴란드 군의 침공을 물리친 것을 기념하기 위해 세워졌으며, 9살 소녀의 꿈에 나타난 성모의 지시에 따라 카잔에서 발견된 이콘이 모셔져 있었다. 잿더미 속에서 발견된 '카잔의 성모' 이콘은 기적의 표식으로 받아들여졌고, 이에 용기를 얻은 러시아 군은 폴란드 군을 물리치고 조국을 수호할 수 있었다. 전설에 따르면 성당의 종루 위에 걸려 있던 이콘을 수차례 성당 내부로 옮겼으나 계속 종루 위 제자리에 걸려 있었다고 전해진다.

홈페이지 · www.kazanski-sobor.ru
운영 시간 · 매일 8:00~20:00
입장료 · 무료

레닌 묘
МАВЗОЛЕЙ ЛЕНИНА

사회주의 혁명의 아버지 블라디미르 레닌의 시신이 모셔진 영묘. 크렘린의 동북쪽 성벽 아래에 자리하고 있는 피라미드 모양의 영묘는 1930년에 건설되었다. 1924년 1월 21일 사망한 레닌의 시신은 가족들의 반대에도 불구하고 스탈린의 명에 의해 미라로 만들어졌으며, 이후 90년의 세월 동안 참배객의 방문을 받고 있다. 시신을 미라로 만들기 위해 구소련의 모든 과학 기술이 총동원되었으며, 결국 생화학자와 해부학자들의 비밀 연구를 통해 방부 처리에 성공함으로써 시신의 부패를 막을 수 있었다. 러시아인의 존경을 받는 레닌의 영묘이다 보니 경비가 삼엄하고 분위기 또한 엄숙하므로 행동에 주의가 필요하다. 소련 붕괴 후 레닌의 시신을 매장하자는 주장이 나왔지만 러시아 공산당의 강력한 반대에 부딪혀 아직까지 그대로 유지되고 있다. 레닌 묘 뒤편에는 구소련 역대 서기장들의 묘가 마련되어 있으며, 그중에서 가장 유명한 인물은 희대의 독재자 이오시프 스탈린이다. 레닌 묘는 주말이면 지방에서 올라온 참배객들로 장사진을 이루므로 관람하려면 서둘러야 한다.

운영 시간 · 10:00~13:00
휴무 · 월, 금요일 휴무
입장료 · 무료
입구 · 국립역사박물관 오른편, 크렘린 성벽 아래에서 소지품 검사를 받고 입장.
소지품 검사 · 카메라와 큰 가방 소지 불가. 국립역사박물관 오른편에 붙어 있는 짐 보관소에 맡기면 된다.

국립역사박물관
ГОСУДАРСТВЕННЫЙ ИСТОРИЧЕСКИЙ МУЗЕЙ

모스크바를 대표하는 박물관으로, 빨간 벽돌로 지어진 당당한 모습이 인상적이다. 1881년 건축가 세르비트와 세모노프에 의해 완공되었으며, 1883년 알렉산드르 3세의 대관식에 맞추어 박물관으로 개관했다. 박물관 정문 앞에는 제2차 세계대전에서 독일군을 물리친 전쟁 영웅 주코프 원수의 기마상이 세워져 있다. 박물관의 소장품은 약 450만 점에 이르며, 상설 전시는 2층과 3층에 걸쳐 있다. 2층에는 원시 시대부터 중세까지, 3층에는 18세기부터 러시아 혁명 전까지의 역사가 전시되어 있으므로 이 박물관만 돌아봐도 고대에서 근대에 이르는 러시아 역사를 한눈에 살펴볼 수 있다. 기념품점은 박물관 건물 왼쪽에 입구가 따로 마련되어 있어 티켓 없이도 관람할 수 있다.

1~6번 홀 · 원시시대 러시아
7~11번 홀 · 고대 러시아 문화
12번 홀 · 몽골의 침입
13~14번 홀 · 14~16세기 러시아 국가 형성과 문화
15~21번 홀 · 16~17세기 러시아
22~24번 홀 · 표트르 대제와 황제 난립의 시대
25~27번 홀 · 예카테리나 2세 시대
28~30번 홀 · 18~19세기 전반의 제정 러시아
31번 홀 · 알렉산드르 1세 시대
32번 홀 · 니콜라이 1세 시대
33~35번 홀 · 19~20세기 전반 러시아의 개혁, 경제, 문화

홈페이지 · www.shm.ru
운영 시간 · 10:00~18:00 / 목요일 11:00~21:00
휴관 · 화요일 & 매월 첫 번째 월요일
입장료 · 일반 300루블, 학생 100루블

성 바실리 성당
СОБОР ВАСИЛИЯ БЛАЖЕННОГО

붉은 광장의 남쪽에 세워져 있으며 러시아 성당 건축의 백미로 손꼽힌다. 46미터 높이의 중앙탑을 둘러싼 첨탑들과, 그 위를 장식한 형형색색의 양파 모양 돔이 보는 이의 감탄을 자아낸다. 1560년 이반 4세가 몽골 세력을 몰아낸 것을 기념하여 세웠으며, 정식 명칭은 '포크롭스키 성당(Покровский собор)'이지만 러시아의 유명한 성자인 바실리의 이름을 따서 보통 '성 바실리 성당'이라 부른다. 중앙탑을 중심으로 9개의 독립된 예배당이 별 모양으로 배치된 구조이며, 불규칙한 높이와 다양한 문양이 아름다움의 극치를 보여준다. 보는 각도에 따라 성당의 모습이 전부 다르므로 성당 주변을 한 바퀴 빙 돌며 감상해보는 것이 좋다. 성당 내부는 좁은 통로로 연결된 미로처럼 이루어져 있어 외관의 아름다움에는 미치지 못한다.

성당 앞에는 러시아의 전쟁 영웅 미닌과 포자르스키의 청동상이 세워져 있다. 러시아를 침공한 폴란드 군에 대항하여 의용군을 조직한 두 사람은 악전고투 끝에 1612년 11월 모스크바를 탈환함으로써 조국을 위기에서 구해냈다. 무기와 방패를 손에 든 미닌과 포자르스키의 동상 아래에는 '대 러시아가 시민 미닌과 포자르스키 공에게 감사의 마음을 담아, 1818년'이라는 비문이 쓰여 있다.

홈페이지 · www.saintbasil.ru / www.shm.ru
운영 시간 · 매일 10:00~19:00
입장료 · 일반 250루블, 학생 100루블

굼 백화점
ГОСУДАРСТВЕННЫЙ УНИВЕРСАЛЬНЫЙ МАГАЗИН

붉은 광장의 동쪽, 크렘린의 성벽과 마주보고 들어선 백화점. 예카테리나 2세 시절인 1893년에 설립되어 상점가로 명맥을 이어왔으며, 사회주의 혁명 후인 1921년부터 레닌의 명에 의해 국영백화점으로 문을 열었다. '굼(гум)'이란 러시아어로 국영백화점을 뜻하는 단어의 두문자 세 개를 조합해서 만든 명칭이다. 1920년대부터 소련이 추진한 신경제정책을 선전하는 전시장으로 사용되었으며, 1953년 전면적인 개조를 통해 3개의 아케이드를 지닌 현재의 모습으로 탈바꿈했다. 각종 상점은 물론 레스토랑과 식료품점을 갖추고 있으며, 붉은 광장에 면한 1층에는 테라스를 갖춘 카페가 들어서 있어 광장을 구경하며 차를 마시려는 방문객들로 북적인다.

홈페이지 · www.gum.ru
운영 시간 · 매일 10:00~22:00

로브노예 메스토
ЛОБНОЕ МЕСТО

성 바실리 성당 앞쪽, 굼 백화점이 시작되는 지점에 마련된 석조 연단. 16세기 초에 만들어졌으며 황제의 포고나 귀족의 연설이 행해지던 장소다. 또한 중죄인에 대한 판결과 처형도 이루어졌는데, 러시아 역사상 가장 유명한 농민반란 지도자 스테판 라진이 처형된 곳이다.

마네시 광장
МАНЕЖНАЯ ПЛОЩАДЬ

국립역사박물관 앞쪽, 포 시즌스 호텔과 마네시 중앙 전시장 사이에 펼쳐진 광장. 마네시란 '말을 사육하는 장소'를 뜻하며, 원래는 현재의 중앙 전시장이 들어선 자리에 말 사육장이 있었다. 광장은 화단과 분수로 아름답게 꾸며져 있으며, 지하에는 오호트니 랴트 쇼핑몰이 들어서 있다.

알렉산드로프 정원
АЛЕКСАНДРОВСКИЙ САД

국립역사박물관 오른쪽으로 크렘린의 성벽을 따라 조성된 정원. 원래는 네글리나 강이 흐르던 자리였으나 19세기 중엽 강을 메워 정원으로 만들었다. 마네시 광장 쪽에서 정원으로 들어서면 바로 무명전사의 무덤이 보인다. 1966년에 제2차 세계대전 때 조국을 수호하기 위해 목숨을 바친 호국영령들을 추모하기 위해 마련되었으며, 영원히 꺼지지 않는 불꽃이 타오르고 있다.

1812년 조국전쟁기념관
МУЗЕЙ ОТЕЧЕСТВЕННЫЙ ВОЙНЫ 1812 ГОДА

1812년 나폴레옹과 벌인 조국전쟁을 기리기 위한 기념관. 부활의 문을 사이에 두고 국립역사박물관과 마주보고 있으며, 조국전쟁 200주년인 2012년에 개관했다. 전쟁의 진행에 맞추어 각종 전시품과 회화 등이 진열되어 있어 조국전쟁에 대해 일목요연하게 파악할 수 있다. 전시품 중에는 러시아군에게 패배하고 달아난 나폴레옹이 사용했던 침대와 썰매 등이 남아 있어 흥미롭다.

홈페이지 www.shm.ru
운영 시간 10:00~18:00 / 목요일 11:00~21:00
휴관 화요일
입장료 일반 300루블, 학생 100루블

극장 광장
ТЕАТРАЛЬНАЯ ПЛОЩАДЬ

1812년 조국전쟁기념관에서 북쪽으로 도보 2분 거리에 있는 광장. 광장 주변을 극장들이 둘러싸고 있어 '극장 광장'이라 불린다. 광장 북쪽에 우뚝 선 볼쇼이 극장을 중심으로, 오른쪽의 검은색 건물이 춤백화점, 왼쪽 열주가 늘어선 건물이 볼쇼이 극장 신관이다. 광장 동쪽을 막아선 건물은 국립연극전문 극장인 말리 극장이고, 광장 서쪽에 들어선 건물은 청년 아카데미 극장이다. 극장 광장의 남쪽, 모호바야 대로(Mokhovaya Street) 너머에는 혁명 광상이 소성되어 있으며, 광장 중심에는 칼 마르크스의 동상이 세워져 있다.

가는 법 · 지하철 1호선 테아트랄나야(Teatral'naya)역 하차.

말리 극장
МАЛЫЙ ТЕАТР

1824년에 극장 광장 동쪽에 세워진 모스크바 최초의 드라마 극장. '말리'는 '작다'라는 뜻으로, 대극장인 볼쇼이 극장에 빗대어 이렇게 부른다. 고골의 〈검찰관〉이 초연되었으며, 19세기 후반에는 극작가 오스트롭스키가 극장의 문예부장을 맡아 사실주의 연극의 확립에 공헌했다. 이에 말리 극장은 '오스트롭스키의 집'이라는 별칭을 갖고 있으며, 그의 업적을 기리는 뜻에서 극장 앞에 동상이 세워져 있다.

홈페이지 · www.maly.ru
매표소 · 11:00~20:00 / 토, 일, 공휴일 11:00~19:00

모스크바 예술극장
МОСКОВСКИЙ ХУДОЖЕСТВЕННЫЙ АКАДЕМИЧЕСКИЙ ТЕАТР

1898년 배우이자 연출가인 스타니슬랍스키와 극작가 네미로비치단첸코가 설립했으며, 러시아어 단어의 두문자를 따서 '므하트(МХАТ)'라고 부른다. '새로운 극장은 누구나 입장할 수 있고 누구나 알 수 있는 민중의 극장이 되어야 하며, 이상적인 연극 무대를 실현하는 데 방해가 되는 요소는 제거되어야 한다.'는 점을 강조하며 사실주의 연극을 추구했다. 이에 극장에서 상연할 작품을 찾던 중 체호프의 〈갈매기〉를 무대에 올려 대성공을 거두었다. 뒤이어서 〈바냐 아저씨〉, 〈세 자매〉, 〈벚꽃동산〉 등 체호프의 4대 희곡을 모두 상연했고, 이후에도 고골의 〈밑바닥〉 등 주옥같은 작품들을 계속 공연함으로써 러시아 연극의 명성을 전 세계에 떨쳤다. 1987년 모스크바 예술극장은 '체호프 기념 극장'과 '고골 기념 극장'으로 분열되었으며, 카메르게르스키 거리의 극장은 체호프 기념 극장이다. 극장의 심벌은 갈매기이며, 극장 안에는 상연된 작품의 무대 사진도 전시되어 있다.

홈페이지 · www.mxat.ru
주소 · Камергерский пер, 3
매표소 · 매일 12:00~15:00, 16:00~19:30
가는 법 · 볼쇼이 극장 뒤쪽 한 블록 위인 카메르게르스키 거리 서쪽 끝. / 지하철 1호선 오호트니 랴트(Okhotny Ryad)역 하차. 트베르스카야 대로를 따라 북서쪽으로 두 블록.

모스크바 둘러보기

구세주 그리스도 대성당과 주변

크렘린 서쪽 모스크바 강변에 자리한 구세주 그리스도 대성당을 중심으로, 푸시킨 미술관 본관과 분관, 트레티야코프 미술관 본관과 신관, 톨스토이 집 박물관 등이 자리하고 있어 러시아 미술과 문학의 향기를 음미할 수 있는 지역이다. 또한 모스크바 강 가운데에 떠 있는 볼로트니 섬은 새롭게 부상하는 문화 중심지로, 모스크바 젊은이들이 여흥을 즐기는 핫 스팟이다.

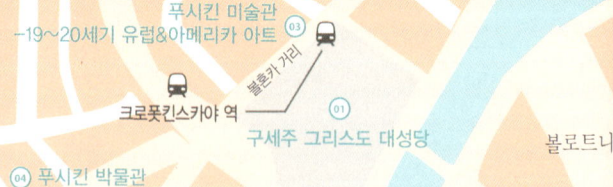

02 푸시킨 미술관
03 푸시킨 미술관 -19~20세기 유럽&아메리카 아트
크로폿킨스카야 역
볼혼카 거리
01 구세주 그리스도 대성당
볼로트니
04 푸시킨 박물관
프레치스텐카 대로
05 레드 옥토버
07 트레티야코프 미술관 신관

구세주 그리스도 대성당
ХРАМ ХРИСТА СПАСИТЕЛЯ

러시아가 나폴레옹과 벌인 조국전쟁에서 승리한 것을 기념하기 위해 세운 정교회 성당이다. 모스크바 강가에 세워져 있으며, 높이 103미터로 세계에서 제일 높은 정교회 성당으로 알려져 있다. 원래는 모스크바 시내가 내려다보이는 참새 언덕에 세울 계획이었으나 지반이 약해 지금의 자리로 변경되었다. 건축가 콘스탄틴 톤이 터키 이스탄불의 아야소피아 성당을 모티브로 삼아 신 비잔틴 양식으로 설계했다. 1838년 공사에 착공하여 45년이 흐른 1883년에 완공되었으며, 성당 내부 인테리어는 이반 크람스코이, 바실리 수리코프, 바실리 베레시차긴 등 러시아의 유명 화가들이 참여했다. 하지만 사회주의 혁명 이후 종교 탄압의 대상이 되어 스탈린의 명에 따라 1931년 12월 5일 폭파되었다. 성당 자리에는 소련의 위대함을 과시할 '소비에트 궁전'이 들어설 계획이었으나 제2차 세계대전으로 공사가 지지부진했다. 전쟁이 끝난 후에도 공사가 진행되지 못하다가 결국 흐루쇼프 서기장 시기부터는 옥외 수영장으로 사용되었다. 소련 붕괴 후에야 성당의 재건이 본격적으로 추진되었고, 2000년 8월 마침내 새로운 구세주 그리스도 대성당이 부활하게 되었다.

홈페이지 · www.xxc.ru
주소 · улица Волхонка, 15
운영 시간 · 10:00~18:00 / 월요일 13:00~18:00
복장 · 짧은 치마, 반바지, 민소매 착용 금지. 가방, 휴대폰, 카메라, 촬영 장비 휴대 금지. 여성은 머리를 스카프로 가려야 함.
가는 법 · 지하철 1호선 크로폿킨스카야(Kropotkinskaya) 역 하차.

푸시킨 미술관
ГОСУДАРСТВЕННЫЙ МУЗЕЙ ИЗОБРАЗИТЕЛЬНЫХ ИСКУССТВ ИМ. А.С. ПУШКИНА

시인 푸시킨의 이름만 땄을 뿐 양질의 서양미술 컬렉션을 자랑하는 종합 미술관으로, 1912년에 창립되었다. 소장품의 수로만 따지면 상트페테르부르크의 에르미타슈 미술관에 이어 러시아에서 2위를 자랑한다. 원래는 모스크바 대학에서 학생에게 미술사를 학습시킬 목적으로 수집한 예술품을 소장하기 위해 지었으며, 이로 인해 관내에 전시된 조각품은 대부분 모조품으로 알려져 있다. 하지만 사회주의 혁명 이후 에르미타슈 미술관으로부터 대량의 회화가 이관되었고, 이에 더해 1948년에 국립서양미술관의 작품을 흡수하여 세계 유수의 미술관으로 거듭나게 되었다.

신고전주의 양식으로 지어진 미술관 내부에는 조각품을 중심으로 13세기 이후 유럽 회화와 고고학 자료 등이 전시되어 있다. 하지만 외국인 관광객이 관심을 가질 만한 19~20세기 서유럽 회화 작품들은 바로 옆의 분관에 소장되어 있다.

홈페이지 · www.arts-museum.ru
주소 · улица Волхонка, 12
운영 시간 · 11:00~20:00 / 목요일 11:00~21:00
휴관 · 월요일
입장료 · 일반 300루블, 어린이 & 학생 150루블
가는 법 · 지하철 1호선 크로폿킨스카야(Kropotkinskaya) 역 하차, 볼혼카 거리를 따라 북동쪽으로 도보 1분.

푸시킨 미술관 본관

푸시킨 미술관
– 19~20세기 유럽 & 아메리카 아트
ГАЛЕРЕЯ ИСКУССТВА СТРАН ЕВРОПЫ И АМЕРИКИ XIX-XX BB.

2006년 8월 푸시킨 미술관 본관 왼편에 새롭게 문을 열었으며, 19~20세기 서양미술을 소장하고 있다. 19세기 후반부터 활약한 러시아인 수집가 세르게이 시추킨과 이반 모로조프 두 사람의 컬렉션을 기반으로 삼았다. 부유한 실업가였던 두 사람은 뛰어난 심미안을 바탕으로 파리에서 인상파 화가들의 회화를 중점적으로 수집했다. 특히 시추킨은 당시에는 유명하지 않았던 마티스와 피카소를 후원한 인물로 알려져 있는데, 마티스의 대표작인 〈춤〉은 시추킨의 집에 걸 용도로 제작되었다고 전해진다. 두 사람의 저택은 수집해 온 명화들로 가득했는데, 사회주의 혁명 이후 전 재산이 몰수되고 저택들은 미술관으로 바뀌고 말았다. 결국 두 사람의 수집품은 1923년에 설립된 국립서양근대미술관으로 이관되었으며, 1948년에 다시 에르미타슈 미술관과 푸시킨 미술관으로 옮겨져 전시되고 있다. 1~3층에 걸쳐 26개의 전시실이 마련되어 있으며, 드가, 마네, 모네, 르누아르, 고흐, 세잔, 고갱, 마티스, 피카소 등 기라성 같은 화가들의 작품을 감상할 수 있다.

홈페이지 www.arts-museum.ru
주소 улица Волхонка, 14
운영 시간 11:00~20:00 / 목요일 11:00~21:00
휴관 월요일
입장료 일반 300루블, 어린이 & 학생 150루블

푸시킨 박물관
ГОСУДАРСТВЕННЫЙ МУЗЕЙ А.С. ПУШКИНА

시인 푸시킨을 기리기 위해 1961년에 세워진 박물관. 노란색으로 칠해진 건물은 19세기에 지어진 것이지만, 내부는 푸시킨 탄생 200주년인 1999년에 개조하여 현대식으로 탈바꿈했다. 모스크바에 있는 작가 기념관으로는 최대 규모를 자랑하며, 1층의 홀에서 세미나와 공연 등이 자주 열린다. 푸시킨이 사용했던 책상, 펜촉, 가구 등의 일상용품은 물론 주요 작품의 초판본도 전시되어 있다. 푸시킨과 관련한 방대한 자료와 함께 그가 살던 시절의 각종 물품이 전시되어 있어 당시의 시대상을 살펴보기에도 좋다.

홈페이지 www.pushkinmuseum.ru
주소 улица Пречистенка, 12/2
운영 시간 10:00~18:00 / 목요일 12:00~21:00
휴관 월요일 & 매월 마지막 금요일
입장료 일반 170루블, 어린이 & 학생 50루블
가는 법 지하철 1호선 크로폿킨스카야(Kropotkinskaya)역 하차. 남서쪽 출입구로 나와 프레치스텐카 거리를 따라 남서쪽으로 두 블록 내려간 후 오른 쪽 골목 안. 도보 약 5분.

볼로트니 섬
БОЛОТНЫЙ ОСТРОВ

크렘린의 남쪽, 모스크바 강의 한가운데 떠 있는 섬. 구세주 그리스도 대성당 뒤쪽에 볼로트니 섬으로 건너갈 수 있는 파트리아르시 다리가 놓여 있다. 2004년 9월 3일에 완공된 이 다리 위에 서면 동쪽으로 멀리 크렘린의 탑과 건물들이 보인다. 또한 다리를 건너면 강 너머로 보이는 구세주 그리스도 대성당의 자태가 실로 아름답다. 강변에 마련된 노천카페에 앉아 여유롭게 커피를 마시며 성당을 음미해보자.

다리 건너 오른편, 볼로트니 섬 서쪽에는 빨간 벽돌로 지은 커다란 건물이 자리하고 있다. '레드 옥토버(Red October)'라 불리는 이 건물은 원래 유명한 초콜릿 공장이었는데, 대대적인 개조를 거쳐 지금은 갤러리, 스튜디오, 상점, 레스토랑, 카페, 바, 호텔 등이 들어서 있다. 볼로트니 섬은 모스크바 젊은이들의 놀이공간으로 새롭게 각광받고 있으며, 수말이면 무료 공연과 벼룩시장 등이 열린다. 볼로트니 섬의 서쪽 끝에는 모스크바 850주년을 기념하여 1997년에 완공한 표트르 대제 기념비가 우뚝 서 있다.

톨스토이 집 박물관
МУЗЕЙ-УСАДЬБА Л.Н. ТОЛСТОГО В ХАМОВНИКАХ

러시아의 대문호 톨스토이가 1882~1901년에 걸쳐 머물며 만년의 대표작인 《부활》을 집필한 집. 여름에는 툴라 근처의 야스나야 폴랴나(Ясная Поляна)의 전원에서 지냈지만, 겨울에는 모스크바의 한적한 이 저택에서 지냈다. 1층 식당에서는 작가 체호프와 화가 레핀 등의 인사들과 식사를 하며 문학과 예술에 대한 담소를 나눴고, 2층 홀에서는 연주회를 열어 림스키코르사코프, 스크랴빈, 라흐마니노프 등이 피아노를 쳤다고 한다. 넓고 아름다운 정원이 인상적인 저택으로 16개의 방에 톨스토이 관련 소장품 4,000여 점이 전시되어 있다. 톨스토이의 작품을 사랑하는 독자들의 발길이 끊임없이 이어지는 장소다.

홈페이지 · tolstoymuseum.ru
주소 · улица Льва Толстого, 21
운영 시간 · 10:00~18:00 / 목요일 12:00~20:00
휴관 · 월요일 & 매월 마지막 금요일
입장료 · 일반 200루블, 어린이 & 학생 100루블
가는 법 · 지하철 1·5호선 파르크 쿨투리(Park Kultury) 역 하차. 콤소몰스키 대로(Комсомольский проспект)를 따라 남쪽으로 직진 후 성 니콜라야 교회를 지나 우회전. 리바 톨스토고 거리로 들어선 후 3블록 지나 왼편. 도보 약 15분.

트레티야코프 미술관 신관
ГОСУДАРСТВЕННАЯ ТРЕТЬЯКОВСКАЯ ГАЛЕРЕЯ
НА УРЫМСКОМ ВАЛУ

1998년에 새롭게 개관한 트레티야코프 미술관의 분관. 20세기 러시아 미술을 전시하고 있으며, 모스크바 강 남쪽의 조각공원 안에 자리하고 있다. 1910년대의 러시아 아방가르드를 시작으로, 혁명 이후 확립된 사회주의 리얼리즘의 시대를 거쳐, 소련 붕괴 후의 현대미술까지 섭렵하고 있다. 우리에게 익숙한 화가로는 꿈결 같은 환상의 세계를 구축한 마르크 샤갈과 추상화의 선구자로 손꼽히는 바실리 칸딘스키를 들 수 있다. 샤갈의 〈마을 위에서〉, 칸딘스키의 〈어스름〉, 페트로프 봇킨의 〈붉은 말 목욕시키기〉, 카지미르 말레비치의 〈검은 절대주의 사각형〉 등을 놓치지 말자.

1~9번 홀 : 1910~1920년대 회화와 조각
10~11, 18~19, 24, 29, 34번 홀 : 1910~2000년대 그래픽 아트와 조각
13~16번 홀 : 1920~1930년대 회화와 조각
20, 25~26번 홀 : 1930~1950년대 회화와 조각
28, 30~33, 35~37번 홀 : 1950~1980년대 회화와 조각
39~42번 홀 : 1950~2000년대 기타 예술

홈페이지 · www.tretyakovgallery.ru
주소 · улица Крымский Вал, 10
운영 시간 · 10:00~19:30
휴관 · 월요일 **사진 촬영** · 200루블
입장료 · 일반 450루블, 학생 250루블,
7세 미만 아동 무료.
티켓 판매 · 폐관 1시간 전까지 구매 가능.
가는 법 · 구세주 그리스도 대성당 뒤쪽의 파트리아르시 다리를 이용해 볼로트니 섬을 지난 후, 모스크바 강변에서 우회전하여 도보 약 10분 / 지하철 5·6호선 옥탸브리스카야(Oktyabrskaya) 역 하차, 크림스키 발 대로(улица Крымский Вал)를 따라 서쪽으로 도보 약 10분 / 지하철 1·5호선 파르크 쿨투리(Park kultury) 역 하차, 모스크바 강 다리 건너 도보 약 10분.

아르바트 거리와 주변

모스크바를 대표하는 예술가 거리로 손꼽히는 곳이 구(舊) 아르바트 거리(улица Старый Арбат)다. 15세기에 형성될 때는 수공예품을 만드는 장인들이 모여 살던 거리였지만, 18세기에 귀족들을 위한 고급 주택가로 바뀌었다. 이후 나폴레옹의 모스크바 점령 때 일어난 대화재로 소실되었다가 19세기부터 예술가들이 찾아들기 시작했다. 지금은 길거리 화가와 거리 공연이 펼쳐지는 예술의 공간이자, 각종 기념품점이 넘쳐나는 쇼핑의 명소이기도 하다. 약 2킬로미터에 걸쳐 뻗어 있는 구 아르바트 거리는 자동차가 다니지 않는 보행자 천국으로, 노천카페에는 음료를 마시며 여유를 즐기는 관광객들로 북적인다. 주변에는 러시아를 대표하는 작가인 푸시킨과 고골의 집 박물관은 물론, 스크랴빈 집 박물관과 가수 빅토르 최의 벽이 있어 러시아 문학과 음악의 향기에 젖어볼 수 있는 공간이기도 하다.

가는 법 · 지하철 3, 4호선 아르밧스카야(Arbatskaya) 역 하차. 서쪽으로 니키츠키 불바르 대로를 건너 남서쪽으로 뻗은 보행자 거리.

아르밧스카야 역

고골 집 박물관
ДОМ Н. В. ГОГОЛЯ — МЕМОРИАЛЬНЫЙ МУЗЕЙ И НАУЧНАЯ БИБЛИОТЕКА

오랜 세월 외국을 떠돌다가 1848년에 러시아로 돌아온 니콜라이 고골이 임종을 맞이한 집이다. 원래는 고골의 절친한 친구인 A. 톨스토이 백작의 집으로, 1층에는 고골이 7년 동안 혼신을 기울여 집필한 《죽은 혼》 제2부를 불태운 벽난로가 남아 있다. 원고를 불태우고 반미치광이 상태에 빠진 고골은 죽음을 결심하고 단식에 들어갔고, 원고를 태운 지 열흘만인 1852년 2월 21일 아침 8시경 숨을 거두었다. 박물관에는 고골의 여행 가방을 비롯한 유품, 사망한 고골의 얼굴에서 떠낸 데스마스크, 고골의 작품 및 생애와 관련한 각종 물품과 사진 등이 전시되어 있다. 박물관의 각 방마다 고골의 일생을 체험해볼 수 있는 간단한 장치들이 설치되어 있으며, 박물관 앞 정원에는 외투로 몸을 감싸고 앉은 고골의 동상이 세워져 있다.

홈페이지 www.domgogolya.ru
주소 Никитский бульвар, д. 7A.
운영 시간 월, 수, 금요일 12:00~19:00 / 목요일 14:00~21:00 / 토, 일요일 12:00~17:00
휴관 화요일 & 매월 마지막 날
입장료 일반 120루블, 학생 무료
사진 촬영 100루블
가는 법 지하철 3, 4호선 아르밧스카야(Arbatskaya) 역 하차. 서쪽의 니키츠키 대로 사거리에서 대각선으로 교차로를 건너 북쪽으로 100미터.

스크랴빈 집 박물관
ГОСУДАРСТВЕННЫЙ МЕМОРИАЛЬНЫЙ МУЗЕЙ А. Н. СКРЯБИНА

작곡가이자 피아니스트로 유명한 알렉산드르 스크랴빈(Aleksandr Skryabin)이 1912년부터 생을 마감한 1915년까지 약 3년 동안 살았던 집. 스크랴빈은 러시아 상징주의 음악을 대표하는 작곡가로서, 자신이 새롭게 창안한 화성어법에 '신비화음'이라는 명칭을 붙일 정도로 혁신적이고 환상적인 음악을 구사했다. 1922년에 문을 연 박물관은 2층이 전시실로 꾸며져 있으며, 스크랴빈이 살던 당시의 모습 그대로 보존되어 있다. 그가 사용했던 피아노를 비롯해 자필 원고, 책, 사진, 그림 등 다양한 소장품이 전시되어 있다.

홈페이지 anscriabin.ru
주소 Большой Николопесковский пер, дом 11
운영 시간 11:00~19:00 / 목요일 13:00~21:00
휴관 월, 화 & 매월 마지막 금요일
입장료 일반 120루블, 학생 70루블
사진 촬영 100루블
가는 법 지하철 3호선 스몰렌스카야(Smolenskaya) 역, 4호선 아르밧스카야(Arbatskaya) 역 하차. 구 아르바트 거리 28번지 건물 옆의 니콜로페스콥스키 거리를 따라 약 100미터 올라가면 왼쪽 건물. 도보 약 10분.

빅토르 최의 벽
СТЕНА ВИКТОРА ЧОЯ

한인 3세로 러시아 젊은이들에게 '저항과 자유의 음유시인'이라 불렸던 가수 빅토르 최를 추모하는 벽. 그룹 키노의 싱어인 빅토르 최는 1986년 6번째 앨범 〈밤〉으로 밀리언셀러를 기록했으며, 1988년에는 영화 〈이글라〉의 주인공으로 출연하여 1,500만 명의 관객을 동원했다. 1990년 8월 15일 라트비아의 수도 리가에서 교통사고로 갑자기 생을 마감했으나, 여전히 러시아 젊은이들에게 저항과 자유의 아이콘으로 기억되고 있다. 빅토르 최의 벽에는 모자이크로 꾸며진 그의 얼굴 주변으로 각종 그라피티가 그려져 있으며, 벽 하단의 네모난 벽감에는 그를 추억하는 팬들이 가져다 놓은 담배와 음료수 등이 놓여 있다. 이 벽은 그가 사망한 날 누군가 '빅토르 최가 오늘 죽었다'고 쓴 글귀에 '최는 살아 있다'는 답글이 달리면서 시작되었다고 전해진다. 이후 빅토르 최가 부른 노랫말 등이 벽을 가득 메우게 되었고, 2006년에 벽이 전부 지워지는 수난을 겪기도 했지만 그를 사랑하는 팬들의 노력으로 복구되어 현재에 이르고 있다.

가는 법 · 지하철 3호선 스몰렌스카야(Smolenskaya) 역 하차. 구 아르바트 거리를 따라 북동쪽으로 약 400미터. 구 아르바트 거리 37번지 건물 좌측으로 뻗은 크리보아르밧스키 거리.

푸시킨 집 박물관
ГОСУДАРСТВЕННЫЙ МУЗЕЙ А. С. ПУШКИНА

1831년 푸시킨이 갓 결혼한 아내 나탈리야 곤차로바와 약 한 달간 신혼 생활을 보낸 집. 미모를 자랑했던 나탈리야와 결혼하기 위해 갖은 애를 썼던 푸시킨은 하늘색으로 칠해진 이 건물의 방 5개를 빌려 신혼살림을 차렸다. 1986년 2월에 개관한 이 박물관은 내부를 푸시킨이 살던 1830년대의 설계도에 따라 정확히 복원했다고 전해진다. 푸시킨과 관련한 다양한 작품을 살펴볼 수 있으며, 건물 앞 거리 맞은편에는 푸시킨과 나탈리야 부부의 동상이 세워져 있다.

홈페이지 · www.pushkinmuseum.ru
주소 · улица Арбат, 53
운영 시간 · 10:00~18:00 / 목요일 12:00~21:00
휴관 · 월 & 매월 마지막 금요일
입장료 · 일반 150루블, 어린이 & 학생 50루블
가는 법 · 지하철 3호선 스몰렌스카야(Smolenskaya) 역 하차. 구 아르바트 거리를 따라 북동쪽으로 약 100미터.

기타 지역

노보데비치 수도원
НОВОДЕВИЧИЙ МОНАСТЫРЬ

1524년 모스크바 대공 바실리 3세가 폴란드령이었던 스몰렌스크를 탈환한 것을 기념하기 위해 세워진 수도원. 모스크바를 방어하기 위한 전략적 요충지에 지어졌기 때문에 약 1킬로미터의 성벽으로 둘러싸여 있으며, 실제로 전쟁 중에는 요새의 역할을 수행했다. 노보데비치는 '새 처녀'라는 뜻으로, 크렘린에 있는 '노처녀' 수도원과 구별하기 위한 이름이다. 새 처녀라는 이름과 어울리게 이곳은 러시아 황족과 귀족 집안의 부인들이 애용하는 수도원이었다. 때로는 죄인을 유폐시키는 용도로도 사용되었는데, 표트르 대제를 제거하려다 실패한 소피아 황녀가 15년 동안이나 감금된 장소로도 유명하다. 사회주의 혁명 후에는 종교 탄압의 여파로 수도원이 폐쇄되고 국립역사박물관의 분관으로 사용되었다. 소련 붕괴 후 다시 수도원으로 복귀하였으며, 지금은 유네스코 세계문화유산으로 지정되어 있다. 수도원 안에는 1525년에 완공된 스몰렌스키 성당을 중심으로, 우스펜스카야 교회, 종탑 등 다양한 건축물이 들어서 있다. 스몰렌스키 성당의 내부는 16세기에 제작된 프레스코화로 채워져 있는데, 거대한 이코노스타스가 특히 인상적이다. 수도원 성벽 밖 서쪽에는 호수가 펼쳐져 있으며, 호수 건너편에서 바라보는 수도원의 모습이 장관이다. 차이콥스키가 이 호숫가를 거닐며 발레곡 〈백조의 호수〉를 구상했다고 전해지는데, 저물어가는 석양빛을 받을 때의 모습이 특히 아름답다.

주소 · Новодевичий проезд, 1
운영 시간 · 매일 9:00~17:00
입장료 · 일반 300루블, 어린이 & 학생 100루블
사진 촬영 · 100루블
가는 법 · 지하철 1호선 스포르티브나야(Sportivnaya)역 하차, 지하철역 앞 대로를 따라 북서쪽으로 도보 약 10분.

노보데비치 묘지
НОВОДЕВИЧЬЕ КЛАДБИЩЕ

노보데비치 수도원 성벽 밖 남쪽에 자리한 대형 묘지. 1898년에 조성된 이후 구소련을 포함한 러시아의 유명 인사들이 안식을 취하고 있다. 작가로는 체호프, 고골, 마야콥스키, 불가코프, 작곡가로는 스크랴빈, 쇼스타코비치, 연출가로는 스타니슬랍스키, 네미로비치단첸코, 정치가로는 흐루쇼프 전 서기장과 보리스 옐친 전 대통령이 있다. 무덤의 주인을 기리는 다양한 형태의 동상과 묘비가 인상적이며, 묘지가 넓기 때문에 원하는 무덤을 찾기 위해서는 입구의 안내판을 잘 살펴야 한다. 영문으로 된 안내 지도를 판매하고 있으므로 구입해 이용하는 것도 좋다.

운영 시간 · 매일 9:00~17:00
입장료 · 무료
가는 법 묘지의 입구가 동쪽에 뚫려 있으므로, 노보데비치 수도원 입구를 나서서 오른편으로 성벽을 따라 돌 것.

안톤 체호프의 무덤

참새 언덕
ВОРОБЬЁВЫ ГОРЫ

모스크바 강과 시내를 한눈에 내려다볼 수 있는 언덕. 해발 220미터밖에 안 되지만 구릉지대인 모스크바 내에서는 손꼽히는 고지대다. 언덕 위 전망대에 서면 왼쪽에서부터 키예프 역, 우크라이나 호텔, 노보데비치 수도원, 고리키 공원의 관람차 등이 보이며, 언덕 뒤쪽으로는 모스크바 국립대학 건물이 우뚝 솟아 있다.

참새 언덕은 옛날부터 모스크바를 조망할 수 있는 명소로 알려졌으며, 나폴레옹이 모스크바를 침공했을 때도 이곳에 올랐다고 전해진다. 톨스토이의 《전쟁과 평화》를 보면 나폴레옹이 언덕 위에서 시가지를 내려다보며 감탄하는 모습이 묘사되어 있다. 구소련 시대에는 레닌 언덕이라고 불렸으나 소련 붕괴 후 원래의 명칭을 되찾았으며, 언덕 위는 선물을 파는 노점과 관광객으로 항상 북적인다. 언덕 아래에는 모스크바 강 유람선을 탈 수 있는 선착장이 마련되어 있고, 강변에 설치된 리프트를 타고 언덕까지 편하게 올라올 수 있다.

리프트 운행 시간 · 11:00~22:00
리프트 휴무 · 월요일
리프트 요금 · 편도 100루블 / 주말 & 공휴일 140루블
가는 법 · 지하철 1호선 보로비예비 고리(Vorob'evy Gory) 역 하차. 모스크바 강 남쪽 강변을 따라 서쪽으로 500미터 가량 이동하면 언덕으로 올라가는 리프트에 도착. 리프트 옆길을 따라 걸어가는 것도 가능.

모스크바 국립대학교
МОСКОВСКИЙ ГОСУДАРСТВЕННЫЙ УНИВЕРСИТЕТ ИМ. М.В. ЛОМОНОСОВА

정식 명칭은 '미하일 바실리예비치 로모노소프 기념 모스크바 국립대학'으로, 보통 러시아어 단어 두 문자를 따서 '엠게우(МГУ)'라고 부른다. 1755년 엘리자베타 여제가 과학자이자 언어학자인 로모노소프(Mikhail Lomonosov)의 제안을 받아들여 설립했으며, 1940년 창립자 격인 로모노소프의 공적을 기리는 뜻에서 대학에 그의 이름을 붙였다. 오랜 세월 러시아를 대표하는 교육 기관으로서 수많은 인재를 길러냈으며, 그중에는 작가 안톤 체호프, 화가 바실리 칸딘스키, 물리학자 안드레이 사하로프, 정치가 미하일 고르바쵸프 전 대통령 등이 포함되어 있다.

모스크바 국립대학교는 원래 크렘린 북쪽에 자리하고 있었으나 1953년에 스탈린 양식으로 지은 새로운 건물이 완공되면서 지금의 자리로 이전했다. 스탈린 양식이란 구소련의 독재자 스탈린이 뉴욕의 마천루에 자극을 받아 모스크바에 짓기 시작한 고딕 양식의 일환이다. 1950년대에 주로 건설되었으며 외무성, 철도청, 호텔, 아파트 등 소위 '스탈린의 7자매'로 불리는 7개의 마천루가 모스크바 시내에 세워졌다. 높이 240미터에 이르는 모스크바 국립대학교 건물은 7자매 중에서도 가장 높은 건물로서, 36층 높이에 약 5,000개의 방을 갖고 있다. 건물의 폭은 약 450미터로 복도만 해도 33킬로미터에 이르는데, 건물 전부를 사진에 담기 위해서는 수백 미터를 떨어져야 할 만큼 압도적인 규모를 자랑한다.

주소 · микрорайон Ленинские Горы, 1
가는 법 · 지하철 1호선 우니베르시테트(Universitet) 역 하차. 북서쪽으로 도보 약 15분. / 참새 언덕에서 남서쪽으로 도보 약 15분.

승리 공원
ПАРК ПОБЕДЫ

제2차 세계대전의 승리를 기념하기 위해 조성된 공원. 승전 50주년이 되는 1995년에 완공되었으며, 드넓은 광장과 끝없이 이어진 분수대가 눈길을 끈다. 광장 끝에는 141.7미터에 이르는 승리 탑이 세워져 있는데, 전쟁이 1,417일 동안 지속된 것을 의미한다. 공원은 예전부터 러시아 군대의 출정식과 개선식이 거행되었던 곳으로, 나폴레옹과 벌인 조국전쟁에서 승리한 쿠투조프 장군도 이곳에서 기념식을 거행했다.

승리 탑 뒤에는 대조국전쟁 기념관(Центральный музей Великой Отечественной Войны)이 자리하고 있다. 러시아에서는 나치 독일과 벌인 제2차 세계대전을 '대조국전쟁'이라 부르며 자긍심과 애국심을 표현한다. 기념관에는 전투에서 목숨을 잃은 병사들을 추모하는 방을 중심으로 각종 무기, 사진, 기록, 영상 등이 전시되어 있다. 특히 병사들이 전선에서 가족에게 보낸 편지와 그들이 간직하고 있던 가족의 사진 등이 애잔함을 느끼게 한다. 기념관 뒤편에는 병사들의 거룩한 희생을 기념한 동상들이 세워져 있다.

홈페이지 www.poklonnayagora.ru
주소 площадь Победы, 3
기념관 운영 시간 10:00~19:30
/ 목요일 10:00~20:00
기념관 휴관 월요일
기념관 입장료 일반 100루블, 학생 70루블
가는 법 지하철 3호선 파르크 포베디(Park Pobedy) 역 하차.

콜로멘스코예
КОЛОМЕНСКОЕ

모스크바의 남동쪽. 모스크바 강을 끼고 345헥타르에 걸쳐 있는 공원. 제정 러시아 시절 황제와 귀족들의 별장이 들어섰던 곳으로, 17세기 중엽에는 270개의 방과 3,000개의 창문을 가진 목조 궁전이 세워져 있었다고 한다.

공원의 상징은 1532년 이반 3세가 아들인 이반 4세의 탄생을 축하하기 위해 세운 보즈네세니야 교회다. 높이 63미터에 윗부분이 8각형의 뿔 모양을 갖춘 형태가 매우 독특하면서도 아름답다. 당시 유행하던 비잔틴 양식에서 벗어나 전통적인 러시아 목조건축 기술로 세워졌다는 점에서, 유네스코 세계문화유산으로 지정된 건물이다. 이외에도 공원 안에는 16~17세기에 걸쳐 세워진 교회, 종루, 시계탑 등이 들어서 있다. 목조 건축물로는 18세기에 지어진 벌꿀 술 제조소가 눈에 띄는데, 모스크바 교외의 마을에서 옮겨왔다. 또한 표트르 대제가 1702년 북해에 면한 항구 마을 아르한겔스크에 머물 때 사용한 오두막도 옮겨와 전시되고 있다.

콜로멘스코예는 다양한 건축물도 구경할 수 있지만 아름다운 자연을 만끽하기에도 그만인 곳이다. 모스크바 강가에 펼쳐진 녹지 공간은 모스크바 시민의 휴식처이기도 하다. 복잡한 도심을 떠나 콜로멘스코예에서 여유롭게 산책을 즐겨보자.

홈페이지 mgomz.ru
주소 проспект Андропова, 39
운영 시간 07:00~24:00(10월~4월 08:00~21:00)
박물관 휴관 월요일
가는 법 지하철 2호선 콜로멘스카야(Kolomenskaya) 역 하차, 남쪽으로 대로를 따라 도보 약 10분.

우주 박물관
МЕМОРИАЛЬНЫЙ МУЗЕЙ КОСМОНАВТИКИ

일명 '베베체(ввц)'라고 불리는 전 러시아 박람회장 안에 마련된 우주 관련 박물관. 베베체는 구소련의 국력을 과시하기 위해 조성된 박람회장으로 웅장한 건물과 기념비들로 가득하다. 비록 지금은 놀이기구가 설치된 유원지의 느낌이 강하지만, 우주 박물관은 여전히 인기가 높다.

우주 박물관에 들어서면 중앙에 두 팔을 활짝 벌린 우주 비행사의 동상이 관람객을 맞이한다. 바로 인류 최초로 우주를 여행한 유리 가가린(Yurii Gagarin)이다. 1961년 4월 12일 보스토크 1호를 타고 1시간 29분 동안 지구 상공을 일주했으며, 우주에서 지구를 바라본 감상을 "지구는 푸른빛이었다."라는 말로 전했다. 박물관은 구소련 때부터 시작된 러시아 우주 탐험의 역사를 간직하고 있으며, 가가린이 탔던 우주선 보스토크 1호는 물론, 세계 최초의 인공위성 스푸트니크 1호, 우주 정거장의 내부 모형 등 다양한 볼거리를 갖추고 있다.

홈페이지 www.space-museum.ru
주소 проспект Мира, 111
운영 시간 11:00~19:00 / 목요일 11:00~21:00
휴관 월요일
입장료 일반 200루블, 사진 200루블
가는 법 지하철 6호선 VDNKH 역 하차, 비행선이 달린 오벨리스크 방향.

모스크바 강 유람선
CRUISES

모스크바 강에는 여름철인 5월에서 10월 사이에 관광객을 위한 유람선이 운행된다. 배를 타고 구불구불한 강을 따라 내려오면서 모스크바의 주요 명소들을 구경할 수 있다. 이미 다녀온 곳이라 할지라도 출렁이는 배 위에 앉아 바라보면 또 다른 감흥을 느낄 수 있다. 모스크바 강 여러 곳에 선착장이 마련되어 있지만 키예프 역에서 시작해 노보스파스키 다리까지 가는 노선이 가장 인기가 많다. 키예프 역 강변에서 배를 타면 노보데비치 수도원, 참새 언덕과 모스크바 국립대학교, 고리키 공원, 표트르 대제 기념비, 구세주 그리스도 대성당, 크렘린, 성 바실리 성당, 예술인 아파트, 노보스파스키 수도원에 이르는 명소들이 줄지어 나타난다. 키예프 역에서 노보스파스키 다리까지 약 1시간 30분이 소요되며, 일반적으로 어느 선착장에서나 타고 내리는 것이 가능하다. 키예프 역 선착장은 번잡하므로 참새 언덕을 구경한 후 강변의 선착장에서 유람선을 타는 것도 좋은 방법이다. 배를 타기 전에 유람선의 노선과 하선할 선착장을 미리 확인하자.

유람선 회사
Radisson River Cruises : www.radisson-cruise.ru
Capital Shipping Co. : www.cck-ship.ru

어느 멋진 일주일,
러시아

초판 1쇄 발행 2015년 4월 1일
초판 4쇄 발행 2016년 11월 15일

지은이 이준명
발행인 윤새봄
단행본사업본부장 김정현

디자인 onmypaper 정해진
교정·교열 장지은
마케팅 이현은, 박기홍, 김정현, 장대익, 이은미, 정지운, 문혜원
제 작 류정옥

임프린트 봄엔

주 소 경기도 파주시 회동길 20 웅진씽크빅
주문전화 02-3670-1570~1
팩 스 02-3675-6972
문의전화 02-3670-1523(편집), 02-3670-1024(마케팅)

발행처 ㈜웅진씽크빅
출판신고 1980년 3월 29일 제426-2007-00046호

ⓒ이준명, 2015
ISBN 978-89-01-20335-5 14980
세트 978-89-01-15146-5 14980

봄엔은 ㈜웅진씽크빅 단행본사업본부의 임프린트입니다.
이 책은 저작권법에 따라 보호받는 저작물이므로 무단전재와 복제를 금지하며,
이 책의 전부 또는 일부를 이용하려면 반드시 저작권자와 ㈜웅진씽크빅의 서면동의를 받아야 합니다.
이 도서의 국립중앙도서관 출판시도서목록(CIP)은 e-CIP홈페이지(http://www.nl.go.kr/ecip)와
국가자료공동목록시스템(http://www.nl.go.kr/kolisnet)에서 이용하실 수 있습니다. (CIP제어번호: CIP2015008529)

*잘못된 책은 바꾸어 드립니다. *책값은 뒤표지에 있습니다.

본문에 사용한 인용의 출처
1) 〈서양의 고전을 읽는다3〉 휴머니스트, 2006
2) 〈아버지와 아들〉 문학동네, 2011
3) 〈까라마조프 씨네 형제들〉 열린책들, 2009
4) 〈푸슈킨 선집〉 민음사, 2011
5) 〈예브게니 오네긴〉 열린책들, 2009
6) 〈뻬쩨르부르그 이야기〉 민음사, 2002
7) 〈죄와 벌〉 열린책들, 2009